占領と憲法

カリブ海諸国、フィリピン
そして日本

北原 仁［著］

成文堂

はじめに

　本研究は，平成20年度科学研究費補助金（基盤研究（C）―研究課題「ラテン・アメリカにおける民主化と人権救済制度の研究」―課題番号20530025）の一成果である。ただし，研究過程において，当初の計画の課題を日本国憲法の成立と比較して考察する必要性を痛感し，研究テーマの射程を拡大した。

　ラテン・アメリカ諸国に特徴的な人権救済制度は，アムパーロ訴訟・申立て（被治者の権利を侵害すると同時に憲法を侵犯するいかなる権力行為からも，被治者を保護する制度）である[1]。この制度は，1841年のユカタン憲法に初めて明記され，さらに，メキシコの1857年憲法に取り入れられた。その後，徐々に中央アメリカ諸国を中心とするラテン・アメリカ諸国に拡大していったばかりでなく，メキシコの1917年憲法にも継承された。メキシコでは，アムパーロ法も制定され，20世紀末のラテン・アメリカ諸国の民主化にともない，今日では，広くラテン・アメリカ諸国ばかりかフィリピンにおいても憲法訴訟の一形態として制度的にも理論的にも大きく発展している[2]。

　課題を研究する過程で，ラテン・アメリカの研究者との学術交流が深まり，メキシコのフェレル・マック＝グレゴル博士の『憲法訴訟法』を翻訳し，出版する機会に恵まれた[3]。この研究は，ヨーロッパ型の憲法訴訟がラテン・アメリカ型のアムパーロ訴訟と合流して，ラテン・アメリカにおける近年の憲法訴訟の発展につながっていったことを論証している。しかしながら，同じラテン・アメリカ諸国といっても，カリブ海諸国にはこの制度が存在しない。したがって，フェレル・マック＝グレゴル博士の著書にも，カリブ海諸国の司法制度には言及がない。つまり，ラテン・アメリカ諸国においても，司法制度の点から見ると，キューバやプエルトリコ等のカリブ海諸国は，大陸のラテン・アメリカ諸国と異なるのである。むろん，今日では，キューバは社会主義国であり，資本主義国の立憲主義と根本的に異なるし，ハイチは，フランス領であったことからフランス法の影響が大きいと答えることもできるだろう。

このようなカリブ海諸国の司法制度の特質は合衆国の影響によるものであることは確認できたが，問題は，どのように合衆国の法制度がカリブ海諸国に影響を与えたのかということである。この点についても，カリブ海諸国は，合衆国によって植民地化されるか，あるいは一定期間占領されており，占領政策の一環として司法制度の改革も行われたのではないかと考えられた。つまり，合衆国は，その法制度の移入によって占領地の国家・社会に大きな影響を与えたと思われる。

　したがって，カリブ海諸国と南米大陸諸国の司法制度は，合衆国型とヨーロッパ大陸型とに分けられるが，その主要な原因は，合衆国の占領政策による。すなわち，カリブ海諸国の場合には，合衆国軍が直接占領統治し，国家と社会の「民主化」の過程で，組織法・憲法を制定し，統治機構，とくに司法制度を改革した。他方，チリ，アルゼンチンなどの南アメリカ諸国の場合には，20世紀の末の軍政の破綻によって「民主化」が深化し，憲法裁判所の権限が強化されたのである。このようなカリブ海さらには太平洋の島嶼地域における合衆国の占領政策という文脈に照らすと，日本国憲法の成立過程をカリブ海諸国における合衆国の占領による「民主化」過程と憲法制定過程の延長上に捉えることができる。

　また，アメリカ合衆国の側から見れば，建国以来の領土拡大には憲法問題が随伴していた。1787年，建国とほぼ同時に，合衆国は，北西部の領土を含むようになった。1803年には，ジェファソン大統領がルイジアナをフランスより購入し，合衆国の領土は，ミシシッピを越えて拡大した。その際，ジェファソンは，領土拡大の憲法上の根拠が明確でないとして憲法改正を考えた。1845年には，テキサスが合衆国の一部となった。1848年には，メキシコは，西部と南西部の領土を譲渡した。ワシントンとオレゴンは，それぞれ1853年と1859年に合衆国に加わった。1866年には，アラスカを購入した。

　このような合衆国の領土拡大は，最終的に新たな州の設置を認めるという方法で実行された。この「領土拡大の類型」は，1787年の北西部条令（the Northwest Ordinance）に既に示されていた。この条令は，領土獲得における3段階の過程を予定していた。最初の段階は，1年から8年続くが，新たな合衆国の領土は，連邦の完全なコントロール下にあり，この段階では，連邦議

会が司法その他の政府の官吏とともに，総督を任命し，地域の政策決定に決定的な役割を引き受ける。第2期には，地域住民が自分たちの立法府を選び，憲法を制定することもできる（ただし，領土の総督は，連邦議会が任命し，連邦議会は，立法府の努力を覆す権能も有する）。条令に示される最終段階は，州の資格であり，連邦制度の中で独立した政府を創設することである[4]。しかし，この領土獲得から州の地位までの過程は，1898年に絶たれた。合衆国は，米西戦争の結果，旧スペイン領の島々を占領したが，キューバには当初から独立することを約束し，グアム，プエルトリコおよびフィリピンの法的地位については明確にしなかったが，結局，これらの植民地を合衆国の州とはしなかった。アメリカ人は，異なる人種や文化をもつ人々に遭遇したからである。さらに，合衆国は，第二次世界大戦に勝利し，占領というかたち日本に遭遇し，日本の非軍事化と民主化を推進し，日本国憲法を制定した。

日本国憲法の制定過程に関する研究は，それこそ汗牛充棟であり，その内容も多岐にわたり，拙稿が何か新たな知見を付け加えることなどできそうにない。ただ，今までほとんどの研究が欧米の憲法原理の日本への受容過程を中心に探求してきた結果として，最近はやりの語句を用いれば，いわば研究の「ガラパゴス化」とでもいう現象が見られるように思われる。本稿は，「権利章典」を研究対象の中心に置き，合衆国型の憲法原理が日本に到達するまでに，それはそれとして独自の進化を遂げつつカリブ海諸国や太平洋諸国へと枝分かれしてきたのであって，いわばその進化と適応の歴史に照らして日本への受容過程を観察する必要があるということを論じてきたにすぎない。

本書の第3章については，「合衆国憲法と島嶼判決」『大須賀先生古希記念論文集』（信山社，入稿済），第4章，第5章および第6章の一部は，「占領と憲法—カリブ海諸国とフィリピン（1）」『駿河台法学』（第23巻2号，2010年），第6章の一部，第7章および第8章は，「占領と憲法—カリブ海諸国とフィリピン（2）」『駿河台法学』（第24巻1号・2号合併号，2010年），第8章は，「占領と憲法—カリブ海諸国とフィリピン（3）」『駿河台法学』（第24巻3号，2011年）に加筆・修正を行ったものである。第4章については，「キューバ社会主義憲法とその変容」『駿河台法学』（第22巻2号，2009年）の一部を利用した。第1章，第2章，第9章，第10章および第11章は，新たに書

き下ろした。ただし，日本国憲法の制定過程については，合衆国の他の占領地域の憲法制定と比較するために，いわゆる「マッカーサー草案」の成立までを研究対象とした。当初の計画では，合衆国憲法，カリブ海諸国の組織法と憲法，フィリピンの組織法と憲法，マッカーサー草案等の条文の比較対照表を添付する予定であったが，紙幅の都合上，これは「合衆国の占領と憲法」として『駿河台法学』（第25巻1号，2011年）に掲載するつもりである。本書と共にこの資料をも参照していただけば幸いである。

　合衆国の占領地域は，本件研究の対象とした地域だけでなく，グアム，ヴァージン諸島，ドミニカ共和国，パナマ，ニカラグア，沖縄等にも及ぶ。これらの占領政策については，目下研究の過程にあり，本稿では触れることができなかった。後日を期したい。

　本書の出版については，成文堂の阿部耕一社長と同社の相馬隆夫さんに出版をはじめ校正でたいへんお世話になり，心からお礼を申し上げたい。なお，出版の費用については，駿河台大学出版助成費を受けた。厚くお礼申し上げたい。

---

1) 杉原泰雄編『新版体系憲法事典』（青林書院，2008年）260頁。
2) フィリピンの1987年憲法には，アムパーロ訴訟に関する規定は存在しないが，その8条1節2項は，政府機関の「管轄権の欠如または踰越の結果となる権限の濫用にあたる重大な裁量の誤りの存否を判断する司法裁判所の職務が含まれるものとする」と規定する。この規定によって，最高裁判所は，2007年，アムパーロ令状を認める規則を定めた。これは，ヘイビアス・コーパスでは不十分であった「適正手続きによらない殺害および強制失踪」（1条2項）に対処しようとするものであり，深刻な人権侵害に対処しようとする点では，むしろメキシコのアムパーロの起源にある発想に近い。http://www.chanrobles.com/writofamparo.htm　1987年憲法については，次の文献を参照した。「フィリピン共和国」萩野芳夫・畑　博行・畑中和夫編『アジア憲法集［第2版］』（明石書店，2007年）715頁。
3) エドゥワルド・フェレル・マック＝グレゴル（Eduardo Ferrer Mac-Gregor）／北原仁訳『憲法訴訟法―ヨーロッパとラテン・アメリカにおける学問としての起源と発展』（成文堂，2010年6月）。
4) WEINER, Mark S., "Teutonic Constitutionalism: The Role of Ethno-Juridical Discourse in the Spanish-American War," BURNETT, Christina Duffy & MARSHALL, Burke (ed.), *Foreign in a Domestic Sense: Puerto Rico, American Expansion, and the Constitution,* Duke University Press, Durham, 2001, pp. 64-5.

目　次

はじめに

第1章　アメリカ合衆国憲法と合衆国の膨張 …… 1
第1節　連邦制と合衆国の膨張 …… 1
1　合衆国の膨張と憲法学 …… 1
2　美濃部達吉と合衆国憲法 …… 2
第2節　合衆国の膨張・拡大と合衆国憲法 …… 5
第3節　先住民と合衆国の膨張・拡大 …… 8
1　領土拡大と先住民 …… 8
2　共和主義思想と領土拡大 …… 9
第4節　領土獲得の類型 …… 11
第5節　アメリカ合衆国憲法と「マニフェスト・デスティニー」… 15
1　テキサスの独立とテキサス憲法 …… 15
2　テキサス憲法と奴隷制 …… 18
3　テキサス併合と「マニフェスト・デスティニー」…… 19
第6節　米墨戦争と米西戦争 …… 21
1　米墨戦争と領土獲得 …… 21
2　米西戦争と領土獲得 …… 24

第2章　領土獲得と憲法 …… 33
第1節　憲法規定と北西部条令 …… 33
1　領土の拡大と北西部条令 …… 33
2　領土の拡大と大陸法原理 …… 35
第2節　連邦領の統治機構と権利章典 …… 38
1　連邦領の統治機構 …… 38

		2	「権利章典」の起源	40

第 3 節　権利章典の意義 ………………………………………… 42
    1　権利章典の原義 ………………………………………… 42
    2　刑事手続上の権利の意味 ……………………………… 46

第 4 節　「権利章典」と連邦領 ………………………………… 48
    1　国民国家と「権利章典」……………………………… 48
    2　市民の地位と権利 ……………………………………… 49

第 5 節　憲法と人種論 …………………………………………… 51

第 3 章　「未編入領土」——合衆国憲法と島嶼事件判決 … 62

第 1 節　アメリカ合衆国の膨張の法理 ………………………… 62
第 2 節　米西戦争と新領土の獲得 ……………………………… 65
    1　新領土と憲法 …………………………………………… 65
    2　島嶼の地位をめぐる三つの学説 ……………………… 66
    3　三説の検討 ……………………………………………… 70
第 3 節　島嶼事件判決の法理 …………………………………… 72
    1　関税と合衆国 …………………………………………… 72
    2　ダウンズ事件と島嶼判決 ……………………………… 74
第 4 節　「権利章典」と島嶼事件判決 ………………………… 78
第 5 節　島嶼事件判決の意義 …………………………………… 83

第 4 章　キューバの占領と憲法 …………………………………… 89

第 1 節　米西戦争とキューバ憲法 ……………………………… 89
    1　スペイン立憲主義とキューバ ………………………… 89
    2　占領と憲法体制 ………………………………………… 92
    3　合衆国の占領と「レナード・ウッド憲法」………… 95
第 2 節　「レナード・ウッド憲法」と独立戦争 ……………… 97
    1　独立戦争と強制収容所政策 …………………………… 97
    2　合衆国の参戦 …………………………………………… 99
第 3 節　政教分離とキューバ社会 ………………………………100

第4節　占領と1901年憲法……………………………………………*102*
　　1　憲法制定会議………………………………………………………*102*
　　2　1901年憲法の特質…………………………………………………*103*
第5節　占領と司法改革……………………………………………*107*
　　1　「レナード・ウッド憲法」と司法改革………………………………*107*
　　2　1901年憲法と制度改革……………………………………………*109*
第6節　1940年憲法…………………………………………………*111*

第5章　プエルトリコ……………………………………………………*124*
第1節　プエルトリコの占領…………………………………………*124*
　　1　占領とフォラカー法…………………………………………………*124*
　　2　フォラカー法とプエルトリコの立法………………………………*126*
第2節　占領と法改正…………………………………………………*127*
第3節　1917年の組織法……………………………………………*131*
　　1　ジョーンズ法の統治組織…………………………………………*131*
　　2　ジョーンズ法と「権利章典」………………………………………*132*
第4節　フランクリン・ローズヴェルトとプエルトリコの政策……*135*
　　1　プエルトリコとニューディール政策………………………………*135*
　　2　タグウェルと農地改革……………………………………………*137*
第5節　プエルトリコの法的地位と憲法制定問題…………………*139*
第6節　新憲法の制定とその特質…………………………………*141*
　　1　新憲法の基本原理…………………………………………………*141*
　　2　権利章典……………………………………………………………*142*
　　3　社会権規定と合衆国連邦議会……………………………………*145*
　　4　プエルトリコの独立と従属…………………………………………*147*

第6章　フィリピンの占領と恩恵的同化……………………………*157*
第1節　フィリピン独立戦争と米西戦争……………………………*157*
　　1　独立戦争と憲法構想………………………………………………*157*
　　2　マビーニの主権論…………………………………………………*161*

第2節　フィリピン共和国憲法（マロロス憲法）……………………………*164*
　　　1　マロロス憲法とその内容………………………………………………*164*
　　　2　アメリカのフィリピン征服とマロロス憲法…………………………*167*
　第3節　軍政下の改革……………………………………………………………*169*
　　　1　刑事手続きの改革………………………………………………………*169*
　　　2　フィリピン委員会と恩恵的同化………………………………………*170*
　第4節　フィリピン組織法………………………………………………………*174*
　　　1　組織法と権利章典………………………………………………………*174*
　　　2　権利章典と農地改革……………………………………………………*175*
　　　3　合衆国の統治……………………………………………………………*176*
　第5節　1935年憲法……………………………………………………………*178*
　　　1　独立と憲法制定…………………………………………………………*178*
　　　2　1935年憲法の基本原理………………………………………………*180*
　　　3　統治機構と権利章典……………………………………………………*182*

第7章　日本のフィリピン占領………………………………………………*196*
　第1節　合衆国のフィリピン統治と日本………………………………………*196*
　　　1　日本による合衆国の統治の評価………………………………………*196*
　　　2　合衆国統治の特徴………………………………………………………*197*
　第2節　大戦前の合衆国のフィリピン統治とその問題点……………………*199*
　第3節　日本の占領と1943年憲法……………………………………………*202*
　　　1　植民地支配と明治憲法の法理…………………………………………*202*
　　　2　日本の軍政と1943年憲法……………………………………………*204*
　　　3　1943年憲法の特徴……………………………………………………*206*
　第4節　フィリピンにおける忠誠と叛逆………………………………………*209*

第8章　ハイチの占領と憲法…………………………………………………*219*
　第1節　合衆国とハイチ…………………………………………………………*219*
　第2節　ハイチ憲法史……………………………………………………………*222*
　　　1　ハイチの独立と憲法……………………………………………………*222*

	2	1889年憲法……224
第3節		合衆国の占領と憲法改正……226
	1	憲法改正問題……226
	2	1918年憲法……229
第4節		合衆国の占領政策……232
第5節		合衆国軍のハイチ占領の影響……234
	1	フォーブズ委員会……234
	2	占領終結後のハイチ……236

第9章　連合国の占領と日本国憲法の制定……246
第1節　占領初期の政策と憲法問題……246
1 「戦後外交諮問委員会」の対日政策……246
2 国務省の構想……249
第2節　占領軍と憲法思想……251
第3節　日本の占領と「初期対日方針」および「基本指令」……254
1 「初期対日方針」……254
2 「基本指令」……255
3 「人権指令」と「神道指令」……258
第4節　民政局と憲法改正問題……260
1 民政局の憲法構想……260
2 「日本の政治組織の改革」（SWNCC228）と憲法制定……261
3 合衆国政府と占領軍スタッフ……263
第5節　マッカーサー草案作成スタッフ……264

第10章　民政局の憲法案作成……274
第1節　マッカーサー三原則と人権規定……274
1 人権規定の作成……274
2 人権規定の策定過程……275
3 試案の特徴……280
第2節　マッカーサー草案……282

		1	人権規定	282
		2	「権利章典」と社会国家	284
	第3節	「権利章典」と司法改革		286
		1	裁判所法と刑法	286
		2	刑事訴訟法	288
	第4節	日本国憲法の受容		290
		1	新憲法の見方	290
		2	日本国憲法とアメリカの憲法原理	294

第11章　終章―占領と「権利の言説」　305

第1節　「権利章典」と市民　305
第2節　「権利の言説」による支配　308
第3節　日本の占領と「権利の言説」　311

凡　例

・　合衆国憲法の日本語訳は，樋口陽一・吉田善明編『解説・世界憲法集［第4版］』（三省堂，2001年），高橋和之編『新版・世界憲法集』（岩波文庫，2006年）および阿部照哉・畑　博行編『世界の憲法集［第4版］』（有信堂，2009年）を参照した。ただし，訳文を修正した部分もある。それ以外の法典は，適宜出典を注に明記した。
・　旧漢字による文章を本文中に引用する場合には，原則として旧漢字を改めた。ただし，注に引用する場合には，旧字体のままとした。
・　漢数字を横書きする場合には，算用数字に改めたが，原文をそのまま引き写した場合には，その漢数字のまま表記した。
・　条文の訳文については，項ごとに段落とせずに，スペースを節約するためにスラッシュ（／）を用いた場合もある。
・　英語文献では，スペイン語およびフランス語をアクセント記号なしに引用している場合があるが，そのままの表記とした。

第 1 章　アメリカ合衆国憲法と合衆国の膨張

第 1 節　連邦制と合衆国の膨張

1　合衆国の膨張と憲法学

　アメリカ合衆国連邦憲法は，今日に至るまで幾度か修正されつつも，文言上の連続性をほぼ保ち，世界でもっとも古い現行憲法典として現在に至っていることはよく知られている。そして，日本の憲法学においては，合衆国憲法は，いわば学ぶべき立憲主義の手本として研究され紹介されてきた。しかし，その間に 18 世紀末の人口 2～3 百万人ほどの北米大陸東岸に位置する 13 州から構成された合衆国は，その後 20 世紀の半ばにいたるまで拡大し膨張してきた。

　合衆国連邦議会は，合衆国の成立と同時に，北西部条令（the Northwest Ordinance）によって 13 州以外の合衆国北西部の広大な土地について統治の原則を定めた。その後，合衆国は，フランスからルイジアナ地方を購入し，西部地方へと拡大し，メキシコから独立したテキサス共和国を併合し，米墨戦争の結果メキシコ北部地方を入手し，さらには，アラスカを買入れ，ハワイを併合していった。その上，合衆国は，1898 年の米西戦争に勝利し，スペインのカリブ海と太平洋の植民地を手に入れた。このような合衆国の膨張過程において，合衆国憲法は，どのような役割を果たしたのであろうか。

　日本ではこのような合衆国の発展・膨張は，合衆国憲法の時代区分として説明されている。たとえば，アメリカ合衆国憲法の発足から第一次世界大戦までの期間を通暁して，「個性と声望ある大統領のもとでは，議会に対する大統領の地位，州権に対する連邦権力が優位する傾向にあったが，そのような傾向は，同時に，アメリカが内外で重大な問題に直面した緊急時にほぼ対応しており，そこにこそ，より基本的な理由があったといえる。そのような

緊急時の最たるものが，南北戦争（1861〜65年）であった」とし，「南北戦争につぐアメリカ憲法史の第二の画期は，1929年にはじまる大恐慌であった」と指摘されている[1]。このような合衆国憲法制定から南北戦争そして大恐慌というアメリカ憲法史の区分は，広く受け入れられているようである[2]。

しかし，合衆国憲法の発展過程が合衆国の膨張と拡大とどのように関係しているかについては，十分に説明されてきたとは言いがたい。西欧列強による世界の帝国主義支配とアメリカ合衆国の領土的膨張運動も終わった今日の時点から見れば，もはや合衆国の領土的拡大をめぐる憲法問題は，研究者のみならず，一般に関心を惹くテーマではないと見なされても当然かもしれない[3]。

2 美濃部達吉と合衆国憲法

わが国において合衆国の領土的拡大と合衆国憲法との関係に言及する研究がなかったわけではない。美濃部達吉博士は，『米國憲法概論』において「米國憲法の聯邦主義」に一章を割き，米国の構成を論じている[4]。この書は，大正7年（1918年）に出版された研究を改訂して，1947年に公刊されたものであるから，初版当時の日本においては領土問題は重要な関心事であっただけでなく，合衆国の領土的拡大はまだ継続していたという時代背景があって，比較的詳細な解説を施したのかもしれない[5]。

アメリカ合衆国の領土は，各州の領土と州に所属しない合衆国領土との2種類に分かたれるとして，美濃部博士は，連邦を構成する48州についてさらに次のように分類している（現時点から見れば，アラスカとハワイを加えて50州である）[6]。

これらの新たに合衆国に加えられた諸州のうち，直ちに州として合衆国に組み入れられたのは7州であって，その他の28州（その後，現在から見れば30州）は，まず連邦領（テリトリー＝Territoriy）として組織された後に州として承認されたと説明している。連邦領の憲法上の根拠として，合衆国憲法4条3節2項の規定，すなわち「連邦議会は，合衆国に直属する領地（territory）その他の財産について，これを処分し，またはこれに関して必要なす

べての規定および規則を定める権限を有する」を挙げて，この規定について次のように要をえた説明を加えている。

「テリトリーは，州と異なって自ら自己の憲法を定むるの権なく，其の統治組織は専ら合衆国の法律に依つて定まるものである。テリトリーとして組織されているのは主として未開の地方で人口も稀薄であり，いまだ自主的の団体をなし，その人口の十分に増加するのを待って始めて州として連邦の一員たらしめようとするのである。それであるから，テリトリーは本来一時的のもので州の組織をなすに至るまでの経過的の制度に外ならないのである。そのテリトリーたる間の統治組織は初期においては大統領の任命に係る官吏が統治の全権を握っていたものもあるが，なお進んだものに在って概ね人民の選挙に係る立法議会を組織し，議会において領域内の事件に付いての総ての立法権を行うのを通常としていた。合衆国議会にはテリトリーからも代表者を出すこともできるけれども，唯発言権が有るだけで，評決に加はるの権は無い。この如きテリトリーが漸次発達して，人口もまた加はるに至って，合衆国の法律に依りこれを州として連邦の一員に加へる」のであると[7]。

この承認手続きについては，合衆国憲法4条3節1項が「連邦議会は，新しい州の連邦への加入を認めることができる」と規定しているが，この加入にも2種類あって，「あるいは先ず合衆国の法律をもって『認許法』（Enabling Act＝授権法）を定めて，そのテリトリーの人民をして州憲法を作るために憲法会議を開かしめ，その憲法が確定すると共にテリトリーが直に州となるか，あるいはこれと反対にテリトリーの人民が先ず憲法を作り，しかる後合衆国議会の決議をもつてこれを州として承認するかの何れかの方法に依るのである」と解説している[8]。

次いで，合衆国の直轄地として，次のように領土を挙げている。

① コロンビア特別区（District of Columbia）——これは，憲法1条8節17項に連邦議会の権能の一つとして，「特定の州が譲渡し，連邦議会がそれをうけとることにより合衆国の政府の所在地となる地区（10マイル平方を超えてはならない）に対して，あらゆる事項に関する専属的な立法権を行使すること」という規定に該当する。

② アラスカ（Alaska）——これは，1867年3月30日の条約によってロシ

アから買収した土地であり，1912年8月24日の合衆国の法律によって直轄地として組織され，立法議会が設置された。総督（Governor）は，任期4年で大統領が任命する。

③　ハワイ（Hawaii）——これは，元来独立の王国であったが，1893年の革命の結果，共和政体となり，1898年8月12日に合衆国に併合された。1900年6月14日の法律によって直轄領として組織され，両院制の立法議会が設置された。総督（Governor）は，任期4年で大統領が任命する。

④　プエルトリコ（Puerto Rico）——これは，1898年12月10日のパリ条約によってスペインから合衆国に割譲されたもので，その政治組織は，1900年4月2日の合衆国の法律によって定められ，後に，1917年2月の法律によって改正された。行政権を有する総督は，合衆国大統領が任命し，任期の定めはない。二院制議会が置かれており，最初は下院のみが民選するところとされていたが，改正後は両院とも民選による。この議会の可決した法律に対しては，総督は，合衆国大統領の承認に基づいて拒否権を有する。

⑤　グアム島（Guam Islands）——プエルトリコとともに条約によってスペインから割譲されたものであるが，海軍根拠地として合衆国海軍省の所轄に属している。総督は，海軍の将官でなければならず，大統領がこれを任命する。

⑥　フィリピン群島（Philippine Islands）——これも，米西戦争の結果，パリ条約によってスペインから合衆国に割譲されたものである。その統治組織は，1916年8月26日の合衆国の法律によって改定された。民選による二院制議会が置かれているが，総督および副総督は，合衆国大統領が任命する。

⑦　米領サモア群島（American Samoa）——これは，1899年11月14日の英・米・独三国間の協約によって，サモア群島の一部をアメリカ領として承認したものである。海軍の根拠地として，海軍の司令官がその総督を兼任している。

⑧　米領ヴァージン諸島（American Virgin Islands）——これは，1917年1月

17日の条約によって，デンマークから買収したものである。

上記の領土のなかで①のコロンビア特別区は，現在でも合衆国議会の管轄に服しているのは当然であるとしても，②のアラスカと③のハワイは，1959年州に昇格し合衆国に組み込まれ，⑥のフィリピンは，独立国となった。したがって，合衆国の支配下に置かれているのは，④のプエルトリコ，⑤のグアム，⑦の米領サモアおよび⑧の米領ヴァージン諸島である。

さらに，第二次世界大戦後，合衆国は，日本の信託統治下にあった太平洋の島々を引き継いだ。合衆国は，これらの島々の独立も州への昇格も認めず，「自由連合（free-association）」という関係を採用した。「自由連合というのは，小国の従属国に独立に似た十分な自治を提供しつつも本物の独立を与えず，また，大国と統合しつつも実際には完全な統一や同化を保障しないことを目的とする政治関係である」と定義できる[9]。合衆国は，ミクロネシア連邦，マーシャル諸島共和国，パラオ共和国が合衆国とこのような関係を結んでいる。ミクロネシアのこれらの国々の自由連合協約は，次の四つの原則に基づく。①ミクロネシアにおける主権は，ミクロネシア人民と適正に設けられた政府にある。②ミクロネシアの人民は，自決権を有するがゆえに，独立あるいは自己統治を選んで，いずれの国とも自由に連合できる。③ミクロネシアの人民は，自己の憲法または政府を採択する権利を有する。④自由連合は，解除できる協定のかたちをとり，いずれの協定当事者も何時でも一方的に終了させることができる[10]。こうした原則は，ミクロネシアの国々を合衆国に統合する利益を認めつつ，統合の責任を回避しようとする意図に基づいているのである。

第2節　合衆国の膨張・拡大と合衆国憲法

美濃部博士は，以上のように合衆国の膨張過程を記述し，この膨張を可能とする合衆国憲法の根拠として，「連邦議会は，新しい州の連邦への加入を認めることができる」（4条3節1項）および「連邦議会は，合衆国に直属する領地（territory）あるいはその他の財産を処分し，これに関し必要なすべて規定および規則を制定する権を有する」（同節2項）を挙げている。さらに，

連邦議会の権限については，合衆国憲法には，「特定の州が譲渡し，連邦議会がそれを受けとることにより合衆国の政府の所在地となる地区（10マイル平方を超えてはならない）に対して，あらゆる事項に関する専属的な立法権を行使すること」（1条8節17項）と規定されているにすぎない。

したがって，アメリカ合衆国憲法には，領土の獲得と統治方法を直接規定する条項は存在しない。しかしながら，合衆国国土の拡大に伴う憲法問題ついいては，憲法制定者たち自身も自覚していなかったわけではない。1787年の「北西部条令」によって13州の外部にある北西部地域を合衆国に編入しようとしていたからある。その後，北西部条令の対象となった地域に加えて，トーマス・ジェファソン大統領は，1803年5月ルイジアナ地方をフランスから購入する条約を締結した（the Luisiana Purchase Treaty）。新たな領土の獲得について，財務長官のガラティン（Robert Gallatin）は，ジェファソンに次のような趣旨の手紙を送っている[11]。

① 一国としての合衆国は，領土を獲得する固有の権利を有する。
② 条約による領土獲得の場合は，条約締結権を与えられている憲法上の機関が，領土獲得を承認する憲法上の権利を有する。
③ 領土を獲得した場合には，連邦議会が新たな州として連邦に加える権限，もしくは州の同意を得て当該の州に併合する権限またはその領土の統治規則を定める権限を有する。

このルイジアナ購入は，19世紀アメリカの拡張の端緒となり，これによって，現在に至る北米大陸を合衆国の領土とし，北極から東アジアにまたがる帝国が造られていくこととなった。しかしながら，ジェファソンは，ルイジアナ購入を違憲ではないかという疑いを抱いていた。合衆国憲法には，領土獲得条項なるものがなかったからである。憲法上の根拠が曖昧なのにもかかわらず，ルイジアナ購入によって領土を拡大することは，憲法をないがしろにするのではないかと危惧したのである[12]。

ジェファソンは，領土獲得について憲法上の明確な根拠が必要だと考え，修正案を提出したが，結局，連邦議会は，ジェファソンの修正案を否決した。しかしながら，領土獲得について，憲法にまったく言及がないわけではない。前述のように合衆国憲法4条3節1項は，「連邦議会は，新しい州の

第 2 節　合衆国の膨張・拡大と合衆国憲法　　7

連邦への加入を認めることができる」としていわゆる州承認条項（the Admission Clause）を規定している。この規定は，北西部連邦領から州が形成されることを予定している。しかし，合衆国憲法の制定時に合衆国の一部であった領土からしか新たな州を創ることができないのかについては，議論があった。連邦議会は，既存の州の同意なしに，獲得した所有地を州に変更できる権限を有しないという主張も有力だったからである[13]。

　結局，連邦議会は，1787 年当時の合衆国領土であろうと，その後合衆国が獲得した領土であろうと，つまり領土獲得の時期を問わず，新たな州を承認することができるというのが州承認条項の正しい解釈だということに落ち着いた。ルイジアナ購入条約の 3 条は，「譲渡された領土の住民は，合衆国同盟に編入され，連邦憲法の原則に従ってできるだけ早期に，合衆国市民としてのすべての権利，特権および免除（all these rights, advantages and immunities）を享有することが認められなければならず，それまでの間，住民たちには，自由，財産および自ら信ずる宗教が維持され，保障されなければならない」と規定する[14]。この条文については，連邦議会で特に議論の的となった。北西部条令の原則に違背しようとも，ルイジアナ地方を植民地に留めておくべきであるというフェデラリストもいたからである[15]。ただし，条約の 3 条の文言だけからでは，ルイジアナ地方の州昇格を約束しているのか否かは明確ではない。しかし，1812 年にはルイジアナが，1889 年にはモンタナ，ノースダコタおよびサウスダコタが州として認められ，ワイオミングは 1890 年，オクラホマは 1907 年に州となった。このように，州昇格に時間差があるということは，新しい州を認めるという連邦議会の権能は，裁量権であるとも解される[16]。

　合衆国は，憲法上，条約によって領土を獲得できることは確かであるとしても，条約締結権によってのみ領土獲得が可能となるのではなく，その他の憲法上列記された権限にも基づかなければならないはずである。それが前記 4 条 3 節 1 項の「州承認条項」なのであるが，この連邦議会の権限が自由裁量であるとすると，つまり，連邦議会がこれを自由に行使できるとすると，条約による領土獲得はすべて合憲となる。条約によって，連邦議会には州承認の機会が与えられるのであるから，州承認は，連邦議会が自由に行うこと

ができることになるからである[17]。しかしながら，この場合でも，領土を獲得する時点で，当該領土の人口が増加して将来州となる可能性が認められるというような一定の制約が条約締結権に課せられているとも考えられる[18]。

第3節　先住民と合衆国の膨張・拡大

1　領土拡大と先住民

　ルイジアナ購入は，合衆国領土の拡大に伴う先住民問題も浮かび上がらせている。ジェファソンによる憲法修正条項は，次のように提案している。
　「ルイジアナ地方は，合衆国に編入され，その一部となる。土地の占有権と自治権は，今と同じようにインディアン住民に認められる。……合衆国の立法府は，権原を有する土地の占有権をミシシッピ河の東の合衆国国内でインディアンが占有する土地と交換する権限を有するものとする。……」と[19]。つまり，連邦議会の立法によって合衆国が望むミシシッピ河以東のインディアンの土地と交換でき，西側に住む白人は，獲得した東側の土地に移動できるというのである。
　ジェファソン大統領は，実際にこのような考えを具体化し，1804年のルイジアナ連邦領組織法にインディアンの所有地を交換する次のような条項を書き込ませた[20]。すなわち，「大統領は，ミシシッピ河の東側の居住し土地を有するインディアン部族と，ミシシッピ河の西側の合衆国の財産である土地とを，この部族が移動しそこに居を定める場合に，交換する協定を結ぶ権限が与えられている」（15節）と[21]。合衆国憲法には，連邦議会の権能として，「諸外国との通商および各州間ならびにインディアン部族との通商を規律すること」（1条8節3項）と規定されていたように，ジェファソンがインディアンに土地の占有権と自治権を認めるのは，彼らを合衆国内部の同輩市民として遇するためではない。ジェファソンは，先住民が先祖伝来の文化を維持することには関心がなく，獲物となる動物が急速に消滅しつつあり，野蛮な部族社会そのものが戦争，飲酒，疾病によって弛緩し，解体されつつあって，先住民族には未来はないと見ていた。土地を売り，白人の生き方を採

用し，白人と通婚して，結果的としてたくましい自作農として合衆国市民となることによって時代に適合した者だけが，最終的に生き延びることができると考えていたのである[22]。

1831年，マーシャル合衆国連邦裁判所首席裁判官は，インディアン部族を「外国（foreign nations）」ではなく，「国内従属国（domestic dependent nations）」であり，未開の状態にあるから，合衆国の被保護国であると判示している[23]。先住民は，独自の部族政府をもつことが可能となり，白人との強制的な同化による消滅を免れたが，マーシャルは，「インディアンの合衆国に対する関係は，被後見人の後見人に対する関係に似ている」とも述べており，インディアンには被征服者としての地位を確定したのである[24]。1885年には，先住民の居留地に対する合衆国刑法の効力が争われた事件において（カガマ事件）[25]，連邦最高裁判所は，合衆国の「領土政府は，すべての権限を合衆国の制定法に負っているのであって，この制定法が領土政府が行使する権限を与えているのであり，この権限は，連邦議会が何時にても撤回，修正または廃止することができる。……しかし，この領土の政府を組織し，その住民に法律を定める連邦議会の権限は，合衆国の領土その他の財産に関する準則と規則を改廃する連邦憲法の条項に由来するというよりも，領土が位置する国の所有権と排他的な主権に由来するのであって，この主権は，連邦政府に存在にするはずであって，それ以外にはどこにもないものなのである」と判示した。つまり，先住民部族は，国民を形成しているのではなく，連邦政府の主権に依拠する「地方の従属的な共同体」にすぎないことを確認したのである。

2 共和主義思想と領土拡大

ジェファソンの先住民に対するこのような見方の根底には，ヨーロッパに起源を有する共和主義思想が横たわっていた。それは，「多様な国民，人種および文化を包摂する帝国というよりも，古いアングロ・サクソン的な，さらには帝国以前のローマのモデルに由来する共和主義制度に統治される，起源と精神においてヨーロッパ的であり，経済においては農業に依拠する民族的な母国という地政学的な見方であった」。したがって，ジェファソンの合

衆国には，狩猟採取生活を営む先住民の居場所はなかった。先住民は，文明を受け入れないのであれば，滅ぶしかなかろうというのが彼の結論だったからである[26]。また，合衆国が「古いアングロ・サクソン的な共和主義制度」を受け継いでいるという自負は，ラテン・アメリカ諸国の独立後の政治運営能力に対する懐疑に変化する。ラファイエットに宛てた手紙で，「南方の同輩がスペインから独立を達成したことは，もはや問題ではない。しかし，彼らがどうなるかは，重大な問題である。無知と狂信は，その他の狂気と同じように，自己統治を不可能とする。彼らは，軍事独裁の支配に陥り，自分たちのボナパルトの野望ために虐殺の道具になるだろう」と，ラテン・アメリカ諸国の指導層の統治能力に疑問を呈しつつ，次のように結論づけている。「南アメリカ人たちの親愛なる兄弟」にとって最善の方法は，スペインと協定しつつも，フランス，ロシア，オランダおよび合衆国が保証し，「スペインには名目上の最高権力を認めつつも，自己統治権の経験，僧侶からの解放および情報の進展にともなって完全な独立の準備が整えられるまでは，すべての自治権を彼らに残すというもの」であると[27]。

マディソンも，合衆国領土の拡大についてジェファソンと同じ意見であった。民主主義制度の安定は，人口が増大し新たな領土に広がっていくことに基づいている，とマディソンは考えていたからである[28]。合衆国が領土の膨張を推し進めることを正当化するために，ジェファソンとマディソンは，西部へと拡大する救世主国家としての明白な運命を信ずるよう手を貸したのである[29]。

しかしながら，合衆国の指導者たちは，合衆国の膨張の対象として大陸の北西部地方を見ていただけではなかった。ジョン・アダムズの息子で，後の合衆国国務長官であり，大統領にも選出されたジョン・クィンシー・アダムズ（John Quincy Adams）は，ルイジアナの購入にも賛成であった。「マニフェスト・デスティニー」の言い回しを先取りするかのように，次のように述べている。北米大陸はアメリカの「自然の領土」であって，神の摂理により，大陸は，同じ一つの言語を話し，一つの宗教的・政治的原理に基づく制度を有し，一つの社会的慣行・慣習による生き方をしている国民が住むように運命づけられているのであると。そして，獲得された領土は，州として組織さ

れ，生命，自由および幸福追求を信奉するひとつの連邦にまとまらなければならないのである[30]。さらに，彼は，1819年2月22日，スペインとの間で署名したいわゆる「アダムズ＝オニス条約（the Adams-Onís Treaty）」あるいは「フロリダ条約（the Florida Treaty）」（その内容からすれば，「大陸横断条約（the Transcontinental Treaty）」という名称のほうが適切である）によって，フロリダを併合しただけでなく，ルイジアナ購入条約では不明確だった北米大陸でのスペイン領との境界を定めて，合衆国の領土を太平洋にまで拡大した（ただし，北西部地方の代わりにテキサスの領有権は，放棄した）[31]。さらに，アダムズは，1823年4月23日付のマドリードのアメリカ公使への手紙でキューバが地政学的に重要であって合衆国への併合が望ましいと記している[32]。

第4節　領土獲得の類型

　ルイジアナ購入後も，合衆国は，次々に新たな領土を獲得していった。しかし，領土獲得の形態は，一様ではなく，①外交によるもの（アラスカ，それからたぶんオレゴンも），②発見によるもの（グアノ諸島，おそらくオレゴン），③準征服（フロリダ），④併合によるもの（テキサスおよびハワイ），⑤明白な征服（カリフォルニア，南西部地域および島嶼領土）と多様である[33]。しかしながら，新領土の獲得とその統治機構の設立は，1787年の北西部条令の規定にも見られたとおり，連邦領住民の自治組織が設立される過程でもありうる。つまり，最終的に住民は，州への昇格をつうじて合衆国に編入されるのである。人口の希薄な地域では，先住民を排除しつつ，白人入植者を中心に自治組織が形成される。太平洋の小さな島嶼の場合には，軍事基地の重要性から合衆国の保護下におかれ，そもそも人口も少なく深刻な人種問題を引き起こす可能性も少なく，合衆国型の憲法が制定された。一方，テキサスとハワイの場合には，立憲主義国家の独立があった後に，合衆国に併合されたのであるから，合併以前にすでに独自の憲法典をそれぞれ制定していた。反対に，征服の場合には，いかにして憲法原理を新領土で実現するかが課題となる。新領土獲得の方法を列記すれば，次のとおりである。

　(1)　外交　アラスカ購入条約は，1867年4月9日，上院で承認された。

条約の3条で，地域住民は，「合衆国市民としてのすべての権利，特権および免責の享受が認められ，自由，財産および宗教の自由の享受が維持され，保護されなければならない」と規定されているが，州への昇格については言及されていない。1959年にアラスカは，州となるが，アラスカ購入当時は，州昇格の見込みがなかったので，購入は違憲であるという見解もあった[34]。サモア諸島も，1899年の合衆国，英国およびドイツとの条約によって合衆国に譲渡され，海軍基地が築かれた。ただし，条約締結権は大統領の権能に属するが，大統領の「執行権」に合衆国に領土を編入する権限が含まれるかについては疑問があり，正式なサモア獲得は，合衆国連邦議会がサモアについて制定法を可決した1929年であると解されている[35]。1903年，合衆国は，パナマ政府との条約によって主権こそ主張しないものの，パナマ運河地帯に対するあらゆる権利を獲得した（ただし，パナマ運河地帯は，1977年パナマに返還された）[36]。1917年には，合衆国は，海軍基地を建設するためにデンマークからヴァージン諸島を購入し，さらに，日本の委任統治であった北マリアナ諸島は，合衆国の信託統治に委ねられたのち，1981年，合衆国の保護領となった。また，日本の委任統治領であったが，その後合衆国の信託統治下におかれたミクロネシア連邦，マーシャル諸島およびパラオは，合衆国と自由連合条約を結び独立国となった（それぞれ1986年，1986年および1994年）。

(2) **発見** 1846年，合衆国は，英国との長年の交渉の結果，オレゴン条約によって現在のオレゴン州，ワシントン州，アイダホ州とモンタナとワイオミングの一部の土地を手に入れた。合衆国の領有の根拠は，アメリカ人が最初にオレゴン地方を発見したという主張に基づいていた[37]。海鳥の糞からなる肥料の原料グアノを採掘できる島の発見についても，同じ法理が適用され，合衆国の主権が及ぶとされた[38]。

(3) **準征服** 西フロリダに入植したアメリカ人たちは，1810年，独立を宣言し，合衆国への併合を求めた。これに応えて，マディソン大統領は，西フロリダは合衆国領土に属していると宣言し，1813年には，アメリカ軍は，西フロリダを占領した。1817年にミシシッピ州が誕生し

たときには，西フロリダの一部が組み入れられた。1819年にアラバマが州となったときにも，同じことが行われた。東フロリダは，スペイン領であったが，1819年のアダムズ＝オニス条約によって，合衆国に譲渡された[39]。ただし，この場合も，セミノールと総称されるインディアン諸部族との戦争（第一次セミノール戦争）に乗じて，アメリカ軍は，条約締結以前にすでに東フロリダを占領していた[40]。

(4) **併合** テキサスは，合衆国が一方的に併合したのではなく，形式的には「テキサス共和国」という独立国を併合したのである。まず始めに，メキシコ領であったテキサスにアメリカ人が入植し，この入植者たちがテキサスの独立を宣言したのが発端である。その後，テキサスと合衆国との条約によって併合が不可避となったが，テキサスが奴隷制を認めていたことから，合衆国北部の州がその併合に反対した。しかし，結局，1845年12月29日，連邦議会は，併合を承認した。ただし，議会では，併合に立法権を用いた手続きが問題となった。外国を併合するためには，条約締結権を用いるべきだというのである[41]。

合衆国憲法4条3節1項は，「連邦議会は，新しい州の連邦への加入を認めることができる」と規定しているのだから，立法によって譲渡された領土は州として認められるのであるが，条約についてはこれに相当する規定は存在しない。しかし，主権国家から領地を譲渡してもらう場合には，国内法では，主権国家を拘束することはできないはずである。譲渡してもらうためには，国際法が必要であるから，国際法によって譲渡を義務づける必要がある。ただし，テキサスのように主権国家が丸ごと合衆国に併合される場合には，外国の主権自体が存在しなくなるのであるから，制定法に基づいて併合することが可能である。この場合，条約の意義は，将来外国を州として認めるように立法を拘束するという点にある。このようにして，テキサス併合は，連邦議会の承認によって正当化された[42]。

ハワイの併合についても，連邦議会で類似の手続きがとられた。1898年7月7日マッキンリー大統領は，ハワイを合衆国に併合するという両院合同決議に署名した（効力が発生するのは，8月12日）。決議を用いた

のは，条約の承認に必要な上院での3分の2の賛成を得られなかったからである。この点では，ハワイ併合はテキサス併合と類似しているが，テキサスは州として併合されたが，ハワイは連邦領として合衆国のものとされた点がことなる。しかし，決議を用いたのは，ハワイが合衆国に併合され組み入れられた後の問題であるから，もはや条約の効力は問題ではなく，将来，ハワイが州に昇格する見込みがあれば，連邦領として組み入れられても，憲法上問題は生じない。ただし，ハワイ住民は，人種的に大陸の合衆国国民と同じではないという問題があったが，1893年の臨時革命政府は，白人に権力が集中する仕組みの憲法を採択していた[43]。ハワイ併合の問題は，臨時政府の正当性にあった。つまり，1893年にハワイの君主から政権もぎ取ったのは適法か否かという疑問である。この問題も，合衆国は，臨時革命政府をただちに承認することで，併合の合憲性の形式的要件を満たしていると説明されている[44]。

(5) **征服** 1846年に始まる米墨戦争は，1848年5月30日のグァダルーペ・イダルゴ条約（the Treaty of Guadalupe Hidalgo）の調印をもって終結したが，この条約によって，合衆国は，カリフォルニア，ネバダ，ユタだけでなく，ワイオミング，コロラド，アリゾナおよびニューメキシコの一部を入手し，6年後のガズデン購入条約（the Gadsden Purchase Treaty）で，メキシコからアリゾナとニューメキシコの残りの部分を手に入れた。グァダルーペ・イダルゴ条約9条は，カリフォルニアに残っている人々は，「合衆国に組み込まれ，憲法原則に従って，適当な時期に合衆国市民としてのすべての権利が認められなければならない」と規定し，一方でメキシコ国籍を維持する可能性も認めている[45]。

また，合衆国は，1898年の米西戦争の結果，キューバ，プエルトリコ，グアムおよびフィリピンを占領した。キューバは，合衆国への編入を拒否し，独立するが，その他の島嶼地域には，引き続き合衆国の主権が認められた。

第5節 アメリカ合衆国憲法と「マニフェスト・デスティニー」

1 テキサスの独立とテキサス憲法

　テキサスの独立運動は，メキシコでサンタ・アナ（Antonio López de Santa-Anna）が連邦制から中央集権制へと国家体制を大きく転換しようとした動きに反発したのがきっかけであった。1936年3月2日の「テキサス独立宣言」は，次のように主張している。

　政府が生命，自由および財産を守ることをやめ，中央集権的な軍事独裁に陥り，無政府状態になるときには，「そのような政府を廃止し，それに代わる政府を建てるという子孫に対する義務」があるとして，社会契約論に基づいて政府を建てる権利を主張する[46]。そして，「メキシコ政府は，入植法によって，テキサスのアングロ・アメリカ共和国に成文憲法を信頼してこの国の荒地に入植するように招待し約束したのであるが，この憲法によって，入植者は，その母国である合衆国で慣れ親しんでいた憲法上の自由と共和主義制度を享受し続けるはずであった。この期待は，無残にも裏切られ，メキシコ国民は，アントニオ・ロペス・デ・サンタ＝アナ将軍が統治形態を変更し，国の憲法を変更したことを承認したのであるが，将軍は，多くの犠牲を払って手に入れたわれわれの家を捨て去り，無慈悲に奪い取り，あらゆる暴政の中でも最も嫌悪すべき軍事的・宗教的暴政にわれわれを服従させるより他の道を示していない」と[47]。この「宣言」にいう憲法とは，メキシコの1824年憲法であり，その5条には，連邦を構成する州と領土として，「テキサス（Tejas）」が挙げられている[48]。この憲法は，正式名称を「メキシコ合衆国連邦憲法（Constitución Federal de los Estados Unidos）」というように，アメリカ合衆国憲法の影響をうけていた。むろん，そればかりでなく，スペインの1812年憲法，啓蒙思想などの影響も受けていると指摘されている[49]。

　テキサス独立宣言の内容は，次のように要約することができる[50]。
　① テキサス人民は，メキシコの1824年憲法の共和制を支持している。
　② 現在のメキシコ政府の専制に対しては，その勢力をテキサスから排除

③　連邦政府が破壊され，専制政治の行われている間は，テキサスは，メキシコから離脱・独立し，自身の憲法を制定する。
④　戦費を賄うために，兵士には土地を与え，市民として迎え入れる。

　サンタ・アナは，敗北し，囚われの身となり，結局テキサス独立を認めざるを得なかった。そして，独立したテキサスは，1836年に独自の憲法を制定する。この憲法は，合衆国憲法と各州憲法を参考に編まれている[51]。1836年憲法は，最初に三権分立原則を謳い，「この統治権は，三つの部門，すなわち，立法権，執行権および立法権に分けられ，永久に区分され別々でなければならない」と定めている（1条1節）。この1条の各節に掲げられた下院議員選挙（同条3節），上院議員選挙（7節）等の諸規定は，当時の州憲法の規定に倣ったもので特に独創的な規定ではないが[52]，上院議員の選挙人から黒人自由人およびインディアンを除外している。議会の権限については，「連邦議会は，共和国の共同防衛と一般の福祉の目的のために，租税，関税，消費税および船舶税を賦課し徴収する権限を有する」，と合衆国憲法1条8節の文言をほぼそのまま取り入れて規定している。その他の議会に権限についても，合衆国憲法の連邦議会に関する規定にならっている（2条）[53]。しかし，テキサス憲法の議会に関する規定は，連邦憲法における連邦議会の規定と根本的に異なる。連邦憲法の規定は，連邦の権能の限界を画するものであって，多くの権限は，州に留保されている。一方，テキサス憲法は，人民が保持するものを除いて，主権に由来するすべての権限を行使する単一政府を設けているからである[54]。

　大統領については，「この国の執行権は，第一執政官に付与され，テキサス共和国大統領と称せられる」と規定し（3条1節），民選によるが，再選を禁じている（同条2節）。この再選禁止規定は，メキシコの制度を嫌ったためであると指摘されている[55]。司法権については，「この国の司法権は，最高裁判所と議会が適宜命じ，設置する下級裁判所に付与される」と定め（4条1節），南部・北部諸州の憲法典を参照していると指摘されている[56]。

　テキサス人の権利自由は，「権利章典」に列記されている。この「権利章典」を規定する際にも，制定者たちは，合衆国憲法および諸州の憲法典を参

照していたと指摘されている[57]。たとえば,「何人も,社会契約を結ぶときに,等しい権利を有し,共同体から排他的な公的特権または報酬をえる資格を与えられない」(1条) と定めているが,この文言は,1819年のアラバマ州憲法1条1節に酷似しているし,3節の政教分離原則の文言は,合衆国憲法修正1条前段に類似している。6節の適正手続条項も,1832年のミシシッピ州憲法の1条10節に類似している[58]。さらに,権利章典は,合衆国憲法修正2条と同じように,「いずれの市民も自分と共和国を守るために武器を携帯する権利を有するものとする」と定め,「軍は,常にいかなる場合でも文民の権限に服さなければならない」(14条)と規定している[59]。武器の携帯については,1787年の北西部条令も触れていない。武器の携帯を認める合衆国憲法修正2条は,もともと連邦に対する権利であると解されていたからであるが,連邦領に適用されるべきだという主張がなかったわけではない。

そもそも,テキサス憲法の制定者たちの中には,他州での憲法制定会議での経験を重ねてきていた者も多かった[60]。トーマス・ラスク (Thomas J. Rusk) は,他州で憲法制定会議の経験はなかったもの,1836憲法制定に直接携わったばかりでなく,テキサス共和国が合衆国と併合し州となる際に制定された1845年のテキサス憲法の制定会議議長を務めた[61]。

1845年憲法制定者たちは,新憲法案を作成するについて1836年憲法を参照したが,連邦憲法と1844年から1845年にかけて作成されたルイジアナ州の新憲法も参考にしたと指摘されている[62]。したがって,テキサスの1845年憲法の権利章典は,他州のものに似ている。当時は,他州の権利章典を丸ごともってきて,文章に手直しして,採択するような州もあって,たとえば,1835年のアーカンサス州の憲法制定会議では,1834年のテネシー州の権利章典からとってきたと思われる。

テキサスの憲法制定議会での審議において,特に議論の対象となった問題が言論・出版の自由であった。「醜聞に満ちた新聞 (scandalous newspapers)」から市民を保護すべきだという声が上がったからである。表現の自由の絶対的な自由を支持する意見も根強く存在したが,結局,「または,印刷物が公共の情報にとって適切である場合」という文言が追記された。これは,1835

年のアーカンサス州憲法の規定にほぼ同じであった[63]。

しかし，法人企業については，制定委員会は，包括的な会社法の制定を勧告したが，テキサスは，国境地帯に位置し，独立・自立の気風が強く，銀行や企業法人に対して敵対的であって，1845年憲法にこれに関する規定は盛り込まれなかった。一方では，1846年のニューヨーク州では，企業活動に対して対応しようとしていた。産業の規模が拡大し，企業も巨大化するにつれて，当時の諸州の憲法は，このような状況に対処するのが急務であると示されていたが，テキサスは，開拓地であって開拓精神の支配下にあったのである[64]。

2 テキサス憲法と奴隷制

ポーク（James K. Polk）大統領は，このテキサス併合を歓迎して，1845年12月4日の連邦議会への教書で次のように説明している。「当時から最近まで，メキシコは，合衆国に対して敵対的な態度をとってきた。……アメリカの統治制度は，ヨーロッパのものとは全く違っている。ヨーロッパの様々な主権国家相互の間には猜疑心があって，そのうちの一国が他の国々よりも強大にならないように，『力の均衡（balance of power）』と呼ばれている状態をなんとかして作り出そうとする原因となった。これを北米大陸に適用しようとするのは許されない。北米大陸の人民のみが自分自身の運命を決める権利を有するという原理を，われわれはずっと維持しなければならない」と[65]。この「北米大陸の人民のみが自分自身の運命を決める権利」は，モンロー宣言を受け継ぐものであるが，この歴史的文脈においては，合衆国の北米大陸西部地方への領土拡大を正当化する原理として援用されている。

しかし，テキサスの1836年憲法と1845年憲法は，奴隷制を是認していた。メキシコの1824年憲法は，奴隷制度に言及していないが，すでに，独立運動の指導者の一人であるモレーロス（José María Morelos）は，1813年9月14日の憲法制定に関する意見において，「奴隷制は，永久に消滅し，身分階層も消滅し，何人も平等であり，アメリカ人（このアメリカ人はアメリカ大陸の住民という意味であり，具体的にはヌエバ・エスパーニャの住民を意味する―筆者注）は，徳と不徳によってのみ区別されるものとする」と記し[66]，

1813年10月5日の奴隷制を廃止する布告でも，「アメリカから奴隷制を取り除かなければならない」と述べている[67]。

メキシコ連邦政府は，1824年10月13日，奴隷制を廃止していた[68]。しかし，テキサスの白人入植者の大多数が，南部諸州の出身であって奴隷制を支持していた[69]。テキサスの1836年憲法は，キサス移住前に生涯奴隷であった有色人種は，依然として奴隷状態に留めおかれるとし，「議会は，移民が共和国に奴隷を持ち込むことを禁止する法律を制定することはできず，合衆国でその奴隷を保有していたものと同じ権利で奴隷を保有することを禁ずる法律も制定することはできない。議会は，奴隷を解放する権限を有しない。また，奴隷保有者は，共和国の境界外に奴隷を送らずに，議会の同意なしにその奴隷を解放することは許されない。アフリカ人の子孫の自由人は，全体であろうと部分であろうと，議会の同意なしに共和国に永住することはできない。さらに，アフリカ人もしくは黒人の共和国への移入または入国も，アメリカ合衆国からのものを除いて，永久に禁止され，海賊行為と宣言されるものとする」（「総則」9節）と規定し，奴隷制の維持を承認している[70]。この点で，テキサス人が中央主権的であると非難する1836年のメキシコの「七憲令（Las Siete Leyes）」の方が平等原則に忠実である。その第一憲令は，「メキシコ人」と「市民」を定義し，後者の要件について100ペソの収入を有することを掲げているが，この100ペソは，極めて低額であって，ほぼすべての男性メキシコ人は，この要件を満たしていたのであり，それ以外に人種を要件としてはいないのである[71]。メキシコでは，この奴隷制がテキサスへの反感を引き起こす一因となった[72]。

3 テキサス併合と「マニフェスト・デスティニー」

合衆国領土の膨張過程において，帝国主義的拡大を正当化するイデオロギーが誕生した。それが，「マニフェスト・デスティニー（Manifest Destiny）」である。19世紀半ばには，アメリカ人は，自分たちをアーリア民族の中でももっとも生命力と力に満ちている民族であって，アーリア人は西方に溢れ出て，ローマ帝国を活気づけ，ヨーロッパを席巻してイギリスに及び，さらに，大西洋を越えたと考えていた。アメリカ人は，自分たちが選ばれた人民

であって，イギリス人からアングロ・サクソンの優れた統治技術を受け継いだと信じていた[73]。

この考えは，1530年から1730年の間にイギリスの議会派と王党派との間で展開されたイギリスの歴史理論を受容する中で，独立革命前のアメリカ大陸のイギリス人植民者たちに受け入れられていた。ただし，植民人は，ホイッグ主義の歴史理論を受容していたのではあるが，本国の大方のイギリス人とことなり，急進派ホイッグの歴史理論を受け入れていた点が違っていた。この理論では，イギリスの憲法はノルマン人の征服以降の宗教的・政治的濫用を免れなかったゆえに，イギリスの制度を改革するためには，原初のアングロ・サクソン力強さを取り戻す必要があると考えられた[74]。このような歴史的文脈においては，アメリカの新たな憲法制度がアングロ・サクソンの古い伝統にさかのぼるという視点が強調されていた。

合衆国の政治制度がアングロ・サクソンに由来するという思想は，1830年代半ばから1840年代半ばにかけて変容する。その時代に，アメリカ人は，テキサス革命と米墨戦争においてメキシコ人と遭遇したからである。人種的な意味でのアングロ・サクソンという語が使われることは，1830年代半ばまではまれであったが，1840年代半ば以降は，ごく普通に見られるようになった[75]。

アメリカ人入植者によるテキサス革命は，合衆国とテキサスの双方で，不正な政府や暴政に対する反乱というだけでなく，最初から人種間の衝突と捉えられていた。メキシコ人は，スペイン人，インディアンおよび黒人の混血からなる自己統治に不向きの劣った人種と見なされたからある。1836年，テキサスは独立し，「テキサス共和国」となるが，その後，テキサスと合衆国の双方で再併合の機運が盛り上がった。オーサリヴァン（John L. O'Sullivan）がアメリカ合衆国には「マニフェスト・デスティニー（明白な使命 = Manifest Destiny）」があるというという考えを生みだしたのは，1845年，このテキサス併合問題をめぐる議論の中であった[76]。彼は，「われわれは，人類の進歩に立つ国民である」とし，「われわれの使命を果たすためには，――良心の自由，身体の自由，交易と事業の追求の自由，自由と平等の普遍性（freedom of conscience, freedom of person, freedom of trade and business pursuits, universality of freedom and equality）——われわれの組織原理が全面的に発展するよう前進しなければならない」と説いている。そして，「これが，われわれの使命であり，このすべてがわれわれの歴史となるだろう」と予言し，その使命を果たすために，「アメリカが選ばれたのである」と宣言している[77]。ここでも，四つの自由を挙げていることが興味深い。この四つの自由を敷衍すれば，「良心の自由」は信教に自由を，「身体の自由」は適正手続きに係る自由を，「交易と事業の追求の自由」は，財産権と契約の自由を意味し，これらの自由は，平等原則に基づいているという意味で「自由と平等の普遍性」が挙げられている。そして，その統治形態は，「共和制」でなければならず，君主や貴族は「圧政」につながるとして峻拒される。ただし，すべての民族が自己統治に適しているわけではなく，進歩の障害物は，除去されなければならないことになる。オーサリヴァンは，蛮族は消え去る運命にあるし，退化したスペイン系メキシコ人は，アングロ・サクソン人種の美徳を受け入れる状態にないから，政治的統合について議論することもありえないと断じている[78]。

第6節　米墨戦争と米西戦争

1　米墨戦争と領土獲得

テキサス併合後，さらに，合衆国は，1848年に米墨戦争に勝利した結果として，メキシコの合衆国併合が問題となった。しかし，メキシコ人が人種的に劣っているために合衆国の政治制度に向いているかについて連邦議会においても疑念が噴出し，メキシコ併合に反対論が相次いだ。メキシコの併合をアメリカの使命を強調することで積極的に正当化しようとする議論は，テキサス最後の国務長官アシュベル・スミス（Ashbel Smith）の発言に見ることができる。「米墨戦争は，この大陸においてアングロ・サクソン人種に与えられた使命，運命をなしている。この大陸をアメリカ化するのが我々の運命であり，使命である。一度劣化してしまった国民は，外国の征服によるほか再生されず，それが，劣化したメキシコの定められた運命である。剣は，文

明をもたらす偉大な手段であって, 剣は, 通商, 教育, 宗教そして道徳と人間性をもった調和を作るあらゆる力でもある」と説いていた[79]。その他, 併合が可能であるという議論も, 人種的偏見, つまり, 大部分のメキシコ人インディアンは消えていくであろうし, アングロ・サクソンのアメリカ人が全世界に満ちる定めにあるという理由に基づいていた[80]。

この「マニフェスト・デスティニー」も, メキシコ人から見れば, 情景は一変する。荒々しい西部開拓は, 土地と利益に飢えたもっと洗練されて抜け目のないアメリカ人がやってくるのではないか, アメリカ人の手でメキシコの文化が滅ぼされてしまうのではないかという恐れを, メキシコ人は抱いていたからである。メキシコ人は,「マニフェスト・デスティニー」のアングロ・アメリカ中心主義を恐れるがあまり, 十分な戦争の準備のないままに合衆国と戦ったのである[81]。

結局, 1848年2月2日のグァダルーペ・イダルゴ条約[82]によって, アメリカ合衆国は, リオ・グランデ河を国境と定め, メキシコ全体の併合は見送られた。条約の8条は,「先にメキシコに属していた領土に居住していた者で, 将来もこの条約で定められた合衆国の領内に留まるメキシコ人は, 自由に現在の土地に居住し続けることもでき, もしくは何時にてもメキシコ共和国に移動することもでき, 現在の領土で有している財産を保持しても, それを処分し, 代金に換えて持っていってもかまわない」（1項）と定めるが, メキシコ国籍を選ぶか, 合衆国国籍を選ぶかの選択は1年以内に行わなければならない（2項）。そして,「前記領土にいて, メキシコ共和国市民の性格を維持しないメキシコ人は, 前条に定められたところに従い合衆国に編入され, 合衆国憲法の原理に従って合衆国市民としてのすべての権利の享受ができるだけ速やかに認められなければならない」（9条1項）と規定する。ただし, 現在蛮族の占拠する領土については, 蛮族の不意打ちの被害が甚だしいゆえに, 合衆国政府は, このような不意打ちを抑制し, これを防げなかった場合には,「合衆国政府は, これを処罰しなければならない」（11条1項）と規定している。ニュー・メキシコとカリフォルニアは, 広大な過疎地域でもあって, 最少の人口にして最大の領土であったがゆえに, 大多数のアメリカ人に受入可能な領土であった。[83] したがって, 米墨戦争後は, 合衆国の膨張

が人口凋密地帯にまで拡大するのであれば，この拡大は，植民地支配によるか経済的浸透による以外の途はなくなった。合衆国の共和政体は，すべての人種に向くものではなく，連邦制度にも限界があるというのがその理由であった[84]。

カリフォルニアでは，ほとんどのアメリカ人は，自分たちの政治制度は白人のアングロ・サクソンのためのものであると信じていた。実際，1849年のカリフォルニアの憲法制定会議において，議論の焦点となったのは，選挙人資格の問題であった。先住民の血をひく多くのメキシコ人が併合前には，市民として政治に参加していたからである。討論の結果，黒人とインディアンは，政治過程から排除されることとなった[85]。こうして，併合後のカリフォルニアは，アメリカの膨張の力と矛盾の小宇宙といえる。国境を越えて将来の富と繁栄をもたらし，アジアの深い暗闇に恵みの光をあてて，アングロ・サクソンのアメリカ人民の能力を完全に確信し，アングロ・サクソンに属さない人種を実際上拒否し，抑圧するという思想が渦巻いていたからである[86]。

むろん，メキシコ人は，このような人種理論を受け入れなかった。メキシコ人は，自分たちが人種的に能力が劣っていたから敗北したというのは，皮相な見方であると考えた。敗北の原因は，人種にあるのではなく，社会構造にあると考えたのである。つまり，国民意識を欠く先住民に加えて，ヨーロッパ人種と混血人種がいて人種的に多様であって，交易は外国人に握られ，農業は農地がカトリック教会の所有となっているために振るわず，裁判も存在しないにひとしく，鉱山業も，その所有者を富ますのみであり，産業技術にも見るべきものがないと，社会構造の病理を指摘する[87]。しかし，このメキシコ社会の病理の処方箋として，自由主義原理に基づいて社会を変革することによってその問題点を改善できるはずだという思想が生まれた[88]。

合衆国領土の膨張は，北米大陸西岸で停止しなかった。「建国の父祖」たちがカリブ海に眼を向けていたことは既に述べたが，19世紀中葉，ジョン・クィンシー・アダムズの足跡をたどって，合衆国の領土拡大を説いた人物に，リンカーン大統領とジャクソン大統領の下で国長官を務めたウィリアム・シーワッド（William Henry Seward）がいる[89]。シーワッドの構想は，ア

メリカを商業帝国主義国に育てることであった。この帝国においては，アメリカ人には平和と繁栄が約束され，他の国民にはアメリカの最良の文明がもたらされるはずであった。そのために，戦略的に重要な位置にある島嶼を獲得して，アメリカが大洋を横断する交易のための基地を建設することを提案しただけでなく，中央アメリカの地峡を開削し運河を建設し，大陸にまたがる通信制度を設け，有力な貨幣としてドルが受容されることを構想したのである。つまり，すべての国民に平等な機会が認められる世界的な協調環境を外国と交渉して造り上げようとしたのであるが，最終的手段としての合衆国の軍事的能力を強化することも忘れてはいなかった[90]。

1890年，アルフレッド・マハン（Alfred Thayer Mahan）は，『海上権力史論（The Influence of Sea Power upon History, 1660-1783.）』を，その2年後には，『フランス革命時代の海上権力史論（The Influence of Sea Power upon the French Revolution and Empire, 1793-1812.）』を著した。マハンは，海上権力が大英帝国とフランス帝国との覇権争いの帰趨を決定したばかりでなく，イギリスは，貿易においても覇者となる決定的な要因となったと論じ，マハンのテーゼは，帝国主義時代の波に乗って指導者たちの常識になった。この論理からは，ハワイ，カリブ海の基地および地峡の運河が合衆国にとって重要であることがただちに導き出される[91]。そして，このマハンのテーゼを合衆国の政策に適用しようとした人物が，ヘンリー・ロッジ（Henry Cabot Lodge）であった。ロッジは，合衆国が帝国になることを追求したが，それは経済的な利益と合衆国の安全を願っただけでなく，アメリカ国民の偉大さを世界に示そうという飽くなき願望を抱いていたからである[92]。ロッジは，この目的を追求するために自由のためのアメリカ帝国という言い回し用いていたにすぎない。米西戦争において，キューバ人の解放について弁じつつも，その実キューバの併合を考えていた。ハワイの併合，地峡地帯の運河の建設と支配，ヴァージン諸島の購入等も，ロッジの「大きな政策（large policy）」を反映していたのである[93]。

2 米西戦争と領土獲得

合衆国は，1898年の米西戦争の結果として，キューバ，プエルトリコ，

グアムおよびフィリピン占領したが,特に,フィリピン諸島の占領については,合衆国が異民族を抱えることに対する疑義が提示された。ジョージ・ヴェスト (George Vest) 上院議員は,次のように論じている。

領土獲得とその領土に対する統治権は,連邦政府が有しているが,「合衆国の州になる希望も見通しもないままに,市民でもない何百万人もの被治者が住む植民地として維持するために,領土を獲得できること」まで賛成できない。というのは,連邦議会がいつまでも領土を保持できるとすると,「実際には憲法を悪用して,憲法が考えたこともない植民地制度を確立する」ことになるからである[94]。

しかし,パリ条約の当事者であったマッキンリー大統領自身,次のような声明を発している。

「毎夜,夜中まで,ホワイト・ハウスの床の上を歩いた。そして,こう諸君にいっても恥だとは思わない。わたしは,膝を屈して,万能なる神に光と道を求めて一夜ならず祈ったと。ある晩遅く,こんな風に考えが浮かんだのである。どうやって思いついたのか分からないが,こういう考えが浮かんだのである。①フィリピンをスペインに返すことはできない。これは,臆病で恥辱であろう。②フランスやドイツにも渡すことはできない。両国は,東洋での商業上の競争相手であるし,悪しき事業で信用を失うだろう。③フィリピン自体に委ねるわけにもいかない。フィリピンは,自己統治に適さないし,スペイン以上に混乱と悪政になるだろう。④われわれには,フィリピンを占領し,フィリピン人を教育し,向上させ,文明化し,キリスト教化し,神の恩寵によって,キリストがそのために死にいたったわれらの同輩として,最善を尽くすより外に道はない」と[95]。

アメリカ人は,フィリピン諸島の獲得においてそれまでとは異質な何かを感じ取ったのである。1854年までに,合衆国は,カリフォルニアと南西部をメキシコから奪い取ってアメリカ本土の領土獲得を終わらせていた。半世紀後,アメリカは,南はカリブ海へ,北はアラスカへ,西はフィリピンへと拡大していた。これら地域も条約と併合によって獲得したのであった。しかしながら,それ以前の領土獲得とは,違う点が二つあった。すなわち,①この領土のほとんどを,征服の結果獲得したことと,②1854年以後に獲得し

た全領土は,人種的,文化的および地理的に本土とはかけ離れていて,将来州として昇格させるのに適格なのかについて疑いを招いたことである[96]。

---

1) 樋口陽一『比較憲法[全訂第3版]』(青林書院,1992年)349～41頁。ごく簡単に触れるものもある。水木惣太郎『比較憲法史』(有信堂,1965年)205～6頁。
2)「憲法成立前史」,「憲法制定」,「憲法制定から南北戦争まで」,「南北戦争からニュー・ディールまで」,「ニュー・ディール以降」および「現在」という歴史区分が用いられている。松井茂記『アメリカ憲法入門[第6版]』(有斐閣,2008年)1～9頁。憲法を軸とするアメリカ法の歴史を「植民地時代」,「新国家の誕生」,「新しい国家の発展」,「ジャクソニアン・デモクラシー」,「南北戦争前後」,「自由放任主義対革新主義」,「ニュー・ディールから冷戦期まで」および「1960年代以降」に区分する見解も,同じような時代の画期を設定している。田中英夫『英米法総論[上]』(東京大学出版会,1980年)187頁以下参照。
3) 比較憲法学においても,合衆国憲法の歴史的展開というより,近代立憲主義憲法の一類型として,その制定過程と修正条項が記述されているにすぎない場合がある。辻村みよ子『比較憲法』(岩波書店,2003年)19～22頁。
4) 美濃部達吉『米國憲法概論』(有斐閣,1947年)33～5頁。
5)「本書第一版は大正七年十一月に『米國憲法の由來及特質』が元であって,爾來三十年近くを經過し,其の書も久しく絶版となってゐたが,我が新憲法の制定實施に依り民主主義が新たに我が憲法の基礎を爲すに至ったのに伴い」版を改め,出版したものであると断っている(同前・「序」)。ただし,この研究は,「当時の日本憲法学の興味を反映してか,その考察は専ら統治機構の面に向けられており,裁判所による基本権の保障についてはほとんど触れるところがない。美濃部教授は,連邦主義,民主主義,三権分立主義の三つを米国憲法の特質とかかげ,そのおのおのについて説明を加えるという形式で叙述を進めておられるが,違憲立法審査制については,初歩的な説明をしているにとどまる。また人権の保障についても,民主主義の項に八頁ばかり,不完全な説明があるにすぎない」と批判されている。田中英夫『憲法制定過程覚え書』(有斐閣,1979年)220頁。この批判は,正鵠を射ているとしても,戦後の憲法学は,合衆国憲法は,理想的なモデルと受け取るあまりに,逆に合衆国の膨張・拡大過程と憲法との関連性が見過ごされている。ただし,田中英夫『アメリカ法の歴史(上)』(東京大学出版会,1968年)においては,「北西部条令」やルイジアナ購入による憲法問題について言及している(101頁および152頁)。
6) 現在のアメリカ合衆国は,50州から構成されているが,この本が出版された当時,アラスカとハワイは,まだ州に昇格していなかったため,48州とされている。
7) 美濃部・前出注(4),35～6頁。
8) 同前,36頁。高木八束教授も,次のように合衆国憲法4条3節2項を解説している。「條約締結権は領土獲得の權を含む。然し領土の合衆国への〔聯邦〕編入の權は,

獨り議會にのみ属し，それは，聯邦への新州としての加入によるか，或は單に，憲法の適用の該領土への擴張によるか，の二途によつて行われる。／　聯邦に編入された領地 (incorporated territories) の住民は，合衆國の市民であり，合衆國憲法の完全なる保護を受ける。聯邦未編入 (unincorporated) の領地に於て，聯邦議會は，單に個人の『基本的權利』に關する規定の制限以外には，殆ど拘束のない規律，支配の權限を有する」と述べて，アラスカは「編入された領地」（通説では，ハワイも「編入された領地」)，プエルトリコ，独立前のフィリピン，グアム，パナマ運河地帯等は未編入領地であると説明している。高木八束『米國憲法略義』（有斐閣，1947年）58～9頁。

9)　STATHAM JR., E. Robert, *Colonial Constitutionlism: The Tyranny of United States' Offshore Territorial Policy and Relations*, Lexinton Books, Lanham, 2002, p. 124.
10)　*Ibid.*, p. 125.
11)　MARONE, Dumas, *Jefferson the President, First Term 1801-1805*, Little, Brown and Company, Boston, 1970, p. 312.
12)　ジェファソンは，1803年9月7日付の私信で次のように論じている。「われわれの安全の特質は，成文憲法典をもっていることにある。これを解釈によって白紙にしてしまわないようにしよう。条約締結を無制限だと解する者の意見にも同じことがいえる。この意見が正しいとすると，われわれは，なんらの憲法も持たないのである。締結権には制約があるとするなら，制約は，憲法が付与する権限の定義にほかならない。憲法典は，連邦政府に許される作用を特定し，記述しており，この作用を実施するのに必要なあらゆる権限を与えている。……そこで，時と試練の示すところから缺欠している権限を追加し，憲法の修正によって憲法を補完しようではないか」と。
"A Constitutional Amendment: To Wilson Cary Nicholas," *Jefferson Writings*, The Library of America, New York, 1984, pp. 1140-1.
13)　LAWSON, Gary & SEIDMAN, Guy, *The Constitution of Empire: Territorial Expansion & American Legal History*, Yale University Press, New Haven, 2004, p. 73; MARONE, *op. cit.*, p. 329.
14)　LAWSON & SEIDMAN, *Ibid.*, p. 78.
15)　MARONE, *op. cit.*, p. 330.
16)　LAWSON & SEIDMAN, *op. cit.*, p. 80.
17)　*Ibid.*, p. 83.
18)　*Ibid.*, p. 85.
19)　WALLACE, Anthony J. C., *Jefferson and the Indians: The Tragic Fate of the First Americans*, Belkap, Harvard, 1999, p. 255.
20)　W. T. ヘーガン／西村頼男・野田研一・島川雅史訳『アメリカ・インディアン史［新装版］』（北海道大学図書刊行会，1989年）75頁。
21)　THORPE, Francis Newton, *The Federal and State Constitutions, Colonial Charters, and Other Organic Law of the State, Territories, and Colonies Now or Heretofore Forming the United States of America*, V. 3., Government Printing Office Washington, 1909, (Nabu Press,

2010), p. 1370.
22) WALLACE, *op. cit.*, p. 276. ジェファソンは，貧困を解決するには未耕地を分け与えることが必要であると考えていた。「どの国でも未耕地があって職のない貧者がいるならば，財産法が肥大して自然権（natural right）を侵すようになっているのは明白である。大地は，人が労働し，暮らしてくための普通株として与えられている。小地主は，国のもっと貴重な部分である」と述べている（"Property and Natural Right: To James Madison," *Jefferson Writings, cit.*, pp. 841-2.）。先住民の生き方は，とうぜんこれには当てはまらない。
23) 1831年のチェロキー国民対ジョージア州事件（*Cherokee Nation v. State of Georgia*, 5 Peter 1 (1831) 1)。上田伝明『インディアン憲法崩壊史』（日本評論社，1974年）46〜8頁。マーシャル首席判事は，1823年のジョンソン対マッキントッシュ事件（*Johnson v. M'Intosh*, 21 U. S. (8 Wheat) 543）で，「この広大な大陸を発見すると，ヨーロッパの大国は，各国ともにできるだけ多くの領土をわがものとしようとした。……住民の性格と宗教を口実として，この住民たちはヨーロッパの優れた才能が支配できる人々だと考えることができた」とも判示している。PEREA, Juan F., "Fulfilling Manifest Destiny," BURNETT, Christina Duffy & MARSHALL, Burke, (ed.), *Foreign in a Domestic Sense: Puerto Rico, American Expansion, and the Constitution*, Duke University Press, Durham, 2001, p. 142.
24) スーザン・小山『白人の国，インディアンの国土―正義と賭博と部族国家』（三一書房，1996年）107頁。その上，この判例も，政府が尊重したわけではなく，アンドリュー・ジャクソン大統領は，チェロキー族を遠くオクラホマに追いやってしまい，この旅路は，「涙の街道」として知られている（同前，106〜7頁）。
25) *The United States v. Kagama*, 118 U. S. 375 (1886)
26) *Ibid.*, p. 17. トクヴィルは，1830年代初めの合衆国における先住民の状態について，スペイン人の先住民の扱い方と対比しつつ，次のように結論づけている。「スペイン人たちは，他に類例を見ないほどの残虐非道のやり方で，みずからぬぐいさることのできない厚顔無恥の恥さらしのことをしたが，それにしてもインディアン種族を絶命することはできていないし，そしてこの種族がスペイン人たちの権利を分かちもつのを妨げることさえもできていない。連邦のアメリカ人たちも，これら二つの結果をなしとげている。けれども驚くばかり容易に，平穏に，合法的に，博愛的に，そして，混血することなしに，すべての人々から見て道徳の大原則を一つもおかすことなく，それは行われているのである。人道の法則をこれほどよく尊重しながら，しかも人間をこれほどうまく破滅させることはできないであろう」と。A・トクヴィル／井伊玄太郎訳『アメリカの民主政治［中］』（講談社学術文庫，1987年）336頁。
27) "Era of Good Feeling: To Lafayette," *Jefferson Writings, cit.*, pp. 1408-9; SCHOULTZ, Lars, *Beneath the United States: A History of U. S. Policy toward Latin America*, Harvard University Press, 1998, p. 6.
28) WALLACE, *op. cit.*, p. 206.
29) *Ibid.*, p. 338.

30) IMMERMAN, Richard H., *Empire for Liberty: A History of American Imperialism from Benjamin Franklin to Paul Wolfowitz,* Princeton University Press, Princeton, 2010, p. 68.
31) WEEKS, William, Earl, *John Quincy Adams & American Global Empire,* The University Press of Kentucky, Lexington, 1992, p. 176.
32) 「キューバ島はメキシコ湾や西インドの海を見渡すような位置にあって，……この島は，我々の国益にとって重要なのであって，他の領地とは比べものにならないし，全連邦の別々の構成員を一つにまとめている利益にほとんど劣ることもない。
　　……物理学の重力だけでなく，政治的な重力の法則も存在する。リンゴが嵐によって生まれた木から切り離されて，地面に落下せざるをえないのであれば，キューバも，その不自然なスペインへの関係から無理にでも分離されて，自分だけでは支えきれず，北アメリカの連邦の方に引き寄せられざるをえず，連邦も，同じ自然の法則によって，この島をその胸から払い落とすことはできないのである」と。GOTT, Richard, *Cuba: A History,* Yale University Press, New Haven, 2004, p. 326.
33) LAWSON & SEIDMAN, *op. cit.,* p. 86.
34) *Ibid.,* p. 107.
35) *Ibid.,* p. 116.
36) *Ibid.*
37) *Ibid.,* pp. 94-5.
38) *Ibid.,* p. 99.
39) この条約は，北米大陸における合衆国とスペイン領（ヌエバ・エスパーニャ副王領）との国境を画定するものであるが，この条約によってフロリダは，合衆国に譲渡された。
40) *Ibid.,* 89-91.
41) *Ibid.,* p. 92.
42) *Ibid.,* pp. 93-4.
43) *Ibid.,* p. 109. たとえば，臨時革命政府を援助した外国人もハワイ市民と同じ特権が認められる（1884年憲法17条2節）。*Constitution of the Republic of Hawaii and Laws Passed by the Executive and Advisory Councils,* BiblioBazaar, Carleston, 2010, p. 80.
44) LAWSON & SEIDMAN, *op. cit.,* p. 110.
45) *Ibid.,* p. 104.
46) THORPE, *The Federal and State Constitutions,..., cit.,* V. 6, p. 3528. このような思想は，ロックの『市民政府二論』で展開されてよく知られているが，直接的には，アメリカ独立宣言の影響を受けているものと思われる。アメリカ独立宣言は，「しかし，長きにわたる暴虐と簒奪が，常に同一の目的の下に行われることによって，人民を絶対的な専制に服従せしめようとする企図が明らかになるときは，このような政府を廃棄し，人民の将来の安全のために新たな保障の組織を整えることは，人民の権利であり，また義務である」と謳っている。樋口陽一・吉田善明『解説世界憲法集［第4版］』（三省堂，2001年），66〜7頁。
47) REYES HEROLES, Jesús, *El liberalismo mexicano, II. La sociedad flucuante,* Fondo de

Cultura Económica, México, 1982, p. 236; THORPE, *The Federal and State Constitutions...*, cit., V. 6, pp. 3528-9. 同時期のユカタン州の独立運動との類似点も指摘されている。テキサスの入植者は，自らの良心に従って至高の存在を崇拝する権利がないと苦情を述べており，一方，ユカタン州も，連邦制の維持と連邦契約が破棄されたという議論を述べているだけでなく，「宗教問題に関して，その人民の福利と繁栄に適切な事項を決める」州の権利を主張していたからである（REYES HEROLES, *op. cit.*, p. 238.）。

48) Texas を意味する。

49) TENA RAMÍREZ, Felipe, *Leyes fundmentales de México 1808-1989*, pp. 167-95; CARILLO PRIETO, Ignacio, *La ideología jurídica en la constitución del estado mexicano 1812-1824*, Universidad Nacional Autónoma de México, México, 1981, p. 177. 1824 年憲法は，合衆国憲法に倣った連邦制を採るが，合衆国憲法とことなり，カディス憲法にならって国教を定めている（3 条）。また，連邦議会の権能として，技術教育の促進だけでなく，州の公教育に関する法律を制定できると定めている（50 条 1 号）。財産権の保障（112 条 3 号），遡及効の禁止（148 条），拷問の禁止（149 条），住居の不可侵（152 条），政治的表現の自由（171 条）なども規定されているが，「権利章典」が掲げられているわけではない（*Ibid.*, p. 182-4.）。これらの規定は，その掲げられた位置から，三権のそれぞれに向けられていることが分かる。たとえば，財産権の保障は，5 編 4 節の「大統領の権能とその制約」の「制約」にあたり，遡及効の禁止，拷問の禁止，住居の不可侵は，同 7 節「すべての州と連邦領において裁判が服すべき一般準則」にあたる。ただし，政治的表現の自由は，最後の編の「憲法および憲法的法律の遵守，解釈および改正」に置かれ，「メキシコ国民の自由と独立，その宗教，出版の自由，連邦および州の三権分立を定めるこの憲法または憲法的法律の条文を改正することはできない」と規定し，憲法改正権の限界を画する原理と捉えている（*Ibid.*, p. 185.）。

50) 上田伝明『マニフェスト・デスティニとアメリカ憲法』（法律文化社，1988 年），43〜4 頁。

51) 基本的には，合衆国憲法の影響が強いと指摘されている。MAY, Janice C., *The Texas State Constitution: A Reference Guide*, Greenwood Press, Westport, 1996, p. 4.

52) RICHARDSON, Rupert H., "Framing the Constitution of the Republic of Texas," *The Southwestern Historical Quarterly*, V. 31 (January 1928), pp. 209-10.

53) *Ibid.*, pp. 210-1.

54) *Ibid.*, p. 211.

55) *Ibid.*, p. 212.

56) *Ibid.*

57) *Ibid.*, p. 213.

58) *Ibid.*

59) この文言は，ペンシルバニアの反フェデラリスト派が支持した修正案に近い。AMAR, Akhil Reed, *The Bill of Rights*, Yale University Press, New Haven, 1998, p. 47.

60) リチャード・イーリス（Richard Ellis）は，1819 年のアラバマ州憲法制定会議に参加していたし，サミュエル・カーソン（Samuel Carson）は，1835 年のノース・カロ

ライナ州憲法制定会議の代議員であったし,マーティン・パーマー (Martin Parmer) は,1819年のミズーリ州憲法制定会議に出席していた。*Ibid.*, pp. 195-5.

61) PAXTON, Frederic L., "The Constitution of Texas, 1845," *The Southwestern Historical Quarterly*, V. 18 (April 1915), p. 387.
62) *Ibid.*, p. 390.
63) *Ibid.*, p. 395.
64) *Ibid.*, pp. 397-8.
65) HOLED, Robert H. & ZOLOV, Eric (ed.), *Latin America and the United States: A Documentary History*, Oxford University Press, 2000, pp. 21-3.
66) TORRE VILLAR, Ernesto de la, *La Constitución de Apatzingán y los gobernadores del estado mexicano*, 2ª ed., UNAM, México, 1978, p. 375.
67) *Ibid.*, p. 352.
68) LYNCH, John, *The Spanish American Revolutions 1808-1826*, Weidenfeld and Nicolson, London, 1973, p. 332.
69) MAY, *op. cit.*, p. 7. 南北戦争の際には,テキサスは,連邦から脱退し,アメリカ連合 (Confederacy) に加わった。そのため,1861年憲法では,はっきり奴隷制の維持を謳っている (*Ibid.*, p. 7)。
70) 議会は,「法律を制定してはならない」という (Congress shall pass no law...) 文言は,合衆国憲法修正1条の表現 (Congress shall make no law...) に類似している。また,「議会は,……権限を有しない (nor shall congrss have power to...)」という文言は,合衆国憲法の「連邦議会は,……権限を有する (Congress shall have power to...)」(1条8節1項,3条3節2項,4条3節2項) という表現の否定形である。
71) SORDO CEDEÑO, Reynaldo, *El Congreso en la primera república centralista*, El Colegio de México, Instituto Tecnológico Autónomo de México, México, 1993, p. 201.
72) BRACK, Gene M., *Mexico Views Manifest Destiny: An Essay on the Origin of the Mexican War*, University of New Mexico Press, 1975, p. 62.
73) HORSMAN, Reginald, *Race and Manifest Destiny: The Origins of American Racial Anglo-Saxonism*, Harvard University Press, Cambridge, 1981, p. 5.
74) *Ibid.*, p. 15.
75) *Ibid.*, pp. 208-9.
76) *Ibid.*, p. 219.
77) GRAEBNER, Norman A., *Empire of the Pacific*, Ronald, New York, 1955, p. 17. 上田教授は,「マニフェスト・デスティニー」に関する諸説を検討して,「マニフェスト・デスティニー」とは,「アメリカ合衆国が,過去の歴史の中で,原住民であるインディアンや,あるいは,メキシコなどの近隣諸国からさらには太平洋の領域まで,それらの領土を獲得し,拡張(拡大)していくために,その行為の正当化するために用いられたと指摘している(上田・前出注(50),13〜4頁)(上田教授は,「マニフェスト・デスティニー」と表現している)。さらに,この書の「序文」を書いたバーリン・チャップマンによれば,「マニフェスト・デスティニー」とは,「陽の当たる場所 (a place

in the sun)」を獲得する手段のアメリカ的形態である。この「陽のあたる場所」といっのは、1930年代末に日本、イタリアおよびドイツに関して用いられた言葉で、要するに「生存圏（Lebensraum）」を意味する（同前，3頁）。

78) STEPHANSON, Anders, *Manifest Destiny: American Expansion and the Empire of Right,* Hill and Wang, New York, 1995, p. 46.
79) PLETCHER, David M., *The Diplomacy of Annexation: Texas, Oregon, and the Mexican War,* University of Missouri Press, Columbia 1975, p. 579.
80) HORSMAN, *op. cit.,* pp. 242-3; PLETCHER, *op. cit.,* p. 579.
81) BRACK, *op. cit.,* pp. 181-2.
82) HOLED & ZOLOV, (ed.), *Latin America and the United States: A Documentary History, cit.,* pp. 31-3.
83) HORSMAN, *op. cit.,* p. 245.
84) *Ibid.,* p. 247.
85) *Ibid.,* p. 278.
86) *Ibid.,* pp. 287-9.
87) REYES HEROLES, *op. cit.,* pp. 380-3.
88) *Ibid.,* p. 338.
89) IMMERMAN, *op. cit.,* p. 127.
90) *Ibid.,* p. 123.
91) *Ibid.,* p. 142-3.
92) *Ibid.,* p. 145-6.
93) *Ibid.,* p. 147-8.
94) HORSMAN, *op. cit.,* pp. 113-4.?
95) *Ibid.,* p. 115.
96) *Ibid.,* p. 103.

第2章　領土獲得と憲法

第1節　憲法規定と北西部条令

1　領土の拡大と北西部条令

　合衆国領土の拡大は，どのように合衆国憲法に基礎づけられているかを整理するならば，以下のような規定を挙げることができる。
　まず，合衆国憲法1条8節17項は，「特定の州が譲渡し，連邦議会がそれを受けとることにより合衆国の政府の所在地となる地区（10マイル平方を超えてはならない）に対して，あらゆる事項に関する専属的な立法権を行使すること。要塞，武器廠，造兵廠，造船所その他必要な建造物を建設するため，管轄する州の議会の同意を得て，購入した土地のすべてに対して，同様の権限を行使すること」と定める。この規定では，連邦議会には，包括的な立法権が認められており，つまり，連邦議会の立法権は，憲法典に制限的に列挙されていない。また，4条3節2項は，「連邦議会は，合衆国に直属する領地（territory）その他の財産について，これを処分し，またはこれに関し必要なすべて規則および規律を定める権限を有する。この憲法中のいかなる規定も，合衆国の権利またはいかなる特定の州の権利をも損なうように解釈されてはならない」と規定している。この文言も，連邦領に包括的な立法権を連邦議会に与えている[1]。
　しかし，上記の二つの規定に当てはまらない領土もある。つまり，戦争中に合衆国が占領した領土である。占領地を支配する権利は，戦時国際法に根拠づけられる。アメリカ政府は，国際法に従って戦争を遂行する行政府の長としての大統領権限によって，占領地を支配する権利を獲得するのである。占領期間中，征服者は，その地の政府に代わって合衆国政府が政治制度を設けることが許される。これは，18世紀末に国際法として確立された原則で

ある。したがって，事実上，憲法には，領土支配の問題について三つの規定があることとなる。そのうちの二つは，連邦議会に権限をあたえるものであって，一つは，大統領に権限を与えるものである。むろん，各規定は，その適用領域がことなる。連邦特別区規定（1条8節17項）は，連邦の首都と州内の連邦領土に適用されるが，領土条項（4条3節2項）は，合衆国が獲得した連邦領土に適用される。そして，2条の大統領権限条項は，アメリカの軍事占領下にある領土に適用される[2]。しかしながら，連邦最高裁判所が連邦の領土統治権を議会の権限を列記した条項に根拠づけることを徹底的に回避した結果，大統領の統治権は，戦時という限定を遙かに超えて拡大していったと指摘されている[3]。

　上記三つの規定は，合衆国の連邦領にどのように政治制度を設けることができるのかについてまで詳述しているわけではない。しかし，この問題については，前述の1787年の「北西部条令（Northwest Ordinance）」[4]が，指針を与えている。1784年，トーマス・ジェファソンが最初の北西部条令を準備し，その後，ジェームズ・モンローが最終案を作成し，1787年7月，連合規約による議会がこの「北西部条令」を承認した。連邦議会も，1789年，これを再可決し，同年，連邦最高裁判所も，その有効性を認めた。

　この条令は，北西部の連邦領に適用されることを前提としていたが（5条），連邦領の統治機構の設置は，連邦議会の権能に属するとされた[5]（ただし，1789年に連邦憲法の「任命条項」に適合するように一部修正された）[6]。この条令の特質は，制限選挙制を採るものの，奴隷制を禁止し，英国の植民地と違って，連邦領が一定の人口を擁するに至れば，これを独立当初の13州と同じように待遇し，何らの差別を設けなかったことである[7]。そこで，新しい植民地政策は，平等原則に基づくと宣言されている，とこの法文書の意義を高く評価する見解もある。「植民地は母国の利益のために存在し，政治的に母国に従属し，文化的に劣っているという原則は，断固拒否された」のであって，「1787年の北西部条令は，アメリカの最も創造的な貢献の一つである。というのは，植民地と母国との関係において常に宿痾であった軋轢を除去する方法を示したからである」と評価している[8]。しかし，合衆国を創設した最初の13州と連邦領との平等な取り扱いゆえに，合衆国は植民地にも

合衆国憲法が適用されるのかという問題に直面することになる。

北西部条令が後世に与えた影響は，次のように要約できる[9]。

① 連邦領から州昇格までの過程の先例を定めた。1800年までに，合衆国には，17州あったが，1825年までに，24州となった。1850年には，30州となり，1875年には，37州，1900年には，45州となった。美濃部達吉が『米國憲法概論』を著した時点では，48州となり，今日では50州に達している。

② 市民の自由を保障した。信教の自由（1条），ヘイビアス・コーパス，保釈の権利，過大な罰金の禁止，同輩裁判の保障，財産権と公用収用の場合の補償，契約の権利，（以上2条）等の一定の「権利章典」[10]も保障されるという原則は，その後の合衆国の連邦領の先例となった。

③ 北西部条令4条は，連邦領の市民は，州の市民と同じ経済的負担を定める。

④ 北西部条令3条には，インディアンに対する配慮が規定されているが，これが実際に実行されたわけではなかった[11]。合衆国が獲得した領土は，先住民を除けば無人の地と想定されている。連邦領と将来の州の住民も，既存の州または西欧からの白人移民であると想定されていた。

したがって，北西部条令によって，合衆国が比較的容易に太平洋に向かって西方に拡大し，13州から今日の領土にまで拡大できたとしても[12]，それは，人口の希薄な領土に白人入植者が中心となって，独自の法文化の下に「植民地」を築いたからなのである。合衆国は，その後，ミシシッピ購入条約，アダムズ＝オニス条約（大陸横断条約），グァダルーペ・イダルゴ条約等によって，その領土を拡大し，先住民だけでなく，フランス，スペイン，メキシコなど異なる歴史文化をもった人々と遭遇することになる。

2 領土の拡大と大陸法原理

合衆国の領土拡大を正当化する論拠には，マニフェスト・デスティニーによる人種的偏見があったとしても，文化の交流は必ずしも一方通行とは限らない。このことは，法文化についても同じことが言える。ルイジアナ購入によって合衆国に編入されたオーリンズ連邦領（the Territory of Orleans）で

は，フランスのナポレオン法典とスペイン法の影響によって民法典が編纂されたからである[13]。

　テキサスでも，スペイン法が，その法制度の形成に影響を与えたが，そのような分野としては，①手続法，②水・土地の所有権，③家族法が挙げられる。①の手続法では，簡便な手続きのスペインの訴訟制度が維持され，コモン・ローとエクイティとの二元的な裁判制度が一元化され，この点で，テキサスは，「完全な常設の統一的な裁判制度を採用した英語圏で最初の国」となった[14]。②については，コモン・ローとスペイン法では，公有地概念が異なる。テキサスは，スペイン法の概念を援用することによってコモン・ローよりも広い概念を採った[15]。③の家族法については，コモン・ローでは，夫婦は一体であるという原則から，人に属する財産は夫の所有に属し，不動産の管理権も夫に属するとされていたが[16]，スペイン法の影響を受けたルイジアナ民法典には，夫に先立たれた妻の権利を保障するカスティーリャの夫婦の共同利益（ganancial property）概念が取り入れられた[17]。これは1845年のテキサス憲法に取り入れられて，「婚姻以前に妻が所有し，または権利を請求する不動産と人に属する財産（both real and personal）からなるすべての妻の財産，および贈与，遺贈または相続によって獲得した財産も，妻個人の財産とする。夫と共同の財産だけでなく，妻個人の財産に関しても，さらに妻の権利を明確に規定する法律を定めなくてはならない。妻の個人財産の登記を規定する法律も，制定しなければならない」（7条19節）と定められた[18]。1849年のカリフォルニア憲法も，テキサス憲法とほぼ同じ文言で妻の財産権について規定している（11条14節）[19]。この14節（憲法草案では13節）は，憲法制定議会においても，大陸法の規定（a provision of civil law）であるとしてコモン・ローと対置されて討議されていた。つまり，大陸法に由来する制度をとるのか，それともコモン・ローの制度を導入するのかという法理論上の争いがあった。14節の支持者は，カリフォルニアではすでに大陸法に基づいて家庭生活が営まれており，この大陸法の制度は未知の制度ではないとして，これを憲法に書き入れるよう弁じたのである[20]。

　メキシコ領であったテキサス州に合衆国から移住してきたアメリカ系テキサス人は，合衆国に負債を残したままだったので，合衆国は，メキシコとの

条約によって負債の返済を迫った。しかし，メキシコは，スペイン法の伝統に従って債務者を保護した。「七部法典（Las Siete Partidas）」は，「雄牛，牝牛その他耕作用の家畜，犂，農具その他農地の耕作に必要な物，特に農業に使役する奴隷のいずれも，朕は，質物にとることを禁ずる」（V. xiii. 4）と規定する[21]。これが，独立後のテキサス共和国における 1839 年のホームステッド法（homestead act）につながり，さらに 1845 年のテキサス憲法は，「立法府は，一定部分の家長の財産を強制売却することを法律によって保護する権限を有するものとする。家族の自作農地は，（市もしくは町または市もしくは町の区画には含まれない）200 エーカーを越えない土地で，2 千ドルを超えない価格であるものは，今後契約されるいかなる負債によっても強制売却してはならない。また，所有者が既婚の男性であっても，立法府が定めるところに従って妻が同意を与えなければ，前記の土地を譲渡することはできない」（7 条 22 節）と定める[22]。

さらに，1849 年のカリフォルニア憲法も，「立法府は，法律によって家長が有する自作農地（the homestead）その他の財産の一定部分を強制売却することから保護しなければならない」（11 条 15 節）と定める[23]。14 節（憲法草案では 13 節）の規定も，（都市部を除く）320 エーカーまでの家族の自作農地（The homestead of family）を強制売却してはならないという文言を含んでいたが，憲法制定議会では具体的な数値の設定は立法府に委ねるべきであるという修正案が提出され，討議の末，結局修正案が採択された[24]。その後，さらにホームステッド法は，拡大し，19 世紀の終わりには，合衆国のほぼ全土に広まったのである[25]。1862 年のホームステッド法は，西部地方の公有地を実質的に無料で開放した。しかし，ホームステッド法は，アメリカ人家族を前提とする一定の家族観を前提としていると考えられる[26]。1875 年には，連邦議会は，1862 年のホームステッド法をインディアンにも適用するとしたが，インディアンが部族を去り，公有地に移住し，農業に従事するという条件を付していたのである[27]。

第2節　連邦領の統治機構と権利章典

1　連邦領の統治機構

(1)　連邦領の立法府　1787年の北西部条令は，連邦領の人口が選挙できるほどに増加したならば直ちに，民選立法府を設けると規定している。若干の例外はあるものの，連邦議会は，実際人口が一定程度に達すると立法府を設けていった。州の昇格が予定できるような連邦領においては，民選立法府によって住民の自己統治能力を示すことができるからである[28]。

(2)　連邦領の執行府　合衆国憲法2条2節2項は，「……大統領は，また全権大使その他の外交使節および領事，最高裁判所の判事ならびにこの憲法に関する特別の規定のあるもの以外の，法律をもって設置される他のすべての合衆国官吏を推挙し，上院の助言と同意を得て，これを任命する。ただし，連邦議会は，その適当と認める下級官吏の任命権を，法律をもって，大統領のみに，あるいは司法裁判所に，もしくは各省の長官に与えることができる」と規定する（これは，「任命条項（the Appointment Clause）」と呼ばれている）。連邦領の公務員は，その存在自体が連邦法に依拠しているのであるから，合衆国憲法の任命条項に従って選任されなければならないはずである。連邦議会の最初の仕事は，この規定に合わせて1787年の北西部条令を修正し，「大統領は，上院の助言と同意を得て，この条令に基づいて集会した連邦議会で合衆国が任命すべきであったすべての公務員を任命しなければならない」と規定したことであった。このような任命条項は，その後150年以上にわたって実施され，1947年までは，連邦領は，大統領が任命する総督が直接統治するとされていたのである[29]。

(3)　司法権と連邦領　合衆国憲法3条1節中段は，「合衆国裁判所および下級裁判所の裁判官は，罪過のない限り，その職を保持し，定められた時期に，その職務に対する報酬を受ける」と規定する。そこで，連邦領の裁判官は，この合衆国憲法にいう裁判官に該当するのか否かが問題となる。この問題については，モア事件（Unites States v. More）が参考になる[30]。コロムビ

ア特別区の治安裁判官に任命されたモアの裁判権は，連邦憲法1条8節17項の連邦議会が特別区に対して有する立法権に由来するのか，それとも連邦憲法3条1節の連邦司法権に由来するのかが争点となった。結論は，「コロムビア特別区で行使される執行権は，合衆国の執行権なのである。同特別区で行使される立法権は，合衆国の立法権である」とされた[31]。つまり，連邦領の裁判官は，憲法3条に規定された連邦裁判官なのであって，憲法上の裁判官の独立が保障される[32]。

しかし，1828年のアメリカ保険会社事件（The American Insurance Company v. Canter）では，連邦憲法3条に基づかない連邦領裁判所が合憲と判示されている[33]。この事件では，積荷の所有権について争われたが，事件は，最初にフロリダ連邦領議会の法律によって設置された海事裁判所で審理され，その後，連邦裁判所で審理された。連邦憲法によれば，合衆国の司法権は，「海法および海事の裁判権に関するすべての事件」（連邦憲法3条2節）に及ぶと規定しており，さらに，「合衆国の司法権は，一つの最高裁判所および連邦議会が随時に定め設置する下級裁判所に属する」（同条1節前段）と定めている。そこで，海事裁判権は，この1節前段に違背するというのが上告理由の一つであった[34]。これに対して，マーシャル最高裁判所首席裁判官の意見は，次のとおりであった[35]。

連邦最高裁判所は，フロリダと合衆国との関係をまず考慮しなければならいとして次のように説く。「連邦憲法は，宣戦し条約を結ぶ権能を完全に合衆国政府にゆだねており，その結果，政府は，征服または条約のいずれかの方法で領土を獲得する権能を有する」から，「統治の権利は，領土獲得権の当然の結果であろう」と。そして，連邦議会は，1822年と1823年に「フロリダに連邦領政府を設ける制定法」を可決した。この法律によって設立された連邦領立法府の権能は，「合衆国の法律と憲法に抵触する」ものを除いて，あらゆる立法目的に及ぶのであり，連邦領に裁判所を設けることもできる。ただし，この裁判所は，連邦憲法3条1節1項にいう連邦裁判所ではない。

連邦憲法3条1節中段は「合衆国裁判所および下級裁判所の裁判官は，罪過のない限り，その職を保持し，定められた時期に，その職務に対する報酬を受ける」と規定するが，「フロリダの高等裁判所判事は，4年間職務に就

く」。それゆえ，この裁判所は，憲法上の裁判所ではない。つまり，「この裁判所に付与されている裁判権は，連邦憲法3条に定められている司法権」に根拠があるのではなく，「連邦議会が合衆国領土に対してもっている一般的な権能」に基づいている。

連邦憲法自体は，連邦議会の宣戦（1条8節11項）を認め，大統領が軍の「最高司令官」であって（2条2節1項），条約を締結できる（同節2項）ことも認めているが，領土獲得についてまで言及しているわけではない。しかし，アメリカ保険会社事件判決は，さらに歩を進めて征服と条約による領土獲得を合憲とした。そこで，「合衆国最高裁判所が，明文でもって，征服もしくは条約による領土の獲得にまで言及するということは驚きというほかない」とも評されるのである[36]。

2 「権利章典」の起源

(1) 権利章典の起源 マグナ・カルタ，1628年の権利請願および1689年の権利章典が，合衆国憲法の「権利章典」に影響を与えたことはよく知られている。二院制，議長・役員の選出および弾劾裁判権の下院への専属，定例議会，院内手続き，予算法案の下院での先議・租税法律主義，ヘイビアス・コーパス令状，私権剥奪・遡及処罰の禁止，司法の独立，陪審制，叛逆罪，特権と免除の享有，複数の法案読会等多くの合衆国憲法の規定もイギリスの制度と法思想に由来する。

要するに，合衆国憲法典の最初の4箇条を構成する21節のうち，少なくとも16の節が，イギリスの起源に遡りうる規定を一つ以上含んでいる。同様に，合衆国憲法の「権利章典」に掲げられた最初の8箇条の修正条項の28の規定のうち少なくとも17は，その起源がイギリスのコモン・ローに見いだされる。イギリスの権利章典だけでも，たとえば修正8条の「残酷で異常な刑罰」条項に具体化された「比例原則」の要件のように，修正1条，2条，5条，6条および8条の原型が見いだされる[37]。

修正1条および修正3条は，権利請願に由来している。マグナ・カルタの原文からは，苦情の救済の権利，公の集会の権利および国法による同輩裁判の保障も由来する[38]。これは，修正5条および修正14条双方のデュー・プ

ロセス条項の祖型である。最後に，クレンドン規則（1164年）3条に対するトマス・ベケット有名な叫びにある「神でさえも，同一の事件を二度裁かない（Nec enim Deus iudicat bis in idipsum）」という言葉は，修正5条の二重の危険条項の起源の可能性がある[39]。

　しかし，イギリス臣民の権利・自由を保障する文書と合衆国の「権利章典」には，憲法原理上の違いも横たわっている。イギリス臣民の権利・自由は，歴史的にその時々の為政者に認められ，歴史的に蓄積してきたものであるから，フェデラリストたちも，権利章典を国王の神聖な権利という古いフィクションに由来する国王が臣民に賜与した権利・自由という考えを支持していた。しかし，人民が主権者となるならば，人民が人民に権利・自由を賜与するというのは論理的に矛盾している。人民と政府が同一であるなら，両者の間には賜与も契約もありえないはずである。ところが，一転して個人に固有の自然権があると考えるならば，そのなかには政府に委ねられる権利とそうではない権利があることになり，反フェデラリストたちは，権利章典を共同体と個人との間の契約と把握できることになった[40]。このような発想も，実はイギリスからとってきたのである。ただし，アメリカ人たちは，17世紀の理想化されたイギリス像から採ってきたのであり，実際のイギリスが変わってもこのイギリス像を永遠だとした。17世紀のイギリスは，制限王政と，皮肉なことに議会主権とを生みだしたが，アメリカ人にとってイギリス議会とは，マグナ・カルタを再三確認し，1628年に権利請願を勝ち取り，ヘイビアス・コーパス法を定め，1689年の権利章典および寛容法の可決によって自己拘束した機関であった。アメリカ人にとっては，自由な人民とは，憲法によって抑制されコントロールされている政府の下で暮らす人々を意味していた[41]。

　(2)　「権利章典」の役割　　合衆国憲法の権利章典は，合衆国憲法制定から最初の一世紀の間，驚くほど微小な役割しか果たさなかった。つまり，1866年以前には権利章典は，一度だけ連邦の行為を無効とするために用いられ，その一回がドレッド・スコット事件というきわめて疑わしい事例であった。この判決で，連邦最高裁判所は，修正5条のデュー・プロセス条項によって，北西部条令（the Northwest Ordinance）やミズーリ互譲法（the Missouri

Compromise Act) のようなミズーリ州南端から北の奴隷制を禁ずる連邦領の法律を無効としたのであった[42]。さらに，1841年に出された新聞に目を通しても，権利章典50周年を祝う記事を一つも見つけられなかったという[43]。

1925年，連邦最高裁判所は，合衆国憲法修正14条を用いた「組込み理論」によって，言論の自由の規制について州議会の立法判断を尊重すべきという考えを否定し，「明白かつ現在の危険」テストを有罪・無罪の判定基準として用いた。修正1条は，州の立法にも適用されることとなったのである[44]。また，その後も，ストロンバーグ事件（赤旗を掲げることを禁ずる法律を違憲とした）[45]やニア事件（誹謗するような記事を掲げる新聞の発行禁止処分を認める法律を違憲とした）[46]において，修正1条の言論の自由を重視する連邦最高裁判決が続いた[47]。修正1条が州法にも適用されるという判例は蓄積して，1965年には，連邦最高裁判所は，修正1条の連邦議会の行為を無効とするにいたった[48]。戦後の日本の憲法学は，このような合衆国最高裁判所判決を通して「権利章典」を仰ぎ見たのである。このように，「権利章典」の意味は，今日では最高裁判例を抜きにしては理解できない。しかしながら，最高裁判例とその後の学説の解釈を取り除いて権利章典の成立当時の姿にたどりつくことができれば，権利章典の別の姿が見えてくるはずである。

第3節　権利章典の意義

1　権利章典の原義

マディソンは，最初，修正条項を憲法典の末尾に追記するよりも，憲法典本文に織り込むよう提案していた。むろん，この案は，採用されるに至らなかったのではあるが，「権利章典」は，憲法本文の条項に対応するかたちで配置されていたことは，その本来の意味をさぐる上で重要である。また，最初の修正条項は，12箇条から構成されていたが，最初の2箇条が否決されて，現在の10箇条の権利章典となった。

この原案の修正1条は，連邦議会の規模に関するものであって本文の1条2節を修正する規定であった。また，同じ原案の修正2条も，連邦議会議員

の報酬に関するものであって議員報酬を定める本文の1条6節を修正しようとする規定であった。次いで、原案では3条であるが、承認された現行の「権利章典」の1条は、本文の1条8節に掲げられた連邦議会の権能に係る列記事項を補充するものと考えられる。さらに、修正条項3条以降は、本文1条9節の連邦議会の権限を制約する条項を拡大しようとする規定である。司法過程に関する修正条項は、本文3条の連邦裁判所の規定を修正するものである。つまり、「権利章典」は、憲法本文に対応するものと考えられていたのである。

しかし、1791年、修正条項が「権利章典」として本文に追記されたことによって、「権利章典」は、独自の意義を獲得したといえる。そして、南北戦争後、修正14条が追加されてから、「権利章典」は、州にも適用されると解釈されるようになり、「権利章典」の各条文は、それぞれが統治権一般を抑制する原理と考えられるようになった。しかしながら、「権利章典」は、連邦と州の統治権を制約する原理と理解されることによって、「権利章典」の当初の意図が見失われることにもなった。つまり、なぜ言論・出版の自由と宗教の自由・政教分離について同じ条文に規定されているのだろうかとか、なぜ実体的な財産権の収用規定が手続きを定める修正5条に置かれているのだろうか、という疑問に答えられなくなったのである。

修正1条の出版言論の自由は、少数派の発言の機会を保障するというよりは、連邦議会と選挙人とを代表過程において連動させるという役割をもっていた。つまり、これは、人民の多数に訴えるための自由であった。人民の言論が修正1条の基本構造であるということは、人民の言論と陪審裁判が歴史的に結びついていたことを思い起こせば分かりやすい。陪審は、政府の外にある人民の常設機関として、政府を批判する人民の言論を守ってきたからである[49]。言論の自由は、自己統治概念と不可分であった[50]。集会の権利と請願権についても、同じことがいえる。これらは、個人と少数派を守るだけでなく、多数派が将来の憲法制定会議に集い、自ら政府を変更し、または廃止するという主権を行使する「われら人民」の集団的な権利でもある[51]。

国教禁止条項は、連邦議会が国教を設立することを禁じているのであり、つまり、連邦議会の立法権を制約しているが、州の立法権を制約しているわ

けではない。ジェファソンは，国教制度の強力な反対者であり，大統領として宗教的な感謝祭を拒否したのにもかかわらず，その20年ほど前に州知事として宗教的な感謝祭を認めたことの矛盾を説明して，1808年の書簡で次のように論じている。「合衆国政府は，憲法によって宗教施設，教義，規律または活動に干渉することが禁じられているものと私は考えます。これは，国教の樹立または自由な宗教活動を禁止する法律を制定してはならないという規定だけでなく，合衆国に委ねられていない権限を州のものとする規定からの帰結なのです。……前任の大統領による先例を引用できることは承知しています。しかし，私の信ずるところでは，州政府の例でもって連邦政府がそうした州の権力を連邦政府の権能とするには，よくよく検討しなければならないのであって，検討してみれば，州政府では正しい事柄も別の政府が行うときにはその権利を侵害することになることが分かるでしょう」と[52]。ハーヴァード・ロー・スクールの教授でもあり，1811年から1845年まで連邦最高裁判所裁判官を務めたストーリも，ジェファソンと同じ見解であり，自著で「それゆえ，宗教問題に対するすべての権限は，正義の観念と州憲法にしたがって行使されるように州政府にのみ委ねられている。そして，カトリックとプロテスタント，カルヴァン派とアルミニウス派，ユダヤ人と異教徒が，信仰や祈りの方法をあれこれ尋ねられることなく，連邦の会議に同席できるのである」と解説している[53]。

したがって，宗教条項と言論出版の自由が同じ条文に規定されている理由も明らかになる。つまり，国教禁止に係る宗教政策と言論出版の自由の規制は，連邦議会に付与された権限の埒外にあるからなのである[54]。修正1条自体，「連邦議会は，……法律を制定してはならない（Congress shall make no law）」という文言を用い，憲法1条8節は，「連邦議会は，……必要かつ適切なすべての法律を制定する……権限を有する（Congress shall have power...to make all laws which shal be necessary and proper)」（18項）と規定する。つまり，両規定は，表裏の関係にあるといえる。また，出版の自由と宗教条項とを併記している州憲法がなかったことからも，修正1条の文言が連邦議会に向けられていたという意義が分かるのである[55]。さらに，宗教の自由についても，連邦議会は，宗教の自由な活動を制約する法律を定めることを禁じられ

ている。

　宗教と教育との関係については，18世紀においては，教会が現在の公立学校のように道徳教育を担っていたことに留意する必要がある。当時の州憲法には，たとえば，1780年のマサチューセッツ憲法は，「公に指定された時期に，至高の存在にして偉大な創造主である宇宙の維持者を崇拝することは，社会の万人の権利であり，義務である。……」(「権利宣言」2条)，「人民の幸福と市民政府の円滑な運営と維持は，基本的には敬神，宗教および道徳しだいであるから，また，この敬神，宗教，道徳は，公の神への礼拝施設とこれらの公共教育によらなければ，共同体に広く行き渡ることはできないゆえに，人民の幸福を増進し，政府の善き運営と維持を確かなものとするためには，この共和国の人民は，自らの立法府に許可し請求する権利を与え，立法府は，時に応じて町，教区，区域その他の政治団体が自らの出費によって公の神の礼拝施設を適切に整え，また，これが任意に設置されない場合には，すべて敬神，宗教および道徳の公のプロテスタント教師を支持し，扶助するよう適切に準備することを許可し，請求しなければならない」(同3条)と定める[56]。1787年の北西部条令は，信教の自由を保障すると同時に (1条)，「宗教，道徳および知識は，善き政府と人類の幸福のために必要であるから，学校と教育手段は，常に充実をはからなければならない」(3条) と定めている。したがって，州は，宗教を積極的に支持していたのであって，反フェデラリストたちが恐れていたのは，連邦議会がどれか一つの宗派を優遇することだったのである[57]。

　ただし，北西部条令のこうした規定は，連邦領に適用され，州憲法は，連邦領が州に昇格する際にはこの規定を尊重しなければならない。むろん州憲法は，後に改正することは可能ではある。しかし，州の数が増加するとともに，共和国も拡大し，宗教を含む利害も多様化する中でその衝突も中和される，と北西部条令の草案作成にかかわったマディソンは考えた。フェデラリストが大きな共和国を好んだのは，大きなほうが通商が盛んになるというだけではなく，自己の利益の追求と自由の保護とが結びつくと考えたからであった[58]。

2 刑事手続上の権利の意味

　修正4条の趣旨は，一般令状を禁止する点にある。つまり，16世紀・17世紀のイギリスでは，一般令状は，事前抑制の一形態だった。アメリカでもイギリスの慣行にならい一般令状が用いられた。修正4条は，植民地の先例に由来するのではなく，先例を否定するために生まれた[59]。アメリカでは，輸入税法による一般令状に反対するオーティス（Otis）の弁論で，住居の不可侵は「記録のないほどの昔から存在してきた」とクックの論法が用いられた[60]。この弁論をジョン・アダムズが傍聴し，記録を残している。したがって，この弁論から1780年のマサチューセッツ権利宣言を経て，合衆国憲法修正4条に結実するマディソンの提案まで一直線でつながるのである[61]。

　修正4条における陪審に期待されているのは，これは民衆的・人民的権利（陪審という人民団体が主張するのに適した権利）であったということである。そして，ここでも，陪審裁判の権利は，公権力行使の合理性を決定し，官吏の不法行為を阻止する「人民の権利」と見なされていた[62]。「不合理な捜索および押収」から保護される権利を侵すことは，「侵害（trespass）」と解するのが，コモン・ローの伝統であり，その場合には，救済方法として損害賠償請求がなされるのが通例であった。修正4条は，コモン・ローを憲法の大原理として確認すること以上のものではなかったのであり，憲法に規定された権利でありながらコモン・ロー上の救済を受ける権利でもあった[63]。

　修正1条と修正4条は，修正7条の陪審による保障によってつながり，いわば三角関係を形成している。修正4条は，他の「所持品」に留まらず，「書類」について特に言及し保護している。イギリスの判例では，「書類の捜索」は特に嫌悪すべきものとされ，直接的には書類の捜索を制限することによって，間接的に信教の自由と政治的表現という価値を保護したからである[64]。修正4条も，連邦制と切り離すことができない。合理性要件によってすべての連邦官吏が掣肘を受け，令状条項によって連邦裁判官・司法官による「身体，家屋，書類および所持品」に対する普通の人々の財産権が保護されると考えられた。ここでも，分権主義が自由を守ることとなるのである[65]。

第 3 節　権利章典の意義　　47

　修正 5 条は，大陪審，二重の危険・自己負罪の禁止およびデュー・プロセスという刑事手続きに関する原則を取り扱っているが，公用収用（正当補償）条項はこうした刑事手続上の規定とはそぐわない印象を受ける。つまり，手続上の規定の最後に実体的な保障規定が置かれているので，論理的な一貫性を欠くように思われるのである（むろん，現在ではデュー・プロセス条項は，実体的な利益を守るものと解されている）。合衆国を形成した最初の 13 州のうちで，正当補償条項をもっていたのは，マサチューセッツだけであり，ジェファソンによるアメリカ独立宣言でも，「生命，自由および幸福追求」に言及しているが，「生命，自由および財産」とはいってはいない。[66]

　一方，連邦憲法には，州に向けられた規定もあり，1 条 10 節は，州に対して条約の締結，貨幣制度の設立だけでなく，「私権剥奪法，遡及処罰法もしくは契約上の債権債務関係を害する法律を制定し，またはいかなる貴族の称号も与えてはならない」（1 項）と定め，州の関税の賦課と戦争行為も禁じている（2 項および 3 項）。これに対して，正当補償条項は，連邦政府に対してのみ適用されると考えられた。正当補償条項は，徴用によって軍その他の公用に供するために物資を恣意的に強圧的に調達する方法を抑制する意図を持ったものと考えられる。修正 4 条の「家屋」と「所持品」の押収に対する抑制と修正 5 条の「私有財産」の「収用」に対する制約には，明らかに関連性が存在する。修正 4 条の捜索の関する規定によって，通常人の民事陪審がどのような捜索が「合理的」であって，懲罰的賠償額を定めることができ，修正 5 条の収用条項では，賠償額が「正当」なのかを決めることができるからである[67]。

　さらに，修正 5 条から修正 8 条までのほとんどの条項は，主に執行機関の問題（政府の公務員が有権者の思想や自由を踏みにじって自己の利益にために統治しようとするかもしれないという恐れ）に関わるものである。連邦政府の代理人を統制下に置く主な戦略は，人民と地方の陪審制度を用いることであった。陪審は，3 箇条に互る修正条項に保障されており，権利章典の中心に位置している。修正 5 条は，大陪審の役割を保護し，修正 6 条は，刑事小陪審を，修正 7 条は，民事陪審を保障している。憲法 3 条 2 節 3 項も，「弾劾事件を除くすべての刑事裁判は，陪審によらなければならない」と規定してい

るのである[68]。

第4節　「権利章典」と連邦領

1　「国民国家」と「権利章典」

　合衆国憲法が誕生した時代は，国民を国家のために動員するという「国家国民（the State-Nation）」の誕生した時代でもある。合衆国は，人民の権利・自由は，憲法本文に追記されるかたちで「権利章典」として宣言されたのであるから，独自の意義を有することになる。1787年の「北西部条令」でも，権利・自由を謳った条文は，「当初の諸州と連邦領の人民・州との間の約款」と解されている。連邦の統治権は，「権利章典」の遵守を約することによって認められ，正当化されたのである。

　「北西部条令」では，「連邦領の住民」は，ヘイビアス・コーパス，陪審裁判を受ける権利，残虐刑の禁止，適正手続き，正当補償等が保障される（5条）。また，連邦憲法1条9節に規定された「ヘイビアス・コーパス令状」（1項）および「私権剥奪法」・「遡及法」禁止（2項）だけでなく，1791年の「権利章典」の修正1条ないし8条も，連邦領に適用される。さらに，こうした権利が条約によって保障される場合がある。前出の1828年のアメリカ保険会社事件判決において，連邦最高裁判所は，1819年2月2日のスペインとのフロリダを譲渡する条約について次のように説明している。この条約の6条は，「この条約によってカトリック陛下が合衆国に譲渡した領土の住民は，連邦憲法の諸原則に合致でき次第，連邦に編入され，合衆国市民としての特権，権利および免除の享受が認められなければならない」と定める。「この条約は，国法であって，フロリダ住民に合衆国市民としての特権，権利および免除を認めている。……しかし，住民は，政治権力に参画できない。住民は，フロリダが州となるまで政府を共有しない」と説明し，一定の権利・自由が保障されることと，統治機構を定める権能とは別であると論じている[69]。

　他方では，州に連邦憲法の「権利章典」が適用できるかについては，1833

年のバロン事件（Barron v. Baltimore）で争われた。これは，都市計画によって河川の流れが変更されたため，土砂が堆積して波止場の使用が不可能となったとして，原告が市に損害賠償を請求した事件であるが，修正5条の公用収用条項の適用は連邦に限られるのか，それとも州にも適用されるのかが争点となった[70]。この問題について，マーシャル連邦最高裁判所主席裁判官は，権利章典は州に適用されないと判示した。連邦憲法は，連邦の統治について語っているにすぎないし，フェデラリストたちの権利章典の理解では，修正条項は憲法構造にもともと含まれていた連邦に対する制約を確認し宣言したものにすぎなかったからである[71]。むろん，連邦議会が連邦領に設置する立法府には，こうした「権利章典」による制約が課せられてきた。ただし，連邦最高裁は，米西戦争によって合衆国が獲得した島嶼領土については，この原則を修正した[72]。後述の一連の島嶼事件（the insular cases）判決では，「連邦に編入された」領土（編入領土）と「そうではない領土」（未編入領土）という概念が用いられるようになったからである[73]。特に，1922年のバルザック事件（Balzac v. Porto Rico）では，この「編入理論」が展開されている。

2　市民の地位と権利

18世紀は，国民は集団や個人の利益の集積とは別の国益を有する団体であるという国家観が広く西欧に受け入れられていた時代である[74]。フェデラリストは，この国家観に立脚していたが，反フェデラリストたちは，為政者の権力の簒奪・濫用を危惧していた。しかし，その後，合衆国は，南北戦争をへて「国民国家（the Nation-State）」へと変貌する。1865年の修正13条は，奴隷制を禁止し，1868年の修正14条は，その1節の最初の文で「合衆国において出生し，または帰化し，その管轄権に服するすべての人は，合衆国およびその居住する州の市民である」と規定する。つまり，性別，肌の色，宗教を問わず，アメリカ国旗の下に生まれた者は，自由で平等な市民であることを明らかにしている。制定当時の憲法には，アメリカ市民の定義を欠いていたので，移民の帰化と連邦領の規定の場合を除けば，合衆国の市民の資格は，州の市民の資格から派生するものと考えられていた。しかし，修正14

条の規定によって，すべてのアメリカ人は，先ず何よりも連邦の市民なのであって，連邦憲法に明文で認められた地位と生得の権利を有することが明らかとなったのである。もはや，州は，南北戦争前のように白人を市民とし，自由な黒人を住民として遇するというように合衆国市民を差別的に取り扱うことはできなくなり，アメリカ市民であればどの州の市民になることも選ぶことができるようになったのである[75]。ドレッド・スコット判決におけるトーニー裁判官の黒人を「劣った人種」と見なす考え方は，少なくとも判決書の文言上は放棄されたのである。

　修正14条1節の第2文は，「いかなる州も合衆国市民の特権または免除を損なう法律を制定してはならない」と規定する。この「市民の特権または免除」は，合衆国憲法4条2節1項の規定「一州の市民は，他のいずれの州においても，その市民のもつすべての特権および免除を等しく享有する権利を有する」という文言を借りたものであるが，その意味は，「権利章典」に具体化された権利・自由を意味する。この点では，修正14条の提案者である下院議員のビンガム（John A. Bingham）および彼の同輩共和党員とトーニー裁判官の意見とがことなるわけではない。対立点は，誰が市民であるのかという点にあったからである。ビンガム自身の当時人気を博したパンフレットの題名は，「一つの国，一つの憲法，一つの人民」というものであった。つまり，同じ権利・自由を有する平等なアメリカ市民からなる共和国を主唱していたのである[76]。

　続いて，修正14条1節の第2文は，「またいかなる州と言えども，正当な法の手続きによらなければ，何人からも生命，自由または財産を奪ってはならない」として，適切手続きも保障しているが，「市民の特権または免除」が権利章典に保障された権利・自由を含むのであれば，修正5条に規定されている適正手続きも当然に「市民の特権または免除」の一つとして保障されるのであるから，修正14条1節のこの規定は，余分ではなかろうかという疑問がありうる。しかし，この点でも，この規定は，市民のみならず，すべての者に適正手続きを保障すること意図しており，ドレッド・スコット判決におけるトーニー裁判官の意見，つまり，連邦の権利章典は，市民には適用されるが，市民ではない自由な黒人には適用されないという見解を否定して

いる[77]）。そして，その後，特に20世紀になると，連邦最高裁判所は，修正14条1節の適正手続き条項を通じて権利章典に保障された権利・自由が州にも適用されるという「組み込み理論」によって，権利・自由の守護者としての役割を拡大していくことになるのである。

第5節　憲法と人種論

　修正14条1節の適正手続きの保障は，憲法4条2節1項の「州間における市民の地位の平等」をさらに推し進めて，「完全かつ平等な州内での市民の地位」を意味する。つまり，州の住民は，自身の州に対して基本的な権利と自由を主張できる。ただし，それでも，「市民の特権または免除」は，政治的権利を含むとは解されなかった。この修正条項の支持と承認をとりつけるために，共和党指導者たちは，投票権についてはこの条項は適用されないと繰り返し強調していたのである[78]）。しかし，1870年には，修正15条が成立し，その1節は，「合衆国市民の投票権は，人種，皮膚の色もしくは過去の服役の状態にもとづいて合衆国または各州による拒絶もしくは制限されることはない」と規定する。これは，人種に基づく参政権の制約を禁じてはいるが，識字能力や人頭税による一見中立的な規制を禁じたわけではない。黒人の投票権の実質的な保障は，1960年代を待たなければならなかったのである[79]）。

　1873年，歴史家のフィスク（John Fiske）は，「野獣から人間へと」銘打った論文を著し，進歩の能力には，人種的差異があるとして次のように説明している。「しかしながら，進歩の能力は，すべての人種が同じように共有しているのではない。われわれが歴史的に知っている多くの人種の中では，二つの人種——アーリア人とセム人——のみにはっきりその能力が顕れているにすぎない。これらよりは曖昧であるが，この能力は，中国人や日本人，エジプトのコプト人およびアメリカ大陸の高度に発達した若干の人種に示されてきた。他方では，小さな頭脳の人種——オーストラリア人やパプア人，ホッテントットおよび広く居住するマレー人やアメリカの近縁の人びととからなる大多数の部族——は，高度な人種が導いても，ほとんど進歩が不可能である」

と[80]。人種的に優れた能力をもつアングロ・サクソン人の使命について、フィスクは、「イギリス人が北アメリカに植民したときに始めた事業は、歩みを進め、ついには、地球上のどの土地も、まだ古い文明が居を構えていないのであれば、その言葉も宗教も政治的慣行・慣習も、またかなりの程度にまでその人びとの子孫もイギリスのものとなる定めにある」として、「マニフェスト・デスティニー」を宣言している[81]。

　この人種観にキリスト教的使命が結合する。会衆派教会の牧師であるストロング（Josiah Strong）は、1885年の著書で、アングロ・サクソン人は、二つの偉大な思想—市民的自由と純粋に精神的なキリスト教を代表していると論じ、「今後、10年か15年の間に、世界にキリストの王国の到来を何百年か何千年か早めるも遅らせるも合衆国のキリスト教徒の決断に係る」と説いた[82]。

　この新たな「マニフェスト・デスティニー」は、憲法思想にも浸透する。コロンビア大学で政治学を設けるについて指導的役割を演じたバージェス（John W. Burgess）は、テュートン人国家の使命について1890年の著書で次のように論じている。「政治組織に高度の才能を示してきたのは、アーリア民族であるが、その才能は、一様ではない。……テュートン人のみが、高度の政治的才能をもって実際に世界を支配しているのである。したがって、すべての民族が国家となるはずだとは想定できない。政治的才能を有する民族に非政治的民族が政治的に服従するか、または従属することは、歴史から判断すれば、国家が民族によって組織化されることと同じように、まことに世界の文明化の進路の一段階であると思われる」と[83]。

　バージェスにとっては、国家は民族を中心に形成されるのであるから、異民族との融合には消極的である。「国家の最高の目的は、自己の存在、自身の健全な発達と発育を維持することである。外国からの移民がこの目的に資する限りにおいて、移民を許し、移民を活用することは健全な政策である。一方で、国の言語、慣習および制度が移民に脅かされ始めるのであれば、その国が一部であれ全体であれ、場合に応じて門戸を閉ざし、自己の生活の基本原理と民族的に調和するように、移民を教育する時間をかせぐ機会が訪れたのである」と[84]。そして、「テュートン人の国民は、国民国家を築く能力

第5節 憲法と人種論 53

を特に与えられているのであって」,「支配的な国民性がテュートン人的ではあるが,他の民族性的な相違を含んでいる国家においては,この異国の分子に政治権力の行使に参加するという特権を付与するのは,その国家がこの異国の分子を政治的に国民に取り込んでからにするというのが,健全な政策なのである」,とテュートン人の国民性を強調する。さらに,バージェスは,「政治的に無能な住民」について次のように論じている。「法と秩序およびそれと一致する真の自由が地球の至る所に広まるべきであるということに疑いを差し挟むことはできない。この状態を確保することが常にできない国家または準国家は,どこであろうとも文明に対する脅威である。半ば野蛮な国家とそれ以外の世界の双方のために,政治組織の能力が与えられた国家は,適切に政治的に無能な住民に対する主権を引き受け,そのために国家の秩序を生み出す責務を担うことができる」と。したがって,「テュートン人国家の側から世界のその他の政治文明に無関心でいることは,政策的に誤りであるばかりか,義務を無視しており,義務を無視しているがゆえに誤った政策なのである」と結論づけている[85]。

セオドア・ローズヴェルトは,このバージェスに学んだ学生の一人であり,このバージェスの思想にテュートン民族が政治組織に類のない才能を示しているという人種決定論を見出した[86]。バージェスの思想は,ローズヴェルトの「モンロー・ドクトリンの帰結」に受け継がれたのである[87]。

---

1) LAWSON, Gary & SEIDMAN, Guy, *The Constitution of Empire: Territorial Expansion & American Legal History,* Yale University Press, New Haven, 2004, p. 122.
2) *Ibid.*, p. 123.
3) *Ibid.*
4) 正式名称を「オハイオ河北西の合衆国連邦領の統治条令(An Ordinance for the Government of the Territory of the United States north-west of the river Ohio)」といい,1787年7月13日に可決された。
5) 統治原則については,次のように定める。「……連邦議会は,次のように定める。連邦議会は,適宜総督を任命するものとし,任期は3年とするが,連邦議会は,それ以前でも総督を解任できる。総督は,現地に居住し,在任中,千エーカーの自由土地保有権を有するものとする。
   連邦議会は,適宜総務長官を任命するものとし,その任期は4年とするが,連邦議

会は，それ以前でも書記官を解任できる。……連邦議会は，3人からなる裁判所を任命し，そのうちの2人で裁判所を構成し，コモン・ロー裁判管轄権を有するものとする。……

総会の設置に以前には，総督は，平和と善良な秩序を保つために必要だと思われる執政官その他の公務員を任命するものとする。……

当該地区に成人男子住民が5千人に達し，その証拠を総督に提出したならば，住民たちは，直ちに，カウンティーまたはタウンシップから時と場所を決めて総会での住民代表を選出する権限を得るものとする。……

総会すなわち立法府は，総督，立法評議会および代議院によって構成されるものとする。立法評議会は，5人の構成員からなり，任期は，5年とする。ただし，連邦議会は，それ以前でも構成員を解任できる。……」。"An Ordinance for the government of the territory of the United States northwest of the river Ohio," THORPE, Francis Newton, *The Federal and State Constitutions, and Other Organic Laws of the State, Colonial Charters, Territories, and Colonies Now or Heretofore Forming the United States of America*, V. 2, Government Printing Office, Washington, 1909, (Nabu Press, 2010), pp. 957-62.「オハイオ河北西の合衆国領地の統治に関する條令」『原典アメリカ史第2巻』（岩波書店，1951年）290頁以下の訳文も参照した。

6)「オハイオ河北西領土の統治について規定する制定法（An Act to provide for the Government of the Territory Northwest of the river Ohio)」(1789年8月7日可決）は，次のように修正している。「……大統領は，上院の助言と同意を得て，この条令に基づいて集会した連邦議会で合衆国が任命すべきであったすべての公務員を任命し，このように任命された公務員は，大統領が任務を与えなければならない。・・」。*Ibid*., p. 964

7) 清水　博「解説」「公有地條令及び北西部領地條令」『原点アメリカ史第2巻』（岩波書店，1951年）286頁。同前「原点」「オハイオ河北西の合衆国領地の統治に関する條令」，290頁。田中英夫『アメリカ法の歴史［上］』（東京大学出版会，1968年），102〜3頁。

8) MORRISON, Samuel Eliot, & COMMAGER, Henry Steele, *The Growth of the American Republic*, Oxford University Press, 1942, p. 263.

9) SPARROW, Bartholomew H., T*he Insular Cases and the Emergence of American Empire*, University Press of Kansas, 2006, pp. 19-20.

10)「権利章典」については，次のように規定している。「連邦議会は，次のように定める。以下の条文は，当初の諸州と連邦領の人民・州との間の約款（articles of compact）と考えるべきであって，両者の同意のない限り変更されない。すなわち，

　　第1条　　謙虚で平和的に整然とした方法であれば，何人も，当該連邦領において礼拝方法または宗教的信念ゆえに，迫害されない。

　　第2条　　連邦領の住民は，常にヘイビアス・コーパスおよび陪審裁判を受ける資格があり，人民の立法府に比例代表を送り，コモン・ローの手続きに従って司法手続きを受ける資格を有するものとする。何人も，保釈が可

能であるが，ただし，重大犯罪の場合はこの限りではない。その場合でも，証拠が明白であるか，疑いが濃厚でなければならない。すべての罰金は，適度なものでなければならないし，いかなる残虐または異常な刑も科せられない。何人も，同輩裁判または国法によらなければ，自由または財産を奪われず，公共の維持のために，個人の財産を必要とするか，個人に特別の奉仕を求める公益上の必要性があるなら，それに対して完全な補償がなされなければならない。権利と財産の正当な保全のため，事前の詐欺行為のない善意の私的契約にいかなる形でも干渉または影響をあたえるような法律を連邦領で制定してはならないし，またはそれは効力を持たないと解され，そのように宣言される。

第3条　宗教，道徳および知識は，善き政府と人類の幸福のために必要であるから，学校と教育手段は，常に充実をはからなければならない。究極の善意は，インディアンに対して遵守されなければならない。彼らの土地と財産は，その同意なしには決して奪ってはならず，連邦議会が承認した正当で適法な戦争の場合を除いて，彼らの財産，権利および自由は，決して侵害または制限されてはならない。しかし，不法な行為がインディアンに対して実行されないように，彼らとの平和と友好を維持するために，適宜，正義と人道に基づく法律が制定されるものとする。

第4条　連邦領とそこに設置できる州は，アメリカ合衆国にこの連合の一部として永遠に留まるものとし，連合規約と憲法上修正される規約に服するものとし，それに合致する連邦議会によるすべての連邦法および条令に服するものとする。連邦領の住民と入植者は，契約済みかこれらから契約される連邦の負債の一部を負担し，他州の割当てと同じ準則と手段に従って，連邦が割り当てる政府の支出の比例部分を負担しなくてはならない。……

第5条　連邦領には，少なくとも三つないし五つの州が設けられるものとする。……前記州のいずれかがその領内に6万人の自由な住民がいれば，その州は，必ずあらゆる点で建国時の州と同じ条件で連邦議会にその代表者が認められる。また，自由に永続的な憲法と州政府を設けることができる。ただし，そのようにして設けられる憲法および政府は，共和政であり，この条令の条文に規定されている原則に合致しなければならない。そして，連邦の一般利益と一致する限り，連邦議会への参加は，もっと早い時点でも，その州に6万人に満たない住民がいるにすぎないときでも，認めることができる。

第6条　連邦領には，奴隷制度も意に反する苦役もあり得ないが，犯罪の処罰の場合にはこの限りではない。その場合でも，被告人は，適切に有罪とされていなければならない。ただし，連邦領に逃亡してきた者は，元々の州のいずれかで労役または役務が適法に要求されているなら，その逃亡者は，適法に返還を求め，その労役または役務を求める者に引き渡す

ことができる」。
11) 富田虎男『アメリカ・インディアンの歴史［改訂］』(雄山閣, 1986 年) 106～7 頁。
12) MORRISON & COMMAGER, *op. cit.*, p. 263.
13) 正式名称を "A Digest of the Civil Laws now in Force in the Territory of Orleans" という。田中・前出注 (7), 399 頁。1820 年には,「七部法典」(カスティーリャのアルフォンソ賢王 (Alfonso, el Sabio) が 13 世紀に編纂した法典でスペインの植民地にも適用された) が英訳されている。フランス法とスペイン法のどちらが強い影響を与えたのかについては, 論争がある (BURNS, Robert I., "Alfonso and the Partidas," BURNS, Robert I., (ed.), *Las Siete Partidas, v. 1, The Medieval Church: The World of Clerics and Layman*, Translated by Samuel Parsons Scott, S. J., University of Pennsylvania Press, Philadelphia, 2001, pp. xxi-ii.)。スペイン法は, カリフォルニアでも正式に紹介され, 次のように解説されている。「ルイジアナは, 1762 年, フランスからスペインに譲渡され, 1769 年には, スペイン領となり, 同年スペイン法が導入された。スペインの大法典は, 『七部法典』と呼ばれているが, これは早くも 1263 年に編纂された法典である。1567 年に公刊された『スペイン大法典 (Recopilación de Castilla)』は, それまでの諸々の法律間の混乱を解消しようとする法典であったが, 『七部法典』の権威は無傷で残った。……オルリンズ領の立法府は, 大部分をコモン・ローから借りてきて, おもに連邦の権威の下に組織された裁判所に十分な権限を付与するのに必要な手続規定を設けた。しかし, 私人間の訴訟では, 通商問題を除いてスペイン法が唯一の案内であった」と。そのため, 1818 年に民法典が編まれたのである。さらに, この民法典は改正され, ルイジアナ州民法典 (Civil Code of the State Louisiana) として 1824 年に公布された。"Digest of Laws, Translation and Digest of such portions of the Mexican Laws of March 20th and May 23rd, 1837, as are supposed to be still in force and adapted to the present condition of California with an Introduction and Notes, by J. HALLECK, Attorney at Law and W. E. T. HARTNELL, Government Translator," BROWNE, J. Ross, *Report of the Debates in the Convention of California in September and October, 1849*, John T. Towers, Washington, 1850, p. XXL.
14) BURNS, "Alfonso and the Partidas," *cit.*, p. xxii; MCKNIGHT, Joseph W., "The Spanish Influence on the Texas Law of civil Procedure," *Texas Law Review*, v. 38 (1959), pp. 31-2. 広く知られるようになったのは, 1848 年のニューヨークでの法典である。田中・前出注 (7), 410 頁。
15) BURNS, "Alfonso and the Partidas," *cit.*, p. xxii.
16) 田中=前出注 (7), 392 頁。
17) MCKNIGHT, Joseph W., "Spanish Law for the Protection of Surviving Spouses in North America," *Anuario de historia del derecho español*, tomo LVII, 1987, pp. 375-6. スペイン法が採用された理由としては, 次のように指摘されている。「安価な土地を求め, 人生の再出発をしようと 19 世紀に西部地方に移住してきたアメリカ人夫婦は, その過程で大変な困難にも耐え, 夫婦ともに新天地を実り豊かな農地に変えるよう奮闘し

た。夫に先立たれた妻の財産上の権利を拡充するよう，開拓者たちは，イギリス法の準則を捨て，妻たちの努力に報いようとした。彼らは，スペインの夫婦の共同利益制度に遭遇し，こうした願望を満たすモデルが与えられたのである」と（Ibid., p. 404.）。

18) MCKNIGHT, Joseph W., "Protection of the Family Home from Seizure by Creditors: The Sources and Evolution of a Legal Principle," *Southern Historical Quarterly,* 369 (1982), p. 396; THORPE, *The Federal and State Constitutions,* ... *cit.,* V. 6, p. 3561.
19) THORPE, *The Federal and State Constitutions,* ... *cit.,* V. 1, p. 404.
20) BROWNE, *op. cit.,* 258.
21) BURNS, Robert I., (ed.), *Las Siete Partidas, v. 5, The Medieval Law: Layers and their Work,* Translated by Samuel Parsons Scott, S. J., University of Pennsylvania Press, Philadelphia, 2001, p. 1127.; *Las siete paritidas, edición facsímil,* Editorial LEX NOVA, Valladolid, 1988.
　　原文は，次のとおりである。（Bueyes, nin vacas nin otras bestias de arada, nin el aradero, nin los ferrramientas nin otras las cosas que son menester para labrar las herederas, nin los siervos que son puestos en ellas señaladamente para labrar. Defedemos que ninguno non los tome apeñas.）類似の規定は，騎士の名誉に関する規定（II. xxi. 23）と騎士に対する給付判決の執行の制限に関する規定（III. xxvii. 3）にも存在する。
22) THORPE, *The Federal and State Constitutions,* ... *cit.,* V. 6, pp. 3561-2.
23) THORPE, *The Federal and State Constitutions,* ... *cit.,* V. 1, p. 404.
24) BROWNE, *op. cit.,* pp. 269-71.
25) BURNS, "Alfonso and the Partidas," *cit.,* p. xxiii.
26) アングロ・サクソン世界の家族は，個人主義的な価値を重視する「絶対的核家族」に分類される。エマニュエル・トッド／荻野文隆訳『世界の多様性―家族構成と近代性』（藤原書店，2008 年），164～70 頁。ホームステッドは，夫婦の財産とされるから，核家族を前提としてるとも考えられる。
27) SMITH, Rogers M., *Civic Ideals: Conflicting Visions of Citizenship in U. S. History,* Yale University, New Haven, 1997, p. 320.
28) LAWSON & SEIDMAN, *op. cit.,* p. 124.
29) *Ibid.,* p. 132.
30) *Ibid.*; *Unites States v. More,* 7 US (3 Cranch) 159 (1805).
31) LAWSON & SEIDMAN, *op. cit.,* p. 142.
32) *Ibid.,* p. 145.
33) *The American Insurance Company v. Canter,* 26 U. S. 1 Pet. 511 (1828). 上田伝明『マニフェスト・デスティニとアメリカ憲法』（法律文化社，1988 年），34 頁以下参照。
34) *Ibid.,* pp. 542-6.
35) LAWSON & SEIDMAN, *op. cit.,* p. 148.
36) 上田・前出注（33），41 頁。Clinton v. Englebrecht, 80 U. S. 434 (1871); THAYER, James Bradley, "Our New Possessions," *Harvard Law Review,* V.12, No. 7 (February 25,

1899), pp. 481-2.
37) CLINTON, Robert Lowry, *God & Man in the Law: The Foundation of Anglo-American Constitutionalism,* University Press of Kansas, 1997, pp. 96-7.
38) 「国法による (by the law of the land)」は，クックが注釈し，「法の適切な手順と手続による」（クックの『イギリス法提要』2巻39章の言い換え）ことがなければ罰せられないと敷衍された。クックは，「国法によるとは（すなわち，結局のところ），法の適切な手順と手続き (by the due course, and processe of law) ということである」と解説している。COKE, Edward, *The Second Part of the Institutes of the Laws of England,* V. I, William S. Hein Company, Buffalo, 1986, p. 46.
39) CLINTON, *op. cit.,* pp. 97-8.
40) MORGAN, Edmund S., *Inventing the People: The Rise and Popular Sovreignty in England and America,* W. W. Norton, New York, 1988, pp. 283-4. ジェファソンは，1774年の「英国アメリカ領の諸権利の概観」において，「これらが陛下に自由な言論と考えをもって申し上げた苦情の数々なのですが，この自由によって，自由な人民は，自己の権利を為政者の長からではなく，自然の法に由来すると主張するのです」と締めくくっている。この議論の立て方は，アメリカ植民地人の権利は国王に賜与されたという主張を否定する形で，自然法が持ち出されている。"A Supreme View of the Rights of British America," *Jefferson Writings, cit.,* pp. 120-1. ただし，ジェファソンが挙げている権利は，通商の自由や植民地代表権，軍隊の派遣の反対といったアメリカ植民地の不満と陪審裁判や言論の自由というイギリス憲法とコモン・ローの伝統に由来する権利・自由が自然法＝非実定法として説明されている。種谷春洋『近代自然法学と権利宣言の成立』（有斐閣，1980年）318〜23頁。
41) LEVY, Leonard W., *Origins of the Bill of Rights,* Yale University Press, New Haven, 1999, p. 4.
42) 連邦憲法には，奴隷制について婉曲に表現された規定は存在するが，「建国の父祖」たちは，奴隷制を積極的に支持したわけでもなかった。連邦領では，奴隷制が禁止されていたが，奴隷制に反対の北部の州とこれに賛成する南部の州との間で，北部の州と南部の州がそれぞれ連邦に加入するという方式で妥協が成立した。奴隷のドレッド・スコットは，その所有者と奴隷制が禁止されている州と連邦領に連れて行ったが，その後，奴隷を認める州に戻った。彼は，奴隷を禁止する州と連邦領に行ったことで解放されるかが問題となったが，その際，そもそも連邦議会は，奴隷制を禁止する権限があるか否かが問題となった。最高裁は，ドレッド・スコットが合衆国市民ではなく，適正な手続きによらずに奴隷という「財産」を奪うことは許されないと判示した。藤倉皓一郎・木下毅・髙橋一修・樋口範雄編『英米判例百選［第三判］』別冊ジュリスト139号（1996年），55頁。ウィリアム・H・レーンクィスト／根本 猛訳『アメリカ合衆国最高裁——過去と現在』（心交社，1992年）160〜75頁。
43) AMAR, Akhil Reed, *The Bill of Rights,* Yale University Press, New Haven, 1998, p.290.
44) *Gitlow v. New York,* 268 U. S. 652 (1925).
45) *Stromberg v. California,* 283 U. S. 359 (1931).

46) *Near v. Minnesota ex rel. Olson*, U. S. 697 (1931).
47) AMAR, *op. cit.*, p. 290. 田中英夫『英米法総論［上］』(東京大学出版会，1980年)，310頁。
48) *Ibid.*, p. 291; *Lamont v. Postmaster General*, 381 U. S. 301 (1965).
49) AMAR, *op. cit.*, pp. 20-3.
50) BRUBAKER, Stanley C., "Original Intent and Freedom of Speech and Press," HICKOK, Eugene W., Jr., (ed.), *The Bill of Rights: Original Meaning and Current Understanding*, University Press of Virginia, Charlottesville, 1991, p. 89.
51) AMAR, *op. cit.*, p. 26.
52) *Ibid..*, p. 35; "To Rev. Samuel Miller, Jan. 23, 1808," *Jefferson Writings, cit.*, pp. 1186-7.
53) STORY, Joseph, *Commentaries on the Constitution of the United States with a Preliminary Review of the Constitutional History of the Colonies and States before the Adoption of the Constitution*, Hillard, Gray, and Company, Boston, 1833, (Making of the Modern Law Print Editions, 2011), pp. 702-3.; BAKER, John S., Jr., "The Establishment Clause as Intended: No Preference among Sects and Pluralism in the Large Commercial Republic," HICKOK, *The Bill of Rights: Original Meaning and Current Understanding, cit.*, p. 47.
54) AMAR, *op. cit.*, p. 36.
55) *Ibid.*, p. 39.
56) THORPE, *The Federal and State Constitutions, ... cit.*, V. 3., pp. 1889-90.
57) AMAR, *op. cit.*, pp. 44-5.
58) BAKER, *op. cit.*, p. 51. マディソンは，「派閥の暴威に対する匡正は共和政原理」によって可能であるという(『フェデラリスト』(岩波文庫，1999年)，58頁)。そして，「大きな共和国」のほうが党派的危険性が小さいと主張する。「領域が拡大し，党派や利益群をさらに多様化させれば全体の中の多数者が，他の市民の権利を侵害しようとする共通の動機をもつ可能性を少なくする」ことになるからである（同前，62〜3頁）。
59) LEVY, *op. cit.*, p. 154.
60) *Ibid.*, p. 157.
61) *Ibid.*, p. 158.
62) AMAR, *op. cit.*, p. 73.
63) WILSON, Bradford P. "The Fourth Amendment as More Than a Form of Words: The View from the Founding," HICKOK, *The Bill of Rights: Original Meaning and Current Understanding, cit.*, pp. 165-6.
64) AMAR, *op. cit.*, pp. 75-6.
65) *Ibid.*, p. 76.
66) 1780年のマサチューセッツ憲法の「権利宣言」10条は，次のように規定する。「社会の各個人は，公務員を選任する権利によって，制定法に従って自己の生命，自由および財産の享有が保護される権利を有する。……そして，公共の必要性から個人の財産が公共の利用のために剥奪されるときには，その財産に対する合理的な保障を

受けるものとする」。THORPE, *The Federal and State Constitutions, ... cit.*, V. 3., p. 1891.
67) AMAR, op. cit., p. 80.
68) *Ibid.*, p. 83.
69) *The American Insurance Company v. Canter, cit.*, p. 542.
70) *Barron v. Baltimore*, 32 U. S. (7 Pet.) 243 (1833) この判決は,「合衆国成立当時の思想を背景にして,恐るべきことは,連邦中央政府による人権の侵害であるとの考えから判決された」。櫻田勝義「連邦による人権の保障と州による人権の保障―憲法修正5条は合衆国立法権のみならず州立法権をも制限するか」我妻栄編集代表『ジュリスト英米法百選』(有斐閣, 1964年) 75頁。
71) マーシャル最高裁判所首席裁判官は,『フェデラリスト』の第83編のハミルトンの論文を念頭に置いていたのではないかと指摘されている。AMAR, *op. cit.*, p. 141. それは,「合衆国は,連邦または団体としての資格で,憲法のあらゆる一般的な規定が向けられていると当然解釈すべき対象である」という文言である。
72) LAWSON & SEIDMAN, *op. cit.*, pp. 193-4.
73) 「連邦に編入された (incorporated in the United States)」領土という文言は, 1803年のルイジアナ購入条約3条に見られる。すなわち, 3条は,「譲渡された領土の住民は,合衆国の連合に編入され,連邦憲法の原則に従って,速やかに合衆国市民のすべての権利,特権および免除の享受が認められなければならない。その間,住民は,その自由,財産および信仰する宗教の自由な享受が維持され,保護されなければならな」と規定する。 THORPE, *The Federal and State Constitutions, ... cit.*, V. 3., p. 1360.
74) BOBBITT, Philip, *The Shield of Achilles: War, Peace, and the Course of History*, Knopf, New York, 2002, p. 177.
75) AMAR, Akhil Reed, *American Constitution: A Biography*, Randam House, New York, 2005, p. 381.
76) *Ibid.*, p. 387.
77) *Ibid.*, p. 388.
78) *Ibid.*, p. 391.
79) *Ibid.*, p. 399.
80) "The Progress From Brute to Man," KRENN, Michael L., *The Color of Empire: Race and American Foreign Relations*, Potomac Books, Washington, 2006, p. 117.
81) PRATT, Julius W., *Expansionists of 1898: The Acquisition of Hawaii and the Spanish Island*, Quadrangle Paperbacks, Chicago, 1964, pp. 4-5.
82) *Ibid.*, p. 5; "Our Country," KRENN, *op. cit.*, p. 119.
83) BURGESS, John William, *Political Science and Comparative Constitutional Law: Sovereignty and Liberty*, V. I, Ginn & Company, Boston, 1896, (Nabu Press, 2010), p. 4. ジョン・W・バルジェス／高田早苗・吉田巳之助訳『比較憲法論・明治41年發行 [日本立法資料全集・別巻648]』(信山社, 2010年) 参照。訳者は, この書について「國法の比較研究は, 既に獨逸に於て頗る熟せりと雖も, 英米に於ては本著者の外『ブライス』『ダイシー』及『ウィルソン』等の二三子あるに過ぎず。中に就て『バルジェス』

博士最も該博斬新の稱あり。是れ吾人が經州で世界七大名著の一として本書を選定したる所以なり」と高く評価している（同前，3頁）。訳者が挙げる「ブライス」，「ダイシー」および「ウィルソン」は，今日でも読まれる古典といえるが，「バルジェス」は，今日では忘れ去られている。おそらく，その人種理論が今日の人種間の平等思想から見れば違和感を覚えるからであろう。しかし，だからといって「バルジェス」が合衆国の憲政史に影響を与えなかったということではあるまい。

84) *Ibid.*, pp. 43-4.
85) *Ibid.*, pp. 44-8.
86) DYER, Thomas G., *Theodore Roosevelt and the Idea of Race,* Luisiana University Press, Baton Rouge, 1980, p. 8.
87) PRATT, *op. cit.,* p. 10.

第3章 「未編入領土」——合衆国憲法と島嶼事件判決

第1節　アメリカ合衆国の膨張の法理

　米西戦争で合衆国が獲得した旧スペイン領の島嶼の法的地位について，連邦最高裁判所は，20世紀初頭，一連のいわゆる島嶼事件（insular cases）判決を言い渡した。判決には，アメリカ合衆国の建国からの国土の膨張にともなう憲法問題が鋭いかたちで露呈している。しかしながら，憲法学者のサンフォド・レヴィンソンによれば，今日では，島嶼事件についてはほとんどの憲法解説書や判例集に言及がないということである[1]。現在の憲法学では，アメリカの膨張という物語全体が無視されてきたというのである。
　レヴィンソンは，アメリカ膨張の歴史を三つの物語に区分して説明する[2]。①1787年の憲法制定から南北戦争終結までの時代には，連邦制が暴力をともないつつ浸透した。②南北戦争の終結と共に，連邦制の問題は背後に退いて，産業資本主義と国民経済の進展に起因する憲法問題が注目されるようになる。ここでは，州と連邦レベルで，新しい事業形態をどの程度規制できるのかが問われたのである。これは，ニューディール革命に帰結し，「旧最高裁判所」が半世紀前に創り上げた法律上の障害が取り除かれた。③この経済規制問題も影が薄くなり，少数者の市民権と自由の守り手としての憲法の役割という物語に取って代わられる時代となった。
　このような合衆国の憲法史は，一般に広く受け入れられているが，この物語に欠けているのは，「19世紀全体の歴史を貫くアメリカ膨張運動の叙事詩的な物語」である，とレヴィンソンは指摘する。そもそも，「アメリカ膨張運動」自体に当初から憲法問題をはらんでいた。ジェファソン自身，ルイジアナの購入は違憲ではないかと疑念を抱き，憲法修正を考えていたのである[3]。ルイジアナ購入問題では，大統領は連邦議会が承認する前に合衆国が外国の領土を購入できるという権限を有するのかが問題になっていたが，こ

の疑問は，それだけに止まるものではない。つまり，まずなにより，ルイジアナの購入によって合衆国国土の規模が倍以上となり，共和政体が広大な領土でも可能なのかが問われたのである。むろん，マディソン（James Madison）が，共和政は小国にしか適さないという古典的な共和主義思想を転換して，地方の利害に関心を向けがちな州議会議員の視野の狭さを克服するために，アメリカ人民という概念を生み出したことは，今日ではよく知られている。アメリカ人民に新たな意味内容を持たせることによって，「当然州政府に依拠している権威を国全体の政府に移転することができる」からである[4]。しかし，それでも，マディソンは，現在から見れば 13 州という控えめな国土を前提に共和主義を考えていたのであり，それも，「ほぼ三百万人の人口で，大多数（もっと正確には，政治に参加できる圧倒的に人々の大多数）は，白人でプロテスタントであり，英語を話す」人たちから構成されていたのである[5]。

　南北戦争後に新たな憲法修正条項が追記されるまでは，市民の権利の擁護者は，連邦ではなく州と考えられていた。連邦最高裁判所も，連邦憲法の権利章典が州の立法権を拘束できるという理論を拒否していたのである。その上，南北戦争後も，連邦最高裁判所は，修正 14 条の「特権と免除」の州への適用を限定的に解釈していた。しかしながら，合衆国が新たに獲得した領土は連邦領であるから，合衆国憲法が適用されると考えられていた。

　1857 年のドレッド・スコット事件では，連邦領に合衆国憲法の「権利章典」が適用できるとされることによって，奴隷制が維持されるという皮肉な結果がもたらされた。北緯 36 度 30 分以北の地域での奴隷所有を禁じた 1820 年のミズーリ互譲法（Missouri Compromise Act）によって，ミズーリ州に居住するスコットは，自分は市民であるから市民としての権利が保障されるべきであると主張した。これに対して，連邦最高裁判所のトーニー首席裁判官（Chief Justice Taney）は，黒人は，「1 世紀以上にわたって，優越する民族の支配に従属する劣等民族と目され，……所有者や政府が認めた場合を除いて，同等の権利を有するものではないと考えられてきた」として，スコットの市民の地位を否認した。さらに，法廷意見では，奴隷保有を禁ずるミズーリ互譲法自体が連邦憲法修正 5 条の法の適正手続きに違背すると判示し

た[6]。つまり，トーニーは，奴隷という財産権について連邦憲法の権利章典の適用を肯定する判決を言い渡したのである[7]。

ドレッド・スコット事件は，州による奴隷制の維持を支持するものであったが，この事件で問われたのは，連邦議会は，合衆国領土について無制限の権限を有するのかということでもあった。つまり，合衆国の国旗があるところに憲法ありとするのかという問題，換言すれば，合衆国が獲得した領土には連邦憲法が自動的に適用されるのかという問題である。ドレッド・スコット事件で，トーニーは，こう述べている。

「憲法は，合衆国の国境に隣接する植民地，あるいはさらに遠方にまで意のままに支配できる植民地を設けるか，もしくはその植民地を維持するという権限を連邦政府に与えているわけではない。また，新たな州として認める場合を除いて，合衆国の境界を拡大する権限も何ら与えているわけでもない。……領土は，州となるために獲得されるのであって，連邦議会が絶対的権力をもって，植民地として保持し，統治するために獲得されたのではない」と[8]。

連邦の領土には連邦憲法の規定が適用されるから，当然「権利章典」の適正手続条項も適用される。したがって，「ただ単に，合衆国の特定の領土にやってきたとか，あるいは自己の財産を持ち込んだというだけで，合衆国市民からその自由または財産を奪う連邦議会の制定法は，ほとんど法の適正手続きの名に値するものではない」，とトーニーは結論づけるのである[9]。むろんこのようなトーニーの論法に対しては，次のように反論できるであろう。

連邦憲法4条3節2項は，「連邦議会は，合衆国に直属する領土（territory）あるいはその他の財産を処分し，これに関し必要なすべての規定および規則を制定する権限を有する」と規定し，連邦議会に広範な権限を与えている。したがって，連邦議会は，州の立法府が州内で有するのと同じ完全な権限が与えられている。1789年の北西部条令では，合衆国の北西部に獲得した領土からは，奴隷制が排除されている。さらに，1820年のミズーリ互譲法の結果として，ルイジアナ購入条約によって合衆国が獲得した領土からも経緯36度30分より北については奴隷制が排除されているのであるから，トーニ

一の憲法解釈は，適切ではないと今日では批判できるであろう[10]。

しかしながら，ほとんどの連邦議会議員は，この北西部条令の奴隷制禁止をさらに南部に拡大するつもりはなかった。それでも，合衆国国土がさらに拡大を続け，米西戦争によって新たに獲得した領土に達したときに，領土拡大にともなう憲法問題があらわになった。この憲法問題に答えようとしたのが一連の連邦最高裁判所による島嶼事件判決である。したがって，島嶼事件は，アメリカの膨張主義の文脈に置いてみるべきであるだけでなく，アメリカの人種主義の歴史と，さらには，一定の人種的，宗教的または性格をもつ者がのみアメリカ人たりうるというアメリカ人論に照らし合わせて考察しなければならない[11]。

第2節　米西戦争と新領土の獲得

1　新領土と憲法

1904年12月6日，セオドア・ローズヴェルト大統領は，連邦議会に年頭教書を送った。この中で，ローズヴェルトは，いわゆる「ローズヴェルト・コロラリー（Roosevelt Corollary）」と呼ばれている合衆国の外交政策の原則を宣言した。大統領は，同年1月，ハーグの仲裁裁判所（the Hague Permanent Court of Arbitration）がベネズエラに関する事件で下した判決で認められた権利，他国の負債を徴収するためには実力を用いることができる国家の権利を口実にして，ヨーロッパ諸国がラテン・アメリカに進出してくるのではないかと恐れた。特に，合衆国では，ドイツが負債を理由にドミニカ共和国に介入するのではないかと思われていた。ローズヴェルトは，破綻国家に関税徴収官を任命して，外国への負債が予定通り支払われる措置をとった。この政策は，ウィリアム・タフト（William H. Taft）大統領も引き継ぎ，いわゆる「ドル外交（Dollar Diplomacy）」として知られている。ローズヴェルトの教書は，次のようにいう。

「合衆国が望んでいることは，近隣諸国が安定し，秩序が保たれ，繁栄するところを見たいということだけである。責任ある振る舞いを見せる国であ

ればどの国も、われわれの心からの友情をあてにすることができる。社会・政治問題について、適切な効率性と品格をもって、振る舞うことができることを示す国は、秩序を保ち負債を返還するならば、合衆国の干渉をなんら恐れる必要はない。痼疾または無能状態になって文明社会を支えていたタガがあちこち緩んでしまい、最終的に文明国家の介入が必要となり、北半球では、合衆国がモンロー原理に忠実であれば、どんなにか気が進まなくとも、そうした痼疾または無能状態による緊急の場合には、国際社会の警察力を行使せざるを得なくなるかもしれない。カリブ海に接するどの国も、プラット修正条項によってアメリカ軍が撤退してからキューバが示してきたように、また、多くの南北アメリカの国々が常に見事に示しているような安定した適切な文明国として進歩を示すならば、この国が他国の問題に干渉するという問題は、すべて終わりとなるだろう」と[12]。

このローズヴェルトの原理は、その師であるコロンビア大学のジョン・バージェス（John Burgess）の思想に倣ったものであると指摘されている[13]。このバージェスの思想の特徴として、文明の権利（civilized right）の分析がある。独立宣言に示された18世紀の普遍的権利という原理とは反対に、国家以前の野蛮状態においては、アングロ・サクソン民族に関しては何らの固有の権利も存在しない、とバージェスは主張する。文明国家は、非文明的な人々に対して文明化されるよう要求できるというのである。その場合、合衆国憲法は、「非文明的な人々」にも適用されるのであろうか。バージェスの議論に伏在していた憲法問題が、米西戦争の勝利によって合衆国軍がプエルトリコ、キューバ、グアムおよび占領したことによって顕在化した。合衆国は、これらの新領土の憲法上の地位とその統治の正当性の問題に直面したからである。

2　島嶼の地位をめぐる三つの学説

合衆国が獲得した島嶼の憲法上の地位については、おおよそ三つの説に分けることができる。すなわち、①合衆国は、州のみによって構成されるという説、②合衆国は、州と連邦領（territory）から構成されるという説、③合衆国は、州からだけでも、州と連邦領からなるというのでもなく、連邦議会の

立法規定と合衆国の条約の文言によって定まるとする説である[14]。以上の説は，一連の「ハーヴァード・ロー・レヴュー」の論文に見ることができる。

ハーバード大学教授であったラングデルの論文は，次のように主張する。ラングデルは，合衆国を「合衆国憲法によって，この憲法の下に一つに束ねられた州の団体名である」と定義する[15]。しかし，「憲法の採択後，『合衆国』という言葉は，主権者の名前となって，この主権者がほとんどのヨーロッパ諸国における人格的主権者に類似する地位を占めている」が，合衆国は，憲法によって設けられた政体を意味する場合と集団としての政体の構成要素を意味する場合がありうるから，後者の意味では，「合衆国」は常に複数であるのに対して，前者の意味では，「合衆国」は，常に単数なのである[16]。「1783年9月3日のイギリスとの条約以来，『合衆国』という言葉は，しばしば合衆国の主権が及ぶすべての領土を指すのに用いられてきた」のであり，この用法は，「イギリスその他のヨーロッパ諸国の慣用的な『帝国』という言葉によく似た使い方」である[17]。

したがって，「合衆国」という言葉には，①主権者として政体，②政体の構成要素，③主権の及ぶ領土という三つの意味があり，憲法典から読み取れるのは，そのうちの①と②の意味である。つまり，合衆国は，憲法によって束ねられ，憲法の下にある州の境界を越えて拡大しない，とラングデルは論じる[18]。このことから，「併合（annexation）」という言葉は，何ら憲法的または法的意味を有せず，「テキサス獲得の賛否をめぐる運動に関連して初めて一般に用いられるようになった」のであり，テキサスの獲得は，同意に基づく州の獲得であったし，ハワイの場合もテキサスに類似した併合手続きによって獲得されたというのである[19]。これに対して，「スペインの島々のいずれも，州として認められることを考えた上で，獲得されたのではない」と結論づけるのである[20]。

他方では，ニューヨーク州の有名な弁護士であったランドルフは，州を越える合衆国の領土拡大を認める。すなわち，「国家は領土を併合することによって，その人民の忠誠を求める権利を与えられるというのが，公法上のルールである。マーシャル最高裁判所首席裁判官の言葉によれば，『当該住民とそれまでの主権者との関係は解消され，新たな関係が当該住民と領土を獲

得した政府との間に生まれる。この領土譲渡行為によって，同じようにその領土に留まる者の忠誠も譲渡される』のである」[21]と。しかし，すべての住民が新たな主権者に喜んで忠誠を誓おうとするわけではなく，古い主権者に対して忠誠心を維持したい者もいる。だから，住民が主権者を選択し，領土から退去するための適当な期間を認めることも必要である。実際に，このような移住の特権は，合衆国が，ルイジアナ，フロリダ，カリフォルニアおよびアラスカを獲得した条約で認めていた[22]。それでは，合衆国に忠誠を誓う新領土の住民は，合衆国市民なのだろうかという問いについては，ランドルフは，主権者と忠誠との関係に着目して結論を導き出そうとして，米西戦争の結果，合衆国が獲得した領土の住民についてこの関係を考察する。スペインとの戦争を終結する1898年のいわゆるパリ条約の6条には，「カトリック教徒の陛下が合衆国に委譲した領土の住民たちは，この条約によって，連邦憲法の原則と合致するならばできるだけ速やかに，合衆国という連邦に加えられ，合衆国市民の特権，権利および免除の享受が認められなければならない」と規定されている。その意味するところは，「合衆国に完全な忠誠を誓い，それゆえ，市民のあらゆる義務と責任を負う者が市民の権利を有するべきである」[23]ということであると論じている。

　連邦最高裁判所の判例からは，「州以外の合衆国の全領土の支配は，完全に連邦議会に与えられており，連邦議会がどのような統治形態をも定めることができるし，政治的特権を人民に自由に付与することも，撤回することもできる」という原則が確認できる[24]。しかし，ランドルフは，マーフィ事件判決（Murphy v. Ramsay, 114 U. S. 15 (1885)）の文言を引用し，次のように論ずる。「連邦領（the Territory）住民の個人と市民の権利は，他の市民と同じように，憲法の自由の原理によって住民に保障される。この原理は，州と連邦のあらゆる統治機関を拘束する」が，「住民の政治権利は，選挙権であって，合衆国連邦議会の立法裁量に係る特権として有するものである」と[25]。

　以上のような認識に立って，フィリピン諸島併合を次のように論ずる。判例上，合衆国に完全な忠誠を誓う者すべてが合衆国市民であるならば，フィリピン諸島の併合によって，その島民は，集団的に合衆国に帰化することになる（当然，併合後に出生し，合衆国の忠誠を負うすべての島民は，合衆国市民

である)。ただし，判例上，先住民インディアンは，自己の部族に忠誠を誓っているがゆえに，修正14条1節の「合衆国に出生して，その管轄に服する」者ではないとされた[26]。それゆえ，フィリピン諸島においても部族に忠誠を誓うフィリピン人がいるとしても，「それ以外の数百万人の島民が忠誠に基づいて市民権を求めても，おそらく拒否されず，その子は紛れもなく合衆国市民となることだろう」[27]。フィリピンの併合は，必然にフィリピン人に合衆国市民権が与えられることになるというのである。

　それでは，合衆国は，フィリピンを併合せずにその主権を主張できるのであろうか。この疑問に対して，ランドルフは，次のように答える。条約や征服によって合衆国の領土を拡大する権能は，連邦議会に属し，大統領権能は，純粋に軍事的なものにすぎない。しかし，「軍事占領の間，一時的に支配し，この支配は，戦争が終結するまで続くこともあるし，占領地が元の主権者に復帰しないならば，通常の政府が確立されるまで長引くこともある」[28]。したがって，フィリピン諸島を併合しないで，統治する方法は，大統領権限による統治である。つまり，「国際的には，フィリピン諸島は，合衆国の領土となるだろうが，合衆国となる前になすべきことがある。すなわち，連邦議会がフィリピン諸島のために立法しなければならないのである」が，それまでの間，大統領は，「軍を撤収し，その国を自身の運命に委ねることも，地方政府を承認することも，外交文書によって，あるいは上院の同意を得て条約によって諸島を処分することも，自ら統治を続けることもできる」のである[29]。

　ハーバード大学教授であったラウエルの見解は，①説と②説との折衷説ともいうべき説である。北アメリカ大陸において合衆国が領土を獲得してきた条約には，人民は連邦に組み込まれ，市民の権利が認められるべきであるという規定があった。ハワイの併合についても同じような規定があった。連邦議会の合同決議でも「ハワイ諸島は合衆国の領土の一部であって，合衆国によって併合されるべきである」と宣言している。しかしながら，スペインとの最近の条約には，そのように規定がない。この条約は，プエルトリコとフィリピンを合衆国に譲渡しているにすぎず，これらの島々とその住民とが合衆国に対してどのような関係にあるのかについては，何ら規定していないの

である。パリ条約の9条では，スペイン国王に対する忠誠を放棄する場合には，「これによって合衆国に譲渡された領土に出生した住民の市民権と政治的地位については，連邦議会がこれを決定しなければならない」と付記している[30]。ただし，このような規定があるからと言って，これは，連邦議会が新領土の住民の権利と身分を自由に決めることができることを意味するのではない。併合の場合は，「憲法の一般的な制約もすべて適用される」が，征服や譲渡によって獲得した領土であって合衆国の一部にならないものは，「画一的な租税や陪審裁判を求める憲法上の制約は適用されない」。しかし，連邦議会の権限を制約する規定の場合には，つまり，私権剥奪や事後法の禁止，貴族の称号の禁止，会計報告に関する規定は適用される。というのは，これらの原則は，「市民に保障された権利と異なる基盤に立脚しているのであって，市民の権利の多くは，その社会的・政治的進展がわれわれのものと一致しないかぎり，適用されない」からである[31]。この見解では，合衆国の領土には，「併合」されたものと未併合のものがあり，前者は，合衆国の一部となるから憲法原理がすべて適用されるが，後者は，憲法原理を適用するのは連邦議会または大統領の裁量権の問題となるのである。

3　三説の検討

　以上の三つの説は，次のように要約できる。①合衆国は州のみによって構成されるという説は，ヨーロッパ型の植民地を否定し，合衆国の州に昇格するという前提で新領土を獲得しなければならない。②合衆国は州と連邦領（territory）から構成されるという説は，合衆国は主権国家としてとうぜん領土を獲得し，統治することができるという帝国主義的な主張となる。しかし，新領土の統治は，大統領権限に根拠づけられる点で，長期間にわたる合衆国の統治を正当化する説明としては不十分である。③合衆国は，州からだけでも，州と連邦領からなるというのではなく，連邦議会の立法規定と合衆国の条約の文言によって定められると説く見解では，合衆国は新領土を獲得できるが，その統治には一定の憲法上の制約が課せられる。しかし，その場合でも，合衆国憲法のすべての特権と免除が新領土に保障されるのではなく，「市民の権利の多くは，その社会的・政治的進展がわれわれのものと一

致しないかぎり」，つまり，社会・政治の制度が合衆国に比べて劣っている領土の住民には，合衆国憲法に保障された権利・自由の一部は適用されないというのである。西欧文明に向かう自然の進歩というものがあって，フロリダ，ルイジアナ，テキサス，カリフォルニアに対してアメリカの統治下でしたことを，「同じアメリカの優越した立場から，アメリカの旗の下に横たわる新領土にも実行することができる」というのである[32]。この見解では，合衆国の新領土獲得とその統治の正当化契機として「権利章典」がもちだされている。合衆国の政治制度を頂点として，新領土の住民の発展段階に応じて「権利章典」の恩典が与えられ，合衆国は，この発展を促進する指導者として登場するのである。ここにも，一種の「マニフェスト・デスティニー」を見ることができる。

　キューバ，プエルトリコおよびフィリピンという新領土に合衆国憲法が適用できるのかという問題については，自力執行力（ex proprio vigore）を支持する説もある。この法理では，憲法は自力執行力によって新領土に適用されると考えられる。換言すれば，憲法は，「国旗についていく」ということである。このことが意味するのは，従来の領土編入の方式が必ずしも新たな海外領土に適用されるものではないが，結果的に新領土は連邦の政治的に平等な州として「編入される（incorporated）」ことになるだろうということである[33]。したがって，この見解は，前記①の説と親和的である。

　しかし，自力執行力法理は，新領土の住民も合衆国市民となるということも意味するから，従来のアメリカ人とことなった歴史的・文化的・人種的背景をもった住民を合衆国市民として受け入れることができるのかという疑念を呼び覚ますことにもなる。自力執行力法理を批判する論者は，大陸を縦断する帝国建設は，「帝国主義」などでは全くなく，「拡大（expansion）」であると主張する。領土の拡大にともない，白人入植者は，人種的に空白の（または空白にされた）領域において人種的「能力」を展開してきたというのである。したがって，この見解によれば，領土の「編入」は，白人入植者のための立憲主義だったことになる。つまり，憲法は，国旗ではなく人種についていったのである。このように，白人入植者が最終的に州を形成し，合衆国の一部となるという方式をスペインから新たに獲得した領土に適用する段に

なると，批判者たちは躊躇し始めた。熱帯地域は白人には不向きで，そこでの生存は白人を必然的に退化させるし，新領土には住民が既に多数住んでおり，白人の入植には土地が不足しているから，白人の入植者がいたとしても，ごく少数に留まる。その上，島嶼の多数の住民は，人種的理由によって「自己統治が不可能」であると考えられていたからである[34]。

そこで，帝国の拡大を支持する論者は，自力執行力理論を批判して，編入法理を展開し，これが，合衆国の植民帝国の支配的な政治的・法的枠組みとなる。編入法理の意図は，一方では合衆国を政治的にその新植民地から切り離し，他方では北米大陸のアメリカ領土を無制限の「完全な」連邦議会の権力から保護することであった。前記のラウエルの論文ように，この法理では，併合（annexation）と未併合とがはっきり区別される。「征服または譲渡によって獲得された」領土は，自動的に「合衆国の一部」になるわけではなく，「立法権または条約締結機関」によって領土としての地位が与えられて，合衆国の一部となる。こうした機関は，領土を編入するのか（ほとんどの憲法上の規制がそこに適用される），または，「合衆国の一部を形成」するのかを決定できるが，後者の場合には，憲法上の制約は適用されない[35]。

第3節　島嶼事件判決の法理

1　関税と合衆国

一連の島嶼事件は，島嶼関税事件（the Insular Tariff Cases）とも呼ばれている。事件では，関税の合憲性が争われたからである。その背景には，合衆国国内での産業間の争いがあった。特に，合衆国のサトウキビによる製糖業は自由貿易を支持したが，砂糖ダイコン産業は保護貿易政策を支持した。連邦議会がパリ条約の文言によってプエルトリコとの貿易に制限を課すことが許されないとすれば，フィリピンとキューバも自由貿易が可能となり，その商品も合衆国に無税で入ってくることになる。だから，プエルトリコは，フィリピンだけでなくキューバの先例ともなりえたゆえに，関心を呼んだのである（パリ条約締結直後は，キューバの併合も予想されていた）[36]。そこで，島嶼

第3節　島嶼事件判決の法理　73

事件判決は，新領土の憲法上の地位をめぐる前記の論争に一応の解答を示したがゆえに，重要であると考えられている。

　島嶼事件判決と呼ばれる判決がいくつあるかについては，論者によりことなる。少なくとる見解では，3 事件であるが，多くとる見解では 23 事件にのぼる[37]。通常は，島嶼事件とは，1901 年に言い渡された九つの判決を指す（このうち，七つがプエルトリコの事件で，ハワイが一つ，フィリピンが一つである）。しかし，論者によっては，1903 年から 1914 年の類似の事件も島嶼事件と呼んでいる。これに該当する事件は，13 ある（そのうち五つがプエルトリコに関する事件であり，フィリピンは六つ，ハワイは一つ，アラスカは一つである）。さらには 1922 年に言い渡された事件も，島嶼事件として取り扱われる場合もある（これは，一つである）。したがって，島嶼事件は，最大 23 件ということになる[38]。

　連邦最高裁判所による一連の島嶼事件における論点は，①新領土の地位は，どのようなものなのか，②連邦議会は，新領土を統治するについてどの程度の権限を行使できるのか，③新領土の住民の権利は，どのようなものなのか，という三つに絞ることができる[39]。

　ところで，新領土に対する合衆国の政策は，3 段階に分けることができる。① 1899 年 4 月 11 日，パリ条約が施行されるまで続く合衆国の軍事占領の時期，②平和条約のときから 1900 年 5 月 1 日にフォラカー法（プエルトリコの統治機構を定めた連邦法）が施行されたときまでの 1 年間（フォラカー法は，1900 年 4 月 12 日可決された），③フォラカー法後のプエルトリコと州との通商が「ディングリー法（Dingley Act）によって設定された 15％の関税が可能である」とされ，「プエルトリコへの外国から輸入品は，合衆国への外国の輸入品と同じ関税を支払わなければならない」とされた時期である[40]。基本的には，この 3 区分は，フィリピン諸島の占領・統治にも当てはまる。だだし，合衆国のフィリピン占領には，フィリピン独立運動の激しい抵抗運動にあって，フィリピンの統治組織を定める組織法が定められたのは，1902 年であった。

　（フォラカー法適用以前の第 2 期の事件である）デ・リマ対ビッドウェル事件（De Lima v. Bidwell）は，プエルトリコのサン・フアンからの輸出品にニュ

ーヨーク港の関税官が課税・徴収したことに対して，1897年の関税法はプエルトリコには適用されないとして関税の返還を求めた事件である[41]。この事件で，外国から合衆国に割譲された領土は，関税法でいうところの「外国」なのか否かが争点となった。1901年5月27日の判決では，裁判官の意見は，課税の効力を否定する意見と肯定する意見とが5対4名に分かれた。ハーラン首席裁判官によれば，条約は立法府の制定法に等しいから，パリ条約によってプエルトリコは，合衆国の一部となった。つまり，ブラウン裁判官の多数意見は，関税法上の意味ではプエルトリコは外国ではないと判示したのである。

ゴーツ対合衆国事件（Goetze v. United States）も，デ・リマ事件と同じ時期に発生した事件である。これは，プエルトから合衆国に輸出したタバコに対する関税の払い戻しを請求した事件であり，憲法上の問題点と最高裁判所の結論も，デ・リマ事件とおなじように，プエルトリコは，外国ではないというものであった[42]。ドゥーレイ対合衆国（Dooley v. United States）（Dooley I）も，前記の二つの事件と同じ時期に生じた事件であって，合衆国からプエルトリコに輸出した際の関税の払い戻しを請求した事件である[43]。軍事占領から条約までの間に徴収された関税は，大統領の戦時権限に基づくのであって合憲である，とブラウン裁判官の多数意見は判示した。軍と大統領は，必要なあらゆる措置をとることができ，関税も徴収することができたというのである。この判旨には，アームストロング対合衆国事件（Armstrong v. United States）判決も追随した。これは，合衆国から輸出された商品がプエルトリコで徴収された関税の払戻しを請求した事件である[44]。最高裁判所は，条約締結前の関税聴取は，適法であると判示した。

2　ダウンズ事件と島嶼判決

一連の島嶼事件判決のうちで最もよく知られているのが，ダウンズ対ビッドウェル事件（Downes v. Bidwell）である[45]。この事件でも，プエルトリコから合衆国への輸出品（オレンジ）に課税できるか否かが争われた。当時の連邦最高裁判所は，フラー・コート（the Fuller Court）と呼ばれる保守的な裁判所であって，1896年には，悪名高い「分離すれども平等の理論」によって

第 3 節　島嶼事件判決の法理　75

人種に基づく旅客座席の差別的取扱いを合憲としたプレッシー対ファーガソン事件判決を言い渡している[46]。政府の立場を支持したのは，ブラウン（Brown）裁判官，ホワイト（White）裁判官およびグレイ（Gray）裁判官であったが，ホワイト裁判官の意見が島嶼事件では受け入れられた[47]。ブラウン裁判官がデ・リマ判決で反対意見を述べた裁判官に加わって，この事件の法廷意見を書いた。ブラウン裁判官は，合衆国は州だけで構成されているのであって，州代表としての連邦議会が連邦領に全権を有しているのであるから，この連邦議会がプエルトリコから州に船積みされた商品に関税を課すフォラカー法を可決していた以上，関税は合憲であると判断した。

　しかし，他方では，判決は，連邦議会の権限にも限界があると主張する。つまり，憲法や制定法に明言する必要のない一定の自然的正義というものがあって，これは，人為的な権利と対置される。前者は，「自己の宗教的意見を有する権利，この意見を公にする権利，……自らの良心に従って神を崇拝する権利，身体の自由と個人の財産の権利，言論・出版の権利，無償の裁判を受ける権利，法の適正手続きと法の下の平等保護の権利，根拠のない捜索・押収と残酷で異常な刑罰から免れる権利，そして自由な政府に不可欠なその他の免除（immunities）である」。後者の権利は，「市民たる権利，選挙権，憲法典に指摘されている特定の手続き方法の権利であり，これは，アングロ・サクソンの法に特有なもの」である[48]。したがって，後者の権利を連邦領の住民に拡大するためには，連邦議会の立法が必要なのである[49]。

　米西戦争と海外領土への渇望によって，国家的野心と憲法原理との乖離，現代的・進歩的な意思と伝統的な憲法規定との乖離が生まれたとするならば，この乖離はテュートン族法理という社会学概念によって法学レベルで解消された。つまり，テュートン族的立憲主義によって解消されたのである[50]。アングロ・サクソン法を発展させたテュートン族の権利を持ち出すことによって，憲法上の権利が分類され，アングロ・サクソン特有人の権利は，異民族には否認されたのである。

　ホワイト裁判官は，ブラウン裁判官の意見に同意しつつも，「ハーヴァード・ロー・レヴュー」の前述のラウエル論文に依拠して「編入理論（'incorporation' doctorine）」を展開した[51]。連邦議会は，すべての合衆国領に対して

絶対的な権限を有するが，他方では重大な制約を蒙ることも確かであり，合衆国憲法の規定が適用される。しかし，その適用方法は，当該連邦領の性質に依拠する。つまり，この場合，連邦憲法の租税の画一規定がプエルトリコに適用されるか否かを決めるためには，プエルトリコが合衆国に編入され，その一部となっているか否かが問われなければならないというのである。そして，「私が思うには，連邦議会の明示・黙示の賛成がないのなら，条約締結権によって単に譲渡するだけでは，外国の人々を合衆国に編入できると考えることはできない」し，条約締結権によって編入できるとすると，「合衆国人民は連邦議会を通じて発言するのであるが，その人民の願いまたは同意なくして，外国の何百万もの住民が合衆国に編入されてすぐには旧に復せなくなり，全統治機構が転覆される」可能性を指摘して，「早まった編入による害悪」を警告した[52]。

それでは，プエルトリコは，パリ条約またはフォラカー法（組織法）によって合衆国に編入されたのだろうか。パリ条約9条は，「これによって合衆国に譲り渡された領土の現地住民の市民的権利と政治的地位は，連邦議会がこれを定める」と規定している。そして，フォラカー法を全体的に考察すれば，連邦議会がプエルトリコを合衆国に編入しようとする意図は読み取れない。したがって，「プエルトリコは，合衆国の主権に服し，合衆国が所有しているのであるから，国際的には外国ではないが，この島は，合衆国に編入されてはおらず，単に所有地として合衆国に帰属しているにすぎないから，国内的には合衆国にとって外国である」と結論づけている[53]。連邦領の編入理論は，憲法を修正することなく新領土を支配するアメリカ合衆国の帝国主義政策を後押しする概念として用いられたのである[54]。

これに対して，フラー最高裁判所首席裁判官は，反対意見を展開し，合衆国の統治の及ぶところには憲法が適用されると論ずる。ハーラン裁判官も，この意見に賛同して，①憲法は，領土が州であろうとなかろうと，合衆国が支配するすべての人民と領土に適用される，②憲法は，世界のどこであろうと植民地を認めていない，と論じている[55]。

ヒュース対ニューヨーク＝プエルトリコ蒸気船会社事件（Huus v. New York and Porto Rico steamship）はでは，水先案内人を規定するニューヨーク州法が

プエルトリコの港にも適用できるか否かが問われた[56]。1901年5月27日の判決では，フォラカー法の「プエルトリコと合衆国間の交易」規定（9節）はプエルトリコを国内として取り扱うという意味に解されるとし，ブラウン裁判官による法廷意見は，沿岸貿易に携わる船舶は水先案内人を雇う必要はなく，沿岸貿易は沖合貿易を含みうるから，ニューヨーク州法は本船舶には適用されないと判示した[57]。

ドゥーリー対合衆国事件（Dooley II）は，ニューヨークからプエルトリコのサン・フアンに商品を輸出した会社が徴収された関税の払い戻しを請求した事件であり，合衆国からプエルトリコに輸出した商品への課税が，州間の取引への課税を禁じた連邦憲法1条9節5項に違反するのではないかとして争われた[58]。つまり，フォラカー法による課税が輸出品への課税を禁ずる憲法規定を侵害するか否かが問われた。ブラウン裁判官の法廷意見は，フォラカー法による関税は輸出入に関する憲法規定ではなく，連邦議会の権限によって生じたものだと論じた。ブラウン裁判官は，この規定を外国への商品に関するものと解釈し，プエルトリコは外国ではないが，連邦議会は，連邦憲法1条8節1項によって租税を徴収する権限が与えられていると論じた[59]。つまり，フォラカー法による課税権は，この法律を制定した連邦議会の権限に由来すると判示したのである。

しかし，この事件と同じ日に言い渡された14個のダイヤモンドの指輪対合衆国事件（Fourteen Diamond Rings v. United States）はフィリピンの事件であって，パリ条約は締結されたもののフィリピンでは反乱が継続しており，未だ組織法は制定されていなかった時期の事件である[60]。パリ条約批准以前にルソン島で軍務に就いていたアメリカ軍兵士が指輪をアメリカに持ち込んださいに課税されたのに対して，兵士が課税は憲法違反であり，合衆国市民の権利を侵害しているとして，訴えを提起した事件である。法廷意見は，合衆国憲法とパリ条約の文言に関しては，プエルトリコとフィリピンで違いはなく，フィリピンは，デ・リマ事件と同様に，関税と租税画一条項に関しては，合衆国の一部であったと判示した[61]。

第4節 「権利章典」と島嶼事件判決

　1901年以後のほとんどの島嶼事件は，刑事被告人のデュー・プロセスに関する合衆国憲法の修正5条と6条の保障，特に，陪審裁判の権利，重罪事件における大陪審による告発の権利および二重の危険の禁止に関するものであった[62]。

　(1)　陪審裁判の保障　　1903年6月1日のハワイ対マンキチ事件（Hawaii v. Mankichi）は，ハワイの住民マンキチに大陪審の評決が保障されるか否かが争われた事件である[63]。マンキチは，殺人罪で訴追されたが，大陪審によって告訴されず，陪審評決も全員一致ではなかったため，修正5条および同6条違反を理由に上訴した。ハワイ諸島を合衆国領土に併合した1898年7月7日の新領土決議（the New-lands Resolution）9条では，ハワイの法は，「合衆国憲法に違背しない限りで」適用されると規定されていた。裁判官の意見は，5対4に分かれたが，ブラウン裁判官の法定多数意見では，新領土決議があっても当時のハワイの刑事手続きは自動的に廃止されたわけではなく，当該事件において大陪審と全一致の評決が不可欠だったわけではないと判示した。補足意見でも，ハワイは合衆国に統合されていないのであるから，マンキチはハワイ法によって有罪にできたと論じた[64]。この事件でも，ハワイという領土の性質について，裁判官の気分が反映されている。つまり，「すべての憲法上の権利は，人民がこの権利にふさわしいほどに進歩した領土に拡大されるべきだ」という思いがあったと指摘されている[65]。

　1904年5月31日のドール対合衆国事件（Dorr v. United States）は，修正5条の陪審裁判と大陪審の告発の保障がフィリピンに適用されるか否かが問題となった事件である[66]。フッド・ドールは，同僚の編集人とともに名誉毀損罪について陪審裁判を否認されたので，合衆国憲法がフィリピンにも適用されるべきであるとして上訴した。この判決では，8人の裁判官が法廷意見を支持し，反対意見を述べたのは，ハーラン裁判官ただ一人であった。デイ裁判官の多数意見では，合衆国が獲得した領土について，連邦議会が権限をもっているが，「陪審裁判の権利が合衆国の管轄権の及ぶところに妥当する基

本的権利」であるなら，当該領土の人民の必要や能力の有無にかかわらず，陪審裁判は，直ちにそのまま導入されなければならないはずである。しかし，陪審裁判の機械的適用は，「秩序だった裁判をするのに役立つよりは，不正義をもたらし，混乱を引き起こすかもしれない」という理由で，フィリピンに修正5条の適用を否認した[67]。

1905年4月10日のラスマッセン対合衆国事件（Fred Rassmussen v. United States）判決では，ラスマッセンは売春宿を経営していたとしてアラスカ法によって罰金を科せられたが，陪審が6人にすぎなかったので，判決は修正6条に違背するのではないかとして争われた事件である[68]。ホワイト裁判官らの8名の多数意見では，アラスカは合衆国に編入されたのであって，「憲法に保障された被告人の陪審裁判の権利は，連邦議会がこの問題について立法する前であっても，条約によってアラスカを獲得したときに直ちに，完全なものとなるのであって，実際，連邦議会にはこの権利を追加したり，毀損する権限は全くない」のであるから[69]，被告人は，この陪審裁判を受ける権利を侵害されていたと判示した。この判決では，陪審裁判の保障は，立法を介さずとも適用されると論じている。しかし，このような判決が下された背景としては，つまるところ，アラスカは，人口も少なく白人の入植者が支配しており，こうした条件から比較的統治が安定しており，少数民族の同化も容易だったという事情があったからである[70]。

(2) 二重処罰の禁止　他方，同じ日に言い渡されたケプナー対合衆国事件（Kepner v. United States）は，二重処罰の禁止にかかわる事件である[71]。マニラの弁護士トーマス・ケプナーは，横領罪で訴追されたが，無罪とされた。フィリピンの軍政府は，フィリピン最高裁判所に上訴し，最高裁判所は，二度目の裁判でケプナーに有罪判決を宣告した。そこで，ケプナーは，この判決は合衆国憲法修正5条の二重の危険の禁止に違背するとして上訴した。合衆国憲法，合衆国軍政命令，タフト委員会の権限，1902年7月1日のフィリピン組織法およびスペイン法のすべてが二重の危険を禁じていたのであるが[72]，法廷意見は，特に，次のような理由でケプナーの主張を認めた。つまり，「連邦議会が1902年7月1日の法律を可決したとき，ほぼ合衆国大統領指令の文言のとおりに，合衆国憲法の権利章典を定めた」のである

から,「個人の自由を維持するために法の支配として確立されるべきであると大統領が宣言した合衆国の統治原理をフィリピン諸島に持ち込む意図があった」ことは間違いないというのである[73]。メンデソーナ・イ・メンデソーナ対合衆国事件 (Secundino Mendezona y Mendezona v. United States) も,先の二つの事件と同じ日に判決が言い渡された[74]。この事件でも二重の危険が問題となったが,ケプナー事件判決と同じ理由で,この原則がフィリピンに適用されると判示した。両事件は,二重処罰禁止原則は,連邦議会による組織法の制定という立法行為を介することによってフィリピンに適用されるという論理を採っている点に特徴がある。

以上の一連の島嶼判決から推測できるのは,1904年の中頃までに,連邦最高裁判所は,憲法が全面的に適用できるか否かというよりも,島嶼領土に適用できる憲法の規定とそうでない規定を区別し始めたということである[75]。

(3) ヘイビアス・コーパスの保障　1909年1月4日コペル対ビンガム事件 (Kopel v. Bingham) 判決は,プエルトリコで犯した罪についても,合衆国でヘイビアス・コーパス令状を請求できるか否かが争われた事件である[76]。コペルは,プエルトリコでの横領の罪で訴追されていたが,逃亡の末,ニューヨークで逮捕されたので,ニューヨーク州最高裁判所にヘイビアス・コーパス令状を請求した。しかし,州最高裁判所は,これを拒否したので,コペルは,合衆国憲法4条2節2項「一州によって叛逆罪,重罪もしくはその他の犯罪をもって告発された者が,裁判を逃れて他州内に居ることが発見されたときは,逃亡先の州の行政官憲の請求に従って,その犯罪の裁判管轄権を有する州に移すために引き渡されなくてはならない」という規定を根拠として,連邦最高裁判所に上訴した。つまり,プエルトリコは,州ではないのだからコペルを移送できないというのである。しかし,連邦最高裁判所は,逃亡犯引渡しを定める州法は1900年のフォラカー法(プエルトリコ組織法)14節「合衆国の制定法は,州に適用されないものでない限り,この法律に反対の規定ある場合を除いて,プエルトリコと合衆国の双方で同じ効力を有する」という規定に該当するのであって,逃亡犯を匿うための規定と解することは適切ではないと論じた。

この判決では，裁判例をいくつか引用して「連邦領」を定義している。すなわち，「連邦領」とは，「州の領域に含まれておらず，連邦に加わる州として認められていないが，合衆国の大統領と上院が任命した連邦領の総督その他の官吏の下で，独自の立法府を有し，連邦議会の法律に従って組織されている国の一部」であると[77]。フラー首席裁判官は，プエルトリコは，「合衆国に統合された領土ではないが，完全に合衆国に組み入れられた領土である」と判示したのである[78]。

　(4)　財産権の保障　　オチョア対エルナンデス（Severo Ochoa v. Ana Maria Hernandez y Morales）では，合衆国憲法修正5条に保障された財産権の保障がプエルトリコに適用されるか否かが争われた[79]。軍の命令によって，取得時効期間を短縮したことが，修正5条の適正手続きに反するのではないかとして争われたのである。1913年6月13日の連邦最高裁判所判決は，全員一致の意見で，軍政府はオチョアその他の者から適正手続きに反して財産を収用したと判示した。つまり，収用に関する適正手続きは，未編入領土にも適用されることを認めた。したがって，この判決では，修正5条の適正手続きの保障は，未編入の領土にも適用される基本的な権利と判断しているように見える。しかし，公用委員会対インチャウスティ会社事件（Board of Public Utility Commissioners v. Ynchausti & Co.）も，合衆国憲法修正5条の適正手続きの保障に関する事件であるが，1920年3月1日，連邦最高裁判所は，オチョア判決とは逆の趣旨の判決を言い渡している[80]。1904年の連邦議会の制定法によって，フィリピン政府は，沿岸貿易を規制する権限が与えられていた。しかし，沿岸貿易業者は，この法律によって無料の郵便運搬を強いられたので，これは私有財産の剥奪に等しく，1902年のフィリピン組織法の権利章典に規定された適正手続きの保障を侵害しているとして訴えを提起した。ホワイト連邦最高裁判所首席裁判官は，フィリピンの権利章典の有効性を否定しなかったが，連邦議会の権限を尊重し，郵便を無料とする連邦議会の立法を合憲と判断した。連邦議会が合衆国について立法する際に課せられる憲法上の制約は，「合衆国に未編入ゆえに，合衆国の一部となっていない領土に対して，合衆国の主権の効力として立法権を行使するときにも，適用されると考えるのは」誤りであると判示している[81]。

それでは，合衆国に未編入の領土の住民は，合衆国市民なのだろうか。この問題が争われたのが，ゴンサレス対ウィリアムズ事件である（Gonzalez v. Williams）[82]。プエルトリコの住民イサベル・ゴンサレス（Isabel Gonzalez）は，合衆国に不法に入国したとしてニューヨークの港湾当局に拘束されたので，ヘイビアス・コーパス令状を請求した。1904年1月4日，連邦最高裁判所は，次のような判決を言い渡した。パリ条約によって，プエルトリコは合衆国に譲り渡されたが，ゴンサレスはスペインに忠誠を誓っておらず，ゴンサレスは，1891年の移民法の文言による外国人であるとは定義できない。つまり，法廷意見は，ゴンサレスの釈放を認め，その理由を「プエルトリコ市民は，ずっと合衆国に忠誠を誓い，合衆国の支配下で平和裏に暮らしており，その居住地の組織法は合衆国が制定したものであって，合衆国憲法の遵守を誓約している官吏がこの法律を施行しているのであるから，外国人ではない」と判示した[83]。ただし，法廷意見は，ゴンサレスを「外国人ではない」としたもののはっきり合衆国市民と認めたわけではない。プエルトリコ人は，1917年の組織まで合衆国市民と認められなかったからである。

(5) 合衆国市民の地位と未編入領土　1917年のプエルトリコ組織法すなわちジョーンズ法は，プエルトリコの住民に合衆国の市民権を与えた。そこで，ジョーンズ法によって，プエルトリコは，合衆国に編入されたのではないかという疑問が持ち上がった。この疑問に答えたのが，バルサック対プエルトリコ事件（Balzac v. Porto Rico）である[84]。バルサックは，プエルトリコのスペイン語日刊紙の編集人であったが，アメリカ人総督に対する批判記事を掲載したところ，これが名誉毀損に当たるとして投獄された。プエルトリコの刑事訴訟法では，重罪にのみ陪審裁判を保障していたが，バルサックは，合衆国連邦憲法修正6条によって陪審裁判が保障されていたはずであるとして訴えを提起した。しかし，連邦最高裁判所は，この主張を退けた。タフト首席裁判官は，その理由を次のように説明している。

「連邦議会がプエルトリコを連邦に編入してその条約上の地位を変更する一歩を踏み出すつもりであったのならば，はっきりそう宣言したはずだし，単なる推測にまかせたりはしなかったと考えるのが道理というものである」と。そして，ジョーンズ法には「権利章典」があり，大陪審と民事・刑事事

件の陪審裁判の権利を除いて，実質的に連邦憲法の権利保障が規定されている。しかし，「ジョーンズ法によってプエルトリコを合衆国に編入する意図があったのであれば，連邦憲法の権利章典全体が自力執行力によってフィリピンにも適用可能になっていただろう」と論じて，ジョーンズ法の「権利章典」の規定自体が，連邦議会の絶対的な権限を行使した結果であるとして，「権利章典」が存在することをもってプエルトリコは合衆国に編入されてない根拠としている[85]。一連の島嶼事件で問題となったのは，「連邦憲法がフィリピンまたはプエルトリコにまで拡大適用されるか否かということではなく，新たな条件や要件に対処するについて執行権と立法権を制約するものとして憲法規定のどの部分が適用できるのかという問題なのである」[86]。したがって，合衆国の市民権を与えることと，プエルトリコの合衆国への編入は，別の問題であって，論理的関連性はないというのである。

第5節　島嶼事件判決の意義

　ダウンズ対ビッドウェル事件において，ホワイト裁判官は，連邦議会の権限を国内問題と国外問題に区分し，国外問題については連邦議会の大幅な権限を認めた。国外問題は，憲法問題というよりも，国際法と主権の問題であるというのがその理由である。このような法理論を主張する意図は，①憲法原理を選択的に適用したいということと，②合衆国の外交政策の根拠を権力に置き，国内政策の根拠を憲法に置こうとすることにあった[87]。ホワイト裁判官の主張は，ハーヴァード大学教授であったセイヤーが1899年に著した「ハーヴァード・ロー・レヴュー」掲載論文の趣旨と同じである。セイヤーは，1898年の連邦議会によるハワイ併合決議の例にもとづいて，ハワイの統治にあたる弁務官の意見を引用して次のように述べている[88]。「われわれの統治理論の根底にある理論は，自己統治権であり，人民は，自由な政府に伴う責任と義務が託されるためには，自己統治に適していなくてはならない」のであって，「アメリカの普通選挙の考えの前提には，自由に独立して選挙権を行使することのできる市民集団がいて，この集団は伝統または教育によって共和政を運営できるだけの自由選挙についての責任をもっており，

また国の主権に完全に参加することについても知識と理解」があらねばならないと[89]。そして，合衆国が北米大陸以外の植民地を統治するのは当然のことであって，その統治方法についても連邦議会が決めることができる。さらに，「憲法による制約は，現代では文明国が植民地を統治するについてたいした制約だとは思われないだろう」と弁じてもいる[90]。

連邦最高裁判所による一連の島嶼事件判決の意味するところについては，三つの見解がありうる。すなわち，①連邦議会は，全く別異の文明の人々と取り引きするさいには拘束を受けないのであるから，最高裁判所は，「創造的プラグマティズム（creative pragmatism）」をとったとする見解（したがって，「編入法理」は，憲法の遵守と連邦議会の裁量権を調和させたと考える），②合衆国憲法にも不文憲法としての側面があり，連邦最高裁の一連の判決は，この不文憲法を解釈したものであるという見解（したがって，「編入法理」は，不文憲法に従ったものだと考える），③前記両者の折衷説とでもいうべき見解であり，連邦最高裁判所は，固有の権利について不文憲法に従って，背後に隠れている憲法を充足し，この憲法を明るみに出したというものである（つまり，「憲法公式解釈（constitutional construction）」という見解である）[91]。ただし，③の「憲法公式解釈」説に立つ場合でも，島嶼判決における憲法解釈は，二つの方向を指していたのであって，一つは，領土的帝国，つまり，州その他の領土に政治的・憲法的に従属する帝国の出現の方向と，もう一つは，門戸開放市場，政治改革の公布，友好国との協調，国際機関の支持および適切な実力行使に基づく非公式な帝国の出現の方向である[92]。

立憲主義は，アメリカの政治・社会生活における権力の行使を正当化するイデオロギーの中心に位置するともいえる。この立憲主義は，20世紀の合衆国の帝国主義的拡大についても適応を迫られた。一連の最高裁判所の判決によって，合衆国は，海外領土の獲得が認められ，その海外領土を州に昇格させる必要はなくなった。その際，立憲主義は，植民地支配の正当化について大きく二つの聴衆に向けられた。その一つは，植民地のエリートであり，合衆国連邦議会と大統領が植民地のエリートに政策を押しつけるという意味で，その政策は，「象徴的暴力（symbolic violence）」と呼びうる。もう一つは，合衆国の知識人・政治家のエリートであり，一連の島嶼判決は，このエ

第 5 節 島嶼事件判決の意義 85

リート内部での「コモン・センス (common sense)」を形成する役割をもっていた[93]。連邦最高裁判所は，島嶼判決において編入・未編入という新たな憲法的カテゴリーを創設することによって，植民地の憲法上の地位をめぐる議論の枠組みを設定した。そして，この枠組は，合衆国憲法の文言の解釈だけでなく，その根底にあるアングロ・サクソンの法的伝統という人種主義的色彩と，その裏返しである「マニフェスト・デスティニー」を潜り込ませることができたのである。

---

1) LEVINSON, Sanford, "Installing the Insular Cases into the Canon of Constitutional Law," BURNETT, Christina Duffy & MARSHALL, Burke (ed.), *Foreign in a Domestic Sense: Puerto Rico, American Expansion, and the Constitution*, Duke University Press, Durham, 2001, p. 123.
2) *Ibid.*, p. 126.
3) "A Constitutional Amendment: To Wilson Cary Nicholas," *Jefferson Writings*, The Library of America, New York, 1984, pp. 1140-1.
4) MORGAN, Edmund S., *Inventing the People: The Rise of Popular Sovereignty in England and America*, Norton, New York, 1989, p. 267. マディソンは，この考えをヒュームの発想に依拠している。ヒュームは，共和制は大国の方がふさわしいと考えた。大きい国の方が有為な人材を中央に集めやすいし，そうなれば，策謀や偏見あるいは感情によって公益に反する措置をとることも困難となるからである (*Ibid.*, p. 268.)。
5) WEINER, Mark S., "Teutonic Constitutionalism: The Role of Ethno-Juridical Discourse in the Spanish-American War," BURNETT & MARSHALL (ed.), *Foreign in a Domestic Sense: Puerto Rico, American Expansion, and the Constitution*, *cit.*, p. 128.
6) *Dred Scott v. Sanford*, 60 U. S. (19 How) 393, 407 (1857). 藤倉皓一郎・木下毅・髙橋一修・樋口範雄編『英米判例百選 [第 3 版]』別冊ジュリスト 139 号 (1996 年) 55 頁。
7) LEVINSON, *op. cit.*, p. 130.
8) *Dred Scott v. Sanford*, pp. 446-47.
9) *Ibid.*, p.
10) AMAR, Akhil Reed, *American Constitution: A Biography*, Randam House, New York, 2005, pp. 264-5.
11) LEVINSON, *op. cit.*, p. 131.
12) HOLED, Robert H. & ZOLOV, Eric (ed.), *Latin America and the United States: A Documentary History*, Oxford University Press, 2000, pp. 101-2.
13) STEPHANSON, Anders, *Manifest Destiny: American Expansion and the Empire of Right*, Hill and Wang, New York, 1995, p. 107.
14) SPARROW, Bartholomew H., *The Insular Cases and the Emergence of American Empire*,

University Press of Kansas, Lawrence, 2006, pp. 40-1.
15) RANGDELL, Christopher Columbus, "The Status of Our New Territories," *Harvard Law Review*, Vol. XII, No. 6 (January 25, 1899), p. 365.
16) *Ibid.*, pp. 368-9.
17) *Ibid.*, pp. 370-1.
18) *Ibid.*, p. 371.
19) *Ibid.*, p. 389.
20) *Ibid.*, p. 391.
21) RANDOLPH, Carman F., "Constitutional Aspects of Annexation," *Harvard Law Review*, Vol. XII, No. 5 (December 25, 1898), pp. 299-300.
22) *Ibid.*, p. 300.
23) *Ibid.*
24) *Ibid.*, p. 302.
25) *Ibid.*
26) *Ibid.*, p. 309.
27) *Ibid.*, p. 309-10.
28) *Ibid.*, p. 311.
29) *Ibid.*, pp. 312-3.
30) LOWELL, Abbott Lawrence, "The Status of our New Possessions-A third View," *Harvard Law Review*, Vol. XIII, No. 3 (November, 1899), p. 172.
31) *Ibid.*, p. 176.
32) SPARROW, *op. cit.*, p. 54.
33) KRAMER, Paul A., *The Blood of Government: Race, Empire, the United States, and the Philippines*, The University of North Carolina Press, 2006, p. 162.
34) *Ibid.*, pp. 162-3.
35) *Ibid.*, p. 163.
36) SPARROW, *op. cit.*, pp. 76-77.
37) *Ibid.*, p. 257.
38) RIVERA RAMOS, Efrén, *American Colonialism in Puerto Rico: The Judicial and Social Legacy*, Markus Wiener Publishers, Princeton, 2007, pp. 74-5.
39) *Ibid.*, p. 76.
40) *Ibid.*, p. 111; Office of the Commonwealth of Puerto Rico in Washington, D. C., *Documents on the Constitutional History of Puerto Rico*, Hennage Lithograph Co., Washington, 1964, pp. 54-63.
41) *De Lima v. Bidwell*, 182 U. S. 1 (1901).
42) *Goetze v. United States*, 182 U. S. 221 (1901). ハワイについても類似の事件がある。1901年のクロスマン対合衆国 (*Crossman v. United States*, 182 U. S. 221) は，ハワイに関する事件であり，ニューヨークからホノルルに向けたウィスキー，ブランデーその他の商品に対する税の払戻しを請求した事件であるが，ハワイ併合の決議からハワイ

組織法の可決までの時期に生じており，デ・リマ事件とゲーツ事件と同じように，ハワイは関税に関して外国であるのか否かが憲法上の争点となった。連邦最高裁判所は，ハワイは，合衆国の一部であって，関税の徴収は，憲法の税に関する画一条項に反すると判示した。

43) *Dooley v. United States*, 182 U. S. 222 (1901).
44) *Armstrong v. United States*, 182 U. S. 243 (1901).
45) *Downes v. Bidwell*, 182 U. S. 244 (1901).
46) *Plessy v. Ferguson*, 163 U. S. 537 (1896). 藤倉他・前出注（6），56頁。
47) TRÍAS MONGE, José, *Puerto Rico: The Trials of the Oldest Colony in the World*, Yale University Press, New Haven, 1997, p. 45.
48) 182 U.S. p. 282.
49) SPARROW, *op. cit.*, pp. 88-9.
50) WEINER, *op. cit.*, p. 72.
51) RIVERA RAMOS, *op. cit.*, p. 80; THOMAS, Brook, "A Constitution Led by the Flag: The Insular Cases and the Metaphor of Incorporation," BURNETT & MARSHALL (ed.), *Foreign in a Domestic Sense: Puerto Rico, American Expansion, and the Constitution, cit.*, p. 87.
52) 182 U. S. pp. 311-2; RIVERA RAMOS, *op. cit.*, p. 80. ホワイト裁判官の補足意見には，プエルトリコ人やフィリピン人という非白人による生物的・社会学的な「雑婚（miscegenation）」への懸念があったとも指摘されている。中野　聡『歴史的経験としてのアメリカ帝国―米比関係史の群像』（岩波書店，2007年）96頁。
53) RIVERA RAMOS, *op. cit.*, p. 81.
54) 編入理論が用いられた背景には，そもそも19世紀の間に合衆国の法人概念のいわば個々人の契約に基礎を置く擬制説（その存在は州の承認に係る）から自然人と同じような法的保護を受ける実在説（州から独立した存在）への変化があった（THOMAS, *op. cit.*, p. 97.)。つまり，合衆国も法人と同じように個々の構成員（州）を凌駕する利益と権力を持っていると見なされるようになった。またアメリカの植民地経営は，官僚機構ではなく，法律家，医師，技師といった専門職集団からなる団体によることが大きかったという事情があるという（*Ibid.*, p. 99)。
55) *Ibid.*, p. 83.
56) *Huus v. New York and Porto Rico Steamship*, 182 U. S. 392 (1901).
57) RIVERA RAMOS, *op. cit.*, p. 85.
58) *Dooley v. Unites States*, 182 U. S. 222 (1901).
59) RIVERA RAMOS, *op. cit.*, p. 85.
60) *Fourteen Diamond Rings v. United States*, 183 U. S. 176 (1901).
61) RIVERA RAMOS, *op. cit.*, p. 86.
62) SPARROW, *op. cit.*, p. 169.
63) *Hawaii v. Mankichi*, 190 U. S. 197 (1903).
64) RIVERA RAMOS, *op. cit.*, p. 87.
65) SPARROW, *op. cit.*, p. 175.

66) *Dorr v. United States*, 195 U. S. 138 (1904).
67) SPARROW, *op. cit.*, p. 177-8.?
68) *Fred Rassmussen v. United States*, 197 U. S. 516 (1905).
69) *Ibid.*, pp. 530-1.
70) RIVERA RAMOS, *op. cit.*, p. 91.
71) *Kepner v. United States*, 195 U. S. 100 (1904).
72) 判決は，二重処罰禁止類似の原則（一時不再理）の法理がスペイン法にもあると指摘し，「スペイン法においても1255年の『フエロ・レアル (Fuero Real)』および1263年の『七部法典 (Siete Partidas)』にもある」と述べている。*Ibid.*, p. 120.
73) *Ibid.*, p. 124.
74) *Secundino Mendezona y Mendezona v. United States*, 195 U. S. 158 (1904).
75) SPARROW, *op. cit.*, p. 149.
76) *Kopel v. Bingham*, 211 U. S. 468 (1909).
77) *Ibid.*, p. 475.
78) *Ibid.*, p. 476.
79) *Severo Ochoa v. Ana Maria Hernandez y Morales*, 230 U. S. 139 (1913).
80) *Board of Public Utility Commissioners v. Ynchausti & Co.*, 251 U. S. 401 (1920).
81) *Ibid.*, pp. 406-7.
82) *Gonzalez v. Williams*, 192 U. S. 1 (1904).
83) *Ibid.*, p. 13.
84) *Balzac v. Porto Rico*, 258 U. S. 298 (1922).
85) *Ibid.*, pp. 306-7.
86) *Ibid.*, p. 313.
87) STATHAM JR., E. Robert, *Colonial Constitutionalism: The Tyranny of United States' Offshore Territorial Policy and Relations*, Lexington Books, Lanham, 2002, p. 13.
88) 「ハワイ諸島併合合同決議」は，「大統領は，5人の弁務官を任命しなければならず，そのうちの2名は，ハワイ諸島の住民でなければならず，弁務官は，可能になり次第，必要または適切であると考えるハワイ諸島の立法を連邦議会に勧告しなければならない」（1節9項），「この決議に定められた弁務官は，上院の助言と同意に基づいて大統領が指名しなければならない」（2節）と定める。THORPE, Francis Newton, *The Federal and State Constitutions, Colonial Charters, and Other Organic Law of the State, Territories, and Colonies Now or Heretofore Forming the United States of America*, V. 2., Government Printing Office, Washington, 1909, (Nabu Press, 2010), p. 880.
89) THAYER, James Bradley, "Our New Possessions," *Harvard Law Review*, V. 12, No. 7 (February 25, 1899), p. 478.
90) *Ibid.*, p. 483.
91) SPARROW, *op. cit.*, pp. 251-3.
92) SPARROW, *op. cit.*, p. 255.
93) RIVERA RAMOS, *op. cit.*, p. 123.

第4章　キューバの占領と憲法

第1節　米西戦争とキューバ憲法

1　スペイン立憲主義とキューバ

　スペイン最初の近代立憲主義憲法であるいわゆる1812年のカディス憲法（正式名称は，「スペイン王政政治憲法」という）は，イベリア半島だけではなく，北アメリカ，カリブ海，南アメリカ，アジアの領土についてもスペイン領土であると規定し（10条），「スペイン国民は，両半球の全スペイン人の集合体である」（1条）と定義する[1]。このように，カディス憲法では，形式的には本国の住民と植民地の住民をも含む国民という概念がとられ，海外領土をも含む広大な国土の住民全体が国民であると見なされていた。しかし，南北アメリカ大陸のスペインの植民地は，19世紀初めには，次々と独立していった。残った植民地について，1837年憲法附則2条は，「海外県は，特別法により統治されるものとする」と定める。1845年憲法も，この規定を引き継ぎ，同じ規定を置いている（80条）。
　1868年9月に始まった自由主義革命の結果誕生したスペインの1869年憲法は，「海外県」について第10章に定めを置き，「憲法制定議会は，キューバまたはプエルトリコの代議員が出席したとき，必要であると考えるならば修正して，憲法に保障されている権利をキューバまたはプエルトリコにも及ぼすために，現在の海外県の統治制度を改革するものとする」（108条），「フィリピン列島に位置するスペインの県の統治制度は，法律でこれを改正するものとする」（109条）と定める。しかし，王政復古によって制定された1876年憲法は，「海外県の統治」について，「海外県は，特別法により統治されるものとする。しかし，政府は，適切だと考える修正を施して，半島について公布された，あるいは今後公布される法律を植民地県に適用すること

が認められる。／キューバとプエルトリコは，特別法が定めるところにより，王国のコルテス（国会）に代表されるものとするが，この法律は，両県が互いに異なるものでも構わない」（89条），「政府は，キューバの代表者が選出される時と方法を定める」（90条）と定める。

　キューバでも，スペイン本国の政治的混乱に乗じて，1868年10月，最初の独立戦争が勃発し，それは10年間にわたって継続したが（それゆえ，この戦争は「10年戦争」と呼ばれている），1878年2月10日の「サンホン協定（el Convenio de Zanjón）」によって終結した。「協定」は，「プエルトリコが享受しているものと同じ政治的・組織的・行政的条件」をキューバに認めると定めるだけでなく，独立戦争に参加した奴隷を解放することを約束していた[2]。この協定をもって独立戦争が完全に終息したわけではなかったが，「協定」は，1876年憲法89条に規定されたように，キューバが本国に部分的に同化される道を開いたのである。

　1879年5月，担保法（1879年5月16日の勅令による）および1870年に制定された刑法典（1879年5月23日の勅令による）がキューバに適用された。担保法は，適用に際して修正されたためにプエルトリコとは異なる点が見られる。しかし，刑法典は，キューバとプエルトリコとに適用するために修正されたが，二つの地域での違いはない[3]。

　1880年2月13日の法律は，キューバでの奴隷制を廃止したが，奴隷から解放された者を一定期間旧所有者の保護下に置くとしていたが，この制度も，1886年7月23日，保護制度廃止法によって消滅した[4]。

　1880年4月9日，海外県法典編纂委員会が設置され，スペイン本国の法律をキューバに移転する準備が整えられた。王政復古政府は，1881年4月7日の勅令で憲法を海外県にも適用することを宣言した。勅令の1条は，「キューバおよびプエルトリコの総督は，その支配下にある官報で王政憲法を公布しなければならない」と宣言している。ただし，憲法89条に基づく「特別法」の遵守も規定されている（2条）。同日，別の勅令によって1879年1月7日の「出版法」がキューバに適用されることとなったが，祖国の名誉を害するような表現は保障されないとする制約が付されていた（1886年11月11日には，改正出版法がキューバとプエルトリコで公布される）。ただし，1881

年11月1日の勅令によって「集会法」は，修正なしでキューバに適用された[5]。

　1885年9月25日には，1881年の民事訴訟法がキューバとプエルトリコに同時に公布された。スペインの1872年の刑事訴訟法は1882年に改正され，キューバで1885年10月に公布され，1889年1月1日より施行されることとなった[6]。これに伴い，キューバに新しく裁判所を設置する女王の勅令が発せられた。勅令は，その理由を以下のように説明している。

　「1882年に公布された法律より前には，イベリア半島で施行されていた刑事手続制度にはあらゆる欠陥があったことは衆目の一致するところであって，このことは，旧法の支配していた海外県に見られたように明白である。……無実とされることもよくあるような人々や，無実でなくとも当然受けるべき刑罰とは異なる刑罰を受けざるをえないような人々にとっては，裁判は不必要な苦しみをともなって際限なく長期化し，予審審理も被告人に対して厳しくなりがちであり，裁判官は捜査活動を指揮する際に予断をもっていて判決を言い渡す恐れがあり，本裁判の結果は軽視され，予審活動に過剰な信頼が寄せられ，被告人の行為を厳格・冷静に解明するというよりもむしろ被告人を追及の対象とすることだけでなく，他にも適切に説明できないような嘆かわしい問題点が数々あって，刑事裁判は，社会的に欠陥だらけの恐るべき作用をもつという性格を帯び，犯罪者は，不運な者だという見方もされるようになっている。……かくも不完全な制度がイベリア半島に捨て置かれたままになっており，本裁判を予審の要素と切り離して，単一の審理による口頭での公開裁判を確立し，つまり，糾問的で秘密の古い欠陥のある制度を廃止して，その代わりに弾劾主義を確立し，……結局のところ自由主義的な意味において，また学問的に議論の余地ないものとして認められる合理的な原理に従って，刑事手続きを修正し，新しい方法の利点を試してみることで，強制的に海外県にこの方法を拡大しようとする当然の願いが生じたのであるが，海外県は，すべての政府が親愛なる兄弟と見なしてきたのであるから，他の地域の国民が受けているあらゆる利益にあずかることも認められるのである」と[7]。

　さらに，翌月には，1888年9月13日の行政訴訟法が，ほとんど修正され

ずにキューバ，プエルトリコおよびフィリピンに導入された[8]。また，1889年7月31日の勅令によって，本国で公布されたばかりの新民法典もキューバ，プエルトリコおよびフィリピンに導入された[9]。1895年3月15日には，キューバとプエルトリコの「文官統治・行政制度」を設けるいわゆる「アバルスサ法（la Ley Abarzuza）」が制定され，一定の自治が認められた[10]。さらに，1897年11月25日には，四つの勅令によって，キューバとプエルトリコに自治権が認められ，イベリア半島とカリブ海の島嶼とが同じ憲法上の権利と保障を認められ，「自治憲法」も，公布された[11]。

しかし，このようなスペイン本国の同化政策にもかかわらず，キューバの独立運動は，再び武装闘争に発展していった。1995年，反乱軍は，オリエンテの山岳地帯に浸透し，特に黒人からの支持を得ていた。反乱軍の80％は，黒人であって，ハイチの影がキューバを覆っていた。つまり，ハイチと同じように，キューバも革命後には，黒人共和国になるのではないかと恐れられていたのである[12]。

2 占領と憲法体制

メイン号事件を発端とするアメリカ合衆国とスペインとの緊張は，終に合衆国がスペインに最後通牒を突きつけ，キューバの主権を放棄するよう迫るまでに高まった。アメリカ大統領ウィリアム・マッキンリーは，1898年4月11日，連邦議会に特別教書を送り，「人道と文明の名の下に，また，まさに危殆に瀕せるアメリカ権益擁護のために，アメリカは，与えられたる権利と義務をもって，キューバの戦争を終わらせなければならない」と主張した[13]。

4月19日，連邦議会は，次のような決議案を採択した[14]。

① キューバ島の人民は自由と独立を共有すべきである。
② スペインに対しキューバ島の放棄ならびに同島よりの軍隊撤収を要求することが，合衆国の義務である。
③ この決議を実行するために，大統領はアメリカの総力を駆使して，義勇兵募集に当たるべき責務と権限を有する。
④ 合衆国は，キューバ島の戦乱を終息させること以外の意図はなく，同

島征服の意図は毛頭ない。戦乱鎮定の上は，同島の統治支配の権能を島民にゆだねる。

その後，4月25日，合衆国は，スペインに正式に宣戦布告した。合衆国がキューバに侵攻したことによって，1898年には，少なくとも三つの憲法体制が併存することとなった。すなわち，①キューバの独立軍が占拠する地域に適用される1897年10月30日のラ・ヤヤ憲法（La Constitucón de La Yaya），②スペインの主権の及ぶ地域に適用される1897年11月25日の自治憲法（la Constitución Autonómica），③サンチャゴ・デ・クーバと呼ばれていた東部地方を占領したアメリカ軍のレナード・ウッド将軍が1898年10月20日公布したいわゆるレナード・ウッド憲法（la Constitución de Leonard Wood）である[15]。こうした憲法状況は，パリ条約の署名によって終わり，ブルック将軍による軍事政府が設立された。

①の憲法を含めて，キューバの独立運動からいくつかの憲法が誕生した[16]。そのうち①の憲法が最も条文の数も多く，権利章典を置き，体系的である。この憲法は，施行期間を2年に限定した憲法であって，憲法制定会議が開かれた地名（La Yaya）をとってラ・ヤヤ憲法と呼ばれている。この憲法の特徴は，（ア）人権規定を充実し，宗教，教育，思想，集会，結社および思想伝達の自由，請願権，通信の秘密，普通選挙，罪刑法定主義等の自由主義的な権利を規定し（4条ないし13条），（イ）モンテスキューの古典的な三権分立制度を採用しながらも，（ウ）統治権を統治会議（El Consejo de Gobierno）という文官機関にゆだねたことである[17]。新憲法に従って組織された議会は，実際には機能することもなく，合衆国の承認も得られず，解散を余儀なくされた。アメリカ占領軍の統治は，②の自治政府を修正したものでもあった。つまり，軍が統括する文官政府であって，その決定は，法律の効力をもつ軍の命令というかたちで発せられた[18]。ただし，②の自治憲法には，「人権宣言」がなく，反対に，③のレナード・ウッド憲法は，「権利章典」からなる法文書であった。

1897年の「自治憲法」は，「キューバ島とプエルトリコ島の統治と行政は，今後，以下の規定に従って支配される」（1条）と規定する。その2条では，「両島のいずれの統治も，二院からなる島嶼議会（un Parlamento Insular）

と，本国を代表する総督によって組織され，総督は，本国の名によって最高権力を行使する」と規定し，二院制議会と総督がキューバを統治すると定めている[19]。「法律が規定する形式と条件で植民地問題について立法する権能は，総督ともに島の両院に存する」(3条) と規定し，立法権は，議会と総督が共有するとしている。議会は，上院にあたる「行政諮問会議 (el Consejo de administración)」と下院にあたる「代議院 (la Cámara de Representantes)」によって組織される (4条)。

「行政諮問会議」は，35名によって構成され，そのうちの18名は間接選挙によって選出され，他の17名は国王と，国王の名において総督が任命する (5条)。「代議院」は，「法律の定めるところに従って，住民2万5千人に一人の割合で選挙委員会が任命する者によって構成される」(11条)。島嶼議会は，「王国のコルテス (国会) または中央政府に限定列挙されていないすべての問題について議決する権能」を有するだけでなく (32条)，以下の権能も与えられている (29条)。

① 総督が憲法と植民地の自治を保障する法律を遵守するという誓約を受けること。
② 大臣の責任を追及し，代議院が訴追し，行政諮問会議が裁判すること。
③ 王国の法律の廃止もしくは修正および法案の提出を懇願するために，または植民地のために執行権による問題解決を請求するために，総督を通じて中央政府に働きかけること。

総督については，「植民地の最高統治権は，内閣の提案に基づいて国王が任命する総督がこれを行使する」(41条) が，総督は，国民の代表者として，次のような権能を有する。すなわち，①「大臣を自由に任命する」権能，②「法律，布告，条約，国際協定その他立法府に由来する規定を島で公布し，執行し，執行させる」権能，③「国王の名において恩赦を行う」権能，④「国家の憲法の第4条，第5条，第6条ならびに第13条第1項，第2項および第3項に記された保障を停止する」権能等である (41条)。また，5人からなる内閣が置かれる (45条)。

地方自治については，「市町村組織は，千人を超えるすべての人口集団に

設置しなければならない」(52条1項),「適法に設置されたすべての市町村は,公教育,道路,河川または海運,地方の衛生,自治体予算について条例を制定し,自治体職員を自由に任命し,罷免する権能を有する」と定める(同条3項)。

また,「植民地憲法の施行の保障」にも言及し,「すべての市民は,市町村もしくは県会の条例によってその権利が侵害され,または利益が害されたと思料するならば,裁判所に訴えを提起できる」(63条1項)と規定する。「前条に規定する場合には,市町村に対する不服について権限ある裁判所は,地方裁判所であり,県会に対する不服について権限を有する裁判所は,ハバナの護民裁判所(la Audiencia Pretorial de la Havana)とする」(64条1項)と定める。さらに,「これらの裁判所は,前記団体の権限の踰越に関する苦情のときには,合議で決めなければならない。地方裁判所の判決については,ハバナの護民裁判所の控訴でき,護民裁判所の判決については,王国の裁判所に上告できる」(同2項)と規定し,終審裁判所をスペイン本国の最高裁判所としている。

憲法改正については,「このキューバとプエルトリコに関する憲法が王国のコルテスによって承認されたならば,法律と島嶼議会の要求によらなければ,改正することはできない」(附則2条)と規定し,憲法改正には議会の要求が必要であるとしている。

3 合衆国の占領と「レナード・ウッド憲法」

「レナード・ウッド臨時憲法」[20]は,憲法というよりもサンチャゴ・デ・クーバ県総司令官ウッドの名において,「一般命令(Orden General)」の形式で発せられた法文書であり,その前文は,次のように宣言している。
「合衆国軍によるサンチャゴ・デ・クーバ県の占領によって,必然的に全ての統治問題の条件が変更された。可能な限り,占領地域の法律が適用されるのが好ましいとしても,総司令官は,法律の多くとその執行方法は,新秩序と両立しないと考えるものであり,それゆえ,よき政府に係わる全ての者に告知し遵守するように,また,適正な宣誓を行った公務員を指導するために,以下の命令を公布することが必要であると考える。この宣言は,臨時憲

法の代りとなるのものであるが，人の権利の保障という目的に限られ，組織法の通常または共通の規則を含むものではない」と。

その「権利章典」の内容は，平和的な集会の権利・請願権（1条），信教の自由（2条），裁判を受ける権利・私有財産権と正当補償（3条），被告人の聴聞の権利と証人審問権（4条），法定手続き（5条），一時不再理・二重の危険の禁止（6条），ヘイビアス・コーパス令状（7条），過大な保釈金・残虐な刑罰の禁止（8条），不当な捜査・押収の禁止（9条），言論出版の自由（10条）である[21]。

ラ・ヤヤ憲法とレナード・ウッド憲法の「権利章典」との違いは，刑事手続きの違いに典型的なかたちで見られる。前者の刑事手続規定は一箇条のみであり，「何人も，犯行前の法律によって犯罪とされる行為によって，法律の定める手続きによらなければ，拘禁され，裁判を受け，刑罰を科せられない」（4条）と規定するにとどまる。これに対して，後者は，刑事手続き上の権利が豊富なだけでなく，「被告人は，自ら不利益な証言を強いられず，国法によらずに生命，自由または財産を奪われることもない」（5条）し，「何人も，一度裁判を受け無罪とされたならば，同じ行為によって再び裁判を受けることはない。つまり，同じ犯罪によって無罪または有罪とされる危険を再び受けることはない」（6条）として，適正手続きと二重の危険の禁止原則を定めている。前者は，大陸法型の罪刑法定主義によるのに対して，後者は，適正手続主義をとっている点に両者の違いが表れている。

また，表現の自由に関しても，前者は，「すべてのキューバ人は，適法な生活上の目的のために，自己の意見を自由に伝達し，集会・結社の権利を有する」（13条）と定めるのに対して，後者は，「思想と意見の自由な交換は，自由人の侵すことのできない権利の一つであって，何人も，この自由に対して責任を負いつつも，如何なる問題であっても自由に話し，書き，または出版できる」（10条）と定め，表現の自由を不可侵の人権と捉えている。このようなレナード・ウッド憲法の内容は，ほぼアメリカ合衆国憲法の「権利章典」に倣ったものだと考えることができるが，この「憲法」には，平等原則について規定されていない。1900年3月に合衆国が承認した選挙法は，識字能力と一定額の財産所有を選挙資要件とする制限選挙制度をとっていた。

ウッドは、この選挙法について、奴隷として移入されたアフリカ人の子孫を政治過程から排除することによってハイチやサント・ドミンゴでの事態が繰り返されることを阻止することに意義があると評価していることから[22]、黒人の政治的進出を危惧していたことが分かる。

第2節 「レナード・ウッド憲法」と独立戦争

1 独立戦争と強制収容所政策

ウッドは、キューバの独立を認める「テラー修正条項」にもかかわらず、キューバの合衆国への併合を支持していた。キューバ人のような遅れた人々は、実のある自己統治(meaningful self-government)など無理であるから[23]、「清潔な政府、迅速で断固たる行動と信頼に足る人物の手による絶対的コントロール、必要な法的・教育的な改革の確立」が必要であると説いている[24]。キューバは、進歩的な社会改革の実験室となった。ウッドの政策は、キューバの問題を解決するには、合衆国化するのが適切であるという確信に基づいていたのである[25]。

一方では、スペイン政府軍は、住民とゲリラ兵とを分断しようとして、強制収容所を建設した。強制収容所が初めて出現したのは、「ファシズムのイタリアでも、ソヴィエト連邦でもなく、ナチのドイツでもなく、フランコのスペインでもなく、19世紀末のキューバが解放戦争を行っていたときであって、その後、ボーア戦争の間の南アフリカであった」と指摘されている[26]。その起源は、必ずしも明確ではないが、「民主主義は、全市民を目的として拡大するが、危険の表象となる者の排除を暗示している」と指摘されているように、民主主義制度に随伴する現象であるとも解されている[27]。

スペイン人は、動物と人間の取り扱いはことなるという意識の境界線を1896年キューバで越えたのである。その後、英国人は、その手中におちたボーア人とその家族を収容する施設を取り囲む有刺鉄線を用いることとなる[28]。さらには、1901年には、マッカーサー(Arthur MacArthur)司令官も、フィリピンにおいて強制収容所作戦を用いることとなる[29]。

しかし，フランス革命までは，「個々人の関係は，戦争でも断ち切られず，通信も，旅行でさえもたたれることはなかった」。ナポレオンは，「アミアンの平和が破られた後，フランスに暮らすイギリス人に居住地を指定した」のである。ここに示されているのは，フランス革命以降，市民も敵となりえるし，敵として拘禁される危険があるということである[30]。平等派のバブーフも，自ら起草した「警察デクレ断片」の条文に緊急事態に限定してはいるが，強制収容所の設置を規定している[31]。その後，排除の対象は，拡大する。つまり，明白な敵（外国の兵士または反革命の戦闘員）から当たり前の人，役立たず，旧社会の残りかす，旧社会の障害物へと移行するのである[32]。

現在の研究では，キューバ以降今日までの数々の強制収容所は四つの型に分類されている。すなわち，①冥界（l'Hadès），②煉獄（la Purgatoire），③地獄（l'Enfer），④呪われた地（la Géhenne）である[33]。キューバの強制収容所は，①冥界に該当し，「植民地化された住民」が収容の対象とされた。

スペイン軍を率いるウェイレル（Valeriano Weyler）将軍は，ゲリラ対策として収容所の建設を採用した。将軍の計画は，指定した軍事地域の都市と村落の全住民を堅固に防御されたセンターに集中する（concentrated）ことによって，反乱軍とその支持者を分断しようとする作戦であった。被収容者の食料は，その地の特別の耕作地から調達されるが，食料が入手できに場合には，飢えるにまかせてもかまわないと考えられていた。将軍は，10月，ピナル・デル・リオ（Pinar del Río）で最初の収容所命令を発した[34]。

収容所作戦の結果，マタンサス（Matanzas），ラス・ビリャス（Las Villas）およびピナル・デル・リオ（Pinar del Río）においては，10万2千人以上が死亡したことが確認されているが，それ以外の地域の犠牲者については正確な数は不明である。論者によって，犠牲者の数は，9万人から30万人までの幅がある[35]。しかし，全体ではキューバの当時の人口（1,700,000人）の1割にも上る115,000から170,000が犠牲となったと推定されている[36]。

この収容所作戦に対し合衆国の世論は，厳しい批判を投げかけたが，1902年，合衆国政府は，キューバにおけるウェイレルの強制収容作戦は，これまでの軍事慣行に反するものではないと結論づけている。合衆国も北アメリカ

の先住民を居留地に押し込めており，先住民との戦争ではこの方法を用いていたからである[37]。

2　合衆国の参戦

収容所作戦は，当時の合衆国で猖獗を極めた「イエロー・ジャーナリズム」の餌食にもなった。各紙は，時には，無責任なニュースを捏造し，センセーショナルな記事を売り物に，熾烈な発行部数を競い合っていた[38]。スペイン人は，残虐，淫らで怠惰であって，スペインの「黒い伝説 (leyenda negra)」に結びつけられるが[39]，アングロ・サクソンは，厳格で勤勉であり，人類を救済する任務を帯びているというステレオ・タイプとしてのイメージが喧伝されたのである。さらに，キューバの愛国派は，優れた戦闘員であると同時に，申し分ない宣伝マンでもあった。彼らは，様々な情報を合衆国のジャーナリストに提供したが，それは，合衆国の介入を望んでいたからでもあった[40]。「イエロー・ジャーナリズム」は，期せずしてこのような要請に応えたのである。

他方，スペイン本国では，カノバス政権は植民地の改革路線に転換し，1897年2月，キューバに「アバルスサ法」を具体化する布告を求めた。これは，自治体の長に強力な権限を与え，キューバに一定の自治を与えることを目的とした。ただし，この措置は，キューバの世論に影響を与えようとするというよりも，アメリカに対してスペインが戦争を終わらせようとする努力をしていることを見せようとするものであった。アメリカの世論は，ウェイレル将軍の弾圧に向けられており，アメリカ政府は，キューバにおけることの成り行きを注意深く観察していたからである。しかし，カノバスは暗殺され，キューバは，スペイン支持派と独立反乱軍とに分裂していた[41]。

こうした状況の中で，アメリカの軍艦メイン号が轟沈し，1898年4月25日，合衆国大統領マッキンリーは，スペインに宣戦布告をし，米西戦争が勃発したのである。アメリカ軍はサンチャゴ・デ・クーバを占領し，7月18日，レナード・ウッド将軍は，同市の軍総督に任命された。そして，10月20日，前記の「レナード・ウッド憲法」が公布されたのである。12月10日，スペインは，合衆国と講和条約（パリ条約）を結び，両国の敵対関係に

正式に終止符が打たれた。このようなキューバでの独立戦争をアメリカ合衆国の軍事介入という当時の歴史状況に照らすと、「レナード・ウッド憲法」の政治的意味は、マッキンリー大統領の教書にいう「人道と文明」を体現するものであって、合衆国の占領政策の「善政」を印象づけようとする文書であったと推定できるだろう。

第3節　政教分離とキューバ社会

　司法制度改革とならんで、信教の自由と政教分離原則も、キューバ社会に大きな影響を与えた。レナード・ウッド憲法の信教の自由を保障する規定（2条）は、キューバのカトリック教会に大きな影響を与えた。教皇庁は、19世紀初めから自由主義者からの攻撃にさらされており、スペインの植民地の独立運動に関しては、スペイン本国政府の方針を支持していた。レオ13世も、キューバの独立運動に対してスペイン軍を支持したのである[42]。しかし、キューバのカトリック教会は、多くの問題点を抱えており、盤石な制度とはいえなかった。つまり、①教会は、黒人と混血からなる大衆に布教するには無力であり、②1830年代から40年代の自由主義者の攻撃によって、財産を失い、衰弱しており、③1851年の政教条約による教会とキューバ国家との新たな協定によって、権力にあまりに近寄りすぎており、④教会がスペイン社会のアイデンティティーを示す制度になろうとしていた、という少なくとも四つの問題点を抱えていたのである[43]。要するに、レオ13世は、完全にスペイン側について、キューバ人の分離派を自由主義的でフリー・メーソンに鼓舞された完全に反カトリックであると見なしたのである。

　このような状況の中で、1898年10月20日のレナード・ウッド憲法が公布され、「何人も、自らの良心の命ずるところに従って、万能の神を崇拝する消滅することのない自然の権利を有する。何人も、他者の宗派を妨害しなければ、自らの宗教的信念を実行することにおいて、侵害され、妨害され、干渉されない。全てのキリスト教の教会は、保護され、いずれの教会も圧迫を承けない。また、何人も、その宗教的意見を理由に、名誉、信頼または有用な責務から排除されることはない」（2条）と規定し、信教の自由を宣言し

た。ただし，条文は，「全てのキリスト教の教会」という文言を用い，少なくともすべてのキリスト教を平等に取り扱おうとするという範囲内ではあるが政教分離原則を明らかにしていた。これによって，プロテスタント信者が大多数を占める合衆国は，国教としてのカトリック教会の憲法上の位置を変更し，カトリック教会に対してプロテスタント宣教師の活動の自由を確保したのである[44]。1898年以降，合衆国のプロテスタント教会は，多数の宣教師をキューバに派遣し，礼拝堂や学校を建設した。したがって，キューバのプロテスタントは，教理だけでなく組織や法的形態においても合衆国のモデルの引き写しであった[45]。

キューバでの政教分離を推し進めるために，ジョン・ブルック（John R. Brooke）は，次のような原則を定めた。すなわち，①カトリック司教その他の僧侶に対する給与その他の報酬の支給停止，②国が出資する墓地の世俗化，③教会の郵便料金免除の撤回，④寺院の外での行進と葬儀の参列の禁止（ただし，後者は誰も気にかけなかった），⑤カトリック教会の婚姻は，市民登録簿に記載されて有効になること（数日後，ブルックは，民事婚のみが有効であると宣言），⑥公共機関でのカトリック司祭の廃止，⑦公教育からのカトリック教義の排除，である[46]。ただし，その後，これらの措置は，キューバ人の宗教感情を必ずしも反映していなかったとして，ウッドは，1900年の命令第307号（10月9日）を発し，「今後，婚姻は，契約当事者の選択によって民事婚または宗教婚のいずれでもよい」（Ⅰ），「効力に関しては，婚姻は，引き続き民事契約であって，契約法上の能力を有する当事者の同意が不可欠である」（Ⅱ），「この命令に規定されたように式を挙げた宗教婚は，民事婚と同じ効力を有するものとする」（Ⅲ）と定めた[47]。ウッドによれば，この婚姻法によって「すべての宗教団体が同じ立場におかれて，牧師と司祭のいずれにより執り行う婚姻も，適法なものとなった」のである。

カトリック教会は，特権的な地位を失い，スペイン国王の聖職者任命権も消滅してしまったので，キューバおよびプエルトリコに教皇代表団を設けることで対応した。後に，この方法は，フィリピンにも拡大された。1900年初め，教皇庁は，イタリア人ドナート・スバレッティ・イ・タッサ（Donato Sbarretti Tazza）を大司教に任命した。スバレッティは，民事婚を承認し，ス

ペイン本国のマリア・クリスティーナの摂政以降スペイン自由主義政府に接収された教会財産に対する補償を得ることができただけでなく，教会とキューバ国家との間の関係を打ち立てることにも成功した[48]。

第4節　占領と1901年憲法

1　憲法制定会議

　アメリカ軍の支配下で実施された1900年の地方自治体選挙と1901年の憲法制定議会選挙は，制限選挙であった。選挙法の選挙人資格の要件は，満21歳以上であって，スペイン国王に忠誠を誓ったことがなく，少なくとも30日間，自治体に居住していることであった。これらの要件に加えて，識字能力があるか，250ドル以上の資産を有するか，あるいは，1898年7月18日以前に解放軍にいたという要件も必要とされた[49]。こうした要件は，一見したところ直接人種を理由とするものではないが，合衆国南部の実質的にアフリカ系アメリカ人の投票権を奪っていた先例にならったものであった。ウッドによれば，選挙法は，ハイチやサント・ドミンゴの事態を将来繰り返さないために，奴隷としてキューバ島に連れてこられたアフリカ系住民を排除するよう制定されたのである[50]。

　ウッド総督は，1900年7月25日，憲法制定議会代議員選挙を実施する布告を発した。将軍は，合衆国に好意的な代議員が選出されるよう工作し，その結果，共和党と民主党の共同代議員が18議席，国民党（独立左派）が13議席を得た。憲法制定会議は，1900年11月5日に開会が宣言され，翌年の2月14日に閉会した。

　1901年の憲法制定会議では，まず憲法前文に議論が集中した。前文に「神の恩寵（el favor de Dios）」という語句を挿入すべきか否かで意見が真っ向から対立したからである[51]。結局，憲法前文は，「われらキューバ人民の代表者は，キューバが独立した主権国家として組織する基本法を編纂し，採択するために，憲法制定会議に集会し，キューバの国際的義務を履行する秩序を維持し，自由と正義を確保し，公共の福利を増進することのできる政府

を樹立し，神の恩寵を願いつつ，以下の憲法を承認し，採択する」と謳っており，「神の恩寵」という語句が残された。

　宗教の自由についても，「キリスト教道徳の尊重以外の制約はない」という文言が議論の的となった。フリーメーソン的自由主義思想に基づいて，この制約を不要であると主張する代議員がいたからである。しかし，この争点についても，政教分離原則を重視すべきであるという主張が採用され，宗教の自由に対する限界については提案通りとされた[52]。採択された憲法は，「すべての宗教の信仰だけでなく，すべての宗教活動も，自由であって，キリスト教道徳と公共の秩序の尊重の外に制約されない」（26条1項）し，「教会は，国家と分離されなければならず，国家は，いかなる場合でも，いかなる宗教にも資金援助することはできない」（同条2項）と規定する。ただし，前文に言う「神」は，ひろくカトリックとプロテスタントを含むキリスト教一般を意味すると解せられるから，必ずしも政教分離原則に反するものでないと解された。しかしながら，政教分離原則によって，アフリカ起源の宗教にも活動の自由が与えられたが，政府は，こうした宗教を迷信と見なし市民にふさわしくないとして，社会から排除しようとしたのである[53]。

　選挙制度も論争を呼んだ。憲法制定議会の代議員のうちアフリカ系キューバ人は，2名のみであった[54]。そのうちの一人は，女性と非識字者を含む普通選挙を主張した。自由主義派は，選挙人資格に識字能力を要求することは，解放軍兵士の大部分を政治から除外することになると主張した。制限選挙を支持する代議員は，黒人たちの政治的進出をおそれていたが[55]，結局，憲法制定議会は，「次の各号に規定された者を除いて，21歳以上の男子であるすべてのキューバ人は，選挙権を有する」（38条）と規定し，男子普通選挙制度を採用した[56]。

2　1901年憲法の特質

　1901年憲法は，合衆国憲法の影響がみられ[57]，議会は，二院制であって，「立法権は，二つの民選機関がこれを行使し，それぞれ代議院および元老院と称され，両者が一体となって議会という名称を授けられる」（44条）と規定される。立法については，大統領に一種の拒否権が与えられている（62条

1項)⁵⁸)。この立法規定も，合衆国憲法1条7節2項の文言に類似する。

　執行権は，合衆国憲法の大統領制にならって，完全な大統領制を採る。しかし，合衆国と異なり，この憲法は，連邦制を採用せず，大統領に「この憲法に定められた場合に，県および市の評議会の決定を停止する」権能，「職務権限を越え法律に違背する場合に，県知事の停職を布告し，定められたところに従って自らの決定について上院に説明する」権能および「第47条3号（国家の対外的安全に対する罪，憲法規定に違背する罪などに対する上院の裁判の規定）に定められた場合に，県知事を告発する」権能が認められているのであるから（68条11号ないし13号），より中央集権的である。

　司法権については，「司法権は，最高裁判所および法律の定めるその他の裁判所がこれを行使する。法律は，それぞれの組織と権能，これを行使する態様，および裁判所を構成する官吏に適用されるべき条件を定める」（81条）と規定している。最高裁判所は，「当事者間の争訟の対象である場合には，法律，布告および規則の合憲性について決定する」ことができ（83条4号），法令審査権が付与されている。

　地方自治制度には，県と市がある。県については，「各県には，法律の定める形式に従って第一次選挙によって選出される知事と県評議会を置くものとする。各県の評議員の数は，8名を下回らず20名を上回ってはならない」（92条）と規定する。「県に関するもので，憲法，条約または法律によって国の包括的な権能にも，市議会の専管事項にも属さないすべての事務について議決する」ことができるが（93条1号），知事には，一定の拒否権も与えられている。すなわち，「県評議会の議決は，県知事に提示される。県知事は，決議に賛成であれば，これに署名して許可する。反対の場合には，自らの反対意見を付して評議会に差し戻し，評議会は，再度，問題を審議する。再度の審議の後，評議員の総数の3分の2以上が賛成して議決するならば，この議決は，効力を有する。議決の提示から10間経過しても，知事がこれを差し戻さないのであれば，知事は，賛成したものと見なされ，決議は効力を有するものとする」と定められている（95条）。市議会については，「市は，法律の定める人数と形式に従って，第一次選挙で選ばれる市評議会がこれを治める」（103）。また，「各市には，法律の定める形式に従って第一次選

挙で選ばれる市長を置くものとする」(104条) と規定する。

「権利章典」については，ラ・ヤヤ憲法との類似性も見られる。たとえば，ラ・ヤヤ憲法では，「何人も，犯行前の法律によって犯罪とされる行為によって，法律の定める手続きによらなければ，拘禁され，裁判を受け，刑罰を科せられない」(4条) と規定し，1901年憲法は，「何人も，犯行前の法律によって，法律の定める手続きによらなければ，権限を有する裁判官または裁判所によって裁判を受け，判決を言い渡されることはない」(19条) と規定する。居住・移転の自由についても，前者は，「キューバ人は，何人も裁判所の決定によらなければ，住居の移転を強制されない」(12条)，後者は，「何人も，権限を有する機関によって，法律の定める場合でなければ，住居または居住の移転を強制されることはない」(24条) と規定する。

1901年憲法の「権利章典」には，社会権規定は存在しない。ラ・ヤヤ憲法では，「教育は，共和国の全領土において自由である」(8条) と規定していたのに対して，1901年憲法では，「初等教育は，義務であるのみならず，技術・職業教育とともに，無料とする。市と県が充分な財源を欠くために，それぞれの教育を維持できない間は，これらの教育は，国の責務とする」(31条1項) と規定するだけでなく，「中等および高等教育も，国の責務とする。……」(同条2項) と定め，義務教育の無償のみならず，中・高等教育についても国の責任を明記している。さらには，1901年憲法は，「すべての著作者または発明者は，法律の定める期間と手続きで，その作品または発明の排他的な財産権を享受する」(35条) と規定し，知的財産権を保障している。ただし，この規定は，キューバ人よりはアメリカ人の知的財産権を結果的に保障することになったのではないかと思われる。

1901年憲法は，平等原則を掲げ，「すべてのキューバ人は，法の前に平等である。共和国は，個人の特別法も特権も認めない」(4編1節1条) と規定する。キューバの独立戦争には，クリオーリョ (植民地生まれのスペイン人) だけでなく多くの黒人も参加し，この規定は，人種的平等を保障しているとも解される。独立戦争に倒れた思想家にして詩人のホセ・マルティは，次のように論ずる。「人は，白人を超え，混血を超え，黒人を超えた存在である。キューバ人は，白人を超え，混血を超え，黒人を超えた存在である。戦場で

キューバのために倒れ，白人と黒人の魂は，ともに風になった」と[59]。「キューバには，もう人種戦争はないだろう。共和国は，後戻りしないし，共和国は，……グアイマロ（Guáimaro）で4月10日の最初の独立憲法から，白人も黒人もなかった」と論じて，人種の平等を説いていた[60]。しかし，マルティ自身「後戻りしない」ともらしているように，少なくとも歴史的には人種間の争いは存在したのである[61]。

それゆえ，キューバが独立しても，スペイン人の土地は，合衆国政府の保護を受け，キューバ政府もスペインからの移民政策を継続した。白人支配者層は，黒人のキューバ人口に占める割合を減らしつつも，黒人を新たな社会に位置づけるという課題に直面したのである[62]。しかしながら，1901年憲法によって男子普通選挙制度が導入されたことの政治的意義は，大きかった。以後，黒人たちは，選挙を通じて政治勢力を示すことができるようになったからである。

以上のような1901年憲法の基本原則を要約すれば，以下のとおりである[63]。すなわち，
① 分離主義的ナショナリズム—独立した国家を築こうとする願い
② 立憲主義—基本法を採択して，権力の制約，三権分立，三権の間での連携と反発による法治主義の確保
③ 個人主義—国家に対する個人の優越
④ 共和主義—大統領制による共和主義統治制度，である。

これらの基本原則の思想的起源は，18世紀の自由主義的国家観に由来する。具体的には，「ヴァージニア権利章典」（1776年），「合衆国連邦憲法」（1778年），「人と市民の権利宣言」（1789年），スペインの1869年の自由主義的憲法，およびキューバ独立戦争の中で宣言された憲法が，1901年憲法に結実したのである[64]。

第5節　占領と司法改革

1　「レナード・ウッド憲法」と司法改革

　「レナード・ウッド憲法」に記された財産権，刑事被告人の権利，裁判を受ける権利などは，とうぜん，これらの諸権利を保障するに足りる司法制度を要求するものであった。

　1899年1月1日，ジョン・ブルック（John R. Brooke）将軍がキューバの統治権をスペインから引き継いだ。ブルック将軍の軍政府は，キューバ人に一定の自由を認め，内閣はキューバ人によって組織され，自治体でもキューバ人が登用された。ブルック将軍は，1899年5月6日，最高裁判所を設置し，また，軽罪裁判所も設け，国勢調査を実施させただけでなく，宝籤の廃止，墓地の世俗化等数々の改革を実行した。そして，ブルックの跡を継いだのがレナード・ウッドであった。ウッドの下で議員を選ぶ自治体で選挙が行われ，この議会が1901年憲法を制定することになる[65]。

　ブルックは，スペインの法制度に対してきわめて批判的な見解を抱いていた。特に，刑事手続きについては，人間の権利がほとんど尊重されていないような古い制度が諸悪の根源であると指摘している[66]。また，スペインとの紐帯が切れることで，スペインの最高裁判所の管轄も消滅し，上訴裁判所の設置が急務となっていた。1899年4月19日の一般命令41号は，最高裁判所の設置を命ずるものであった。ブルックは，包括的な権利章典に関する命令を発しなかったが，1899年7月13日の一般命令109号は，刑事被告人の迅速で公開裁判を受ける権利，証人審問権，弁護人依頼権，自己不罪の禁止を規定していた[67]。

　しかし，それでも，ウッド将軍から見れば，キューバの刑事裁判は，根本的な欠陥をもっていた。特に，軍のアメリカ人被用者がキューバの裁判所の管轄権に服することが不満であった。間もなく，ウッドは，総督に昇進し，1899年12月20日から1900年12月31日までの約一年間の軍事占領に関する報告書を提出した。その中で，ウッドは，司法部門について次のように報

告している。「裁判を待つ刑事被告人の長期間の不必要な拘禁は、ほとんど裁判官の関心を惹かないように思われ、裁判官は、関心が向けられるのを待っている膨大な仕事を少しばかり片づけようと毎日二三時間、鷹揚に仕事をしていた。人々は、裁判をほとんど信頼していなかった。キューバの司法機関は、伝統と保守主義でがんじがらめになっており、あまりに時間のかかる煩瑣な執行手続きを採用していたので、迅速な裁判は不可能であった」と[68]。そこで、彼は、「キューバで哀れな男に自分も法の前では大農園主と等しいということを教える唯一の方法は、真実を告げても保護され、彼の事実の証拠は、他人の証拠と同じ価値があるということを確信させることである。これは、このキューバではこれまで知られていなかった事態である。今やっと、こういうことが分かり始めているのである。人々に自分たちの権利を完全に理解させて、官僚階級にその官職は、個人の利得のためではなく、公共の信託によるものであることを分からせるならば、このキューバに強固で安定的な政府を築いたことになるだろう。というのは、キューバ人は、他のスペイン・アメリカの国々の人々と根本的に異なっているからである」と論じている。ウッドは、このような悪弊は手続きに問題があるとして、「法は、優れているが、手続きのみが善くない。改革することで逮捕された者の裁判がたいてい円滑に運ばれるようになり、逮捕されたすべての者が適切に告訴の理由を知り、資格のある弁護人が付され、換言すれば、その権利が保護されるようにした」と説明している[69]。そこで、彼は司法改革を主張し、「統治全体の弱点は、その裁判所にあり、この弱点が完全に是正できず、是正を貫徹できないかぎり、この島には自由な統治は全く存在してない」と述べている[70]。

　ウッドは改革の一環として、1900 年 10 月 15 日の一般命令 427 号によって、ヘイビアス・コーパス令状を設けた。この命令は、「キューバ島では、いかなる理由または口実においても、投獄されるか、自由を制約された者は、権限ある裁判官または裁判所の判決によって収容または拘禁されている場合を除いて、この命令に規定されているように、投獄または拘禁の理由を審問するために (for the purpose of inquiring into the cause of the imprisonment or restraint)、ヘイビアス・コーパス令状の権利を有する」(I) と規定してい

る[71]。

　このように，レナード・ウッド憲法の「権利章典」は，その後の刑事手続改革と司法改革を予告するものでもあった。キューバ司法省のミゲル・ヘネル（Miguel Gener）は，このような司法改革を熱烈に支持した。彼は，ラテン・アメリカ諸国が独立後も進歩が遅れている理由の一つに，スペインの法制度を維持していることがあると論じ，合衆国の司法制度を導入すべきだと力説している[72]。

　マッキンリー大統領も，1899年12月5日付の連邦議会への教書において，キューバの解放軍が解散し，キューバの恒久的福利を保障すべきであるのなら，合衆国とキューバは緊密な特別の絆でしっかり結びついていなければならないと説示し，その関係は，憲法または相互条約としての協定による絆が必要であると論じている[73]。ただし，レナード・ウッド総督は，キューバ人に独立を約束すべきではなく，正当かつ公平に統治し，文武の進歩の機会を提供すれば，いずれ合衆国の一部になるであると主張していた[74]。

　そこで，合衆国は，キューバ人に形ばかりの独立を認めるものの，支配権を保持する仕組みを編み出した。それが，「プラット修正条項（la Enmienda Platt）」である。最初，キューバの憲法制定議会は，この修正条項を拒否したが，結局，無修正で受け入れざるをえず，新憲法本文の後に置かれた。プラット上院議員は，「合衆国は，いわゆるプラット修正条項に基づいて，事態が悪化するなら，常にこれを是正することができる立場にいることができるだろう」と述べている[75]。

2　1901年憲法と制度改革

　1901年3月2日の「プラット修正条項」は，合衆国はキューバの独立を認めるとともに，介入の機会も保障した[76]。アメリカの軍政は，1902年5月20日に終結したが，「プラット修正条項」とこれを承認する1903年の合衆国との恒久条約（un Tratado Permanante con los Estado Unidos）によって，合衆国の「保護領（un protectorado）」になり，1959年のキューバ革命までの間，キューバは実質的には「疑似共和国（pseudorepública）」あるいは「新植民地共和国（república neocolonial）」とも性格づけることができる[77]。

「プラット修正条項」によって、合衆国がキューバの政治を左右する存在となり、キューバの指導者は、合衆国の存在を前提する政治制度を造り上げた。アメリカの政策がキューバ政治の不可欠の要素となったのである。

　占領が終結した後、大統領選の不正をきっかけとして、キューバは、政治的混乱に陥った。政治的混乱が革命に発展するのを恐れた合衆国は、1906年、再びキューバを占領する。ローズヴェルトは、ネブラスカ州の弁護士でパナマ運河地帯の総督であったチャールズ・マグーン（Charles Magoon）を総督としてキューバに送り込んだ。マグーンは、プラット修正条項3条に基づいてその権限と義務を果たすと宣言したが、臨時政府が直面している問題として、①公衆衛生、②農閑期（tiempo muerto）の雇用、③道路と港湾施設の欠如、④高額な運送費、⑤食料、衣服、住居等生活必需物資の高騰、⑥砂糖およびタバコの低い収益、⑦高利、⑧低い労賃、⑨貸し手による労賃の収奪、⑩関税規則による公益・船荷への不当な制約、⑪預金者を保護する銀行法の必要性、⑫全国に流通する通貨の必要を挙げている[78]。1908年の年次報告では、国民生活に革命的な変革がもたらされないかぎりキューバの安定はないだろうとも述べている[79]。

　立法府は、休会とされ、臨時政府は、執行権と立法権を掌握したが、キューバ人の閣議も設けられた。最高裁判所の機能は損なわれず、1901年憲法は、形式的には効力を有していた。しかし、臨時政府は、キューバ憲法の限定的な改正を考えていた。ただし、その方法は、直接キューバ憲法を改正するのではなく、立法によって、つまり、地方自治制度（地方自治法）、信頼のおける公平な選挙制度（選挙法）、独立した司法制度（裁判所法）および効率的な公務員制度（公務員法）を確立することであった。特に、司法改革は、1901年憲法の「権利章典」を実効あるものとするために必要であった[80]。こうした法律を準備するために、マグーンは、1906年12月24日、「法律諮問委員会（the Advisory Law Commission）」を設置した（これは、さらにテーマ別に小委員会が設置された）。委員は、自由主義派から5人、保守派から4人として政治的な均衡を図り、さらに、3人のアメリカ人が選任されたが、実際には、この3人がこの一種の立法府を支配していた[81]。

　アメリカ人委員のクラウダー大佐（Colonel Enoch H. Crowder）は、キューバ

人の生活の隅々まで到達するように，立法は徹底した改革をもたらすものでなければならないと主張したが，「法律諮問委員会」が準備した法案は妥協の産物であって，臨時政府の布告によって施行された。

　普通選挙制度の導入によってアフリカ系キューバ人の政治進出が促進されると，アフリカ系キューバ人自身の政党が結成され，自由主義派と保守派という政治勢力の対抗する中で，一定の役割を果たそうとする運動が発生した。1908年8月7日，「有色人種独立グループ（Agrupación Independiente de Color）」（後に「有色人種独立党（Partido Independiente de Color）」と改称）が結成され，指導者にエバリスト・エステノス（Evaristo Estenoz）が就いた[82]。しかしながら，このような運動に対して，人種にもとづく政党の禁止する法律が制定された。この法律は，同じアフリカ系キューバ人であるモルア・デルガード（Martín Morúa Delgado）が提案したので，モルア法（la Ley Morúa）と称されている[83]。有色人種独立党は，この法律に反対してオリエント県で反乱を引き起こしたが，議会は，反乱を鎮圧するために憲法の権利保障を停止し，ゴメス（Gómez）大統領は，軍を差し向けた。そして，軍の作戦は，「大虐殺（carnicería）」に変質した[84]。アメリカ合衆国は，反乱地帯に海兵隊を送り込んだが，それは虐殺を阻止するというよりも，自国民の財産を護るためであった[85]。

第6節　1940年憲法

　1902年から1940年までの期間は，1933年を境に二つに区分できる。前期では，自由主義政党と保守政党がキューバの政治生活を支配していた。両派が対立する中で，1925年，独立戦争の将軍であったマチャード（Gerardo Machado y Morales）が大統領に当選した。マチャードは，1928年に憲法を改正し再選されると，独裁的・強権的傾向を強めたが，大統領に反発する勢力との対立が深まった。フランクリン・ローズヴェルト大統領による両派の調停，ゼネラル・ストライキ，軍の離反の後，1933年，マチャードは結局辞任した。

　マチャード政権の崩壊後，新憲法の制定が試みられたが，全面的に新たな

憲法が制定されたのは，1940年であった。1940年憲法は，メキシコ憲法（1917年），ワイマール共和国憲法（1919年），スペインの第二共和制憲法（1931年）の影響を受けているが，アメリカ合衆国のニューディール政策の影響も受けているとも指摘されている[86]。

1940年憲法は，普通選挙制をとっているが（97条），「政党および政治団体は，自由である。しかしながら，人種，性または階級の集団を結成することはできない。……」として，政党の自由を保障すると同時に，「人種，性または階級」による政治集団の結成を禁止している（102条）。議会は，二院制であるが（119条），上院には，調査委員会の設置が認められている（122条 f)[87]。法律案に対する大統領の拒否権も1901年憲法の規定とほぼ同じである（137条）。執行権については，「共和国大統領は，国家元首であって，国を代表する。執行権は，この憲法に定められてところに従って内閣とともに共和国大統領がこれを行使する。共和国大統領は，指導，調和および国民団結の権力として活動する」と定め（138条），内閣の存在を明記している。したがって，「執行権の行使について，共和国大統領は，法律の定める人数からなる内閣（un Consejo de Ministros）の補助を受ける。大臣のうちの一名は，共和国大統領の指名によって首相という地位を有する」（151条）。そして，「首相と内閣は，両院に対して政府の行為の責任を負う。両院は，この憲法に規定された形式に従って首相，各大臣または内閣全体に対して信任を付与または撤回することができる」（164条）。

司法権については，「司法権は，最高裁判所，選挙高等裁判所および法律で定めるその他の裁判所がこれを行使する。法律は，裁判所組織とその権能，この権能を行使する態様，および裁判所を構成する官吏に適用されるべき条件を定める」（171条）。最高裁判所は，「法律，法律的布告，布告，規則，決定，命令，規定その他組織，機関または官吏のいずれの行為の合憲性についても決定する」権能が認められており（174条 d），法制審査権が付与されている。最高裁判所には，小法廷が設けられ，そのうちの一つは，憲法保障を専門とする裁判所である。これについては，「最高裁判所は，法律の定める小法廷によって構成される。小法廷の一つは，憲法・社会保障裁判所（el Tribunal de Garantías Constitucionales y Sociales）[88]とされる。憲法問題を審理

するときには，必ず最高裁判所長官が裁判長となり，15人を下回る裁判官では組織することはできない。社会問題を審理するときには，9人を下回る裁判官では組織することはできない」と定める（172条）。

第15編には「地方自治制度」を置き，「地方自治体（El Municipio）は，隣接関係の必要から定められる領域において，政治的に立法権の許可によって組織される地方社会であって，その政府の経費を賄う経済的能力に基づき，あらゆる法的効力のある法人格を有する。法律は，各地方自治地体の地域，名称および自治政府の所在地を定める」と規定する（209条）。第16編には，県制度を設け，「県は，その領域内に位置する地方自治体を含む。各県は，知事と県評議会によって統治される。知事は，県の代表を示すものとする。県評議会は，県の利益を方向付け調和させる機関である」と定める（233条）。

1940年憲法には，国家の経済的役割が明記されている。第17編には「国の財政」の規定を置き，その4節では，「国家は，各人に尊厳ある生存を保障するよう人民のために国民経済を指導する。国の農業と産業を促進し，人々の豊かさと集団的利益の源泉としての農業と産業の多角化を実現することは，国家の最重要の機能である」と定める（271条）。

1940年憲法の「権利章典」は，1901年憲法のものを引き継いでいるが，5編には「家族および文化」に関する規定が，また，6編には「労働および財産」に関する規定が新た付け加えられた。家族について，「家族，母性および婚姻関係は，国家の保護を受ける」と規定し（43条）[89]，文化の重要性にも言及し，「文化は，そのあらゆる表現形態において，国家の最重要の関心事である。教育のみならず学問研究，芸術表現およびその結果の発表は，教育については，国家の責任とされ，法律の定める調査と規制を別として，自由である」と定める（47条）。

1940年憲法は，労働を重視し，「労働は，個人の譲り渡すことのできない権利である。国家は，その手中にある資源を職のないすべての者に職を提供するために用い，手職であれ知的労働であれ，すべての労働者に尊厳ある生存に必要な条件を保障するものとする」と定める（60条）。さらに，同一労働同一賃金の原則（62条）[90]，一日8時間労働（66条）[91]，団結権（69条）[92]，

争議権 (71条)[93]等が規定されている。

しかし，1940年憲法は，社会的・公共的側面を強調しつつも，私有財産を保障する。すなわち，「キューバ国家は，社会機能のもっとも広範な概念において私有財産の存在と正当性を認めるが，公共の必要性と社会利益を理由として，法律が定めるところによって制限される」(87条)。また，地下は，国有とされ (88条)[94]，大農園も禁止される (90条)[95]。

さらに，1940年憲法の特徴としては，平和主義が挙げられる。すなわち，「キューバは，侵略戦争を非難し，他国と平和に生存し，他国と文化・通商の関係と紐帯を維持することを希求する」(7条1項) と規定している。

キューバの法制度は，合衆国の占領時代にアメリカ法の強い影響を受けたが，占領後に制定された1940年憲法は，後述のフィリピンの1935年憲法と同じように，欧米諸国の様々な憲法が参考にされた。ただし，1940年憲法は，フィリピンの1935年憲法よりも社会国家的特徴が顕著である。憲法制定会議では，自由主義から共産主義までの多様な思想に基づいて憲法草案が討議され，当時の西欧の憲法思想が積極的にとりいれられたからである[96]。1940年憲法は，一方では，様々な思想の妥協の産物でもあり，一部の憲法原理が軽視される場合もあったが，他方では，1948年の世界人権宣言に掲げられた権利のほとんどが存在しており「西欧キリスト教文化圏で立憲主義の先頭に立っていた」とも指摘されている[97]。そして，この体制の下で，キューバは，急速な経済発展を遂げて，中産階級も根づき，ラテン・アメリカにおける生活水準の高い3カ国の一つに数えられるまでになった[98]。

---

1) 拙訳「〔仮訳〕カディス憲法」『駿河台法学』第5巻第1号 (1991年9月) 85頁以下参照。スペインの核憲法については，次の文献を参照した。*Constituciones españoles,* Edición conjunta del Congreso de los Diputados y Boletín Oficial del Estado, 1986.
2) ALONSO ROMERO, Mª Paz, *Cuba en la España liberal (1837-1898)*, Centro de Estudios Políticos y Constitucionles, Madrid, 2002, p. 39.
3) *Ibid.*, p. 51. 1870年の刑法典は，1848年憲法を大幅に改正した法典であり，1870年夏から1932年末までの58年間 (1928年刑法の短期の施行を挟んで) 施行された。この法典は，アンシャン・レジームの裁判官の行動を考慮して，裁判官を法を適用する機械と考えて，「刑法算術 (aritmética penal)」によって刑罰の程度が自動的に決ま

る制度を生みだしたとも批判されている。しかし，立法者は，適法性原則の実現を確保しようとしたのであって，長期間に亙って施行されたことからも，1870年の刑法典は，高く評価されている。TOMÁS Y VALIENTE, Francisco, *Manual de historia del derecho español*, 4ª ed., TECNOS, 1995, Madrid, pp. 501-2. 新たに導入された原理の特徴は，①憲法に宣言された信教の自由に適合するように，宗教に対する罪を削除し，その代わりに自由な礼拝の実行に関する罪を取り入れたこと，②禁止された武器の使用に関する加重理由を削除したこと，③何らかの刑を受けてから自由になった者を対象とする当局の監視を廃止したこと，④浮浪者・乞食に関する編を削除したこと，⑤死刑の適用される場合を縮減したこと，⑥終身刑を廃止したこと（自由刑は，受刑者が品行方正であった場合，最大30年とした―しかし，再犯の場合には，10年間延長される）。ZANCHEZ-ARCILLA BERNAL, José, *Historia de las instituciones político-administrativas contemporaneas (1808-1975)*, Dykinson, Madrid, 1994, p. 515.

4)　ALONSO ROMERO, *op. cit.*, p. 53.

5)　*Ibid.*, pp. 54-5.

6)　スペインの刑事訴訟法は，1882年に大幅に改正された。旧刑事訴訟法には数々の問題点が指摘されていたが，最大の欠点は，被告人が予審手続きに参加できないだけでなく，予審判事と裁判を審理する判事が同一人物であって，民事事件と刑事事件とが区別されず担当されており，裁判が遅延していたことである。したがって，法案の提案者は，新刑事訴訟法が「予審手続きに弾劾制度を導入したのは，1872年12月22日の法律（旧刑事訴訟法）に対して非常な進歩である」と評している。Bureau of Insular Affair, *Translation of the Law of Criminal Procedure for Cuba and Porto Rico*, Washington, 1901, p. 9; TOMÁS Y VALIENTE, *op. cit.*, p. 534. さらに，この刑事訴訟法の特徴として，統一的な通常裁判所制度，刑事裁判の公開原則，重罪に対する仮拘禁，保釈金・釈放制度，現行犯に対する特別手続きが挙げられる。したがって，「1882年の刑事訴訟法は，現在も適用されている優れた訴訟法である」と言われるのである。ZANCHEZ-ARCILLA BERNAL, *op. cit.*, p. 527.

7)　ALONSO ROMERO, *op. cit.*, p. 58.

8)　提案者の名前を採って「サンタマリア・デ゠パレーデス法」とも呼ばれる。エムビド・イルホ（EMBID IRUJO, Antonio）／拙訳「行政法」日本スペイン法研究会他共編『現代スペイン法入門』（嵯峨野書院，2010年）149頁。この法律によって，職業裁判官と官吏によって構成されるいわゆる「調和制度（sistema armónico）」と称される裁判所が設置された。PARADA, Ramón, *Derecho Administrativo: I Parte general*, 7ªed., Marcial Pons, Madrid, 1995, p. 729.

9)　ALONSO ROMERO, *op. cit.*, pp. 58-9. 1889年の民法典は，王政復古期の産物であって，保守的であり，1876年憲法の法思想を実現する手段となり，個人主義的な自由主義に支えられた「ブルジョワ秩序」を強固なものにしようとする有効な手段であった。TOMÁS Y VALIENTE, *op. cit.*, p. 552.

10)　ALONSO ROMERO, *op. cit.*, pp. 89-90.

11)　*Ibid.*, p. 111.

12) GOTT, Richard, *Cuba: A New History*, Yale University Press, New Haven, 2004, p. 92.
13) SCHOULTZ, Lars, *Beneath the United States: A History of U. S. Policy toward Latin America*, Havard University Press, Cambridge, 1998, p. 139.
14) CUESTA, Leonel Antonio de la, *Constituciones cubanas: Desde 1812 hasta nuestro días*, Editorial Hispano Cubano, Madrid, 2006, p. 107; GOTT, *op. cit.*, p. 102. コンラド・ベニテス／東亜研究所訳『比律賓史―政治・経済・社会史的研究―下巻』（岩波書店、1945年）230～1頁。合同決議（Joint Resolution）は、提案者の名を取って「テラー修正条項（Teller Amendment）」と呼ばれている（SCHOULTZ, *op. cit.*, p. 139. E. ウィリアムズ／川北 稔訳『コロンブスからカストロまで―カリブ海域史、1492-1969 ― II』（岩波書店、1978年）183～4頁）。
15) *Ibid.*, p. 108. これらに加えて、ハバナでは、ブルック（Brook）将軍が文官政府を設けており、マッキンリー大統領の指令も、サンチャゴ・デ・クーバ県に適用されていた。BERNAL GÓMEZ, Beatriz, *Constituciones iberoamericanas: Cuba*, UNAM, México, 2008, p. 51; SOUCY, Dominique, *Masonería y nación: Redes Masónicas y políticas en la construcción identitaria cubana (1811-1902)*, Ediciones Idea, Santa Cruz de Tenerife, 2006, p. 281.
16) 1869年のグアイマロ（Guáimaro）憲法、1878年のバラグア（Baraguá）憲法および1895年のヒマグアユ（Jimaguayú）憲法がある。これらの憲法は、主に統治機構を定めたものである。AAVV, *Todas las constituciones cubanas*, Inkgua, Barcelona, 2006, pp. 11-4 & pp. 17-21.
17) 拙稿「キューバ社会主義憲法とその変容」『駿河台法学』（第22巻第2号、2009年）72～3頁。AAVV, *Todas las constituciones cubanas, cit.*, pp. 23 32.
18) CUESTA, *op. cit.*, p. 109.
19) 「自治憲法」は、次の文献を参照した。"Constitución Autónomica de 1897," AAVV, *Todos las constituciones cubanas, cit.*, 2006, pp. 33-53.
20) *Ibid.*, pp. 56 & ss.
21) *Ibid.* その「権利章典」の内容を以下に掲げる。
　第1条　人民は、公共の福祉に関わる問題を処理するために平和的に集会し、請願または代表を通じて、侵害の回復を求めて権力機関に訴える権利を有する。
　第2条　何人も、自らの良心の命ずるところに従って、万能の神を崇拝する自然の消滅することのない権利を有する。何人も、他者の宗派を妨害しなければ、自らの宗教的信念を実行することにおいて、侵害され、妨害され、干渉されない。全てのキリスト教教会は、保護され、いずれの教会も圧迫を受けない。また、何人も、その宗教的意見を理由に、名誉、信頼または有用な責務から排除されることはない。
　第3条　裁判所は、全ての者に応え、人または財産に対するあらゆる侵害は、適切に救済をうけ、法と裁判は、無償で、遅滞なく実施される。いずれの私有財産も、正当な補償なしに公共のために奪われない。

第4条　　　刑事手続きにおいて，被告人は，自ら対面するか，またはその法的代理人を通じて聴聞をうける権利を有し，代理人は，被告人に対する起訴の性質または理由について告知され，被告人に有利な証言する証人の出頭と，被告人に不利な証人との対面を実現しなければならない。

第5条　　　被告人が自ら不利益な証言を強いられることはなく，国法によらずに生命，自由または財産を奪われることもない。

第6条　　　何人も，一度裁判を受け無罪とされたならば，同じ行為によって再び裁判を受けることはない。つまり，同じ犯罪によって無罪または有罪とされる危険を再び受けることはない。

第7条　　　何人も，有罪の完全な証拠があるか，または，十分と思われる証拠がある場合で，自由刑が明記されているような罪を除いて，十分な保証金によって自由の身とすることができる。総司令官が適切であると考える場合を除いて，何人も，ヘイビアス・コーパスの権利を奪われることはない。

第8条　　　被告人に加重な保証金を求め，莫大な罰金を科し，残虐で異常な刑罰を科すことはできない。

第9条　　　全ての市民は，有罪の根拠がありうると宣誓の上証言されないかぎり，不当なあらゆる検査と押収から，その仕事，身体，書類，住居および財産が保障される。

第10条　　　思想と意見の自由な交換は，自由人の侵すことのできない権利の一つであって，何人も，この自由に責任を負いつつも，如何なる問題であっても自由に話し，書き，または出版できる。自治法は，この権利宣言に従って施行されるが，総司令官の判断により，開明的な文明の有益な原理に適応できるように，総司令官が適宜修正する。

22) FUENTE, Alejandro de la, *Una nación para todos: Raza, desigualdad y plítica en Cuba 1900-2000*, Colibrí, Madrid, 2000, pp. 91-2.

23) LANE, Jack C., *Armed Progressive: General Leonard Wood*, University of Nebraska Press, Lincoln, 2009, pp. 74-5.

24) SCHOULTZ, *op. cit.*, p. 144.

25) LANE, *op. cit.*, p. 75.

26) KOTEK et RIGOULOT, *Le siècle des camps*, JC Lattès, 2000, p. 11.

27) *Ibid.*, p. 23.

28) *Ibid.*, p. 27.

29) MILLER, Stuart Creighton, *Benevolent Assimilation: The American Conquest of the Philippines, 1899-1903*, Yale University Press, New Haven, 1982, p. 208.

30) KOTEK et RIGOULOT, *op. cit.*, p. 28.

31) *Ibid.*, pp. 23-4. 条文の一部は，次のとおりである。

第13条　　　トゥーロン，ヴァランス，グルノーブル，マコン，メッツ，ヴァランシエンヌ，サントメール，アンジェ，レンヌ，クレルモン，アングレー

ムおよびトゥールーズ近郊に，できるだけ短い期間で，平安を維持し，共和主義者を守り，改革を促進するための収容所（des champs）が設置されるものとする。

第14条　この目的で，革命委員会は，完全武装し，装備を調え，野営の備品を与えられた国民衛兵を伴って4人の共和主義者を指名し，指定される場所に直ちに派遣するものとする。

また，7条には，「外国人は，最高の行政による直接の監視の下に置かれ，この行政は，外国人を通常の住居から遠ざけて，矯正施設に送致する」と規定し，外国人も収容の対象としている。収容所は，13条に規定されるように，全国各地に設けられるとしている。しかし，一方，バブーフは，革命軍によるヴァンデの虐殺を厳しく非難してもいる。

32)　*Ibid.*, p. 25.
33)　*Ibid.*, p. 46. その内容は，以下のとおりである。
① 冥界は，全体主義でない国でも，あらゆる種類の好ましからざる分子，つまり亡命者，植民地化された住民，無国籍者，社会不適応者および失業者を排除する方法としてかって広く用いられた。
② 煉獄は，ソヴィエト，アジアおよびナチの国内の収容所（1933年〜40年）を指す。
③ 地獄は，字義通りの意味では，のナチの国外の収容所（1940年〜45年）に具現された。
④ 呪われた地は，ナチが直ちに死に追いやった6箇所からなる世界である。
キューバにおけるスペインの「収容所（reconcentration）」は，①のカテゴリーに該当し，その他には，南アフリカにおける英国の収容所，ヴィシー政権の収容所などがこれに当たる。
34)　GOTT, *op. cit.*, p. 94.
35)　KOTEK et RIGOULOT, *op. cit.*, p. 56.
36)　TONE, John Lawrence, *Guerra y genocidio en Cuba 1895-1898*, Armas y Letras, 2008, p. 292.
37)　*Ibid.*, p. 258.
38)　渡邉利夫「米国にとっての米西戦争」『外務省調査月報』（2000年第2号）25頁。
39)　これは，「長い歴史を通じてスペイン人は残虐かつ不寛容で，しかも貪欲かつ偽善的な国民である」とスペイン人の残虐さを誇張しねつ造した歴史観を指す。特に，異端審問所とインディアス征服の歴史について用いられる。これに対し，スペイン人の功績を評価する歴史観を「白い伝説（Leyenda blanca）」という。『ラテン・アメリカを知る事典』（平凡社，1987年）154頁。
40)　*Ibid.*, pp. 286-7.
41)　GOTT, *op. cit.*, p. 96; ALONSO ROMERO, *op. cit.*, pp. 101-2.
42)　CUESTA, *op. cit.*, p. 248.
43)　*Ibid.*, p. 249.

44) *Ibid*., p. 249.
45) SOUCY, *op. cit*., p. 287.
46) CUESTA, *op. cit*., p. 250. 1899年4月12日の命令は、墓地の管理について規定し、教会の資金によって設けられた墓地は、教会の管理に委ねられ（3条）、その他の墓地は、世俗管理としている。さらに、すべての市に世俗墓地を建設するよう定めている。1899年5月12日の命令は、世俗裁判所が言い渡した離婚判決が有効であると規定し（1条）、同月31日の命令は、民事婚のみが法的に有効であると定める。SOUCY, *op. cit*., pp. 286-7.
47) *Annual Report of the War Department for the Fiscal Year Ended June 30, 1900, Part 11, Report of the Military Government of Cuba on Civil Affairs, in Two Volumes, Vol. I- In Four Parts, Part 1*, Government Printing Office, Washington, 1901, p. 521.
48) CUESTA, *op. cit*., p. 251.
49) FUENTE, *op. cit*., p. 91.
50) *Ibid*., p. 92.
51) SOUCY, *op. cit*., p. 291. 1901年憲法は、次の文献を参照した。AAVV, *Todas las constituciones cubanas, cit*., pp. 93-124.
52) *Ibid*., p. 292.
53) ROMÁN, Reinaldo L., *Governing Spirits: Religion, Miracles, and Spectacles in Cuba and Puerto Rico, 1898-1956*, University North Carolina Press, Chapel Hill, 2007, pp. 6-10.
54) FUENTE, *op. cit*., p. 92.
55) SOUCY, *op. cit*., pp. 292-3.
56) 各号の内容は、次のとおりである。①「収容施設にいる者」、②「無能力であることを事前に裁判所が宣言した上での精神的無能力者」、③「犯罪を理由とする裁判による不適格者」、④「現役の陸海軍に属する者」。
57) CUESTA, *op. cit*., p. 205-6.
58) 62条1項は、次のように規定する。「両院の賛成を得たすべての法律案および共和国大統領が執行の責任を負う両院のすべての決議は、承認のために大統領に提出されなければならない。大統領が法律案・議決を承認するならば、もちろんこれを許可し、承認しないのであれば、反対意見を付してこれを差し戻し、この反対意見をすべて議事録に記載し、再度、法律案・議決を審議する。この議論の後、一院の総議員の3分の2による賛成を得るならば、大統領の反対意見とともに、もう一つの院に送付され、この院も法律案・議決を審議し、同じ3分の2の賛成を得るならば、法律となる。以上の場合には、投票は、すべて記名式によらなければならない。会期の最後の10日以内に法律案が共和国大統領に提出されるならば、大統領は、承認のために前の段落で認められたあらゆる手段を用いるように決意し、同じ日にこの決意を議会に告知し、必要とあらば、規定の期限の満了まで会期を存続させる。大統領がそうすることができないのであれば、法律案は、承認されたものとされ、法律となるものとする」。
59) "Mi raza," MARTÍ, José, *Antología mínima*, t. I, Editorial de Ciencias Sociales, Habana,

1972, p. 136.
60) *Ibid.*, p. 137.
61) 1843年から44年にかけての勃発した「ラ・エスカレーラ（La escalera）の陰謀」という奴隷と解放奴隷からなる黒人反乱が有名である。エスカレーラとは，ハシゴを意味し，反乱に参加した黒人をハシゴに結わえて拷問したことに由来する。当時のスペイン当局は，「白人に対する有色人種の陰謀（Conspiración de gente de color contra los blancos）」と呼んでいた。GOTT, *op. cit.*, pp. 64-5.
62) HELG, Aline, "Race in Argentina and Cuba, 1880-1930: Theory, Policies, and Popular Reaction," GRAHAM, Richard (ed.), *The Idea of Race in Latin America, 1870-1940*, University of Texas Press, 1990, p. 56.
63) BERNAL GÓMEZ, *op. cit.*, p. 27.
64) *Ibid.*, pp. 27-8.
65) CUESTA, *op. cit.*, pp. 110-2.
66) THOMPSON, Winfred Lee, *The Introduction of American Law in the Philippines and Puerto Rico 1898-1905*, The University Arkansas Press, Fayatteville, 1989, p. 182.
67) *Ibid.*, p. 184.
68) *Annual Report of the War Department for the Fiscal Year Ended June 30, 1900, cit.*, p. 66.
69) *Ibid.*, p. 66.
70) *Ibid.*, p. 73; THOMPSON, *op. cit.*, pp. 184-5.
71) *Ibid.*, p. 185; *Annual Report of the War Department for the Fiscal Year Ended June 30, 1900, cit.*, p. 68. 拘禁理由については，「投獄または拘禁された者が，令状執行報告書によって身柄を提示されるならば，宣誓して証言し，自己の投獄または拘禁が違法であるか，あるいは放免される資格があることを示すことができる」（XX）と規定している（*Ibid.*, p. 71.）。
72) *Ibid.*, p. 186.
73) PIQUERAS, José A., *Sociedad civil y poder en Cuba: Colonia y poscolonia*, Siglo XXI, Madrid, 2005, p. 252.
74) CUESTA, *op. cit.*, p. 144.
75) *Ibid.*, p. 151.
76) 1901年の「プラット修正」のIからIVまでは，以下のとおりである。

I　キューバ政府は，キューバの独立を害するか，または害する傾向のあるいかなる外国勢力とも条約その他の協定を結んではならないし，いかなる方法であれ，外国勢力に植民または陸海軍その他の目的で，キューバ島のいかなる部分にも宿営もしくは支配権を得ることを許可し，または認めることはできない。

II　経常経費を支払った後に，キューバ島の通常の歳入では不足するような利子の支払いために，また，最終的な弁済のための合理的な弁済資金条項を定めるために，いかなる公債も引き受け，または契約できない。

III　キューバ政府は，キューバの独立の保持，生命，財産および個人の自由の保護に適した政府の維持のために，また，パリ条約によって合衆国に課せられるキューバ

に対する義務で，現在キューバ政府が引き受け履行すべき義務を果たすために，合衆国が介入する権利を有することに同意する。

Ⅳ 軍事占領の間，キューバにおける合衆国のあらゆる行為は，承認され，有効とされ，占領下で獲得されたあらゆる法的権利は，維持され，保護されるものとする。

1901年3月2日，「プラット修正」は，合衆国の法律に組み込まれた。6月12日，キューバの憲法制定議会は，15対14という僅差ではあったが，これを共和国憲法の附則に記入することとした。「プラット修正」は，1934年に破棄されたが，キューバの政治に対する合衆国の干渉は，その後も行われた。拙稿・前出注（18），71頁。GOTT, *op. cit.*, pp. 327-8; AAVV, *Todas las constituciones cubanas, cit.*, pp. 93-4.

77) PIQUERAS, *op. cit.*, p. 302.
78) MILLET, Allan Reed, *The Politics of Intervention: The Military Occupation of Cuba, 1906-1909*, Ohio State University Press, Columbus, 1968, pp. 192-3.
79) *Ibid.*, p. 193.
80) CUESTA, *op. cit.*, p. 206.
81) MILLET, *op. cit.*, p. 197
82) FUENTE, *op. cit.*, p. 109. 1940年憲法は，次の文献を参照した。AAVV, *Todas las constituciones cubanas, cit.*, pp. 125-227.
83) *Ibid.*, p. 112.
84) *Ibid.*, p. 117.「これは，人種戦争であって，白人キューバ人によって粉砕された」と指摘されている。約3,000人の黒人が殺され，有色人種独立党の指導者のエステノスも，殺害された（GOTT, *op. cit.*, p. 124.）。
85) *Ibid.*
86) CUESTA, *op. cit.*, p. 212; GOTT, *op. cit.*, p. 144.
87) 122条fは，「以下の事柄は，上院固有の権能である」として，「調査委員会（comisiones de investigación）の任命」を挙げている。そして，「この委員会は，上院の認める員数からなり，委員会に出頭し報告するよう官吏や機関のみならず個人を召喚する権利，調査目的に必要だと考えられるデータと文書を請求する権利を有する（裁判所，行政機関および個人は，請求されたすべてのデータと文書を調査委員会に提出する義務を負う）。政府の活動に対して調査が行われるならば，この委員会を設けるためには，上院議員の3分の2の賛成を必要とする。それ以外の場合には，過半数の賛成を要する」と定めている。
88) 182条は，次のように規定する。「憲法・社会保障裁判所（el Tribunal de Garantías Constitucionales y Sociales）は，次の各号の事項について管轄権を有する。
   a) この憲法に定められている権利と保障を否認し，制限し，制約し，もしくは歪曲するか，または国家の円滑な作用を損なう法律，法律的布告，布告，決定もしくは行為に対する違憲の申立て
   b) 法律，法律的布告その他裁判に適用すべき規定の合憲性に関する裁判官および裁判所の諮問
   c) 上訴によるか，または他の機関もしくは裁判所に請求しても効果がなかったと

きのヘイビアス・コーパス申立て
  d) 憲法手続きおよび憲法改正の有効性
  e) 政治的な法律問題および憲法と法律によって評議が必要とされる社会立法
  f) 権力濫用に対する申立て」。

89) 43条の全文を次に掲げる。「家族，母性および婚姻関係は，国家の保護を受ける。許可権限を有する官吏が許可する婚姻のみが有効である。裁判婚は，無償であって，法律によって維持される。婚姻は，家族の法的基礎であって，両配偶者にとって完全な権利の平等に基づく。この原則に従って，経済制度が組織されるものとする。既婚の女性は，完全な民事上の能力を享受し，自己の財産管理，自由な商業，工業，職業，官職もしくは技能の実施および労働の果実の処分について夫の許可や承認を必要としない。婚姻は，法律の定める理由と形式に従って両配偶者の同意によるか，または両者のいずれかの請求に基づいて，解消することができる。裁判所は，衡平のために婚姻する法律行為能力を有する個人の結合が，安定していて一つになっていることから，民事婚と同等に取り扱うべき場合を定める。妻と子のための養育費は，いかなる義務に対しても優先され，財産，賃金，年金またはいかなる種類の収入も差押えできないという条件を，この優先に対抗しようとして持ち出すこともできない。妻が正当な生活手段を有するか，または有責である宣言された場合を除いて，夫の経済状態に応じ，また，同時に社会的な必需品を考慮して，妻のための扶養料が確定される。この扶養料は，離婚した夫が支払いを保障し，元配偶者が新たに婚姻するまで継続するものとする。ただし，子のために定められた扶養料を損なうことはできず，この扶養料も保障されるものとする。法律は，離婚，別居またはその他いかなる状況の場合にも，この責任を免れ，または逃れようとする者に適切な罰を定める」。

90) 62条「同一条件の同等労働には，労働者は，何人も必ず同じ賃金が支払われるものとする」。

91) 66条「最長労働時間は，一日あたり8時間を超えてはならない。この労働時間は，14歳以上で18歳に満たない者に対しては一日6時間にすることができる。週の最長労働時間は，44時間とするが，賃金では48時間に相当するものとする。ただし，性質上一年の内の一定期間継続的な生産を行わなければならない産業は，当分の間，この例外とし，法律は，この例外の最終的な制度を定めるものとする。14歳に満たない者の労働と徒弟労働は，禁止される」。

92) 69条「使用者，民間企業の被用者および労働者には，社会的・経済的活動を目的とする場合にのみ，団結権が認められる。権限ある機関は，労働者または使用者の組合の登録の受諾または拒否に30日の期限を有する。登録によって，労働者または使用者の組合の法人格が認められる。法律は，労働者または使用者の組合それぞれの承認に関して規定するものとする。裁判所の確定判決を受けなければ，組合は，最終的に解散することができない。これらの団体の指導者は，出生によるキューバ人からのみ構成されるものとする」。

93) 71条「労働者の争議権と使用者の工場封鎖権が認められるが，これらの権利の行使について法律で定める規制に服する」。

94) 88条「地下は，国家に属し，国家は，法律の定めるところに従いその開発のために採掘権を与えることができる。鉱物の所有権は，開発権が与えられても，法律の定める期間内に開発されないならば，無効とされ，国家に再吸収される。土地，森林および地下開発の採掘権，水の利用，運搬手段その他すべての公役務企業は，社会の福利を増進するように開発されなければならない」。
95) 90条「大農園は，禁止され，大農園が消滅するように，法律は，土地開発の各形態に対して各人もしくは団体が所有できる財産の広さを，それぞれの特性を考慮して，明記する。法律は，外国の個人または会社による土地の取得と所有を厳格に規制し，土地をキューバに戻す手段を採用するものとする」。
96) 拙稿・前出注（17），17頁。
97) ただし，「世界人権宣言」の奴隷制の禁止（4条）については，キューバではすでに当時から半世紀前に奴隷制は廃止されており，また，無罪の推定（11条）についてもすでに1870年の刑法典および1936年の社会防衛法法典に掲げられていたからであろうか，1940年憲法にはこれらの規定はなかった。CUESTA, *op. cit.*, p. 223.
98) BERNAL GÓMEZ, *op. cit.*, p. 39.

第5章　プエルトリコ

第1節　プエルトリコの占領

1　占領とフォラカー法

　米西戦争は，主にキューバの支配を巡って争われた。しかし，「戦争がキューバを巡るものであったとしても，米西戦争によって生じた連邦議会と憲法の論争の原因は，プエルトリコに関するものであった」と指摘されている[1]。

　マッキンリー大統領は，プエルトリコの調査委員会の責任者にヘンリー・キャロル（Henry K. Caroll）を任命した。委員会の報告書は，1899年10月6日，大統領に提出された。報告書では，①プエルトリコの総督は合衆国大統領が任命すること，②議会は二院制であり男子普通選挙によること，③プエルトリコ人には合衆国の市民権が与えられるべきことなどが勧告されており，プエルトリコの自治権を広く認める内容であった[2]。

　一方，1899年10月，プエルトリコに駐留していたアメリカ軍政府のジョージ・W・デイヴィス将軍は，「一般命令（General Order）160号」を発した。命令は，地方政府の設置を宣言し，制限選挙による市長と市評議員を選出するための地方選挙を求めていた。プエルトリコ人は，史上初めて自治問題を処理し，近代的な統治方法を学ぶ機会が与えられるべきであるというのがその趣旨であった。デイヴィス将軍の言によると，新自治政府は，プエルトリコ人が英米型の「人民統治」の方法を学ぶことができる「一種の幼稚園」として機能することとなっていた[3]。

　1900年5月1日に連邦議会が制定したプエルトリコの組織法は，その提案者フォラカー（Joseph Foraker）の名を取ってフォラカー法（the Foraker Act）とも呼ばれている[4]。この制定法は，軍政に終止符を打ったが，キャロル委

員会の勧告に必ずしも従ったものではなかった。しかし，軍政府の制度改革を引き継ぎ，その改革立法の効力を確認している[5]。つまり，プエルトリコに適用される合衆国の制定法の効力は，歳入法を除いて同じであると定めている（14節）。関税については，「この法律が可決されてからは，プエルトリコから合衆国に輸出されるすべての商品および合衆国からプエルトリコに輸入されるすべての商品は，15％の関税を支払うことで貿易港に陸揚げされるものとする」（3節）と定める。

　統治組織については，「行政長官（jefe ejecutivo）の正式名称は，『プエルトリコ総督』とする。総督は，合衆国上院の助言とその同意に基づいて，合衆国大統領が任命するものとする。……」（17節）と規定し，その他の高官についても，同様の規定を置いている[6]。総督の権能は，恩赦・判決の執行停止，吏員の任命，法律に対する拒否権，軍の最高司令官，法律の執行，プエルトリコ政府の行政の年次報告等に及ぶ。さらに，大統領が任命する総督（したがって，総督は，プエルトリコ人とは限らない）とプエルトリコ人も含まれる「執行会議（el Consejo Ejecutivo）」が置かれる。委員は，上院の同意を得て，大統領が任命するが，少なくとも5人は，プエルトリコに出生した住民でなければならない（18節）。

　立法議会は，二院制である。すなわち，組織法は，「ここに与えられたすべてのプエルトリコにおける立法権は，二院から構成される立法議会に付与されるものとする。一院は，上記のごとく構成された執行会議であり，もう一院は，以下に規定される選挙人によって2年ごとに選出される35人の議員によって構成される代議院とする。このように構成された両院は，『プエルトリコ立法議会（La Asamblea Legislativa de Puerto Rico）』と命名される」（27節）と規定する。三権分立原則から見れば，「執行会議」が一院をなす機関とされている点で，変則的である。したがって，「すべての法律案は，両院のいずれも，提出されなければならない」（31節）が，総督と執行会議委員の大多数がアメリカ人であったので，結局のところ立法作業は，これら二つの機関に支配されていたのである[7]。

　また，プエルトリコ最高裁判所裁判官も，「合衆国上院の助言とその同意に基づいて，大統領が任命する」（33節）ものとされ，また，「プエルトリコ

は、『プエルトリコ地方』と呼ばれる裁判管轄区を形成するものとされた。大統領が罷免しない限り、合衆国上院の助言とその同意に基づいて、合衆国大統領は、地方裁判官、地方検事、地方執行官を4年間の任期で任命しなければならない」(34節)が、「プエルトリコ最高裁判所と合衆国地方裁判所の終局判決の誤審令状と上訴は、合衆国領土の最高裁判所での訴訟の場合と同じ方法、規則および主張で合衆国最高裁判所において認められ、移送されなければならない」(35節)。つまり、プエルトリコの終審裁判所は、合衆国連邦最高裁判所とされたのである。

2 フォラカー法とプエルトリコの立法

プエルトリコは、フォラカー法によって、1897年にキューバとプエルトリコに適用された一連の勅令と「自治憲法」に保障された権利・自由を失った。つまり、プエルトリコ住民は、本国と同じ市民の資格、本国の立法での代表、男子普通選挙、すべて民選議員からなる下院、民選議員が過半数を占める上院、立法府の広い権能、自主関税権、通商条約締結権等だけでなく、さらに島嶼議会の請求に基づいて憲法を改正するという被治者の同意による統治の権利も失ったのである[8]。

フォラカー法は、合衆国連邦議会が制定した法律であり、この法律によって設置された議会の立法を通じてプエルトリコ社会の変革が実行されることになる。フォラカー法自体も、プエルトリコ立法に関する報告書の作成を義務づけている。すなわち、「3人からなる委員会が組織され、そのうちの1人は、プエルトリコに出生した市民でなければならない。プエルトリコの法律を編纂し改正するために、この委員会は、合衆国大統領が上院の助言と承認を得て任命するものとする」と規定し、報告書の提出期限を「この法律の可決後1年以内」と定めている(40節)。この規定に従って、1901年12月3日、ジョセフ・デイリー(Joseph F. Daley)を委員長するとする調査委員会が設置された。

デイリー委員会の報告書は、1901年12月3日連邦議会に提出された。その内容は、フォラカー法に定められた若干の政治的・行政的な仕組みを改善するよう求めていたが、全般的には穏健なものであって、プエルトリコの制

度はアメリカの制度と調和しているから，急激な変革は住民の抵抗運動を生じさせかねないと危惧の念を表している。ただし，一方では「合衆国の制度は，ヨーロッパと南アメリカのもっとも発展した国で風雪に耐えた制度を維持することとまったく矛盾しない」とも述べているが[9]，他方では，報告は，プエルトリコ人の地位については，アメリカの市民権の付与を認めるものの，プエルトリコは連邦領であることを示唆するにとどめている[10]。

1900年の組織法には，「権利章典」が付されていなかったが，1902年2月27日の法律は，信教の自由，捜査・侵入・押収からの保護，言論・出版の自由，集会の自由および請願権という一定の権利自由の保障を謳っている[11]。この法律は，合衆国憲法の権利章典の影響を受けているが，言論の自由の章については，その濫用の責任を規定しているように，スペインの1869年憲法や1976憲法の影響も指摘されている。この濫用に対する責任の規定は，総督政府に対する厳しい批判を封じ込めようとする意図があった[12]。この時期の立法議会が制定した法律の中でも重要なものが各種法典である。

プエルトリコの立法議会は，法典委員会を任命し，委員会は，刑法案のみならず刑事訴訟法案を策定し，これらは，1902年施行された。これによって，プエルトリコの刑事法は，大陸法型のスペイン法と決別し，アメリカ型となった（ただし，大陪審は導入されなかった）[13]。しかしながら，合衆国政府は，法改正によってただちにプエルトリコ人の法意識が変わると思っていたわけではない。アメリカ人から見れば，プエルトリコ人は，公平な裁判制度が最後のよりどころであると思わないで，不利な判決を覆すために執行権を頼ればいいと考えていたからである[14]。

第2節　占領と法改正

スペインが発布した1897年の自治憲法の下では，大陸法型のスペインの法典も適用されるものと期待されていた[15]。すなわち，

① 1889年のスペイン民法典は，1899年7月31日の勅令によってプエルトリコにも適用された。

② 1885年のスペイン商法典は，1886年1月28日の勅令によってプエルトリコにも適用された。
③ 1870年のスペイン刑法典を改正した1876年の刑法典は，1879年5月23日の勅令によってプエルトリコにも適用された[16]。
④ 1855年のスペイン民事訴訟法典は，1881年に大幅に改正されたが，1885年9月25日の勅令によってプエルトリコにも適用された。
⑤ 1872年のスペイン刑事訴訟法典は，1879年，1882年，1888年に改正されたが，1888年10月19日にプエルトリコにも適用された[17]。

これらの法典は，合衆国軍の占領下ではどのように取り扱われたのであろうか。

1898年7月13日，マッキンリー大統領は，陸軍長官に次のような声明を送付した。すなわち，「軍事占領権は，絶対的で最高であり，住民の政治的状態に直接的に作用するが，征服した領土の法は，人と財産の権利に影響し，犯罪の処罰を規定しているようなものであれば，占領軍が停止または別途定めるまでは，新しい秩序と合致する限り，引き続き有効であると考えられ，実務的にも必ずしも無効とされず，基本的に占領前と同様に有効であって，通常裁判所が適用することが許される」と[18]。

1898年10月18日，プエルトリコに軍政が敷かれると，ブルック少将（John J. Brooke）は，「一般命令1号」で，スペイン法と合衆国の軍政との関係について，次のように命じている。「地方の法は人と財産の権利に影響し，犯罪の処罰を規定している限りにおいて，プエルトリコの変化した条件に合致する限り，いぜん施行されるものとし，抵触する場合には，司令部がその法を停止できる。これらの法は，基本的に合衆国への譲渡前と同じように施行される」と[19]。したがって，軍政は，プエルトリコの司法機関に合衆国への忠誠を求める一方で，当面は既存のスペインの法典を軍の政策に抵触しない限りにおいてその効力を維持したのである。ただし，1899年6月27日の「一般命令88号」では，臨時裁判所が設けられ，法廷で用いられる言語を英語とし，合衆国の法が適用されるとされただけでなく，同年8月31日の「一般命令134号」では，「本日から，弁護士資格は，合衆国の大学またはプエルトリコに設置される法律学校で取得しなければならない」と宣言して

いる[20]）。

　むろん，このような合衆国の制度と法の導入に対して抵抗する者たちもいた。そのような集団を代表する声は，次のように述べている。

　「ヤンキーは，地方裁判所によって，プエルトリコのアメリカ市民の憲法を護るために介入している。つまり，それは，われわれがもっている憲法ではないし，われわれではない者の憲法を守るためなのである。世界のどの文明国でも革命を推進するのにもっとも役立つことの一つに，少数民族の裁判官に法を与えて，自分たちが理解できない言語でこれを適用するだけでなく，全く馴染みのないよく知らない法律を適用することも正しいと信じさせることである。スペイン法が支配するスペインの家庭から生じた問題を正しく解決するためには，スペイン語を知らず，スペインにいたこともなく，当該事件にはコネティカットでの類似の事件が適切だと信じる裁判官でいいのだろうか。そうではあるまい」と[21]）。

　フォラカー法40節に基づく3人からなるプエルトリコ法改正編纂委員会 (the Commission to Revise and Compile the Laws of Puerto Rico) の構成員は，ペンシルバニア出身のロウ（L. S. Rowe），プエルトリコのエルナンデス・ロペス (Juan Hernández López) およびニューヨーク出身のデイリー (Joseph F. Daly) であった[22]）。委員会の報告書は，1901年4月12日に完成し，合衆国法務長官に送付された。法務長官は，1901年12月3日にこれを連邦議会に提出した。報告の「序章」は，次のように説明している。

　「プエルトリコの制度と合衆国の制度との調和を推し進めるのが連邦議会の目的であるのは，疑いない。……スペインの法典の基礎は，大陸法つまりローマ法であって，これは，数世紀にわたって唯一の法制度であった国もあり，コモン・ローもそこから来ており，多くの健全な原則をコモン・ローに与えたのであるから，コモン・ローの親とも考えられるということに留意すべきである。ヨーロッパと南アメリカのいくつか先進国で歴史と経験の試練に耐えてきた制度を維持しても，合衆国の法制度は，これと完全に一致しているのである。……本委員会は，プエルトリコの法制度を一掃するために任命されたのではなく，生命力と成長を示してきた土着の制度を維持し，この制度をアメリカ法の原理に適用させるよう任命されているのである。……こ

の計画に沿って，プエルトリコの緊急の必要性に応えつつ，その後の改革は，プエルトリコ立法議会が徐々に実行するであろう」と[23]。委員会は，プエルトリコにアメリカ型の法制度を漸進的に導入するよう提言している。

しかし，その後，1901年のプエルトリコの法律によって，この委員会は，新たな法典編纂委員会に代えられた。ロウとエルナンデスは，引き続き委員として残留したが，デイリーは，ニューヨーク出身のキーディー（J. M. Keedy）と交代した[24]。こうして，プエルトリコの立法議会は，法典の改正に取り組むことになった。その結果を列記すれば，以下のとおりである[25]。

① 民法典は，基本的にスペイン支配下の時と同じように有効とされた。ただし，ルイジアナ民法典の解釈準則がプエルトリコの民法典に採りいれられた。

② 商法典も，若干の改正を施されたが，合衆国の法律と抵触しない限り，有効とされた。

③ 刑法典は，1901年3月1日に可決された。これは，モンタナ州の刑法をモデルとした。

④ 刑事訴訟法典も，1901年3月1日に可決された。これは，カリフォルニア州の法典をモデルとした。

⑤ 公法典も，1901年3月1日に可決された。これは，カリフォルニア州の法典に倣ったものである。

⑥ 民事訴訟法典は，1904年3月10日に可決された。これは，アイダホ州の法典をモデルとした。

1904年3月10日の「大統領への公式報告書」では，「プエルトリコでは，スペインの旧法典は，商法典と担保法の二つしか残っていない。この二つは，アメリカとプエルトリコの裁判官がいろんな点でほぼ完璧だと考えており，合衆国の法典に合わせる必要があるところは修正することが可能である。……現在では，プエルトリコには，公法典，民法典，刑事訴訟法典があり，これらはすべてアメリカの制度をモデルとしている。また，権利章典，陪審法，婚姻法等の制定法も，合衆国から採られたものである」と説明している[26]。

したがって，最初の法典委員会の勧告にもかかわらず，結局のところ，プ

エルトリコの法制度は，急激にアメリカ化されたといえる。ただし，以上のように，プエルトリコの法典編纂には，合衆国における法典編纂運動の影響がみられる[27]。合衆国においては，判例法という法伝統が強固に根を張っており，法典化は，必ずしも十分な成果を上げたとはいえないが，元来，大陸法に属するプエルトリコでは，合衆国とは異なる重要性を有していたのである。

第3節　1917年の組織法

1　ジョーンズ法の統治組織

1917年のプエルトリコ組織法も，提案者（Jones）の名を取ってジョーンズ法と呼ばれている[28]。ジョーンズ法も，フォラカー法と同じように，「州に適用される合衆国の制定法は，この法律に反対の規定がある場合を除いて，プエルトリコにおいても合衆国と同じ効果と効力を有するものとする」（9条）と規定し，税法を除き合衆国の法律が適用されると定める。

プエルトリコ人は，合衆国市民である（5条）が，1927年3月4日，連邦議会は，合衆国市民も，プエルトリコでの1年間居住を要件に，プエルトリコ人となりうるという条項を追加した（5条のa）。裁判手続きは，「合衆国大統領の名において」また，地方裁判所の刑事訴訟は，「プエルトリコ人民の名において」行われ，また，全ての公務員は，「合衆国市民でなければならず，各人の職務に執行を開始する前に，合衆国憲法とプエルトリコの法律を護ることを誓うものとする」（10条）と規定されたように，プエルトリコ人は，「合衆国憲法とプエルトリコの法律」を遵守しなければならない。

最高執行権は，執行官（un funcionario ejectivo）に存し，その官職名は，「プエルトリコ総督（El Gobernador de Puerto Rico）」（12条）とする。総督は，「この法律に抵触しないすべての事柄について，プエルトリコ政府のすべての省と事務を監督し，全般的に統制し，民兵の最高司令官とする」（同条）。

立法権は，二院制議会が有する。すなわち，「プエルトリコにおけるすべての地方立法権は，この法律で別に定める場合を除いて，立法議会に存し，

この議会は，上院と下院という二院から組織される。そして，両院は，『プエルトリコ立法議会（La Asamblea Legislativa de Puerto Rico)』と称される」(25条)。「プエルトリコ上院は，4年の任期でプエルトリコの有権者が選出する19人の議員によって構成されるものとする」(26条)が，「プエルトリコ下院は，以下に規定するところに従い，プエルトリコの有権者が選出する39人の議員によって構成されるものとする」(27条)。選挙人の要件については，最初の選挙については，現行の選挙法によるが，その後は，「満21歳に達した合衆国市民」とし，財産による制限を認めない (35条)。

しかしながら，「プエルトリコの総督は，立法議会の各会期が終了して60日以内に，会期中に布告したすべての法律の謄本をこの法律に従って指定される合衆国政府の担当の省に送付し，担当の省は，プエルトリコの法律を合衆国連邦議会に送付する」(23条)と定めている。さらに，「プエルトリコ立法議会が布告するすべての制定法は，この法律の23条に規定されているところに従って，合衆国連邦議会に告知され，連邦議会は，この法律によってプエルトリコの制定法を取り消す権能と権限を留保している」(34条)と規定しているように，連邦議会がプエルトリコ立法議会に対して拒否権を有している。

フォラカー法と同様，プエルトリコ最高裁判所も，最終審ではない。「プエルトリコ最高裁判所の終局判決または命令に対する誤審もしくは上訴の申立ては，この法律に規定されたところに従い第一巡回裁判所および合衆国連邦最高裁判所に提起し，手続きをとることができる」(43条)からである。

以上のように，ジョーンズ法は，最終的な決定権が合衆国大統領，連邦議会および最高裁判所に留保されており，合衆国によるプエルトリコの政治的・憲法的枠組みを変更するものではなかった[29]。しかしながら，ジョーンズ法には，フォラカー法にはなかった「権利章典」が書き込まれた[30]。

2　ジョーンズ法と「権利章典」

ジョーンズ法2条は，「権利宣言－特権と免責」として，多くの権利を明記している。ただし，ヘイビアス・コーパス令状については，フォラカー法にも規定されていたが (35節)，ジョーンズ法ではその保障を強化している。

「『ヘイビアス・コーパス』手続きの特権は，反乱，蜂起または侵略の場合に，公安の必要上があるときを除いて，停止されず，これらの場合においては，この特権は，その間，停止の必要性が存在する限り，大統領または知事がこれを停止することができる」(2条7項)と規定されているだけでなく，司法権に関する規定にも置かれ，「プエルトリコ最高裁判所および地方裁判所ならびにこれら裁判所の裁判官は，合衆国地方裁判所がヘイビアス・コーパス令状を与えることのできるあらゆる場合において，この令状を与えることができ，また，地方裁判所は，あらゆる適切な場合において，職務執行 (mandamus) 令状を与えることできる」(48条1項)と定められている。

平等原則については，「法律の平等な保護」(2条1項)を規定し，「貴族の称号を与える法律は，制定されてはならず，プエルトリコ政府の報酬を伴うか，または信任された何らかの職務を遂行する者は，合衆国議会の同意なしに，国王，女王または外国からであるのか外国の官吏からであるのかを問わず，いかなる贈り物，寄付，勲章または職を受けてはならない」(11項)として，貴族制度を否認している。

信教の自由・政教分離原則については，「国教を定めるいかなる法律も，宗教の自由な活動を禁ずるいかなる法律も布告されず，差別されたり優遇されたりせずに，いつでも信仰告白と宗教団体の自由な活動と享受が認められ，プエルトリコ政府の信任による任務または職務を遂行する条件として，合衆国憲法およびプエルトリコの法律を擁護する誓約以外の政治的もしくは宗教的要件を求められない」(18項)と定める。公金支出禁止については，1921年2月3日に次のように修正された。すなわち，「宗派，教会，宗団，施設もしくは宗派団体または宗教制度，あるいは，司祭，牧師，聖職者または宗教教育者もしくは宗教高官の利用，利益もしくは維持のために公金もしくは公共財産を，直接，間接を問わず，充当し，提供し，贈与し，用いてはならない。以後，重婚契約は，禁止される」(19項)。

表現の自由，集会の自由および請願権については，「言論出版を制限する法律も，平和的に集会し，濫用の改善を政府に請願する権利を制限する法律も制定されない」(17項)として同じ条文に規定されている。

合衆国憲法の「権利章典」に倣い，人身の自由に関しては，詳細な規定を

置いている。「プエルトリコにおいては，法の適正な手続きなしに，生命，自由または財産を剥奪するか，または，プエルトリコ島民に法律の平等な保護を否定するいかなる法律も，施行されない」(2条1項) と，適正手続きを規定する。そして，弁護人依頼権・証人喚問権 (2項)，二重処罰・自己負罪の禁止 (3項)，保釈の権利 (4項)，ヘイビアス・コーパス (7項)，事後法の禁止 (8項)，残虐刑の禁止 (12項)，不合理な捜索・押収の禁止 (13項)，捜索・押収および逮捕の令状主義 (14項) を規定している。さらに，奴隷制の禁止 (15項) と意に反する苦役の禁止 (16項) も規定されている。

　刑事手続き上の権利の中で，事後法の禁止 (8項) については，ジョーンズ法の英語版とスペイン語版でやや表現が異なる点は，興味深い[31]。英文では「『事後法』または私権剥奪法は，制定してはならない」[32]と規定されているのに対して，スペイン語版の文言は，「『事後法』も，裁判を経ずに有罪とする法案も可決されてなはならない」[33]となっている。その理由としては，「私権剥奪法 (bill of attainder)」という概念がスペイン法になじみがなかったことが考えられる。

　経済的自由については，正当補償 (9項) および契約の自由 (5項) が保障されているが，アルコール飲料と薬品には，「この法律の一年後から，いかなる酩酊飲料または薬品を輸入し，譲り，または販売または贈与目的で陳列することは，違法とされる。立法議会は，医療，秘蹟，産業および学術上の利用に限って，この種類および薬品の輸入，製造および販売を許可し，規制できると定める。……」(20項) と規定し，一定の制約を認めている。

　社会権規定は，見当たらないが，労働に関する規定は存在する。すなわち，8時間労働について，「プエルトリコ島政府に，または政府の名において労働者および技術者が公職に雇用される場合には，全て1日の労働時間は，8時間とされるが，緊急時においては，この限りではない」(24項) とし，労働環境と児童労働の禁止に関しては，「健康，道徳または何らかのかたちで生命または身体に害のあるいずれの職業も，14歳未満の者の雇用も，禁止される」(25項) と定めている。

　その他，租税法の一律適用 (22項)，租税収入の原則 (23項) 等に関する規定がある。さらに，権利一般に関する規定として，「合衆国市民の権利，

特権および免除は，プエルトリコが合衆国の州であった場合と同じ程度にまで，ただし，合衆国憲法第4条第2節第1項[34]の規定に服しつつ，プエルトリコにおいても尊重されなければならない」(26項)と規定されている。したがって，プエルトリコ市民は，「権利章典」に関しては，州の市民としての「合衆国市民の権利，特権および免除」を享受することができる。

第4節　フランクリン・ローズヴェルトとプエルトリコの政策

1　プエルトリコとニューディール政策

人民民主党（Partido Popular Democrático）は，1938年に設立されたが，ルイス・ムーニョス・マリン（Luis Muños Marín）の指導の下で1940年代および50年代におけるプエルトリコの発展の原動力となった。人民民主党は，穏健な独立思想に基づいていたが，選挙の腐敗を一掃し，経済活動を指導する行政組織の建設を目指しており，この目標を選挙と合衆国連邦政府との交渉によって実現しようとするプラグマティズム的手法をとろうとしていた。その点では，人民民主党の思想は，急進的なナショナリズムよりもローズヴェルトのニューディール政策に近かったといえる[35]。1940年の選挙では，人民民主党は，38％の得票を得て，上院では多数派となり，ムニョスは，上院議長に選ばれた。

プエルトリコにおいてニューディール思想にそって農地改革や経済改革について合衆国とはことなる独自の法律を制定するについては，プエルトリコ議会の広い立法裁量が認められなければならない。合衆国連邦最高裁判所は，すでに1937年にプエルトリコ議会の立法権限を広く認める判決を言い渡していた[36]。プエルトリコ議会は，合衆国のシャーマン法にならって1907年3月14日に独占禁止法を制定し，シェル株式会社がこの法律の1条に違反するとして訴追された。これに対して，シェル社は，フォラカー法32節およびジョーンズ法37条の「ここに規定された立法権は，立法の性格により地方に適用できないものを除くすべての事柄に及ぶものとする」という規定によって，プエルトリコの独占禁止法は，一地方にのみ適用するのに

は不適切なシャーマン法という連邦法を侵害していると主張した。連邦最高裁は，フォラカー法およびジョーンズ法の目的は，「州と編入連邦領に類似する自治権によってプエルトリコに完全な地方自治権を与えることであった。……連邦議会があらゆる地方の事項について立法する権限をプエルトリコに与えようとする一般的な目的は，明らかにされている」と判示して，未編入領土に対する連邦議会の広範な立法権を前提としつつ，プエルトリコ議会の立法権を広く認めた。したがって，シェル判決は，その後の10年に亙る社会経済的な実験に法的根拠を提供したとも評されるのである[37]。

　プエルトリコ最後のアメリカ人総督は，フランクリン・ローズヴェルトが任命したタグウェル（Rexford G. Tugwell）であった。タグウェルは，フランクリン・ローズヴェルト大統領の頭脳集団（Brain Trust）の中でももっとも急進的な考えを懐いていた。タグウェルが1928年に著した論文は「かの生ける憲法（That Living Constitution）」という論題が付されており，憲法を時代に合わせて「生きた道具（a living instrument）」にする必要性を力説している[38]。彼の憲法論の焦点は，経済規制をするための連邦権限の強化にあった。つまり，タグウェルは，「その知識を活用して，一貫して憲法原理の根本的に自由主義的で民主主義的な伝統の中で，現代文明の社会的な不正を正そうとした」のである[39]。しかし，その急進的な経済政策は，保守派の批判を招き，1936年12月13日，ローズヴェルト政権を去らざるを得なくなった。

　しかし，内務長官のハロルド・イッキーズ（Harold Ickes）は，1940年プエルトリコの土地所有問題を調査するためにタグウェルを長とする委員会を立ち上げた。他方，ローズヴェルト大統領は，1941年2月，当時プエルトリコ総督に任命されたばかりのスウォープ（Guy J. Swope）と会談し，その際に，「ローズヴェルトは，土地を買い入れてそれをプエルトリコ人に小さな土地として分配し，他方で長期の賃貸借は第三者に売られないとする試験的な案を明らかにした」。したがって，タグウェルの調査も，このようなローズヴェルト大統領の構想に沿ったものであった[40]。

2　タグウェルと農地改革

　タグウェルは，1941年9月19日，プエルトリコ総督の職に就いた。人民民主党の選挙での勝利とニューディール政策の推進者でもあったタグウェルの就任とがあいまって，プエルトリコ政府の行政機構の集権化と強化が図られた。1941年には，農地機関（la Autoridad de Tierra）を設ける法律が制定され，「比例利益」農園として知られる農園所有と管理について新たな制度が設けられた（もっとも，この法律の制定にあたった総督は，タグウェルの前任者のスウォープであり，スウォープは，後に来日し，民政局でマッカーサー草案の国会に関する条項の作成に携わることになる）[41]。ただし，農地改革立法は，これが初めてではなく，改革は，幾度か試みられていた。農地の所有を500エーカーまでに制限する1900年5月1日連邦議会の共同決議には罰則がなく，1915年にはホームステッド委員会が設置されたものの資金不足からうまく機能しなかった。1917年の組織法39条も農地の上限規制に言及していたのであるが[42]，製糖業の無軌道な拡大を前にして，その施行が無視され，1921年には新たなホームステッド法も制定されていたのである[43]。

　プエルトリコ議会は，1935年，農地の上限規定の違反者に不法な特権の行使を禁ずる「権限開示令状（quo warranto）」手続きを導入する法律を制定した。この法律の合憲性が争われた1940年のリュバート事件において[44]，連邦最高裁は，「団体の土地所有に対する連邦による規制を実現する立法ほど，プエルトリコ地方の関心を惹くものはない。この関心は，生活をほとんど土地に依拠している過剰な人口の特に必要としているところから生じたのである。……プエルトリコ島の福利の最終的な立法上の保護者として，連邦議会は，立法裁量を500エーカーの枠内に収めたのである」と判示し，この事件でもプエルトリコ議会の立法裁量を認めたのである。

　合衆国の植民地政策と農業資本主義の拡大によって農地の所有が少数の地主に集中し，土地をもたない農業労働者（agregados）が大量に出現し，個人や会社の大農園で暮らしていた[45]。特に，砂糖産業は，合衆国の主要な投資の対象となり，農地の集中が最も顕著に見られる分野であった[46]。その上，世界大恐慌は，プエルトリコの農業経済に大きな打撃を与え，1930年代は，

プエルトリコの社会と政治は，不安定な 10 年と呼ばれるようになった。人民民主党は，このような状況を好機として，「パン，土地そして自由」という選挙スローガンを掲げて 1940 年 12 月の選挙戦を展開し，第一党となった。そして，人民民主党は，1940 年から 44 年間，プエルトリコの首相を支える政治勢力となり，ニューディール政策に好意的な政党として大きな役割を果たすこととなった。その最大の業績の一つが，1941 年の農地法の制定である。その前文は，「……農地の耕作のみで暮らしているすべての人の基本的人権は，自らの家を建てるだけの土地の所有者となり，市民の自作農場 (the homestead of the citizen) として法律によって不可侵なものとして完全に保護され，そのことによって，彼らを強制から救い出し，公平で平等な取引を通じて自らの労働力を自由に売ることができるようにすることである」と謳っており，立法者は，農地の所有それ自体ではなく，自作農場をもつことをもって社会正義の象徴であると捉え，土地を持たない者を地主の強制から解放することが重要であると考えている。したがって，この法律は，ホームステッド（自作農場）法制の延長にある[47]。

　タグウェルは，前任者の総督と違って，ジョーンズ法は時代に対応していないと考え，その植民地的な側面を根本的に改革すべきであると考えた[48]。当時，ローズヴェルト大統領とチャーチル首相が 1941 年の大西洋憲章で，「彼らは，すべての国民が暮らすこととなる統治の形態を選ぶ権利を尊重し，強制的に奪われている人たちに主権的な自治権が回復されるのを見たいと願っている」と宣言していたため，プエルトリコ人もこの原則が適用されるべきだと考える者がいたからである。タグウェルは，戦後の国際社会を次のように思い描いている。「われわれがこの戦争に勝利するときには，最も重要な平和の姿というのは，相互依存の環境の中で平和が築かれていくということであろう。他者を搾取し，他者を世界の資源から排除し，または古い形の主権を維持する権利ではなくて，平和，安全および尊厳ある生活の権利において，万人が少なくとも平等となるだろう」と[49]。

　1943 年 3 月 9 日，ローズヴェルト大統領は，連邦議会にジョーンズ法改正について大統領に助言する委員会の設置を勧告した。委員会は，アメリカ人とプエルトリコ人の双方から委員が選ばれた。委員会は，①プエルトリコ

人民または適切に選ばれた代表者の同意がない限り，ジョーンズ法は，改正されないこと，②総督も，民選によることなどを勧告した[50]。

第5節　プエルトリコの法的地位と憲法制定問題

　プエルトリコの地位に関して，結局，1945年，タイディングズ＝ピニェーロ法案（the Tydings-Piñero）が提出されたが，その内容は，①プエルトリコ人民自身に憲法を採択する権利を認めることによって，自治を促進すること，②合衆国とプエルトリコとの関係は，相互の同意に基礎づけられること，それゆえ，③両者の関係に根本的な変革をもたらすこと，である[51]。この法案は，可決されなかったが，憲法を制定するに際して，一定の事項を盛り込むよう命ずる規定を設けており，立案者がどのような内容が憲法に不可欠であるのかがうかがえる[52]。ただし，総督選挙法は可決され，総督選挙では，人民民主党（Partido Popular Democrático）を率いる上院議員議長であったムーニョス・マリン（Muñoz Marín）が，61％の得票で当選し，初代のプエルトリコ人総督となった[53]。人民民主党は，プエルトリコの独立ではなく，自治の拡大を目指していたから，ムーニョス・マリンの勝利は，合衆国との関係について基本的に現状の維持を意味した。

　1951年，合衆国連邦議会は，プエルトリコ人民が国民投票によって新たな地位を獲得することを認める「公法600号」を可決し，1950年7月3日，トルーマン大統領がこれに署名した。1951年6月4日，国民投票が実施され，8月27日には，憲法制定会議の選挙が行われた（ただし，独立を主張する独立派は，選挙をボイコットした）。公法600号は，合衆国とプエルトリコとの関係を改善しようとする法律であるが，その文言の一部は，1787年の北西条令から採ってきていると指摘されている[54]。前文は，次のように宣言している[55]。「連邦議会に集った合衆国上院および下院の両院は，次のように制定する。この法律は，同意に基づく統治原理を完全に承認して，プエルトリコ人民が自らの採択にかかる憲法を求める政府を組織できるよう，協定の性格をもつものとしてここに採択される」と。しかし，この「協定の性格」について論争が持ち上がった。双方を拘束する「相互協定」であれ

ば，プエルトリコは，合衆国の「未編入連邦領（an incorporeted territory）」ではなくなると解されるからである[56]。

公法600号は，憲法制定会議の選挙が行われるべきことを定める[57]。「協定理論」によれば，プエルトリコ憲法の採択そのものがプエルトリコ人民の主権行為である[58]。しかしながら，プエルトリコ新憲法を最終的に承認する権限は，合衆国連邦議会にある。すなわち，「プエルトリコ人民が憲法を採択したならば，合衆国大統領は，この憲法がこの法律と合衆国憲法の適用規定と合致することを確認して，それを連邦議会に送付する権限を与えられる」（3節）。そして，「連邦議会が賛成したならば，憲法は，その条件に従って施行されるものとする」。結局のところ，新憲法の制定は，合衆国の主権に依拠していたのである。

憲法制定会議は，1951年8月27日に選出された。プエルトリコの憲法案の「権利章典」については，権利章典委員会（la Comisión de Carta de Derechos）が準備したが，その草案は，プエルトリコ人民民主党の綱領の影響も受けている。この綱領は，四つの原則を掲げていた。すなわち，①組織法の権利をもれなく記載すること，②組織法または合衆国憲法の文言をできるだけ用いて，判例による解釈も盛り込むこと（ただし，プエルトリコ最高裁判所は，合衆国連邦裁判所が定めた範囲を超えて権利を拡大する権能が承認されていることから，こうした解釈を敷衍することを妨げない），③組織法に定められた以上に権利を認めること，④世界人権宣言および米州権利宣言に定められた新しい経済的・社会的権利を採用すること，である[59]。

新憲法によるプエルトリコの正式名称は，「プエルトリコ自由連合国（Estado Libre Asociado de Puerto Rico）」とされたが，英語では「プエルトリコ共和国（the Commonwealth of Puerto Rico）」と翻訳され，「自由連合」という意味が反映されず英訳はやや不正確であるとも指摘されている[60]。

こうして，1952年2月6日，新憲法は，憲法制定会議によって承認された。憲法制定会議議員92名のうち89人が賛成し，同年3月3日に行われた国民投票では，賛成票は80％に達した[61]。この憲法は，主権については問題をはらんでいるが，当時の他の憲法や特に合衆国の州憲法に比べてもより進んだ文書であった。

トルーマン大統領は，合衆国連邦議会に憲法草案を送付し，議会委員会は，合衆国とプエルトリコとの関係は基本的に変化がないと説明し，連邦議会の賛成を求めた。しかし，両者の関係に変更がないことは，プエルトリコの運命がいぜんとして合衆国連邦議会に握られていることを意味する。ムーニョス・マリンは，上院の公聴会で，次のように訴えかけた。

　植民地主義によってプエルトリコ人の誇りが傷つけられているとして，「プエルトリコ人民の見下されているという感覚は，－特に，全く劣っていうはずがないと思っている場合には－人間の心の癒えない痛みである－皆さんの許可なしに活動する権利を有しているのに，許可なしには何もできないという感情は，建設的なエネルギーを自由に発揮できない」と[62]。

　結局，プエルトリコ憲法は，合衆国連邦議会で若干の修正の後承認され，1952年7月3日，トルーマン大統領が新憲法承認の議決に署名した。

第6節　新憲法の制定とその特質

1　新憲法の基本原理

　「自由連合国家」は，次の三つの原則に基づいている。すなわち，①最大限の国内自治の獲得（これは，プエルトリコ人民がその憲法を採択したことに象徴されている），②プエルトリコと合衆国との関係を相互の同意に置いたこと（協約に具体化されている），③プエルトリコの外交関係の改善（これは，現行の根本的な組織法の改正に基づく）である。この中央政府とこれと関係する団体との間の協定という概念は，歴史的にはよく知られたもので，1787年の北西条令にまでさかのぼる[63]。

　プエルトリコ憲法前文は，「われらプエルトリコ人民は，完全な民主主義基盤に基づいて政治組織を設け，広く福利を促進し，われらとわれらの子孫のために人権の完全な享受を保障するために，万能なる神を信頼し，自由同盟国家（el estado libre asociado）のためのこの憲法典を発布し，設け，われらは，自然権を行使して，アメリカ合衆国との連盟の中で，この憲法を創設する」と謳い，次のような原則を宣言している。

①「民主主義制度は，プエルトリコの共同体生活にとって基本であること」。
②「民主主義制度とは，人民の意思が公権力の源泉であって，政治秩序が人権の下に位置し，市民が集団的決定に自由に参加することが保障されている制度である」。
③「アメリカ合衆国の市民であること，権利と特権を個人としても集団としても享受し民主主義の共有財産を引き続き豊かにせんとする願い，また，連邦憲法の諸規定への忠誠，北アメリカの二つの偉大な文化のプエルトリコでの共存，教育の熱意，正義への信頼，努力し勤勉で平和な生活の励行，社会身分，人種的相違および経済的利害を超えた人間の価値の尊重ならびにこうした原則に基づくよりよき世界の願いが，われらの生活の決定要因と考える」。

このように，1952年憲法は，プエルトリコ人民の主権という語を避けながらも，その意思を可能な限り尊重しようとする表現が用いられている。しかしながら，憲法は，「プエルトリコ自由連合国家を設ける。その政治権力（Su poder político）は，人民に由来し，それは，プエルトリコ人民とアメリカ合衆国との間で合意された協定の文言の範囲内で，プエルトリコ人民の意思に従って行使される」(1条1節) と規定し，政治権力が協定との文言に拘束されることを認めている。

1952年憲法の議会は，ジョーンズ法のものと同じ名称であって，民選による二院制である[64]。執行権を有する総督も，直接選挙によって選ばれ，この点では，ジョーンズ法の総督を合衆国大統領による任命制とする規定を改めている[65]。

2　権利章典

1952年憲法の「権利章典」の文言は，可能な限りジョーンズ法の「権利章典」の言葉遣いの修正や変更を避けている。この「権利章典」の原理原則は，その文言に命を吹き込んだ偉大な政治家や法律家によって解釈され，明確にされてきたのであるから，その歴史的意義，性質，射程および限界を尊重すべきであると考えられたからである[66]。しかし，新たに考慮すべき原則

第6節　新憲法の制定とその特質　　*143*

がなかったわけではない。そのようなものとしては，1941年1月6日のフランクリン・ローズヴェルトの「四つの自由」が挙げられるという[67]。

　1952年憲法の「権利章典」の特徴は，1917年のジョーンズ法の「権利章典」を基本的に引き継ぎながら，それをより詳細に規定していることである。ヘイビアス・コーパス令状については，ジョーンズ法の規定（2条7項）に加えて，「軍の機関は，常に文民機関に服する」（1952年憲法2条13節）と規定し，軍事政府がヘイビアス・コーパスを無視しないように念を押している。平等原則については，貴族制の廃止（14節）に加えて，「人間の尊厳は，不可侵である。何人も法の前に平等である。人種，肌の色，性別，出生，門地または社会的身分であっても政治思想であっても，それらを理由とする差別を設けることはできず，公教育制度の法律は，これらの基本的な人間の平等原理を具体化する」（1節）と述べ，平等原則を宣言している。また，普通選挙制度も保障している（2節）。

　ジョーンズ法2条18項および19項に定められた政教分離原則は，合衆国憲法修正1条よりも厳格なものであって，フィリピンの1916年の組織法3節14項に由来する[68]。プエルトリコの組織法とフィリピンの組織法の政教分離規定は，ともにプロテスタント諸派が不利益な取扱いを避けるために設けられたと指摘されている[69]。したがって，一方ではカトリック教会は，ジョーンズ法の政教分離原則に反対し，他方ではプロテスタント教会は，新憲法でもジョーンズ法と同じ政教分離原則を規定するよう運動を展開した。両者の相違は，特に教育・慈善事業に対する公金支出問題にあった。この問題について，権利章典委員会は，「児童の利益理論（la teoría del beneficio a la niñez)」を憲法上認めることによって，両者の妥協点を模索した[70]。その結果，政教分離原則について，新憲法は，「国教の設立に関するいかなる法律も可決されず，宗教の自由な実行も禁止されない。教会と国家は，完全に分離される」（3節）と明言している。しかしながら，他方では，ジョーンズ法2条19項の公金支出禁止原則は，新憲法の規定では教育に関して緩和された。すなわち，「何人も，人格の完全な発展ならびに人の権利および基本的自由の尊重の強化に向けた教育の権利を有する。公教育制度を設け，これは，自由で完全に無宗派によるものとする。教育は，初等学校および中等学

校においては無償とし，国家の施設から許される限り，初等学校を義務教育とする。国に属さない学校または教育施設の維持のために公有財産も資金も用いられない。この規定に定められた事項があるからといって，国が児童の保護または福利のために法律で定めた教育以外の役務を提供することを妨げられない」（5節）と規定し，教育の非宗教性を定めるにすぎない。さらに，6条9節は，「公共財産および公金は，公共目的および国の制度の維持・運営のために限って，いかなる場合でも法律に従って利用するものとする」と定めている。

表現の自由については，ジョーンズ法の言論出版・集会・請願の権利は，ほぼそのままに受け継がれ（4節），さらに集会・結社の権利も定められている（6節）。また，公用収用の規定においても，「出版に用いられる印刷機」の没収を禁じている（9節）。

人身の自由については，ジョーンズ法の諸権利を引き継ぎ，適正手続きの保障と死刑の廃止（7節），不合理な捜索，押収の禁止・通信の秘密および捜索・押収の令状主義（10節），迅速な公開裁判の保障，証人喚問権，弁護人依頼権，無罪の推定および陪審裁判（11節），奴隷制の禁止と事後法の禁止（12節）が定められている。

経済的自由については，正当補償（9節）と職業選択の自由（16節）が規定されているが，後者は，8時間労働の規定の中に置かれている。

労働条件については，8時間労働（16節）と労働環境の維持と児童労働の禁止について，「健康，道徳または何らかのかたちで生命または身体に害のあるいずれの職業も，14歳未満の者の雇用は認められない」（15節）だけでなく，「16再未満の者を投獄し，囚人とすることはできない」とも定めている。労働者の団結権，団体交渉権および争議権についても，「民間の企業，会社および経営ならびに民間企業もしくは会社として運営される政府機関または施設の労働者は，団結し，生活を向上させるために自由選挙による自らの代表者を通して，使用者と団体交渉する権利を有する」（17節）と定め，「団結し，団体交渉をする権利を保障するために，民間の企業，会社および経営ならびに民間企業もしくは会社として運営される政府機関または施設の労働者は，その使用者との直接の関係において，同盟罷業，ピケットその他

の合法的な団体活動を実行する権利を有する」(18節)と規定する。

さらに,「権利章典」の権利・自由は,限定列挙ではない旨を明記し,「前述の権利の列記をもって,限定的に理解されず,特に言及されていないが,民主主義に属する他の権利を排除するものとは考えられない。また,人民の生命,健康および福利を護る法律を制定する立法議会の権能も,限定的に解されない」(19節)と述べている。

3　社会権規定と合衆国連邦議会

20世紀半ばに制定された憲法にもかかわらず,1952年憲法には社会権一般に関するの規定が見当たらない。しかし,草案の2条20節は,次のような権利を掲げていた[71]。すなわち,

① 初等および中等教育を無償で受けられる万人の権利
② 雇用を得る万人の権利
③ 自身と家族に健康,繁栄および特に栄養,衣服,住居,医療扶助ならびに必要な社会的役務が保障されるのに十分な生活水準を享受する万人の権利
④ 失業,疾病,老齢または障害において社会的に保護される万人の権利
⑤ 特別な配慮と扶助を受けられる妊娠または授乳における全ての女性の権利および全ての児童の権利,である。

しかしながら,この20節の諸権利は,「自由連合国家の経済の漸進的な発展と不可分に結びついており,完全に実施するには,十分な財源と農業・産業の発展を必要とする」と規定されていたように,プエルトリコ経済の持続発展を前提としており,権利というよりも希望であったと指摘されている。というのは,プエルトリコ経済の水準は低く,富の公平な分配ができたとしても,十分な水準の生活を享受できる権利として直接請求可能な権利とは考えられず,また,連邦議会には国際連合と世界人権宣言に反対する勢力もいたからである[72]。連邦議会では,この条文によってプエルトリコ人が「合衆国政府に……これを実現するために必要な資金を提供するよう求める」ことができるようになるとして,その削除が求められた。プエルトリコの憲法制定議会も,結局,連邦議会の削除要求を受け入れざるを得なかった[73]。

この20節は，直接的には，世界人権宣言と米州人権宣言の文言に由来するが，世界人権宣言には，ローズヴェルト大統領による1941年の四つの自由に関する演説と1944年1月11日の経済的権利に関する演説の影響も見られる[74]。この点で，後者のローズヴェルト大統領の「もう一つの権利章典 (a second Bill of Rights)」[75]の運命を考え合わせると興味深い。この演説は，ローズヴェルトの生涯の中でも最も急進的な演説であったが，1944年にはこれに真剣に耳を傾けるような雰囲気ではなく，「合衆国連邦議会の半分ほどしか議員のいない両院の議事堂に鈍く響いた」だけだったからである[76]。

　この演説で，ローズヴェルト大統領は，合衆国憲法の「権利章典」の権利・自由に触れて，「この共和国は，一定の譲り渡すことのできない政治的権利の保護の下で始まり，今日のような大国に成長した。これらの一定の権利の中には，自由な言論，自由な出版，自由な信仰という権利，陪審裁判，不合理な捜索・押収からの自由が含まれる。これらの権利が，われわれの生命と自由の権利なのである」と論ずる。その上で，合衆国市民に伝統的な権利を保障するだけでは十分ではないとして，次のように述べている。「本当の自由は，経済的安全と独立がなければ存在しない。『貧しい者は，自由な人間ではない』。飢えて職のない人々は，独裁が生まれる素材なのである」と。さらに，もう一つの権利章典に言及し，その内容を次のように列挙する。

① 国の工場，作業場，農場または鉱山において有益で十分な報酬を伴う雇用の権利
② 十分な食料，被服および休暇を得る権利
③ 耕作者とその家族が尊厳ある生活ができる収入を伴う農作物を収穫し販売するすべての耕作者の権利
④ 不公正な競争と国内外の独占の支配から自由な環境で通商する規模の大小を問わない商人の権利
⑤ すべての家族の尊厳ある住居の権利
⑥ 健康を維持し，健康を享受する十分な医療扶助と機会の権利
⑦ 老齢，疾病，事故および失業の恐怖から十分保護される権利
⑧ 十分な教育の権利，である。

そして,「これらすべての権利は,安全を意味する」と説明して,これらの権利を保障することが国の安全につながり,世界の恒久的平和を確保できるようになると説示し,「将来の最高の目的は,……一語,に要約できる。それは,安全である」と論じている。それゆえに,「平和にとって等しく根本的で基本的なものは,全世界の国民におけるすべての個々の男女や子供たちにとっての尊厳ある生活水準である。恐怖からの自由は,欠乏からの自由と永久に結びついている」と結論づけている[77]。この「もう一つの権利章典」は,1952年のプエルトリコ憲法の削除された2条20節の精神と通ずるものがあることは明らかである。

さらに,連邦議会で論争の的となったのは,憲法改正規定であった。上院では,プエルトリコ憲法の改正には連邦議会の承認を要するという案が支持されていたが,プエルトリコの憲法制定議会議員は,これに猛反発し,その再考を迫った。結局,妥協案が模索され,憲法制定会議は,憲法改正規定に賛成し,1952年11月4日の国民投票で承認された[78]。その結果,憲法には次のような文言が追記された[79]。「この憲法の修正または改正のいずれも,この憲法を承認する合衆国連邦議会に定める決議,合衆国憲法の適用可能な条項,プエルトリコ連邦関係法および公法600号と合致しなければならない」と。

4 プエルトリコの独立と従属

このようにして,1952年憲法によって,プエルトリコは,自治権を獲得した。しかし,プエルトリコ最高裁判所のホセ・トゥリアス・モンヘ(José Trías Monge)長官は,プエルトリコは依然として植民地であるとして12の理由を挙げている[80]。すなわち,

① 合衆国の法は,プエルトリコ人民にその同意を得ることなく適用される。
② 合衆国の法は,国の憲法規定を覆すことができる。
③ 合衆国大統領と執行府に任命された者は,条約を交渉し,プエルトリコに諮ることなくプエルトリコに影響を与えるその他の行為ができる。
④ 連邦議会が異なる裁判権を一方的に付与することによって,合衆国の

裁判所は，厳密には地方の法律問題にすぎない事件を解決している。
⑤　プエルトリコに居住する合衆国市民と合衆国に住む市民との間では，権利の平等と対称性がない。
⑥　連邦議会は，合衆国憲法の領土規定によってプエルトリコに対する完全な権限を一方的に行使できると考えた。
⑦　合衆国政府は，プエルトリコに対する主権は合衆国にのみ存し，プエルトリコ人民には存在しないと主張した。
⑧　連邦議会および執行府は，プエルトリコとの協定によって連邦権限が制限され，あるいは制限できることを否定する。
⑨　1952年の協定に拘束力があるとしても，そこに表明された将来の連邦規定に対する同意は広汎すぎて，依然として植民地の地位になっている。
⑩　プエルトリコは，合衆国の決定の参加者として直接的であれ間接的であれ，国際社会に何らの役割ももたない。
⑪　現在のような国の立場は，国際連合が設けた非植民地化の基準を満たさない。
⑫　ある人民がかくも広範でほぼ無制約の権限を他の人民の統治に対して行使する非植民地関係は，現在の世界では知られていない。

このように，「自由連合国家」憲法は，最終的な決定権を合衆国に留保されているが，それでも，新憲法の「権利章典」の保障は，合衆国市民のものとはことならないと定めている。しかし，この権利章典の解釈も，プエルトリコも合衆国の法令審査権に服せしめ，合衆国連邦最高裁判所の判例準則を導入することによって，合衆国の「権利の言説」に包摂された。つまり，「プエルトリコの最高裁判所は，多くの場合に歩を進めて憲法の新しい分野を認め，その内延または外延を拡大してきた。しかしながら，技術または方法については，われわれは独創的であったわけではなく，北アメリカの制度を模倣し続けている」のである[81]。

1）　SPARROW, Bartholomew H., *The Insular Cases and the Emergence of American Empire,*

University Press of Kansas, Lawrence, 2006, p. 34.
2) THOMPSON, Winfred Lee, *The Introduction of American Law in the Philippines and Puerto Rico 1898-1905,* The University Arkansas Press, Fayatteville, 1989, p. 167; TRÍAS MONGE, José, *Puerto Rico: The Trials of the Oldest Colony in the World,* Yale University Press, New Haven, 1997, p. 36.
3) GO, Julian, "The Chains of Empire: State Building and 'Political Education' in Puerto Rico and the Philippines," GO, Julian & FOSTER, Anne L. (ed.), *The American Colonial State in the Philippines: Global Perspective,* Duke University Press, 2003, pp. 182-3.
4) フォレイカー法については，次の文献を参照した。Office of the Commonwealth of Puerto Rico in Washington, D. C., *Documents on the Constitutional History of Puerto Rico,* 2nd ed., Hennage Lithograph Co, Washington, 1964, pp. 64-80; TRÍAS MONGE, José, *Historia constitucional de Puerto Rico,* V. IV, Editorial de la Universidad de Puerto Rico, 1983, pp. 327-38.
5) 8節「現行のプエルトリコの法律と命令は，引き続き完全に有効で適用されるものとする。ただし，その後，変更，修正もしくは改正されるか，または，この法律が施行されるときに有効である軍の命令と布告によって変更もしくは改正される場合には，この限りではないが，その場合でも，以後プエルトリコについて規定される立法権または合衆国連邦議会が変更，修正もしくは削除するまでは，州に適用できる連邦制定法もしくはその規定と矛盾・抵触してはならない」。
6) 18節「大統領が罷免しない限り，合衆国上院の助言とその同意に基づいて，4年間の任期で，大統領が任命する書記官，法務長官，財務長官，監査役，内務長官および教育長官を置き，各人は，その在任中プエルトリコに居住し，以下に規定する権限と義務をそれぞれ有し，同じように合衆国上院の助言とその同意に基づいて，4年間大統領が任命する他の名望ある5人の人物とともに，執行委員会を組織するものとする。ただし，そのうち，少なくとも5人は，プエルトリコに出生した住民でなければならず，団体として課せられる以下の立法の義務に加えて，各人が以下に規定される権限と義務を行使し，前記の官職と執行委員会としての義務を適切に果たすために必要なあらゆる代理人と補助者を選任する権限を有するものとする」。
7) TRÍAS MONGE, José, *Historia constitucional de Puerto Rico,* V. I, Editorial de la Universidad de Puerto Rico, 1980, p. 285.
8) TRÍAS MONGE, *Puerto Rico...*, *cit.,* p. 43.
9) THOMPSON, *op. cit.,* p. 173.
10) *Ibid.,* p. 170.
11) 「人民の権利規定法（Ley Definiendo Derechos del Pueblo）」は，次のように権利を保障している。
 第1節 信奉する宗教的信条および礼拝の自由な実行とその享受は，いかなる差別もされず永久に保障され，プエルトリコにおいては，何人も，宗教的意見ゆえにいかなる権利も特権も奪われないが，この法律が保障する良心の自由をもって，誓約や確約をすることを免れ，重婚その他の方

によって放埒な行為を取り締い，プエルトリコの秩序，安寧および安全と両立しないプエルトリコまたは合衆国人民の機関に反する行為を正当化するものと解釈されてはならない。何人も，宗教的な礼拝に充てられた場所に出頭することも，いかなる聖職者，教団，宗派に援助を与えることも強制されず，法律は，いかなる宗教，宗派または礼拝形式も優先的に取り扱ってはならない。

第 2 節　　恣意的な捜索または押収から身体，書類，住居および備品の保護を受ける人民の権利は，侵されず，動産を差し押さえるべき場所を記述せず，調査すべき場所もしくは捜索すべき人物および押収すべき物を記述せず，誓約または書面による確約に基づく理由もなしに，侵入令状も動産差押令状も発行してはならない。

第 3 節　　何人も，言論の自由を制約されず，好むところの問題について話し，書き，または出版する完全な自由を有する。ただし，この自由による濫用に責任を負う。

第 4 節　　プエルトリコ人民は，共通善のために平和的に集会する権利を有し，請願または苦情に理由を付し，損害の回復を願って統治権を付与された者に訴える権利を有する。

第 5 節　　この法律に反するか，またはこの法律に合致しないすべての法律，布告，命令もしくはこれらの部分は，この法律によって無効とする。

MALAVET VEGA, Pedro, *Derechos y libertades Constitucionales en Puerto Rico,* Lorena Ponce, Puerto Rico, 2003, pp. 505-6.

12)　TRÍAS MONGE, José, *Historia constitucional de Puerto Rico, cit.,* V. I, pp. 287-8.
13)　THOMPSON, *op. cit.,* p. 177.
14)　*Ibid.,* p. 178.
15)　RODORIGEZ RAMOS, Manuel, "Interaction of Civil Law and Anglo-American Law in the Legal Method in Puerto Rico," *Tulane Law Review,* V. XXII, No. 1, (October, 1948) p. 5.
16)　第 4 章注（3）参照。
17)　第 4 章注（6）参照。
18)　RODORIGEZ RAMOS, *op. cit.,* p. 6.
19)　*Ibid.,* p. 7.
20)　FERNÁNDEZ APONTE, Irene, *El Cambio de soberania en Puerto Rico,* MAPFRE, Madrid, 1992, pp. 353-4.
21)　*Ibid.,* pp. 355-6.
22)　RODORIGEZ RAMOS, *op. cit.,* p. 14.
23)　*Ibid.,* pp. 16-7.
24)　*Ibid.,* p. 19.
25)　*Ibid.,* p. 21.
26)　FERNÁNDEZ APONTE, *op. cit.,* pp. 357-8.
27)　合衆国の法典編纂運動は，ジャクソニアン・デモクラシーの法思想，つまり，法

がもっぱら法曹のものであることに反対し，一般人が容易に法を知りうるように法典を編纂すべきだという考えから生まれた。デイヴィッド・ダッドリ・フィールド（David Dudley Field）は，この運動を組織し，主導した。その結果，1848年には民事訴訟法典が，1881年には，刑事訴訟法典が生まれた。19世紀末までに，両法典は，多くの州で採用されるにいたった。さらに，実体法の法典も試み見られ，公法典，刑法典，民法典も編纂された。ただし，これらすべての法典を採用したのは，カリフォルニア州（1873年）とモンタナ州（1895年）のみである。また，ルイジアナ州では，すでに，1825年に民法典と民事訴訟法典が編纂されていた。しかしながら，以上のような法典は，従来の判例法を無視するものではないという解釈が採られ，その適用範囲は限定的に留まった。田中英夫『英米法［上］』（東京大学出版会，1980年）272〜5頁。

28) 英語版では，節（section）であるが，本稿はスペイン語版の条（Art.）とした。なお，1916年のフィリピン組織法もジョーンズ法と呼ばれているように，両者には，共通点が多い。

29) RIVERA RAMOS, Efrén, *American Colonialism in Puerto Rico: The Judicial and Social Legacy,* Markus Wiener Publishers, Princeton, 2007, p. 56.

30) 1916年のフィリピンのジョーンズ法における「権利章典」の内容とほぼ同じである。プエルトリコのジョーンズ法は，次の文献を参照した。Office of the Commonwealth of Puerto Rico, *op. cit.,* pp. 81-112; TRÍAS MONGE, *Historia constitucional de Puerto Rico, cit,* V. IV, pp. 341-65.

31) 英語とスペイン語どちらが公用語であるかの規定はない。しかし，上院議員の資格要件として，満30歳に達しており，下院議員の資格要件としては，満25歳に達しており，いずれも「スペイン語と英語の2箇国語のいずれかの読み書きができる者」（27節および28節）と定めている。一方，プエルトリコに関して開かれる合衆国の地方裁判所においては，英語での陳述が求められている（42節）。

32) 原文は，次のとおりである。That no ex post law or bill of attainder shall be enacted.

33) 原文は，次のとおりである。No se aprobará ninguna ley ex post facto ni ningún proyecto de ley para condenar sin formación de juicio.

34) この条文は，「一州の市民は，他のいずれの州においても，その市民のもつすべての特権および免責を等しく享受する権利を有する」と規定する。

35) ANDERSON, Robert W., "Puerto Rico since 1940," BETHELL, Leslie, *The Cambridge History of Latin America,* V. VII, Cambridge University Press, Cambridge, 1990, p. 582.

36) *Puerto Rico v. Shell Co.,* U. S. 253 (1937).

37) TRÍAS MONGE, José, *Historia constitucional de Puerto Rico,* v. II, Editorial de la Universidad de Puerto Rico, 1980, p. 245.

38) STERNSHER, Bernard, *Rexford Tugwell and the New Deal,* Rutgers University Press, New Brunwick, 1964, pp. 384-7.

39) *Ibid.,* p. 388. このような考えを批判する意見からは，「初期のニューディール立法には，憲法の制約を少しも考慮しないで緊急事態という圧力をかけて可決されたも

のもある」と論じられる (Ibid.)。
40) BARRETO VELÁZQUEZ, Norberto, *Rexford G. Tugwell: El último de los turores,* Ediciones Huracán, 2004, p. 25. イッキーズは，1942年2月18日，タグウェル委員会の報告書を公表した。タグウェルの発想は，「再入植局（the Resettlement Administration）」が実施したミシシッピ河のデルタ地帯，アリゾナおよびカリフォルニアの入植に由来する (*Ibid.*, p. 32.)。報告書は，以下のような勧告で締めくくっている (*Ibid.*, pp. 34-5.)。
① 500エーカーを越える個人と団体の土地を収用する手続きを開始すること。
② プエルトリコ最高裁判所は，法律に反する財産が評価され，譲渡されるまでその財産について権限ある「管財人（receivers）」を任命する。
③ 土地を取得・処分し，貸与された金銭を受領する農地機関を設置すること。
④ プエルトリコの多様な連邦機関の機能を拡大して，被用者または農地機関から農地を獲得する者の家族に財政，教育および健康サービスを提供できるようにすること。
⑤ 工場には効率的な操業ができるように十分なサトウキビの供給を保障すること。このことから，サトウキビ栽培農家は，農地機関の名前で工場と契約できるよう認めることが求められ，これには，何らかの規定が必要である。
41) 日本の連合国占領下で，農地改革の立案と実施に携わったラデジンスキー（Wolf I. Ladejinsky）は，このタグウェルの教え子であり，タグウェルが農務省の職を紹介した。「ラデジンスキーは，ニューディールの社会改革立案者であったレックスファド・タグウェルの学生であったコロンビア大学から農業経済学の博士号を得て，1935年，農務省外国農業関係局にアジアの専門家として入職した」。MACLOY, Al, "U. S. Foreign Policy and the Tenant Farmers of Asia," *Bulletin of Concerted Asian Scholars,* Vol. 3, No. 1 (Winter-Spring 1971), p. 17; WALENSKY, Louis J., *The Selected Papers of Wolf Ladejinsky: Agrarian Refom as Unfinished Business,* Oxford University Press, 1977, p. 4. タグウェル自身も，1933年には，ローズヴェルトの要請に応えて農務副長官に就いている。STERNSHER, *op. cit.,* p. 88.
42) 1900年5月1日の共同決議の3条は，次のように規定している。「いかなる団体も，不動産の購入と販売の事業を営む許可を与えられず，不動産を所有し，または所有することも認められない。ただし，団体の設立目的を実現可能とするために必要な不動産は，この限りではない。また，その後，農業専門として許可されたすべての団体の土地の支配と管理は，その免許証によって500エーカーを越えない広さに制限され，さらに，この規定は，同じ性質の他の会社にいかなる種類の関心ももたない農業団体のいずれの構成員をも防ぐという意味に理解されるものとする」と。
1917年の組織法39条は，次のように規定する。「この法律の内容をもって，不動産の購入，販売または所有について，1900年5月1日に可決された共同決議第3節に含まれる規定を撤回し，またはいかる形でも制約し，侵害する意味に解してはならない。プエルトリコの総督は，農業に用いられており，直接であれ間接であれ，団体，会社もしくは個人がもっているあらゆる500エーカーを越える広さの不動産の報告書を準備し，1917年12月の最初の月曜日に開始される会期の連邦議会に提出する

よう命ずるものとする」と。TRÍAS MONGE, José, *Historia constitucional de Puerto Rico, cit.*, V. V, pp. 360-1.
43) GARCÍA COLÓN, Ismael, *Land Reform in Puerto Rico: Modernizing the Colonial State, 1941-1969,* University Press of Florida, Gainesville, 2009, p. 37.
44) *Pueblo v. Rubert Hnos,* 309 U. S. 543 (1940).
45) ただし、自作農の小作農・農業労働者への転化は、19世紀末から開始されていた。AYARA, César L., & BERNABE, Rafael, *Puerto Rico in the American Century: A History since 1898,* The University of North Carolina Press, Chapel Hill, 2007, p. 45.
46) 「1935年には、砂糖を生産する全部で7,693の農園がプエルトリコの全耕作地の31.4%を、国土全体の38.7%を占めていた。ほとんどが不在の会社が所有するごく少数の農園 (156) のみが、500エーカー以上を支配していた。こうした農園は、全砂糖農園の2.1%、全農場の0.3%を表しているにすぎにのにもかかわらず、全砂糖生産農地の65.2%、全農地の25.2%を有していた」。GARCÍA-COLÓN, *op. cit.*, p. 38.
47) *Ibid.*, p. 47.
48) TRÍAS MONGE, *Puerto Rico..., cit.*, pp. 101-2.
49) TRÍAS MONGE, *Historia constitucional de Puerto Rico, cit.*, V. II, p. 273.
50) TRÍAS MONGE, *Puerto Rico..., cit.*, p. 104.
51) *Ibid.*, p. 109.
52) 202節「起草編纂された憲法は、政体としては共和政を定めなければならず、権利章典を含まなくてはならず、これには、信教の自由、言論の自由、出版の自由、集会の自由、請願権、理由のない捜索・押収からの自由を含むものとし、また、憲法は、合衆国憲法およびプエルトリコ組織法の下で、現在プエルトリコ人民が享受しているすべての権利、特権および免除を引き続き保障するものとし、さらに、財産の剥奪からすべての者と団体を明文によって保障し、公共の用に供した財産の迅速、公平、効果的な補償を定めるものとする。……」。"El proyecto Tydings-Piñero de 1945," TRÍAS MONGE, *Historia constitucional de Puerto Rico, cit.*, V. IV, pp. 377-8.
53) TRÍAS MONGE, *Puerto Rico..., cit.*, p. 110.
54) TRÍAS MONGE, José, *Cómo fue: Memorias,* La Editorial Universidad de Puerto Rico, 2005, p. 146.
55) Office the Commonwealth of Puerto Rico, *op. cit.*, p. 153.
56) BURNETT, Christina Duffy & MARSHALL, Burke, "Between the Foreign and the Domestic: The Doctrine of Territorial Incorporation, Invented and Reinvented," *Foreign in a Domestic Sense: Puerto Rico, American Expansion, and the Constitution,* Duke University Press, Durham, 2001, p. 18.
57) 2節「この法律は、プエルトリコの法律に従って実施される全島規模の国民投票によって、賛成または否決するためにプエルトリコの有権者の判断に付されなければならない。この法律が国民投票に参加した選挙人の過半数の賛成を得たならば、プエルトリコ立法府は、プエルトリコ島の憲法の草案を策定する憲法制定会議を招集する権限が与えられる。この憲法は、共和政を採り、権利章典を含まなければならない」。

58) *Ibid.*, p. 19.
59) TRÍAS MONGE, *Cómo fue...*, *cit.*, pp. 152-3. 1952年憲法は，次の文献を参照した。Office of Commonwealth of Puerto Rico, *op. cit.*, pp. 168-92; TRÍAS MONGE, *Historia constitucional de Puerto Rico*, *cit.*, V. IV, pp. 411-31.
60) TRÍAS MONGE, *Puerto Rico...*, *cit.*, p. 114.
61) TRÍAS MONGE, *Cómo fue...*, *cit.*, p. 179.
62) TRÍAS MONGE, *Puerto Rico...*, *cit.*, p. 116.
63) TRÍAS MONGE, *Cómo fue...*, *cit.*, p. 143.
64) 3条1節「立法権は，これを立法議会（una Asamblea Legislativa）が行使し，立法議会は，上院と下院の二院によって構成され，各院の議員は，それぞれの総選挙で直接投票により選出されるものとする」。
65) 4条1節「執行権は，これを総督（un Gobernador）が行使し，総督は，それぞれの総選挙で直接投票により選出されるものとする」。
66) Escuela de Administración Pública de la Facultad de Ciencias Sociales, *La nueva constitución de Puerto Rico*, Ediciones de la Universidad de Puerto Rico, 1954, p. 125.
67) *Ibid.*
68) 第6章注（96）参照。
69) TRÍAS MONGE, *Historia constitucional de Puerto Rico*, *cit.*, V. III, p. 176.
70) *Ibid.*, p. 178. 憲法改正の権利章典委員会の勧告の要点は，次のとおりである（*Ibid.*, p. 179.）。
　　①「国教に関する法律を制定してはならず，自由な宗教礼拝は，禁じられない。教会と国家とは，完全に分離されなければならない」。
　　②「公教育制度を設けなければならないが，これは無償であって，宗派のものであってはならない。……国家に属さない学校または施設の教育に財産と公金を用いてはならない。この規定の内容によって，児童の保護または福利のために法律で定める教育以外の役務を国家が児童に提供することが妨げられてはならない」。
　　③「……公共目的および政府の施設の維持と支援のためであれば，公金および公有財産を利用できるが，政府の権限と干渉に服さないものは，政府の施設とも公共目的とも見なされない。……」。
　　この勧告は，若干の修正を経て，1952年憲法2条5節の文言に結実した。
71) その文言は，次のとおりである。
　　「自由連盟国家は，さらに以下の人権が存することを承認する。／すなわち，初等および中等教育を無償で受けられる万人の権利，／雇用を得る万人の権利，／自身と家族に健康，繁栄および特に栄養，衣服，住居，医療扶助ならびに必要な社会的役務が保障されるのに十分な生活水準を享受する万人の権利，／失業，疾病，老齢または障害において社会的に保護される万人の権利，／特別な配慮と扶助を受けられる妊娠または授乳における全ての女性の権利および全ての児童の権利である。
　　この条文に規定された権利は，自由連盟国家の経済の漸進的な発展と不可分に結びついており，完全に実施するには，十分な財源と農業・産業の発展を必要とするが，

この発展は，プエルトリコ共同体がいまだ到達していないものである。／市民の完全な自由を推し進めるという義務においては，プエルトリコ人民と政府は，その生産体制が許す限りの成長を推進し，経済の成果を最大限公平に分配することを確保し，個人の自発性と集団的な協同との間の深い理解を得るよう努力する。執行権と司法権は，この義務を銘記し，この義務を履行すべき法律を最大限好意的に考慮するものとする」。

72) TRÍAS MONGE, *Historia constitucional de Puerto Rico, cit.*, V. III, pp. 211-2.
73) MALAVET VEGA, Pedro, *Derechos y libertades Constitucionales en Puerto Rico*, Lorena Ponce, Puerto Rico, 2003, p. 333.
74) TRÍAS MONGE, *Historia constitucional de Puerto Rico, cit.*, V. III, p. 210.
75) HUNT, John Gabriel (ed.), *The Essential Franklin Delano Roosevelt*, Gramercy, New York, 1995, pp. 290-5.
76) KENNEDY, David M., *Freedom from Fear: The American People in Depression and War, 1929-1945*, Oxford University Press, 1999, p. 784.
77) しかしながら，ハル長官とローズヴェルト大統領が秘密条約あるいは政治的・財政的な約束をしているのではないかと疑っている人たちに対して，ローズヴェルトは，その懸念には及ばないとして，次のように説いている。「チャーチル氏，スターリン元帥，蒋介石総統は，すべてわれわれの憲法に精通しているといいたい。ハル氏もそうだし，私もそうなのである」と。HUNT, (ed.), *op. cit.*, p. 291.
78) 憲法7条（憲法改正）の規定は，次のとおりである。

　1節「立法議会は，各院を構成する総議員の3分の2以上が賛成する共同決議によって，この憲法の修正を提案することができる。すべての修正案は，特別の国民投票で有権者の判断に付されるが，共同決議が各院を構成する総議員の4分の3以上の賛成を得るならば，国民投票を次の総選挙と同じ時に開催するように決めることができる。各修正は，それぞれ別々に投票しなければならず，3件以上の修正提案を同じ国民投票に付してはならない。いずれの修正提案も，効力を生ずる要件を明記し，修正案の投票者の過半数の承認を得たならば，この憲法の一部となるものとする。修正案は，可決されたならば，国民投票の少なくとも3箇月前に公表されなければならない」。

　2節「立法議会は，各院を構成する総議員の3分の2以上が賛成する共同決議によって，この憲法を改正するために憲法制定会議を招集するべきか否かという問題を有権者の判断に付すことができる。有権者の判断は，総選挙と同時に開催される国民投票により行われるものとする。この問題について投票する選挙人の過半数が改正に賛成であるならば，法律の定める方法で選出される憲法制定会議が改正しなければならない。この憲法の改正は，いずれも投票の過半数によって承認または否認するために特別の国民投票で有権者の判断に付されなければならない」。

　3節「この憲法の修正は，憲法自身の定める共和政体を変更できず，または，その権利章典を廃止することもできない」。

79) Office of the Commonwealth of Puerto Rico, *op. cit.*, p. 189.

80) NEWMAN, Gerald, "Constitutionalism and Individual Rights in the Territories," BURNETT & MARSHALL (ed.), *Foreign in a Democratic Sense...*, *cit.*, pp. 182-3.
81) MALAVET VEGA, *op. cit.*, 2003, p. 170.

第6章　フィリピンの占領と恩恵的同化

第1節　フィリピン独立戦争と米西戦争

1　独立戦争と憲法構想

　ホセ・リサール（José Rizal y Alonso）が「フィリピン同盟（La Liga Filipina）」を結成し，革命運動を開始したのは，米西戦争が始まる前であった。他方，リサールの影響を受け，「カティプナン（the Katipunan）」を組織していたアンドレス・ボニファシオ（Andrés Bonifacio）は，独自に独立運動を率い，1896年スペインに対して武装蜂起した[1]。ボニファシオは，庶民の子であり，彼の思想は，その出自からしても，平等主義的傾向をもち，都市の労働者階級に訴えかけるものであった。しかし，それは，社会主義的な傾向ではなく，宗教的な色彩を色濃く帯びていた。ボニファシオによれば，革命は，「受難」の経験であった[2]。ボニファシオは，フィリピンの歴史を次のような段階に分けて叙述する[3]。
① タガログ人同朋の統治時代には，人々は，満ち足りた至福の暮らしを営んでいた[4]。
② しかし，スペイン人がやってきて，さらによりよい生活を約束したので，タガログ人は，彼らの甘言に惑わされてスペインの統治を受け入れた。ただし，その時，スペイン人は，タガログ人の習慣に従って，約束を守るという血盟を結ばされた。
③ その後，300年が過ぎ，タガログ人は，その間スペイン人と最初に交わした血盟を遵守し，スペイン人のために尽くしたが，その見返りは裏切りだけであった。タガログ人が彼らに少しでもやさしい心遣いを求めると，流刑の仕打ちが返ってくるだけであった。
④ そこで，今ではタガログ人の生活は，不安と恐怖に満ちたものとな

り，嘆きと悲しみに蔽われているのである。

⑤　したがって，心の目を開いて，「われわれが長い間求めてきた祖国の至福を勝ちとるのだという，心からの希望に燃えて，われわれの力を率先して善なるものに捧げよう」と論ずるのである。

このような一種の千年王国論は，抵抗運動を支えるだけでなく，「文化的ナショナリズム（Cultural Nationalism）」思想として普遍的に見られる現象である。つまり，フィリピンのおいても，「移民の物語，建国神話，文化的な輝きをともなう黄金時代，内部の腐敗の時代そして再生の約束」という歴史意識が独立運動を支えたのである[5]。ただし，ボニファシオの歴史観においては，スペインの「移民」以前の社会が黄金時代として描かれ，スペイン人による植民地支配は受難の時代であり，独立運動が幸福な祖国を約束すると論じられる。この歴史観は，独立運動の理論的指導者ともいうべきアポリナリオ・マビーニの思想にも見られるが，民衆カトリシズムに深く浸透した『キリスト受難詩（パション）』の意味的枠組みを利用して，フィリピンの現状と革命の成就を説いていたゆえに説得力を持ちえたのである[6]。そして，「カティプナン」は，スペインに対して武装蜂起するが，蜂起は，失敗に終わった。

このような独立運動も立憲主義思想と無縁だったわけでない。独立運動から生まれた憲法としては，マロロス憲法が知られているが，これ以外にもいくつかの憲法構想があった。エミリオ・ハシント（Emilio Jacinto）が1896年に起草した「カティプナン法・道徳憲章および法典」，イサベロ・アルタッチョ（Isabelo Artacho）およびフェリクス・フェレル（Felix Ferrer）が起草した1897年の「フィリピン共和国臨時憲法」，フランシスコ・マカブロス（Francisco Macabulos）その他が1898年に公布した「ルソン島憲法」または「マカブロス憲法」，エミリオ・アギナルド将軍が1898年に定めた「フィリピン革命政府憲法」，アポリナリオ・マビーニが1898年にカビテの臨時政府に提出した「共和国憲法綱領」などがある[7]。このうち，比較的重要な意義を有すると思われる1897年の「フィリピン共和国臨時憲法」，1898年の「ルソン島憲法」およびアギナルドの「フィリピン革命政府憲法」を考察する。

第1節　フィリピン独立戦争と米西戦争　　159

　ビャク・ナ・バト（Byak-na-bato）に共和国政府を置いた革命運動から生まれた1897年「フィリピン共和国臨時憲法」いわゆるビャク・ナ・バト憲法は，キューバ革命軍の憲法，特に1895年のヒマグアユ（Jimaguayú）憲法が参考にされている。そこで，この「フィリピン共和国臨時憲法」は，「キューバ的な特徴が顕著で，森林地帯の誕生の地からビャク・ナ・バトの不毛地帯に移植された」と指摘されている[8]。憲法は，全32箇条からなり，大統領と副大統領その他の長官からなる最高会議を設け，命令を発し，課税し，国家の安全を守るための措置をとるなどの権限を与えている。また，タガログ語を国語とし（8条），ヒマグアユ憲法にはなかった「権利章典」を挿入し，22条ないし25条に以下のような権利・自由を保障した[9]。すなわち，

① 「宗教の自由，結社の自由，出版の自由のみならず，あらゆる職業，技能，交易および産業を行う自由は，保障される」（22条）。
② 「すべてのフィリピン人は，請願またはいかなる苦情をも，自らまたは代理人によってフィリピン政府委員会に申し立てる権利を有する」（23条）。
③ 「国籍を問わず，何人も，権限ある裁判所が発行する理由の付記された命令によらなければ，逮捕または拘禁されない。ただし，これは，革命，政府または軍にかかわる犯罪には適用されない」（24条）。
④ 「また，何人も，権限ある裁判所が下す判決によらなければ，その財産または住居を奪われることはない」（25条）。

　これらの条文のうち，23条ないし25条の規定には，スペインの1869年憲法に類似の規定を見出すことができるが（それぞれ，4条，17条5項，13条1項），22条の規定は，宗教的自由を認めている点で，1869年憲法とは根本的にことなる上に，結社の自由，教育の自由，出版の自由に加えて職業の自由も規定している。したがって，この条文は，スペイン憲法だけでなくいくつかの憲法規定の内容を一つにまとめたものと思われる。

　ルソン島の革命運動は，フランシスコ・マカブロス（Francisco Macabulos）の指導の下で，1898年いわゆるマカブロス憲法を生みだした。この憲法は，独立を達成するまでの臨時の憲法であって，13箇条からなり，大統領，副大統領その他の長官からなる中央執行委員会を設け，この委員会が統治権を

行使するという規定であった[10]。

　米西戦争が勃発すると，合衆国は，フィリピン人に対しても米西戦争への協力を要請した。しかし，フィリピンを代表するエミリオ・アギナルド（Emilio Aguinaldo）は，フィリピン独立を追求した。香港からフィリピンに帰国したアギナルドは，強力な執行府による独裁の必要性を痛感して，1898年5月24日，独裁政府を設立する布告を発し[11]，同年6月23日には，革命政府の「フィリピン革命政府憲法」に署名していた[12]。この文書の1節では，革命政府について規定を置き，「独裁政府は，将来革命政府と呼ばれるものとする。その目的は，スペインを含む自由な国民が明示的にこの政府を認めるまで，フィリピンの独立を求めて闘い，本来の共和国の設立を準備することである。独裁者は，将来，革命政府大統領という称号とする」（1条）と定めている。2節では，革命議会を設け，「革命議会は，今月18日の布告に定められた手続きによって，フィリピン列島の県の代表者の集会である」（11条1項）と定める。3節は，司法権というより，「軍事裁判」について定める。この点で興味深いのは，比較的詳細な軍事犯罪を規定していることである（29条）。外国人，捕虜，スパイ活動，国際法違反等は，厳しく罰せられると定めている（30条）。したがって，この文書は，憲法典というよりも革命組織とその活動を規律する文書といったほうが適切であろう。

　1898年11月17日には，イロイロ州でフィリピン人大会が開催され，ビサヤ地方臨時政府が組織されたが，これは，中央政府の傘下に入り，ビサヤ連邦政務会議に改組された。中央政府は，マロロスに本拠を移し，9月15日第一回会議を開催し，フィリピンの独立宣言を採択した。マロロスの憲法起草委員会には，当初，二つの憲法案が提出された。マビーニの草案とパテルノの草案である。しかし，起草委員会のフェリペ・カルデロン（Felipe G. Calderón）は，両案を退け，自ら草案を準備した[13]。11月29日には，カルデロンが起草したいわゆるマロロス憲法を採択した。こうして，アギナルドは，1899年1月23日にフィリピン共和国（第一共和制）の成立を宣言した[14]。

2 マビーニの主権論

　フィリピン独立のために主権論を詳細に展開した人物は，アギナルドの助言者であったアポリナリオ・マビーニ（Apolinario Mabini）（1864年～1903年）であった。マビーニ自身は，イルストラード（ilustrados）と呼ばれる知識人に属する。しかし，彼は，地主・資産家級のイルストラードが自己の階級的利害に基づいて革命の指導権を握ることには，強い警戒心を抱いていた。マビーニの革命路線は，基本的には，在地のプリンシパリア（principalía＝統治組織の末端に位置するプエブロ（村落）の役人層）を革命勢力の基盤とする革命軍によって独立運動を貫徹することにあった[15]。ボニファシオは，独立運動思想を憲法論として展開することはできなかったが，マビーニの憲法思想にはボニファシオの歴史観と共鳴する歴史意識が脈打っている。

　マビーニは，独立自体を目的として戦っているのではないと論ずる。革命は，政府を打ち立てる唯一の手段であるが，その政府が，国民全体の福利と幸福を実現する条件を確保できる道徳的な政府として，人民が選んだ正当な代表政府でなければならないというのである[16]。1896年に革命は，スペインの圧政に対する報復として始まったとしても，1898年には，革命は，別のものになっていた。つまり，世界的な理性の顕現となった。だから，マビーニにとっては，フィリピン革命は，アメリカ革命やフランス革命の継続であって，世界的性格を帯びていた。

　マビーニはいう。「フィリピン人の望みは，戦うことによってアメリカ人の祖先たちが植民地の解放のために，つまり今日の北アメリカの自由な州のためにイギリス人に抗ったことをアメリカ人に思い起こしてもらうことである。当時，アメリカ人は，フィリピン人の立場にいた。その時，大義の正当性をフランスの支持者も擁護したとするならば，フィリピン人としても，アメリカ人が戦いは人種的憎悪からくるものではなく，その祖先の血で書かれた原理と同じ原理に由来すると確信するときには，アメリカ人に賛同したいと思う」と[17]。

　マビーニにとって，フィリピン人に独立の資格があることを示すものは，1889年6月12日の独立宣言でも，マロロスでの第一共和制の創設でも，憲

法典の編纂でもない。それは，第一共和制の指導者に欠けているもの，すなわち個人の利益よりも一般福利を優先する能力であった。マビーニは，ボニファシオと同じような愛国主義的な歴史観にたって，次のように論ずる。「先住民とスペイン人との当初の関係は，友愛と相互扶助の絆であって，これは『血の契約（un pacto de sangre）』によって保証されていた。しかし，この原初的社会契約は，スペイン人の不実と抑圧によって裏切られ，フィリピン人は，これに対して反乱で応えた。1899年のパリ条約署名によってアメリカ人が2千万ドルをスペインに支払ってフィリピン人に対する主権を手に入れたとき，アメリカ人もスペイン人と同じことをしたのだ」と[18]。マビーニから見れば，この契約は，フィリピン人をあたかも売買可能な奴隷のように取り扱ったのであり，アメリカ人は，国際法文書を利用してフィリピン人に対する法的権原を獲得したが，このことによって，奴隷制と他国民の主権の簒奪を禁ずる自然法を侵害したのである。

したがって，次のようにマビーニは考える。「今も昔も，われらの戦いの叫びは，自然の法であり，すべて正義と人間の法という永遠の根拠規定なのである。それは，人間の良心に刻まれた神の法なのである。……そして，自然法には人民の法以上の法は認められない。自然法規定は，人間の理性が人間の良心に訴える命令なのである」と。マビーニは，人民主権も自然法に由来するのであるから，革命運動を神の主権の作用であると考え，革命の過程で自然権を回復する中に神の意志が啓示されると捉える。ただし，主権が人民に存するとしても，この主権は，神の理性が浸透し，神の意志の手段であるという条件で人民に存するのであるから，人民の主権回復は，人民に対する神の支配の復興であって，神の統べる権利を人間が認識することでもあると論ずる[19]。

マビーニの主権思想は，合衆国の征服戦争の中でも明確に示されている。アギナルドを大統領とする革命政府は，1900年8月10日，合衆国の軍隊とのゲリラ戦の最中，マビーニを合衆国当局との平和交渉のために派遣し，合衆国にフィリピン独立の承認を迫った。同年8月28日，合衆国軍のベル（James Franklin Bell）将軍は，マビーニに書簡を送って，次のように答えた[20]。その内容の骨子は，三つに要約できる。すなわち，

① 「アメリカ人は、敵国人ではない。その善意が理解されるよう望んでいるにすぎない」。しかし、現在のような戦争状態にあっては、アメリカ人は、寛容な態度をとることはできない。
② 戦争を正当化できるとすれば、それは勝利の見込みである。しかし、勝つ見込みがなければ、「人道の名において、無念の思いがふかくとも、敗者の側が降伏し、結果を受け入れるよう文明社会から求められる」。
③ 現時点では、フィリピン人には、自己統治能力がない。「共和制政府を建てる能力は、天賦の才ではない。経験の問題なのである。合衆国人民は、2世紀以上にわたって研鑽を重ね、学んできた。したがって、フィリピン人民が瞬時に同じような政府を展開できるとは思えない」。

この書簡に対して、マビーニは、次のように応じた[21]。
① 力は、正義ではない。「この原則が本当であれば、あらゆる国際的・社会的問題の解決は、力に求めなければならず、人々は、道徳と正義という永遠の原則を直ちに消去しなければならない」からである。
② 非力な人民には、ゲリラ戦も認められる。戦争法は、「侵略から自らの家族と自由を守ることが問題であるときには、ゲリラ戦と待伏せ戦を用いるように非力な人民に説いている」。
③ フィリピン人の独立闘争は、アメリカ人の独立闘争と同じ性質である。
④ フィリピン人も十分な自己統治能力を有する。

そして、最後にこう締めくくっている。「先ず、信仰をもち自由な諸国民の市民として享受している自然的・政治的な個人の諸権利をフィリピン人も享受すること、次いで、フィリピン諸島の領域では、アメリカ人とフィリピン人とが完全に平等であること、第3に、これら二つの条件の実現を十分に保障される政府を組織すること」が必要であると[22]。

独立国家を支えるのは、憲法ではなく、神の意志を実現する人間の力である、とマビーニが断じたとしても、憲法制定議会を支配したのはイルストラードたちであった[23]。僧侶の役割、政教分離、教会財産の国有化、分権なのか中央集権なのか、立法府と執行府の権能と両者の関係といった問題に対するイルストラードたちの対応は、つまるところ、保守派のイルストラードた

ちがカティプナンを中心とする下層階級一般の力を押さえ込もうとする意識が表面化したものである[24]。民衆は，カティプナンの唱えた同朋の連帯と平等の精神以外に具体的な政治目標を知らなかったのに対して，イルストラードの革命指導層は，スペインから統治権を奪うためには，自由，平等，連帯，代議制民主主義等による統治が必要であることを理解していた[25]。マビーニ自身憲法草案を準備していたが，革命議会が採択したのは，マロロス憲法であった。イルストラードたちは，アギナルドとマビーニの執行府に対して立法府の優位を確立したのである。

革命運動内部には党派的対立が存在したが，共通の政治理念は，①共和主義，②立憲主義，③中央主権にあった。特に，②の立憲主義については，成文憲法に対し，強烈なあこがれを抱き，成文憲法の必要性を痛感していた。その結果が，マロロス憲法であった。前述のように多くの憲法が構想されたが，第二次世界大戦中に編纂された日本の『比島調査報告書』においても，「マロロス憲法こそは彼等叡智の結晶であり，且つ彼等の憲法起草技術がその最高水準に達せるものであった」と高く評価している[26]。

第 2 節　フィリピン共和国憲法（マロロス憲法）

1　マロロス憲法とその内容

マロロス憲法に最も大きな影響を与えたのは，1869 年のスペイン憲法であることは間違いない。しかしながら，スペインの憲法は，立憲君主制を採るのに対して（33 条），マロロス憲法は，共和制であって（1 条）大統領制を採っているから（56 条），この点で両憲法は基本的に異なる。したがって，マロロス憲法は，スペインの 1869 年憲法から着想を得ているのは確かであるが，草案を準備していたフェリペ・カルデロン（Felipe Calderón）は，フランス，ベルギー，ブラジル，ニカラグア，コスタリカおよびグアテマラの憲法も子細に検討していたといわれている[27]。

マロロス憲法前文は，「われらフィリピン人民の代表者は，正義を打ち立て，共同防衛を整え，一般利益を増進し，自由の恵沢を確保するために適法

に召集されたのであり，これらの目的を達成するために世界の主権者である立法者の助力を願い，以下の憲法を可決し，布告し，承認するものである」と謳っている。その「人民の代表」という表現は，合衆国憲法前文の「人民の代表 (representantes del pueblo)」という語句に影響を受けていると指摘されている[28]。しかしながら，「世界の主権者である立法者 (Soberano Legislador)」という語句は，1812年のスペインのいわゆるカディス憲法（スペインの貿易港カディスで制定されたのでこの名がある）前文にさかのぼり[29]，19世紀のラテン・アメリカ諸国の憲法にはよく見られる表現である[30]。

立法権は，一院制の国民代表者議会が行使し，議会は，そのために制定される法律の形式と条件で組織される[31]。執行権は，大統領に存し[32]，大統領は，議会が選出する[33]。

宗教に関して，マロロス憲法は人権を掲げる第4編ではなく，第3編を充て，「国は，教会と国家との分離 (la separación de la Iglesia y del Estado) だけでなく，すべての宗教の自由と平等を認める」(5条) と規定する。これは，フィリピン独立運動における知識人とカトリック教会との関係に起因する。すなわち，アギナルド指導下の革命政府は，イルストラードと呼ばれる知識人たちの願望と土着的なカトリックに基づくフィリピン人司祭を革命政府に取り込む必要性との矛盾に対処しなければならなかった。知識人は，自由主義思想に基づいて政府と教会に一線を画そうとする傾向が強かったが，革命政府は，フィリピン人司祭の協力を必要としていたので，フィリピン人司祭をスペイン人司祭の統治から革命政府の統制下に移す必要があったのである[34]。

マロロス憲法の審議過程の4分の1が宗教問題についやされたと言われている。最初のカルデロンの案では，カトリックを国教と定めていた[35]。これに対して，イルストラードたちは，政教分離を主張した。しかし，カルデロンも，①フィリピン人の大多数はカトリック教徒であるから，教会と国家を分離すれば，国民の良心が国家に侵害される，②目下の緊急課題である国民統合のためには，教会の象徴的機能が不可欠である，③国家と宗教の分離は，フィリピン人司祭を革命から離反させる，と反論した。結局，政教分離原則を定める修正案が一票差で可決されるにいたったが，アギナルドは，こ

の条文に難色を示し，マロロス憲法のこの条文には，憲法の付則100条によって将来の憲法制定会議の召集まで停止されることになった[36]。

また，マロロス憲法の特徴は，立法権の優越である。憲法は，議員からなる常設委員会を設置し，「議会が休会中の間，議会と同じすべての権限を有し，緊急措置をとる権能を有する」（24条）と規定する。この規定は，カルデロンが当時の革命政府内でのアギナルドなどの軍人に対する優位を確保しようとする意図をもったものであった[37]。また，議会に大統領その他の大臣が犯した罪を裁くフランス型の「高等裁判所（Tribunal de Justicia）」を設けている[38]。

マロロス憲法4編は，「フィリピン人およびその国民と個人の権利」において，国民の権利を7条から32条まで詳細に規定している。これらの権利の規定は，スペインの1869憲法の影響を強く受けている。

マロロス憲法には，英米法起源のヘイビアス・コーパス令状の規定はない。平等原則については，貴族制度の禁止を掲げる（32条）。表現の自由，結社の自由および請願権（20条）は，同じ条文に規定されている（20条）[39]。経済的自由については，居住移転の自由（11条），財産権（16条），正当補償（17条），外国人の職業選択の自由（24条）などが規定され，租税法律主義は，経済的自由の文脈で規定されている（18条）。

人身の自由については，詳細な規定を置いている。逮捕・投獄の法定手続き（7条），逮捕の時間的制約（8条）[40]，拘禁令状とその手続き（9条）[41]，住居の不可侵・押収令状（10条），通信の秘密（12条），罪刑法定主義（14条）[42]，違法な逮捕・拘禁の場合（15条および16条）などが規定されている。

教育についても規定されている。すなわち，「すべてのフィリピン人は，設けられる規定に従って，訓練または教育制度を設立し，維持できる」とし，「人民教育は，国民学校において義務であり，無償とされる」（23条）[43]。さらに，「この編に定められている権利を列挙したことをもって，明記されていない他の権利が禁じられていることとはならない」（28条）と規定し，これらの権利は，例示列挙であることを明記している。

義務については，国防について，「すべてのフィリピン人は，法律が命ずる場合に武器を持って祖国を防衛し，また，その財産に応じて国家の支出に

寄与する義務を負う」(27条)と定めており，緊急事態における権利保障の一時的停止 (30条)，特別裁判所による裁判の禁止 (31条) も定める。

司法権については，「国民の名において，民事・刑事の裁判に法を適用する権能は，裁判所にのみ属する」(77条1項)，「司法権の行使は，最高裁判所および法律の定める裁判所に基づく」(78条1項) と規定する。このマロロス憲法の規定も，スペインの1869年憲法に由来するが，両憲法ともに行政事件には触れていない[44]。

2 アメリカのフィリピン征服とマロロス憲法

1898年12月10日，スペインとアメリカは，パリ条約に署名し，この条約によってフィリピン全土は，そのまま合衆国に割譲されることになった。独立を求めるフィリピン人に対して，これを否認する合衆国は，フィリピン軍に攻撃を開始した。フィリピン人と合衆国軍との戦闘は，約3年間続いたが，アギナルドが捕虜となり，フィリピン人の戦意は急速に低下していった。アメリカ側の一般民衆に対する融和政策もあって，フィリピン人は，合衆国の支配を受け入れざるをえなかった[45]。マロロス憲法とその精神も，アメリカ軍との独立戦争の中で潰え，アメリカ占領軍も，これを一顧だにしなかった。マロロス憲法を認めることは，これを産んだフィリピンの独立運動を認めることにつながるからである。1899年の陸軍省の年次報告は，アギナルド政権を次のように描いている。「タガログの支配下では，つまり，本当のところはアギナルドの将校たちが無慈悲に押しつけたアギナルドの無責任・無制約の独裁の体制下においては，個人の行動に正邪の判断基準は存在せず，また，いかなる種類の個人の自由も存在しなかった。いわゆる反乱運動は，その始まりがどんなものであったにせよ，低レベルの軍事独裁に堕落し，そこでは財産も生命も最低限の安全さえなかった」と[46]。

したがって，合衆国は，武力によるフィリピンの独立運動の制圧を選択した。マッキンリー大統領は，1899年12月5日の連邦議会への大統領教書で，連邦議会と人民が「無益な反乱を終わらせるために提供してくれたあらゆる手段を陸海軍が利用できるようにするつもりである」と宣言している[47]。また，マッキンリー大統領が設置したシャーマン委員会が発表したフ

ィリピン人民に対する宣言においても,「合衆国が最高権者であることを列島の津々浦々にまで示さなければならず,そうなるであろうし,これに抵抗する者は,自身の破滅を招かざるをえない」と述べている[48]。合衆国は,1998年のパリ条約によってフィリピン諸島の主権を獲得し,その住民に合衆国への忠誠を求めることによって,反対にこの忠誠を拒否し抵抗を続ける者を叛逆者とすることができた。実際,アーサー・マッカーサーは,委員のライト (Luke E. Wright) に叛逆罪立法を設けるよう求めた。こうして,1901年11月4日の法律292号「叛逆・反乱・煽動の罪,これらの犯罪の謀議,口頭もしくは文書による扇動的発言,秘密の政治結社の設立,犯罪の誓いの実行もしくは参加または犯罪の隠匿および忠誠の誓いの違背を定義し,ならびにこれらの罪に罰を規定する法律」が定められた。この法律は,合衆国の連邦といくつかの州の立法にならったものであるが,その9節と10節は,連邦と州の規定にないものであった[49]。フィリピンの抵抗運動を制圧するために,このような規定が必要とされたからである。9節は,反乱や煽動は,常に秘密結社を通じて行われたゆえに,秘密の政治組織に参加すること自体を罪としている[50]。10節は,実力もしくは平和的手段によって合衆国からフィリピン諸島の独立もしくは分離を唱道することも違法であると定義している(ただし,この規定は,アメリカに対する戦争状態が終結したときには,適用されないと規定している)。結局,アメリカ当局に対して武器をとることは犯罪であって,その結果死に至らしめた場合は,殺人であるとしている[51]。

このような手段は,むろんフィリピン人の合衆国に対する忠誠が平和的に獲得できなかったことを意味している。しかしながら,宗主国からの独立運動は,合衆国でもそうであったように,分離・独立し,自国を建て,自国に忠誠を誓うことを意味し,それは叛逆の過程に他ならないからである。実際,マロロス憲法は,「すべてのフィリピン市民」と「共和国大統領その他のすべての国家公務員」に憲法尊重義務を課していたのである[52]。ホセ・リサールは,スペインに対する叛逆の罪で処刑され,合衆国に対するゲリラ戦も叛逆とされた。この忠誠の問題は,日本軍のフィリピン占領においても生ずるであろう。

しかし,シャーマン委員会の宣言によれば,「アメリカ政府の目的は,フ

ィリピン諸島に対する主権を受け取ることによって仲間の諸国民に対して引き受けた神聖な義務を履行することとは別に，フィリピン人民の福利，繁栄および幸福ならびに世界の先進文明諸国の地位に上昇し近づくようにすること」であって，この目的は純粋そのものであるから，「アメリカの主権とフィリピン人民の権利・自由との間には何らの矛盾もない」のである[53]。このように，合衆国は，武力弾圧一辺倒ではなく，「恩恵的同化」の政策をとった。そのためにも，「権利章典」と司法改革が不可欠あった。

第3節　軍政下の改革

1　刑事手続きの改革

　パリ条約締結前の1898年10月7日，合衆国の占領軍は，最初の包括的な命令を発した。その内容は，「スペイン法によって設置され組織された民事裁判所」を軍政府の監督下におくものの，「この特権は，刑事手続きの設置その他いかなる性質・性格の刑事裁判権を行使することを認めるものではない」というものであった[54]。この命令には，軍政府のフィリピンの刑事裁判制度に対する不信を見て取ることができる。フィリピンは，パリ条約によって合衆国に委譲されたものの，その法的地位は，不明確であった。1898年のパリ条約は，スペインが合衆国に委譲した領土の地位を明確にせず，それを合衆国連邦議会に決定をゆだねたからである。

　マッキンリー政府は，パリ条約締結にともなって，フィリピン統治の基本的枠組みを決めた。マッキンリー大統領は，1889年12月21日に発した声明において，「軍政の崇高な目的」は，「自由な諸国民の伝統である個人の権利と自由をすべてのフィリピン人にあらゆる方法で保障し，また，合衆国の使命は，恩恵的同化（benevolent assimilation）であり，恣意的な支配に代えて正義と権利を重視するように導くことであるとフィリピン人に明らかにすることによって，フィリピン人の信頼と尊敬と好感を獲得することにある」と宣言した。宣言中の語句「恩恵的同化」は，端的に合衆国のフィリピンに対する主権を当然の前提としていたのである[55]。さらに，後述するように，大

統領は，1900年4月7日，有名なフィリピンの統治原則を謳った「指示」を出し，その中で刑事手続き上の諸原理に言及していた。

軍政府は，その後の数々の命令で，司法制度改革を推し進め，1900年4月23日の一般命令第58号では，アングロ・サクソン型の刑事手続原則を導入しようとした。つまり，糺問主義を廃止し，弾劾制度を設け，被告人の権利を保障し，予防拘禁制度の害悪を除去し，検察官と被告人とを同じ地平に立たせるという適正手続主義を注入しようとしたのである[56]。

この刑事手続原則は，次のように要約できる。
① 一罪を告訴する特別の訴えまたは告発状が導入された。
② 逮捕令状発行前に，告訴人と証人の予備尋問が許可された。
③ 包括的な一連の権利章典の保護が明記された。被告人は，迅速な公開裁判，弁護人の扶助，被告人に不利な証人の出廷，自己負罪の禁止，証人喚問・反対尋問およびすべての事件で上訴権が与えられた。
④ 被告人は，不十分な告発に抗弁する特権が与えられた。
⑤ 共同被告人は，別々の裁判を要求することができる。
⑥ 誤審または新たに発見された証拠による再審が明記された。
⑦ 被告人とその親族を証人から排除するスペイン法が廃止された。
⑧ 伝聞証拠が制限された。
⑨ 有罪判決前の保釈は，確かな証拠のある重罪を除いて，すべての事件に拡大された。
⑩ ヘイビアス・コーパスは，違法にその自由を奪われたすべての者に拡大された。
⑪ 捜索令状の発行と執行には，手続上の歯止めがかけられた。
⑫ 手続上の保護は，治安判事にも拡大された[57]。

このように軍政府の政策は，マッキンリー大統領の「指示」に応え，合衆国憲法の「権利章典」を先取りしていたのである。

2　フィリピン委員会と恩恵的同化

マッキンリー大統領は，パリ条約締結に先立って，ジェイコブ・シャーマン（Jocob G. Schurman）を委員長とする第一次フィリピン委員会を設置し，

フィリピンの実情を調査させた。次いで，1900年3月16日，オハイオ出身の裁判官ウィリアム・タフト（William Taft）を委員長とする第二次委員会を設けた。マッキンリー大統領は，同年4月7日，陸軍大臣であったルート（Elihu Root）を介して，タフト委員会に指示を与えた。この文書は，「フィリピン諸島のあらゆる官職と信託・権威を伴う地位に就く不可欠の要件は，合衆国に対する絶対的かつ無条件の忠誠」を求めるとし，フィリピン人に自治権を与えることと「権利章典」の尊重を求めている。したがって，これは，「フィリピンの大憲章（Magna Charta of the Philippines）」とも呼ばれている。つまり，「これはアングロ・サクソンの法精神の真髄をあますところなくフィリピンに与えた特筆すべき公文書であり，その重要性において，スペインのインディアス法にも匹敵するものである」と評された[58]。この「インディアス法」というのは，スペイン帝国において新大陸の植民地に適用された法体系を意味するから，合衆国の新たな支配を表す象徴的な言葉としてもふさわしいかもしれない[59]。つまり，フィリピンには，アングロ・サクソン法の精神に基づく「インディアス法」が適用されたのである。その内容を要約すれば，以下のとおりである[60]。

① 地方政府は，町村から州へと小単位から大単位へという順序で組織され，町村には最大限の地方自治が許容される。
② 中央行政を軍政から民政に移管する条件が整えば，委員会は，中央政府の組織形態にについて助言を付して，その旨陸軍長官に報告する。
③ 1900年9月1日をもって，軍政府の立法権は，委員会に委譲される。
④ 委員会は，官吏の任命権を有する。
⑤ 委員会による支配が確立するまでは，軍政府が最高統治権を有する。
⑥ 政府間の権限の配分については，町村政府が行使できるものは，町村政府の権能とし，より一般的な権能は，州政府に属する[61]。
⑦ 地方事務を行う官吏は，すべて住民の選挙による。
⑧ 文官の採用は，その能力によるものとし，すべての官吏は，合衆国に無条件の忠誠を誓う。
⑨ 委員会は，フィリピン人の幸福・平和・繁栄のために統治する。
⑩ 合衆国の政治的原理は，フィリピン人の慣習に反していても，施行さ

れる。
⑪　土地制度の調査を行う。
⑫　教育の普及については，共通語としての英語が重視される。

マッキンリー大統領の指示は，特に権利章典に触れる内容をともなっており，全政府の部門に課される「不可侵の準則」として，次のように宣言していた。

「何人も法の適正な手続きなしに，生命，自由または財産を奪われない。私有財産は，正当な補償なしに公共の用に供するために奪うことはできない。すべての刑事訴追において，被告人は，迅速な公開裁判の権利，告訴の性質と理由を告知される権利，不利な証人と対面する権利，自己のために証人を強制的に喚問する権利および自己の弁護人の助力を得る権利を享受しなければならない。高額すぎる保釈金が求められても，高額すぎる罰金も科されてはならず，残虐で異常な刑罰も科されてはならない。何人も同一の罪で二重の危険にさらされてはならず，いかなる刑事事件においても自己の罪の証人になるよう強制されてはならない。不合理な捜索・押収から保護される権利は，侵されてならない。犯罪に対する処罰を除いて，奴隷制も意に反する苦役も，あってはならない。私権剥奪法も事後法も，制定してはならない。言論・出版の自由または平和的に集会し，損害の回復を求めて請願する人民の権利を制約するいかなる法律も制定してはならない。国教に関するか，または自由な宗教活動を禁ずるいかなる法律も制定してはならない。そして，差別され，または優遇されずに，自由な信教と礼拝の行いと享受は，永久に認められる」と[62]。この内容は，合衆国憲法の「権利章典」そのものである。さらに，財産権については，「合衆国がフィリピン諸島におけるすべての財産権の保護と，適正手続なしに私有財産を奪うことはないというわれわれ自身の統治原則を誓っているパリ条約の規定は，侵されることはない」として，私有財産の保障を念押ししている[63]。

したがって，マッキンリー大統領のこの文書は，合衆国の統治組織の根底をなす統治の大原則，すなわち法の支配と個人の自由の尊重を中心とする精神を「フィリピン統治のあらゆる機構上に具現すべき」ことを命じた上で，町村行政機関の設置についての基本原則を説いている[64]。さらに，初等教育

の拡大が重要であることを認め,「諸島の人々に英語の使用ができる機会」を提供すべきであるとしている[65]。法制度については,「人民の権利と義務を規定する主要法典は,できる限り手をつけずに維持すべきである」と主張しながらも,「主に手続法と,刑法を改正して,迅速で公平な裁判を確保すると同時に,個人の権利を尊重する実効的な裁判を確保する」ことが説かれている[66]。実際に,民事訴訟法は,1901年8月7日の命令として制定され,刑法典,刑事訴訟法典,民法典についても改正の準備が命じられた[67]。

ただし,マッキンリー大統領は,諸島の未開部族については,別途の取扱いを認める。すなわち,「連邦議会が北アメリカの部族にその部族組織と政府を維持することを認め,今ではこの部族組織と政府の下で,自分たちが順応する気のない文明に囲まれつつ,平和的に封じ込められて生きているという同じコースを採用すべきである。しかしながら,こうした部族は,賢明で厳格な規制に服さなければならない」と[68]。

タフト委員会は,この「指示」を具体化し,実行する任務を担ったのであるが,その主要な目的は,フィリピン人に「人民の自己統治(popular self-government)」の準備を整えさせることであった。委員会は,1913年までこの計画にそって活動することになる[69]。しかし,むろん「人民の自己統治」は,独立を意味するものではない。合衆国がフィリピン諸島の主権を保持することによって,合衆国軍が侵略からフィリピンを守ることとなり,国内も安定し,有利な税率も設定できるから,独立よりも利点があることをフィリピン人も納得するだろうというのがその理由であった。そして,タフトは,フィリピン人が自己統治能力を示すことができるまでの間,合衆国がフィリピン諸島を領有すべきだというのである[70]。

フィリピン委員会の自己統治計画は,①フィリピン人に統治技術の習得を促し,つまり「政治教育」が必要であるが,地方政府については,合衆国の監督の下で一定の自治を認めること,②教育をフィリピン人の性格を是正する特効薬と考え,公教育,特に初等教育を重視し,③鉄道,港湾施設,道路の建設,換金作物の合衆国市場への開放,アメリカ資本のフィリピン経済への注入等によって,フィリピン諸島の経済発展を図ることという3要素からなっていた[71]。これらの政策は,ヨーロッパ諸国の帝国主義政策を引き写し

たものでなく，合衆国の自治，大衆教育，経済発展の経験に基づくものであって，フィリピンの政策も，合衆国の写し絵であった[72]。その結果，合衆国は，植民地主義政策によってエリート層を急速にアメリカ化していった。つまり，「米国は，植民地政策の仲介者としてフィリピン人エリート層を利用したという点では，スペインと同じだった。だがスペインとちがって米国は，より広範な民衆を教育課程に動員することで，影響力の基礎を拡大した。スペインの場合，意識を統制する主要な道具は宗教だったが，今やこれは教育に道を譲った。アメリカ人は，教育という道具でフィリピン人の心を改造したのである」[73]。こうして，合衆国の武力による反乱と抵抗の抑圧と同時に，エリート層が合衆国の恩恵的同化政策を支持し，フィリピンの民衆は，合衆国の統治を受け入れていった。

第4節　フィリピン組織法

1　組織法と権利章典

　タフト委員会は，統治機関として1900年9月1日に任務を開始したが，民政が完全に確立されたのは，1901年6月4日になってからである。1902年7月1日には，合衆国議会は，フィリピン法（Philippine Bill）[74]を可決した。しかしながら，「合衆国とスペインとの間の平和条約の規定に従って，スペイン国王に忠誠を誓う」者を除いて，フィリピン諸島の住民は，「フィリピン島嶼市民である」（4節）と規定されたが，フィリピン人は合衆国市民であるか否かの問題はほとんど議論されなかった。論争を呼んだのは，アメリカ軍のフィリピン人対する残虐な行為であった[75]。皮肉なことに，アーサー・マッカーサー（Arthur MacArthur）将軍は，キューバでの独立戦争でスペイン軍が採用した収容所政策をフィリピンで採用したこともその一因であった[76]。

　1902年の法律は，①フィリピン諸島での反乱の停止，②国勢調査の完成と公表，③国勢調査の発表後，2年間の平和と合衆国当局の承認に基づいて，フィリピン議会の設置を約束している。フィリピン議会が開かれた後に

は，立法権は，フィリピン委員会（上院）およびフィリピン議会（下院）によって組織される二院制立法府に付与され，両院は，フィリピン諸島を合衆国議会で代表するために，合衆国に送る代議員を2名選出すると定める[77]。フィリピン組織法（「自治法」と訳される場合もある）は，市民権，権利宣言，天然資源と貴重な金属の保護，政府による土地収用，公共施設の改良および貨幣に関する規定等を掲げる。この制定法は，その5節に「権利章典」を規定するが，その内容は，1900年4月7日の大統領の指示と基本的に同じである（したがって，合衆国憲法の「権利章典」ともほぼ同じである）[78]。

2 権利章典と農地改革

1901年1月24日の「タフト委員会報告」は，フィリピンの土地問題に言及し，「公有地は調査されたことがなく，フィリピン人が所有権を手に入れることができるような適切な手段もなく，20万から40万人の住民がホームステッド法または入植法を待ちながらこうした土地に無断居住者として暮らしており，こうした法があれば自ら耕作する農地またはその他の農地の所有者になれるかもしれない」と指摘している[79]。土地問題の根幹には，カトリック教団と一部地主への農地の集中によって，小作人制度がルソン島を中心に拡大していたことにあった[80]。したがって，「権利章典」の中でも，政教分離原則をカトリック教徒が多数を占めるフィリピンに適用することは，社会改革の一面を伴っていた。

1903年の「フィリピン委員会の陸軍長官への年次報告書」では，「パリ条約の交渉にあたった講和使節団は，フィリピン諸島を平和にし，フィリピン人がアメリカ政府に融和させる最も重要な手段の一つは，フィリピン諸島のいわゆる修道士の土地を政府が買い取り，その土地を長期でゆるやかな条件の支払いで小作人に売却することだと確信するに至った」と説明している[81]。さらに，「修道士の土地の購入，その収益の分配，その大部分のフィリピン教会へのための充用，フィリピンでのアメリカの序階制度の確立およびスペイン人修道士の漸進的退去によって，われわれが切望していたことが――フィリピン諸島のローマ・カトリック教会のアメリカ化がもたらされるだろう」と述べている[82]。むろん，このアメリカ化は，宗教的圧迫を伴うべき

ではなく,「フィリピン諸島では,究極の宗教的自由が享受されなければならず,ローマ・カトリックであろうと,フィリピン・カトリックであろうと,あるいはプロテスタントであろうと,何人も自ら選んだ神を崇拝することを妨げられない。ある教団が他の教団に干渉を加える例は比較的希であるが,いかなる場合でも,政府は,侵害者を罰し,混乱の再発を防ぐようにしてきた」と説明している[83]。そこで,タフト委員会は,ローマ教皇との交渉の末,教団から農地を買い取るだけでなく,スペイン人の司教をアメリカ人司教と交代することに成功した[84]。しかしながら,このキリスト教諸派についての宗教の自由の享受に言及しているものの,イスラム教徒その他の宗教の自由については言及していない[85]。

フィリピン組織法は,土地の譲渡・売買に言及し,個人の土地所有を16ヘクタール,団体には1024ヘクタールに限定している[86]。さらに,①フィリピン政府は,宗教団体等の所有地を購入する権限を有し,また土地購入費に充用する目的で公債を発行できる(62節ないし64節)。②政府が買収した土地は,すべて「公共財産」の一部となり,民間への賃貸(最長3カ年)・売却の際には,15節の面積制限が適用される(65節)。③買収された土地の居住者・占有者は,政府から土地を購入または賃借する優先権を有する(65節)[87]。さらに,1904年4月,連邦議会は,「修道士土地法」を制定した。その内容は,「かつて修道会から効率地代を徴収された小作農への土地払い下げをその基本内容としている」[88]。

3 合衆国の統治

1902年7月4日,セオドア・ローズヴェルト(Theodore Roosevelt)大統領は,フィリピンと合衆国の戦争は終結したと公式に宣言した。しかしながら,1902年の自治法は,フィリピンでの反乱が収束したから定められたのではなく,むしろ,合衆国連邦議会の立法を通じて,フィリピンの統治機関に権限と正当性を与えようとするものであった。1903年には,人口調査(センサス)が行われ,国民議会に代表者を送るための基礎データを提供するだけでなく,それは人種に基づく文明化の基準を定めるものでもあった[89]。

1902年の組織法が人口調査の2年後に議会選挙を実施すると明記していたように，合衆国政府は，フィリピンに地方官職から段階的に自治を導入していった。導入された選挙制度の最大の受益者は，合衆国との戦争で敵対したはずの地方エリートであった[90]。地方エリートは，権力機構の構成要素として引き続き経済的・政治的支配を認められたため，アメリカの統治は，フィリピン人支配層に急速に受け入れられていった。その結果，フィリピン人は，アメリカ人の見るところ「好ましい人種（a fovored race）」となったのである[91]。1907年7月30日に実施された総選挙において，フィリピンの即時独立を主張する国民党（the Nacionalista Party）と最終的には独立すべきであると主張した国民進歩党（the Partido Nacional Progresista）（連邦党から党名変更した）とが勝利し，二大政党が出現した。しかし，アメリカ人委員が多数を占めるフィリピン委員会がフィリピン人からなる議会とともに立法権を行使し，さらに，執行権をも有していたのであるから，フィリピン委員会自体もフィリピン人が多数派にならないのであれば，フィリピン議会は，せいぜいのところ諮問機関にすぎなかったのである[92]。

　民主党のウッドロー・ウィルソン（Woodrow Wilson）が大統領に選出されると，フィリピン総督にフランシス・バートン・ハリスン（Francis Burton Harrison）が任命された。ハリスンは，フィリピン統治の改革に着手し，フィリピン委員会の大半をフィリピン人とすることを布告した。そして，1916年8月29日，アメリカ合衆国議会は，新たな組織法であるいわゆるジョーンズ法（Jones Act）を可決した[93]。ジョーンズ法は，立法目的を三つ挙げ，次のように説明している。

① スペインとの戦争開始にあたって，この戦争を征服戦争あるいは領土拡張戦争とすることは，決して合衆国人民の意志ではなかった。
② 今までのとおり，合衆国人民の目的は，フィリピン諸島に対するその主権を撤回してもフィリピン諸島に安定した統治が確立できるなら，直ちにその独立を認めることである。
③ この目的を迅速に達成するためには，国内事務の支配権を最大限フィリピン人民の手にゆだねことが望ましい。ただし，フィリピン人民が責任を完全に引き受け，完全な独立による特権を享受するようさらに準備

が整えられるように，その間，合衆国人民が主権上の諸権利を行使することを妨げない。

ジョーンズ法にもとづいて，上院が設置され，二院制議会が設置された[94]。執行権は，総督が有し，総督は，合衆国大統領が任命する点は，1902年法とことならない[95]。ただし，統治組織は再編され，議会が立法権を有するものとされた。しかし，一方では，「フィリピン人が責任内閣制と，カナダの如く総督を単に形式的な存在にとどめる統治形態を欲していたことは疑いを容れない」とハリソン総督自身も認めつつも，他方では，ジョーンズ法は総督の権限も強化した。

1916年のジョーンズ法の「権利章典」は，その文言と順序も，1902年の組織法とほぼ同じであり，唯一明確な違いは，公金支出禁止規定が政教分離原則の後に挿入されたことである[96]。両者の「権利章典」が基本的に同一であるということは，アメリカの主権の保持を正当化する不可欠の要素であったからである。

第5節　1935年憲法

1　独立と憲法制定

合衆国での政権交代にともない1921年5月5日，ハリソン総督は，フィリピン総督を辞任した。ウィルソン大統領の下でのハリソン総督は，自治を拡大し，フィリピンがアメリカの自由な市場から切り離されても自立できるような経済政策を推進した。しかし，共和党のウォーレン・ハーディング（Warren G. Harding）が大統領に当選すると，1921年10月5日，レナード・ウッド（Leonard Wood）将軍がフィリピン総督に任命された。ウッド将軍の政策は，ハリソン総督のものとは正反対であった。しかし，フィリピン人から見れば，本国の政権交代でフィリピンの政策が大きく変化するのは理解しがたかった。フィリピン人は，高圧的なウッド総督の執行府に対抗する拠点としてフィリピン人代表からなる議会を支持した。ジョーンズ法には，「総督は，別途規定されていない限り，フィリピン上院の助言と承認を得て，総

督が現在指名できるか，またはこの法律によって任命できるか，もしくは今後任命できるようになる官吏を任命しなければならない」(20節)と規定しているので，この文言は，諮問会議（Council of State）という一種の内閣を設けていると解釈できた。上院は，次第にこの規定によって任命手続きを主導するようになり（上院が準備した三倍名簿（ternas）から総督が選ぶようにし向けて），実質的に内閣を選ぶようになった。さらに，諮問会議には，上院議長と下院議長も含まれることになっていたから，とうぜん，このことは，総督の内閣が総督から独立を志向することを意味した。こうして，諮問会議と総督とが衝突することになった[97]。

また，フィリピン議会が設けた総督，上院議長および下院議長によって組織される「統制委員会（the Board of Control）」の権限も問題となった。この委員会は，様々な国営企業を支配しており，ウッド総督はこれを廃止し，その代わりに「理事会（Boards of Directors）」を設け，上院議長と下院議長の選んだ理事を排除しようとして，フィリピン最高裁判所に「権限開示令状（quo warranto）」を請求した。フィリピン最高裁判所は，総督の立場を支持する判決を言い渡した[98]。判決は，合衆国連邦最高裁判所に上訴され，最高裁判所は，次のような判決を言い渡した[99]。

「組織法は，州と連邦双方の憲法で定められた準則に従って，統治を三つの部門—立法，執行および司法—に分けている。アメリカ州憲法の中には，何らかのかたちで，立法権，執行権および司法権は，永久に分割され，互いに区別されなければならないと明記するものもある。合衆国憲法もそうであるが，このような規定を含まない憲法もある。しかし，分立は，すべてに暗示的に存する。……そして，三権分立とその結果としての三権の排他的性質は，一単に統治機構の問題であるだけでなく—その根本であり欠くことができない」と。

要するに，ウッドは，総督の行政各部局を全般的に監督・指揮する権限がジョーンズ法により与えられているのであるから，フィリピン立法府の法律によってこの権限を制限できないと主張し，フィリピン議会の影響力を抑えて総督の権限を実質的に強化しようとしたのである[100]。しかし，ウッドは，1927年病死し，その後任がヘンリー・スティムソンであった。スティムソ

ンは,ウッドのような露骨な人種的偏見を示さなかったが[101],ウッドの政策を基本的に受け継ぎながらも,マヌエル・ケソンやロハスなどのフィリピン支配者層との良好な関係を築いていった。スティムソンの政策は,フィリピン独立には端的に反対しつつ,ジョーンズ法の下で政府の責任ある行動を促し,フィリピン人による漸進的な自己統治を確立しようとするものであった[102]。しかし,スティムソンの任期は短く,1929年5月にはフーヴァー大統領の国務大臣に就任するために合衆国に帰国した。

それでも,フィリピン人の独立の願いは,衰えることはなかった。1934年,合衆国連邦議会は,第73連邦議会公法127号を制定し,これは,一般に「タイディングズ=マクダフィー法(the Tydings-McDuffie)」と呼ばれている。この法律は,フィリピン人民が自ら憲法を制定することを認め,憲法制定の10年後に,フィリピンの独立を約束していた。ただし,憲法制定権に一定の枠を設け,新憲法は共和政体であって,「権利章典」を掲げることを求めていた[103]。新憲法は,1935年5月14日,国民投票に付され,圧倒的な支持を得て成立した。

1935年憲法は,フィリピンの組織法,特に1916年のジョーンズ法に大きく依拠しており,アメリカの憲法思想の影響を受けている。しかしながら,その他にも,マロロス憲法,ドイツ憲法,スペイン共和国憲法,メキシコ憲法,イギリスの不文憲法などが,1935年憲法の草案作成の際に参照されたと指摘されている[104]。

2 1935年憲法の基本原理

フィリピンの1935年憲法の基本原理は,次のように指摘されている[105]。
① 人民主権——主権は人民に存し,すべての統治権力は,人民に由来する[106]。
② 強力な政府——政府は,生命,自由および財産に対する基本的権利を理由として一定の制約を受けるものの,権力を包括的に付与されている。また,この基本的権利も,一定の場合には国家の維持という上位の利益に服する(そのような場合としては,国防の義務,公用収用,農地改革,教育施設の監督,労使関係などが挙げられる)[107]。

③ 権力分立──アメリカ合衆国の誕生以来，三権分立は基本的な統治原理であって，フィリピンの憲法制定議会も，この原理を継承した[108]。

④ 司法権の独立──憲法とその保障するすべての権利を保護し，廉直で公平な裁判をするためには，司法権の独立が必要である[109]。

⑤ 強力な執行権──法案に対する拒否権（6条20節1項）や緊急事態におけるヘイビアス・コーパスの停止（7条10節2項）など強力な大統領の執行権を認めている（一方で「弾劾制度」（9条1節）も規定されている）[110]。

⑥ 天然資源の国有化と公共利用──これは，強力な国民感情の発露であるとされる[111]。

⑦ 公共の奉仕精神──上院議員・下院議員は，在職中兼職を禁じられ（6条16節），その報酬の増額も任期中は認められず（同条14節），間接・直接に政府との契約に係わってはならない（同条17節）[112]。

⑧ 国民の連帯──国旗を規定し（14条1節），国語に関する規定を置いている[113]。

⑨ 個人的・集団的社会福祉の促進──個々人の権利を保障すると同時に，公共の福祉を増進するとも謳っている（憲法前文）。「権利章典」中の権利にも，法律の制限を認めるものがある[114]。

⑩ 社会正義──「すべての人民の福利と経済的安心を保障するために社会正義（social justice）を促進することは，国家の関心事なでなければならない」（2条5節）と定め，「社会正義」の促進を国家の責務としている[115]。

⑪ 法の支配──司法制度だけでなく[116]，公務員の憲法擁護義務を定める[117]。法令審査権については，「条約または法律の合憲性にかかわるすべての事件は，最高裁判所大法廷が審理し，判決を言い渡さなければならず，いかなる条約または法律も，最高裁判所全員の3分の2の意見が一致しなければ，違憲であると宣言することはできない」（10条10節）と定める。

⑫ 多数決原理──民主主義のとうぜんの帰結としての原則であるが，少数意見を踏みにじるものであってはならない[118]。

以上の特徴に加えて，⑩の規定が置かれている2条の「諸原理の宣言（declaration of Principles）」には，特に日本国憲法の9条との関係で興味深い規定が見られる。その1節では，共和制と人民主権を謳い，2節では，「国家の防衛が政府の第一の義務であって，この義務を履行するには，すべての市民が法律によって個人の軍務または市民としての役務を果たすよう求められる」と規定すると同時に，3節では「フィリピンは，国策の手段としての戦争を放棄し，一般的に受け入れられている国際法原理を国法の一部として取り入れる」と宣言しているからである[119]。そこで，日本国憲法9条の「戦争放棄条項」は，フィリピンの1935年憲法を参照したのではないかと指摘されている[120]。つまり，「マッカーサーがGHQ草案をつくるに際し，このフィリピンの1935年憲法が頭にあったであろうことは十分考えられる」のである[121]。

3　統治機構と権利章典

立法権については，「立法権は，フィリピン議会（Congress of the Philippines）[122]に付与され，この議会は，上院と下院によって構成されるものとする」（6条1節）と定め，民選による（同条2節および5節）。「執行権は，フィリピン大統領に付与される」（7条1節）として，大統領は，人民の直接投票によって選ばれ，その任期は4年である（同条2節）。これらは，いずれも合衆国憲法に見られる規定であるが，ヘイビアス・コーパスについては，合衆国憲法は，連邦議会の立法権を制約する法理として定める。しかし，「反乱または侵略に際し公共の安全にもとづく必要の有る場合」を決定するのは，大統領である。1935年憲法は，「大統領，副大統領，最高裁判所長官および会計検査院長官は，憲法，叛逆罪，収賄罪その他の重罪に有罪について弾劾され，その職を免ぜられる」と定め，合衆国憲法2条4節とほぼ同じである。ただし，選挙権については，識字能力による制限を設けており，普通選挙制度はとられていない[123]。

司法制度の特徴を挙げれば，次のとおりである[124]。

① 最高裁判所は，憲法に明記された憲法上の裁判所であるから，法律によって廃止できない（8条1節「司法権は，最高裁判所および法律の定める

ところに従って下級裁判所に付与される」)。
② 他の裁判所は，法律によって設置されるから，立法機関は，これを廃止できる（8条2節）。
③ すべての裁判官は，任命委員会の同意を得て，大統領が任命する（8条5節）。
④ 裁判官は，70歳まで，あるいは任務を遂行できなくなるまで，品行方正であるかぎり罷免されない（8条9節）。
⑤ 裁判権は，法律に定められたところに従って行使されるが，憲法が最高裁判所に付与した権能は法律によって制限されない（8条2節）。
⑥ 裁判所は独立し，他の機関は司法権を行使できない（8条7節および9節）。

「下級裁判所」とは，治安裁判所判事（justices of the peace courts）（ただし，一部の都市では市町村裁判所（municipal courts）が設置されている），第一審裁判所（courts of first instance），控訴裁判所（Court of Appeals）である[125]。

1935年憲法の「権利章典」は，ジョーンズ法のものと基本的に同じであるが，居住移転の自由（3条4節），通信の秘密（同条5節），裁判を受ける権利が新たに明記されている（同条20節）。公金支出禁止条項は，文言は同一であるが，「権利章典」から6章「立法部門」に移された（同条23節3項）。ただし，「宗教，慈善または教育目的に限り」不動産については，課税されないと規定された（同条22条3項）。

憲法改正手続きには，国民投票が導入された[126]。そして，前述の二院制議会，大統領の再選と4年の任期，選挙委員会は[127]，1939年の憲法改正によって導入された。

しかしながら，フィリピンに独立を認める合衆国のタイディングズ＝マクダフィー法によって，1935年憲法には，その17条（改正によって18条となる）にアメリカ人の権利を認め，合衆国への義務を規定する一連の条文が付記されている。すなわち，「タイディングズ＝マクダフィー法によって，以下のようにフィリピンの独立宣言により事実上効力を停止する，最初の憲法に含まれるべき憲法付記の命令」として，その1節に「前記の憲法の規定にもかかわらず，フィリピンに対する合衆国の主権が最終的に完全に撤回され

るまでは,次のとおりとする」と規定して,20箇条に亙る条文を付記している[128]。したがって,これらの条文の多くが1916年のジョーンズ法の規定を引き継いでおり,1935年憲法は,フィリピンの自己統治の試運転期間を表す憲法といえる。しかしながら,合衆国憲法にならった三権分離制度や「権利章典」に加えて,天然資源の国有,社会正義の強調,平和主義という諸原理は,当時の西欧とラテン・アメリカの憲法思想を積極的に取り入れようとする姿勢もうかがわれる。

1) タガログ語で「人民の子らの最も尊敬すべき至高の協会」という団体の略称である。鈴木静夫『物語フィリピンの歴史』(中公新書,1997年),102頁。および池端雪浦『フィリピン革命とカトリシズム』(頸草書房,1987年) 100頁。しかし,ボニファシオは,革命政府の転覆を謀ったとして,銃殺刑に処せられた。
2) MILLER, Stuart Creighton, *"Benevolent Assimilation": The American Conquest of the Philippines, 1899-1903,* Yale University Press, New Haven, 1982, p. 33.
3) 同前・池端,112〜3頁。レイナルド・C・イレート/清水 展・永野善子監修/川田牧人・宮脇聡史・高野邦夫訳『キリスト受難詩と革命・1840年〜1910年のフィリピン民衆運動』(法政大学出版局,2005年),136〜44頁。
4) ボニファシオは,タガログ語で語りかけたが,この場合は,タガログ人というのは,フィリピン諸島すべての住民を意味している。KRAMER, Paul A., *The Blood of Government: Race, Empire, the United States, and the Philippines,* The University of North Carolina Press, Chapel Hill, 2006, p. 78.
5) HUTCHINSON, John, "Cultural Nationalism and Moral Regeneration," HUTCHINSON, John, & SMITH, Anthony D., *Nationalism,* Oxford Univesity Press, New York, 1994, p. 124.
6) 池端雪浦「フィリピン革命―ビサヤの視点から」『東南アジア史7―植民地抵抗運動とナショナリズムの展開』(岩波書店,2002年),121頁。
7) ARUEGO, Jose M., *Philippine Government in Action,* University Publishing Company, Manila, 1953, p. 59.
8) AGONCILLO, Teodoro A., "Malolos: The Crisis of the Republic," *Philippine Social Sciences and Humanities Review,* V. XXV, 1960, Num. 1-4, p. 18. 同書掲載の原文は,スペイン語であるが,正文にはタガログ語版もある (*Ibid.,* pp. 743-9.)。
9) *Ibid.,* p. 19-20.
10) *Ibid.,* pp. 65-6.
11) *Ibid.,* p. 218.
12) AGONCILLO, Felipe, *Memorials from Señor Felipe AGONCILLO and Constitution of the Provisional Philippine Government (1899),* (reprint), Kissinger Publishing, 2010, pp. 15-9.

13) AGONCILLO, "Malolos: The Crisis of the Republic," *cit.*, p. 296.
14) コンラド・ベニテス／東亜研究所訳『比律賓史―政治・経済・社会史的研究―下巻』（岩波書店，1945 年）225〜6 頁。ベニテスのフィリピン史は，「革命の物語を規定してきた『進歩』・『啓蒙主義』・『歴史』の言説」であると指摘されている。レイナルド・C・イレート，ビセンテ・L・ラファエルおよびフロロ・C・キャプテェン／永野善子編訳『フィリピン歴史研究と植民地言説』（めこん，2004 年）27 頁。
15) 池端・前出注（1），196 頁。
16) ELIXALDE PÉREZ-GRUESO, María Dolores, *Repensar Filipinas: Política, Identidad y Religión en la construcción de la nación filipina,* Edicions Bellaterra, Barcelona, 2009, p. 188.
17) *Ibid.,* p. 189.
18) *Ibid.,* p. 190.
19) *Ibid.,* p. 191. ただし，革命が自然権を解体し，内乱によって永続的暴力状態を誘発する危険も存在することを警告している。人民主権思想は，革命が人民主権を支える限りにおいて，革命を支えるというのである（*Ibid.,* p. 194.）。
20) MOLINA, Antonio M., *América en Filipinas,* Mapfre, Madrid, 1992, pp. 158-9; KRAMER, *op. cit.,* pp. 134-5.
21) MOLINA, *op. cit.,* pp. 159-60.
22) このようなマビーニの法思想は，1900 年 1 月 15 日付けのマッキンリー合衆国大統領に宛てた書簡にも見られる。マビーニはいう。パリ条約では，合衆国は，侵略者や征服者としてではなく，友人としてフィリピン人の権利を守るためにやってきたことになっていると。しかし，「あらゆる人間の法に先立って，万人に固有の権利が問題になっているのではなかろうか。フィリピン人にしたこと，また今の行動をご覧いただきたい。その行動を合衆国独立宣言に謳われた原則と比べていただきたい。冷静に見れば，アメリカ人自身がフィリピン人の心に不信感をかき立てていることが分かるだろう。一方，アメリカ人が征服者としてやってきたのではないと言っているのは，強国がこの実力支配を征服の権利と命名することは普通のことであるから，パリ条約とフィリピン諸島におけるアメリカの主権は，フィリピン人が自発的に承認しない限りは，実力に依拠していると暗に告白しているのである」と。MABINI, Apolinario, "El mensaje del presidente Mc-Kinkey," *Al pueblo y Congreso norteamericano,* Linkgua Ediciones, Barcelona, 2007, p. 24.
23) 136 名の代憲法制定議会議員のうち 43 名が弁護士であった。MILLER, *op. cit.,* p. 39.
24) *Ibid.* 19 世紀初めのラテン・アメリカ諸国の独立運動においても，クリオーリョ（criollos＝植民地生まれのスペイン人）は，多様な人種・民族からなる農業経済社会からいかにして国民国家を創設するかという課題に直面した。その際，中央集権か分権かという問題が重要な議論の焦点となった。
25) レナト・コンスタンティーノ／鶴見良行監訳『フィリピン・ナショナリズム論〔下〕』（井村文化事業社，1977 年），204 頁。
26) 蝋山政道「第二編政治」比島調査委員会編『極秘比島調査報告書〔復刻版〕』（龍渓書舎，1993 年）41 頁。「本編は，当時の日本における学問弾圧の現実を考えれば，

むしろ意外なまでに客観的な分析態度を貫いている」と評価されている（同前・中野聡「『比島調査報告書』第一分冊解説」，10頁。）。
27) CELDRAN RUANO, Julia, "Fuentes españolas de la primera constitución filipina," *Revista de Estudios Políticos (nueva Época)*, Núm. 72. Abril-Junio 1991, p. 206. （マロロス憲法とスペインの1869年憲法については，この論文に付されている両憲法典を参照した）。具体的には，フランスの1875年憲法，ベルギーの1831年憲法，1881年のブラジル合衆国憲法，1871年のコスタリカ憲法，1879年のグアテマラ共和国憲法，1857年のメキシコ合衆国憲法，1860年のアルゼンチン共和国憲法，1870年のパラグアイ共和国憲法，1787年のアメリカ合衆国憲法に影響を受けているのではないかと推測されている。
28) *Ibid.*, p. 208.
29) 前文は，次のように謳っている。「万能なる神，父，息子および精霊，すなわち社会の創造者にして至高の立法者の名において」と。拙訳「〔仮訳〕カディス憲法」『駿河台法学』第5巻第1号（1991年）89頁。
30) VEGA B, Wenceslao, *La Consitución de Cádiz y Santo Domingo*, Fundación García Arévalo, Santo Domingo, 2008, p. 126.
31) 33条1項「立法権は，これを国民代表者議会（una Asamblea de Representantes de la Nación）が行使する」および同条2項「この議会は，そのために制定される法律の形式と条件で組織されものとする」。この条文は，フランスの1875年2月25日憲法の規定と同じである。ただし，フランス憲法では，議会は二院制であり，普通選挙制度を採っている。CELDRAN RUANO, *op. cit.*, p. 219.
32) 56条「執行権は，共和国大統領（el presidente de la República）に存し，大統領は，各省長官によってこれを行使する」。
33) 58条1項「共和国大統領は，議会および特別に集会する憲法制定会議の絶対多数によって選出されるものとする」および同条2項「大統領の任期は，4年とし，再選も可能である」。この規定も，フランスの1875年2月25日の憲法の法律の規定と同じである。ただし，フランスでは二院制であって，任期が7年である点はことなる。
34) 池端・前出注（1），204頁。
35) 5条「国民は，国教である使徒的・ローマ・カトリック教の礼拝と神父を護り，他のいずれの礼拝の費用として予算を支出してはらない」。／ 6条「他のいずれの礼拝も，道徳と善良な慣習に反せず，国の安全を損なわない限り，私的に実施できる」。／ 7条「市民的・政治的権利の取得と行使のみならず，共和国の義務の履行と公職の遂行は，フィリピン人の宗教に影響されてはならない」。AGONCILLO, "Malolos: The Crisis of the Republic," *cit.*, p. 298.
36) *Ibid.*, p. 306. 池端・前出注（1），205～6頁。マロロス憲法100条は，次のように規定する。「第3編第5条の執行は，憲法制定会議の集会まで，停止される」（同条1項）。
37) カルデロンは，執行権を支持する「無知な大衆」を恐れていたと指摘されている。*Ibid.*, p. 308.

38) 44条「議会には,その布告もしくは常設委員会の布告によって,両者の休会中は共和国大統領の布告によって,検事総長または内閣の提案に基づいて,共和国大統領および大臣,最高裁判所長官ならびに検事総長が犯した罪を裁判するために,裁判所を組織できるものとする」。この条文は,フランスの1875年の憲法的法律12条を参照している。

39) 20条「いずれのフィリピン人も,次の権利を奪われることはない。
    1 印刷その他類似の方法を用いて,口頭であるか文書であるかを問わず,その思想・意見を自由に表明する権利／ 2 公共道徳に反しない人間生活のあらゆる目的のための結社の権利／ 3 公権力および当局に個人的または集団的に請願を提出する権利
請願権は,いかなる種類であれ武力を用いて行使することはできない」。

40) 8条「すべて逮捕された者は,逮捕行為の後24時間以内に自由の身とされるか,司法機関に引き渡される。逮捕は,すべて逮捕された者が権限ある裁判権に引き渡されて72時間以内に,効力を失うか,または投獄される。言い渡される決定は,同じ時間内に関係者に告知される」。この規定は,スペインの1869年憲法3条と同じであり,また,1901年のキューバ憲法16条および17条ともほぼ同じである。*Todas las constituciones cubanas*, Inkgua, Barcelona, 2006, pp. 59-91.

41) 9条「いずれのフィリピン人も権限ある裁判官の令状によらなければ,拘禁できない。／ 令状を発する決定は,被疑者の言い分を聞いて,拘禁行為の後72時間以内に承認されるか,返却される」。この規定も,スペインの1869年憲法4条と同じであり(「フィリピン人」ではなく「スペイン人」という語が用いられている点のみがことなる),また,1901年のキューバ憲法18条ともほぼ同じである。

42) 14条「いずれのフィリピン人も,法律の規定するに手続きによらなければ,犯罪以前の法律によって,審理する権限を有する裁判官または裁判所によって,裁判に付し,判決を言い渡すことができない」。この規定も,スペインの1869年憲法11条と同じであり,1901年のキューバ憲法18条ともほぼ同じである。

43) スペインの1869年憲法24条は,「すべてのスペイン人は,衛生と良俗による権限を有する機関の監視を除いて,事前の許可なしに,設けられる規定に従って,訓練または教育制度を設立し,維持できる」と規定する。義務教育の無償の規定は,アメリカとヨーロッパ両大陸の多くの憲法規定と同じであって,特に,グアテマラとコスタリカの憲法に類似していると指摘されている。CELDRAN RUANO, *op. cit.*, p. 216.

44) しかし,スペインの行政訴訟は,フランス法の影響を受けて徐々に発達し,1888年に行政裁判所が設けられるにいたった。GARCÍA DE ENTERRÍA, Eduardo y FERNÁNDEZ, Tomás-Ramón, *Curso de derecho administrativo*, Civitas Ediciones, Madrid, 9ª ed., 1999, p. 553.

45) ベニテス・前出注(14),238～40頁。

46) THOMPSON, Winfred Lee, *The Introduction of American Law in the Philippines and Puerto Rico 1898-1905*, The University Arkansas Press, Fayetteville, 1989, p. 21.

47) *Ibid.*, p. 52.

48) *Ibid.*, p. 54.
49) *Reports of the Philippines Commission, the Civil Governor and the Heads of the Executive Departments of the Civil Government of the Philippine Islands (1900-1903)*, Cornell University Library Digital Collections, Cornell University Library, Ithaca, 2004, p. 371.
50) *Ibid.*
51) *Ibid*; MILLER, *op. cit.*, 166.
52) 第14編「憲法遵守および制約ならびに言語」に91条および92条として規定されている。91条「共和国大統領，政府，議会およびすべてのフィリピン市民は，誠実に憲法を擁護しなければならず，立法権は，予算法を可決したならば，直ちに憲法が正しく遵守されているか否か，憲法の違背が是正されているか否かを調査し，違反者の責任を追求するのに適切な措置を定める」。92条1項「共和国大統領その他すべての国家公務員は，誓約しない限りその職を遂行することはできない」。
53) THOMPSON, *op. cit*, p. 53-4.
54) *Ibid.*, p. 14.
55) ベニテス・前出注（14），241頁。KRAMER, *op. cit.*, pp. 109-10.
56) THOMPSON, *op. cit.*, p. 20.
57) *Ibid.*, pp. 20-1.
58) コンラド・ベニテス／東亜研究所訳『比律賓史―政治・経済・社会史的研究―下巻』（岩波書店，1945年），244頁。
59) インディアス法とは，「カスティーリャ・スペインの支配する太平洋の列島を含むインディアス（新大陸）に適用された法体系」を意味し，カスティーリャ法（スペインにはアラゴン法もあった），普通法その他の法哲学的要素から形成されている法である。SÁNCEZ BELLA, Ismael, HERA, Alberto de la y DÍAZ REMENTERIA, Carlos, *Historia del derecho indiano*, Mapfre, Madrid, 1992, p. 85. インディアス法の最高機関は，インディアス会議（el Consejo de Indias）であって，国王とともにインディアス全域を統治した（*Ibid.*, pp. 82-3.）。
60) 蝋山・前出注（26），58〜9頁。
61) この文書は，フィリピンに地方政府を設け，合衆国の一定の監督のもとで自治権を与えるとしている。「地方政府では，フィリピン諸島の都市と地方共同体双方の住民は，できる限り十分に自身の地方の事務を処理する機会が与えられなければならない。そして，それは，住民の能力を入念に研究し，住民支配の事業を観察したところから法，秩序および忠誠の維持と一致することが明らかな最小限の監督と監視に服する」と。

地方政府間の権限配分については，合衆国の連邦と州との関係に倣うよう指示している。「委員会が組織する地方政府間で権限を配分する際には，より小さな分割が好ましいとされるべきである。その結果，地方政府が適切に行使できるすべての権限は，地方政府にゆだねられ，県政府が行使できるすべての権限は，県政府にゆだねられるべきであり，そして，この過程の結果として，統治制度においては，フィリピン諸島の中央政府は，州と合衆国連邦政府との間での権限配分の例に倣って，純粋に全

国的な関心事を除いて直接行政を行う必要はなく，地方公務員による誠実で効率的な行政を確保し，実行するために必要であるから，地方政府の監督と監視のみを行わなければならない」と。

地方政府の公務員は，住民の選挙によることと，その能力によって官職に就かせることを勧めている。「つまり，すべての場合において，人民の地方事務を処理する地方公務員は，住民が選任すべきであり，何らかのかたちでそれ以上の権限を有する公務員を選任するべき場合には，フィリピン諸島の住民が優先されるべきであり，公務員が有能であって義務を果たす意欲があるならば，他の誰よりも優先的に官職を得るべきである。当面は，アメリカ人が占める官職も必要であろうが，いずれはフィリピン諸島の住民がその官職を満たす方が適切である」と。

そして，委員会が定める統治形態と行政規定は，「フィリピン諸島の人民の幸福，平和および繁栄のために，計画されているのであって，その用いられる手段は，人民の習慣，慣習，さらには偏見とも一致し，公正で効率的な統治という不可欠な要件の達成と最大限合致するものでなければならない」として，統治の正当化の根拠を示している。ARUEGO, op. cit., pp. 27-8.; Reports of the Philippine Commission..., cit, pp. 7-8.

この内容は，一見すると「ヨーロッパ自治憲章」に見られるような「補完性原理」を示しているかのように解することもできるかもしれない。しかし，中央政府が未確立な状態で，分権的要素を強化することは，地方ボスの支配の容認と，国民意識の発達の阻害をもたらす可能性もある。

62) THOMPSON, op. cit., p. 62; Reports of the Philippines Commission..., cit., p. 9.
63) Reports of the Philippines Commission..., cit., p. 9.
64) ベニテス・前出注（14），244頁。
65) Reports of the Philippines Commission..., cit., p. 10.
66) Ibid.
67) Ibid., pp. 210-5; STANLEY, Peter W., A Nation in the Making: The Philippines and the United States, 1899-1921, Harvard University Press, Boston, 1974, pp. 90-1.
68) Reports of the Philippines Commission..., cit., p. 11.
69) MAY, Glenn Anthony, Social Engineering in the Philippines: The Aims, Execution, and Impact of American Colonial Policy 1900-1913, Greenwood, Westport, Connecticut, 1980, p. 14.
70) Ibid.
71) Ibid., p. 15.
72) Ibid., p. 17. その違いの原因については，次のような指摘がある。①ヨーロッパ諸国とことなり，合衆国は，フィリピン諸島，プエルトリコおよびグアムという比較的人口の小さな領土を占領したこと（人口の多い地域での自己統治の育成は，宗主国に対する反乱をもたらしかねず，その場合鎮圧が困難となる）。②合衆国は，スペインによる植民地を受け継いだので，西欧化された政治的エリートが既に存在していた。③ヨーロッパ諸国は，互いに競い合っており，広大なアジア・アフリカ地域を支配しても安定性を重視し，他国の介入を許すような状況を恐れ，大胆な社会改革計画を実

行するのが困難であった。④ヨーロッパ諸国は,植民地の経済発展よりは,自国の利益を追求した(*Ibid.*, p. 19.)。

73) コンスタンティーノ・前出注(25), 207～8頁。

74) 正式名称を「フィリピン諸島の文民政府事務処理その他の目的を一時的に規定する法律(An Act Temporarily to provide for the administration of the affairs of civil government in the Philippine Islands, and for other purposes.)」という。これは,合衆国連邦議会が制定する組織法(Organic Law)である。1902年7月1日議会制定法は,一般には1902年のフィリピン法として知られている。www.chanrobles.com/philippinebillof1902.htm; United States Bureau of Insular Affairs, *Acts of Congress and Treaties Pertaining to the Philippine Islands in Force and Effect July 1, 1919*, Washington, 1920, (Nabu Press, 2011), pp. 1～32.

75) THOMPSON, *op. cit.*, p. 130.

76) 「この政策は,地方経済を入念に除去することでゲリラの孤立化と飢餓をねらったものである。つまり,抵抗地域の農民は,本当に身の回りのものを除いてすべてを残したまま,決められた日までに兵士が守備する町に移動を命じられた。こうした『収容所』という監視され,柵で囲まれた地区の外側では,軍は,焦土作戦をとり,住居と米倉を焼き払い,家畜を殺すか,捕らえるかし,遭遇するすべての者を殺すこととなる」(KRAMER, *op. cit.*, pp. 152-3.)。この作戦は,バタンガス(Batangas―ルソンと南部) マリンドゥケ(Marinduque―ルソン島の南部に位置する島)諸島で実行された(MILLER, *op. cit*, p. 208.)。バタンガスでは,ベル准将(Brig. Gen. J. Franklin Bell)は,1900年12月6日,20以内に住民を移住させる地区を設けるように命じた。したがって,「クリスマスの翌日から,指定地域外は,敵地と見なされ,財産をすべて没収し,または破壊することができた。すべての男性は,逮捕され,逃げようとすれば,射殺されるものとされた」(LINN, Brian McAllister, *The Philippine War 1899-1902*, University Press of Kansas, Lawrence KS, 2000, pp. 302-3.)。

77) 7節「国勢調査が完了し公表されてから2年,合衆国の当局が認める全国的で完全な平和状態が,モロ族と他の非キリスト教徒が居住していないフィリピン諸島領土で継続し,その事実がフィリピン委員会から大統領に間違いないとされ,大統領もこれに満足するならば,大統領は,フィリピン諸島の前記領土の人民によるフィリピン議会(the Philippine Assembly)と呼ばれる人民議会代議員を選ぶ総選挙を開催するようフィリピン委員会に命ずるものとし,フィリピン委員会は,総選挙を開催しなければならない。フィリピン議会が集会し設置されたならば,モロ族と他の非キリスト教徒が居住していないフィリピン諸島領土でこれまでフィリピン委員会にゆだねられていたすべての立法権は,フィリピン委員会(The Philippine commission)とフィリピン議会という二院からなる立法府に付与されなければならない。……」。

78) 以下に1902年の組織法の「権利章典」の条文を引用する(ただし,原文には,番号は付されていない)。

　　① フィリピン諸島においては,法の適正な手続きなしに,生命,自由または財産を剥奪するか,または,フィリピン島の住民に法律の平等な保護を否定するい

かなる法律も、施行されない。
② すべての刑事手続きにおいて、被告人は、弁護人の扶助を受ける権利、起訴の性質と理由を知り、迅速で公開の裁判を受け、証人と対面し、被告人に有利な証人を強制的に召喚する手段を用いる権利を享受する。
③ 何人も、法律の適正な手続きなしに有罪であると見なされない。また、何人も、同じ犯罪によって再び罰せられる危険に置かれず、自らの証言によって有罪とされるよう強いられない。
④ 何人も、有罪とされる前であれば、十分な保証金によって保釈することができる。ただし、重罪の場合を除く。
⑤ 契約上の義務を害するいかなる法律も制定されない。
⑥ 何人も、負債によって投獄されない。
⑦ 「ヘイビアス・コーパス」手続きの特権は、反乱、蜂起または侵略の場合に、公安の必要上があるときを除いて、停止されず、これらの場合においては、この特権は、その間、停止の必要性が存在する限り、フィリピン委員会の同意を得て、大統領または総督がこれを停止することができる。
⑧ 「事後法」または私権剥奪法も、制定されない。
⑨ 貴族の称号を与える法律は、制定されてはならず、何人も、フィリピンで報酬を受けるかもしくは信任の官職にある者は、合衆国連邦議会の承認を得なければ、国王、公侯もしくは他の国家から、いかなる贈与、俸給、官職もしくは称号をも受けとることはできない。
⑩ 異常な保証金を求められず、加重な罰金も、残虐で異常な刑罰も科せられない。
⑪ 不当な捜査・押収から保護される権利は、これを侵されない。
⑫ フィリピン諸島においては、奴隷制も存在せず、意に反する苦役も存在しないが、被告人が適正に有罪とされる場合、犯罪による刑罰としての苦役は、この限りでない。
⑬ 言論出版を制限する法律も、平和的に集会し、濫用の改善を政府に請願する権利を制限する法律も制定されない。
⑭ 国教を定めるいかなる法律も、宗教の自由な活動を禁ずるいかなる法律も布告されず、差別されたり優遇されたりせずに、いつでも信仰告白と宗教団体の自由な活動と享受が認められる。
⑮ 法律によって充当されなければ、いかなる公金も支出されない。
⑯ フィリピン諸島における租税準則は、同一である。
⑰ 法律として制定される個別法または地方法は、一課題に限られ、この課題は、法案名として明記されなければならない。
⑱ いかなる令状も、根拠のある理由に基づき、宣誓または確認に裏付けられ、捜査する場所、拘禁する人または占有する物を特定しなければ、発行されない。
⑲ 特別の目的で賦課または確定された租税のために徴収される金銭は、全て国庫の特別資金として取り扱われ、その目的に限って支出される。

79) Reports ot the Philippines Commission..., cit., p. 26.
80) MAY, op. cit., p. 131.
81) Reports ot the Philippines Commission..., cit., p. 496.
82) Ibid., p. 504.
83) Ibid.
84) THOMPSON, op. cit., p . 210.
85) ただし，1903年の「フィリピン委員会の陸軍長官への年次報告書」では，キリスト教住民とはことなる「モロ県政府（the Moro Province）」のための法律が制定された。最初の総督は，レナード・ウッド少将（Major-General Leonard Wood）であった。Reports ot the Philippines Commission..., cit., pp. 534-7.
86) 16節「フィリピン政府は，これによって，一般的な立法により規定される条件で，現在の占有者，居住者その他フィリピン諸島の市民に，適切であれば，木材と鉱物を産する土地を除いてフィリピンの合衆国の公共財産を部分的に譲渡または売却および移転する権限と能力を付与されるが，それは，一人当たり16ヘクタールを超えてならず，団体または組合であれば，1024ヘクタールを超えて売却し，移転してはならない。ただし，購入代金が一括か分割かにかかわらず，そのような土地の譲渡または売却は，5年を下回らない期間，実際に継続的に占有し，改良し，耕作するという条件が付されなければならず，その間，購入者または譲渡された者は，その土地またはその権原を抵当に入れることはできない。しかし，この制限も，相続財産の分配の法律によって相続による権利と権原の移転には適用されない」。
87) 永野善子『フィリピン経済史—糖業資本と地主制』（勁草書房，1986年）46頁。
88) 同前，54頁。
89) 「センサスに掲載されている写真には文明化と皮膚の色のヒエラルキーが示され，そこには，黒い肌を持つ裸の高地住民から，明るい色の肌をもち，きちんとした衣服を着用したキリスト教徒の現地住民までが表されている。より進歩したフィリピン人—たとえば，アメリカ人のすぐ下に位置するセンサス調査員—は，自治が可能になる前にすべての人びとが到達すべき理想型として描かれているのである」。つまり，センサスは，洗練された監視技術であり，住民を分類することによって規律し，自己統治能力を学習させる手段であった。レイナルド他・前出注（14），67頁。
90) 中野 聡「米国植民地下のフィリピン国民形成」『東南アジア史7—植民地抵抗運動とナショナリズムの展開』（岩波書店，2002年）141頁。
91) SILBEY, David J., A War of Frontier and Empire: The Filippine-American War, 1899-1902, Hill and Wang, New York, 2007, p. 208.
92) ARUEGO, op. cit., p. 30.
93) この法律も，提案者の名を取って，1917年のプエルトリコの組織法と同じように，一般にジョーンズ法と呼ばれているが，その正式名称は，「フィリピン諸島人民の将来の政治的地位に関し合衆国人民の目的を宣言し，フィリピン諸島にさらに自治権を有する政府を定める法律（An Act to Declare the Purpose of the United States as to the Future Political Status of the People of the Philippine Islands, and to provide a More

Autonomous Government for Those Islands)」という。United States Bureau of Insular Affairs, *op. cit.*, pp. 33-48.

94) 12節「この法律に別途定めがある場合を除いて、フィリピンの一般的立法権は、上院（the Senate）と下院（the House of Representatives）の両院で構成される立法府に付与されるものとし、両院は、『フィリピン立法府（The Philippine Legislature）』と称される。……」。

95) 21節「最高執行権は、執行官に与えられ、その官職名は、「フィリピン諸島総督（Governor-General of the Philippine Ilands）」とする。総督は、合衆国上院の助言と同意に基づいて大統領が任命し、その官職は大統領が免職できるが、その後任者が選ばれ、適格であるとされるまで職に留まる」。

96) 3節14項「国教を定めるいかなる法律も、宗教の自由な実行を禁ずる法律も、制定してはならない。また、差別も、優遇もされることなく、宗教告白と礼拝の自由な行使と享受は、常に認められなければならない。そして、市民的または政治的権利を行使するために、いかなる宗教的宣誓も求めてはならない。公金または公有財産は、宗派、教会、教派、教団施設もしくは宗派団体または宗教制度による利用、便益もしくは援助のために、あるいは司祭、牧師、聖職者または宗教教育者若しくは高僧による利用、便益もしくは援助のために、直接であるか間接であるかを問わず、充当し、提供し、贈与し、用いてはならない。複婚つまり重婚契約は、今後禁止される。いかなる法律も、複婚つまり重婚が許されると解釈されてならない」。

97) TUGWELL, *The Stricken Land: Story of Puerto Rico,* Doubleday, New York, 1946, p. 416.
98) *Ibid.*, p. 419.
99) *Ibid.*, p. 420; *Springer v. Government of the Philippine Island, et al.* 277 U. S. 189 (1928)
100) ベニテス・前出注（14），262～4頁。
101) スティムソンは、ウッドの人種的偏見を次のように日記に書き留めている。「総督の考えでは、自己統治能力においてはメキシコの（チワワおよびソノラ）純血インディオよりはマレー人（フィリピン人）のほうが優れているが、彼らも、プエルトリコ人とキューバ人よりは劣っている。プエルトリコ人とキューバ人は、白人が入っているからである。また、彼らは、黒人よりもずっと優れており、黒人の血が入っていないのでここフィリピンでは、ずっと素朴である」と。HODGSON, Godfrey, *The Colonel: The Life and Wars of Henry Stimson 1867-1850,* Knopf, New York, 1990, pp. 130-1.
102) *Ibid.*, pp. 134-5.; STIMSON, Henry, "Future Philippine Policy under the Jones Act," Foreign Affairs, V. 5, No 3, (1927), pp. 470-1.
103) 命令的規定として2節には、「起草編纂された憲法は、政体としては共和政を定めなければならず、権利章典を含まなくてはならず、憲法の一部か、または憲法に追加される命令で、フィリピン諸島に対する合衆国の主権が最終的に完全に撤回されるまでの間、次の趣旨の規定を含まなければならない」（a項）として、①から⑯までの規定を掲げている（これらは、1935年憲法の末尾に付記される条項となる）。
http://www.chanrobles.com/tydingsmcduffieact.htm
104) ARUEGO, *op. cit.*, p. 61.

105) AGUILAR, Carmencita T., "U. S. Constitutional Principles and the Development of Philippine Constitutionalism," STARR, Barton (ed.), *The United States Constitution: Its Birth, Growth, and Influence in Asia*, Hong Kong University Press, 1988, p. 250; ARUEGO, *op. cit.*, p. 64.
106) ARUEGO, *Ibid.* 1条1節「フィリピンは，共和政国家である。主権は，人民に存し，すべての統治権は，人民に由来する」。
107) *Ibid.*, p. 66.
108) *Ibid.*, p. 67.
109) *Ibid.*, p. 71.
110) *Ibid.*, p. 75.
111) *Ibid.*, p. 77. 13条は，「天然資源の維持と利用」に関して，1節から6節まで規定している。
112) *Ibid.*, p. 78. さらに，公務員の採用原則について「すべての政府部局に亙る公務員は，法律によってこれを定める。公務員の任用は，性質上何よりも秘密または高度に技術的なものを除いて，能力と適性によってのみ行なわなければならず，できる限り競争試験で行なわなければならない」（12条1節）。
113) *Ibid.*, p. 80. 14条3節「議会は，現在使われている土着の言語のいずれかに基づいて共通の国語を発展させ，採用するよう措置をとらなければならない。法律で別途規定するまで，英語とスペイン語が引き続き公用語として用いられるものとする」。ただし，憲法の文言については，「この憲法は，英語とスペイン語で公式に公布されなければならないが，矛盾する場合には，英語の法文が優先するものとする」（同条10節）と定めている。
114) *Ibid.*, p. 81. 3条3節「居住移転の自由は，法律の定める範囲内で，侵されない」および同条6節「法に反しない目的で団体または結社をつくる権利は，制約されない」という規定がある。
115) *Ibid.*
116) 8条1節「司法権は，最高裁判所および法律で定めるその他の下級裁判所に付与されるものとする」。
117) *Ibid.*, p. 82. 14条2節「すべての公民と軍人は，憲法を擁護するよう誓約しなければならない」。
118) *Ibid.*, p. 83.
119) 1931年のスペイン第二共和制憲法は，「スペインは，国策の手段としての戦争を放棄する（España renuncia a la guerra como instrumento de política nacional.）」（6条）と定める。この条文は，1928年の不戦条約（ケロッグ＝ブリアン条約）の規定「締約国ハ，国際紛争解決ノ為戦争ニ訴フルコト非トシ，且其ノ相互関係ニ於テ国家ノ政策ノ手段トシテノ戦争ヲ抛棄スルコトヲ其ノ各国ノ人民ノ名ニ於テ厳粛ニ宣言ス」（1条）に由来する。PILAR VILLABONA, María, "La constitución mexicana de 1917 y la española de 1931," *Revista de Estudios Políticos (Nueva Época)*, Núm. 31-32, Enero-Abril 1983, p. 202.

120) フィリピン1935年憲法2条3節「フィリピンは，国策の手段としての戦争を放棄し（The Philippines renounces war as an instrument of national policy），一般に確立された国際法の諸原則を国家の法の一部として採用する」。このフィリピン憲法の規定と日本国憲法9条との類似性は，次の論文で指摘されていた。中川剛「日比両国憲法にみる類縁」『中央公論』（1987年5月号）185～6頁。古関彰一『日本国憲法の誕生』（岩波書店，2009年）132頁。
121) 同前・古関，132頁。同じ趣旨として，西　修『日本国憲法成立過程の研究』（成文堂，2004年）231～2頁。
122) 1939年の憲法改正によって，「国民議会（the National Assembly）」という名称からこの名称に変更された。
123) 5条1節「選挙権は，法律によって資格がないとされないかぎり，フィリピン島嶼の男子市民で，満21歳以上で，読み書きができ，フィリピン島嶼に一年間居住しており，自治体においては，投票したい場所に選挙の前少なくとも6箇月間居住している者がこれを行使できる。国民議会は，この憲法が採択されて2年以内にそのために開催される国民投票において，必要な要件を有する以上30万人の女性がこの問題について賛成であるならば，選挙権を女性にも拡大しなければならない」。後に，女性にも，参政権が認められた。Ibid., p. 790.
124) Ibid., p. 298.
125) ARUEGO, op. cit., p. 298.
126) Ibid., pp. 56-8. 修正条項自体が修正されている。15条1節「両院合同で開催される議会は，各院でそれぞれ投票する全上院議員および全下院議員の4分の3の投票によって，憲法の修正を発議するか，そのための会議を召集することができる。その場合の修正は，修正の承認を求めて人民に付される選挙で過半数の投票で承認されたとき，憲法の一部として有効なものとする」。
127) 10条として挿入された。
128) その内容は，①合衆国への忠誠，②官吏の忠誠，③宗教的寛容，④合衆国・宗教団体の財産の非課税，⑤フィリピンと合衆国との貿易，⑥フィリピンの公債限度，⑦政府の負債の弁済義務，⑧公教育と英語教育，⑨貨幣・輸出入・移民に関する法律，⑩外交問題の監督，⑪フィリピン議会の立法の合衆国連邦議会への報告義務，⑫合衆国の公用収用・軍事基地，⑬フィリピン裁判所判決の合衆国連邦最高裁判所の審査，⑭総監査役の決定に対する訴え，⑮合衆国の介入，⑯合衆国の高等弁務官の権威，⑰合衆国市民と会社の権利，⑱憲法改正と合衆国大統領の承認，⑲合衆国大統領の拒否権および⑳フィリピン大統領からの合衆国大統領・連邦議会への年次報告の義務である。ARUEGO, op. cit., pp. 809-12.

第7章　日本のフィリピン占領

第1節　合衆国のフィリピン統治と日本

1　日本による合衆国統治の評価

　アメリカが太平洋国家として登場するのは，1900年前後である。それまでは，経済的に第一義的に重要であったのは，ヨーロッパであり，合衆国が「棍棒外交」と「ドル外交」によって自国の利益を拡大しようとしたのは，中米・カリブ海地域であった。桂・タフト協定（1905年7月）は，朝鮮とフィリピンにおける日米それぞれの優越的地位を認めるというものであったが，合衆国のローズヴェルト政権，タフト政権およびウィルソン政権による東アジア政策は，大きく「単独行動」と「協調行動」という二つの柱があった。つまり，「協調行動」が実行不可能で，非効果的で，緊急を要する場合には，勢力均衡の視点から「単独行動」が採用された[1]。ウィルソン政権の対日政策は，一方では，国際連盟の創設に見られるように普遍的価値に根差した国際主義を掲げながら，「急速な近代化を遂げて大国の一員となった日本の存在を事実として受け止めるよりも，むしろ東アジアにおける日本の台頭をさまざまな方法を用いて抑制することに終始しがちであった」[2]。フィリピンは，合衆国の太平洋における戦略的要衝であり，ウィルソンは，自由や民主主義といったアメリカの普遍的価値をフィリピンに適用することで，フィリピン人を教化し，その自治を拡大する政策をとった[3]。ウィルソンによれば，国民として認められるためには，明確な歴史意識をもった有機的な共同体を成長させる必要があり，そのためには国家の役割が重要である。合衆国は，フィリピンにおいてこの役割を引き受けているというのである[4]。

　当時の日本政府は，このような合衆国政策をどのように観察していたのだろうか。朝鮮総督府の文書によれば，外国植民地を概観する中で，1899年

フィリピンを併合した当時の統治原則を次のように要約している。①フィリピン人に対して，文明正義にして，また有効なる政治を施すこと（善政主義），②フィリピン人に自治政治の教育を施すこと（自治政治主義）である[5]。自治政治の促進という②の原則から，自治政府の要職にフィリピン人が就任するよう促され，事実，政府機関のフィリピン人化は，徐々に推し進められていった。特に，1913年，民主党ウィルソン大統領が任命したハリソンのフィリピン総督時代には，このフィリピン人化は，急速に進展した。このウィルソン大統領の政権下において，1916年のフィリピン組織法（いわゆるジョーンズ法）が制定された。

1907年の選挙による下院議長になったオスメーニャ（Sergio Osmeña）は，国民党（the Nacionalista Party）を率いて政治的に大きな影響力を振るったが，1916年のジョーンズ法によって上院が設けられると，上院議員議長に選出されたケソン（Manuel Quezon）が，オスメーニャの政敵として登場した。ハリソン総督とこの両者の政治形態は，議会の信任に基づく責任内閣のような形態を示し，「三頭政治」と論じられている[6]。

しかし，ウッド総督は，前述のようにジョーンズ法を厳格に適用して，「三頭政治」に歯止めをかけた。朝鮮総督府文書課の前記の報告によれば，ジョーンズ法は，百年来の連邦領をフィリピンに適用したものであり，総督を責任内閣の下におく趣旨ではないからである[7]。そして，「元來ジョーンズ自治法に規定されたる政治的型式はいずれの大植民地に適用しても，必ず失敗に終わって居る」と評している[8]。

2　合衆国統治の特徴

第二次世界大戦中，日本軍がフィリピンを占領すると，黒田重徳比島軍司令官は，村田省蔵顧問を中心とする「比島調査委員会」を設けた。その委員には，「蝋山政道（政治，行政），末川博（法律），大島正徳（教育），伊藤兆司（農業）の諸氏」が就任した[9]。その結果，『比島調査報告書』が作成された[10]。この『比島調査報告書』の蝋山政道「第二編政治」の中でも，「善政主義」と「自治政治主義」が詳述されており，合衆国の統治の特徴として次のように「私権保障制度」，「自治政」，「教育政策」および「衛生及び土木事

業」という四つの特徴を挙げている[11]。

① 「私権保障制度」 フィリピン人は，19世紀末期にヨーロッパの啓蒙主義と個人主義の感化を受けており，権利意識に目覚めていた。したがって，『報告書』は，フィリピン人に対する「統治方式の第一にアメリカが私権の尊重を取り上げたことは，政治戦略としても，たしかに，巧妙且つ効果的であつた」し，「アメリカ人自身が私権の保障について特に敏感であつたといふ事情からも，比島土着民に対して彼等の私権を尊重するといふ方式を米国が採用したのは極めて自然であった」と指摘している。

② 「自治政」 マッキンリー大統領の「指示」にも地方自治が強調されていたことは，すでに見たとおりである。『報告書』は，その理由を次のように説明する。スペイン時代においては，民族的統一は初期状態にあって，「諸種族は，依然として一民族への構成への緒についたばかり」であり，合衆国としても，「政治技術的にも地方より中央への順序に従つて自治政を施かざるをえなかつた」と。また，19世紀末葉のアメリカでは，地方自治の意識が高揚した時代という事実も，合衆国がフィリピンでの「自治政」の確立に熱心だった理由に挙げられる。さらに，スペイン統治下では，カトリック教団が教区を中心に強固な基盤を築いて，地方政治でも教団僧侶が官吏を凌駕するような権威を有していたので，合衆国の「自治政」重視の政策は，このようなカトリック教団に対抗する意味ももっていた。

③ 「教育政策」 合衆国は，フィリピンでの非宗教的普通教育の普及に最大の関心をはらっていた。スペイン統治下にあっては，教育はカトリック教団に委ねられていたが，宗教教育に主眼が置かれ，スペイン語の普及も熱心ではなかった。これに対し，合衆国は，英語の普及に熱心であって，英語によって民族的統一を図ろうとした。非宗教教育の目的は，「聡明な，読み書きの出来る，そして，自己の権利の何たるかを意識し且つこれへの保護防衛の技術を習得せるものが，はじめて，よく自治政，代議政に参与し得る」というものであった。

④ 「衛生及び土木事業」 公衆衛生に関する知識の普及と施設の拡充によ

って、スペイン統治下で多かった伝染病の犠牲者を著しく減らすことができた。道路を敷設することによって、交通運輸の便を増進し、産業の発達を促し、地域間や部族間の交流接触の機会を増大させ、民族的統一の機運を高めた。

このような蝋山「報告」は、少なくとも「客観的分析態度」に基づいており、一定の補足、修正を要するとしても、当時の合衆国のフィリピン政策を的確に要約している。

第2節　大戦前の合衆国のフィリピン統治とその問題点

今日では、合衆国の植民地支配を恩恵的同化と捉える考え方は、批判的検討がなされているが、その方法は、大きく二つに分けることができる。一つの批判的見地は、合衆国の恩恵的同化の政策は、場当たり的で初期の目標に到達することができなかったというものである。結局のところ、合衆国の植民地支配は、これに協力するフィリピンの寡頭制を育て、ベネディクト・アンダーソンのいうところの「ボス支配民主主義（cacique democracy）」の誕生と存続に手を貸したとする[12]。もう一つの見解は、合衆国の文明化、民主化および経済発展をはかるという政策には、巧妙な支配形態が伴っていたというものである。国勢調査によって、諸部族を文明化/非文明化という分類を適用することによって、規律と監視を通じて白人の優越性を維持するという効果が生まれたと論ずる[13]。

合衆国の統治は、合衆国の「民主主義の見本（a "showcase of democracy"）」を世界に示そうとするものであるが、合衆国のフィリピン統治政策に見られる前述のような特徴は、相互に関連している。蝋山「報告」は、前教①の特徴の理由について、「アメリカ人自身が私権の保障について特に敏感であった」ことを指摘しているが、「権利章典」の意義についての説明としては不十分である。「私権保障制度」の「私権」とは、「人権」を意味しているからである。すなわち、アメリカ軍は、フィリピンの反乱分子を制圧するとともに、文官政府は、フィリピン社会の改革を実施した。その際、アメリカ型の「権利章典」も、司法制度改革、法典編纂などを通じて植民地社会変革のた

めの綱領となったからである。たとえば，アメリカ型の政教分離原則を適用することによって，フィリピンの教会制度を教皇庁と切り離し，教団財産を売却するよう迫った。フィリピンのエリート（イルストラード）は，売り出された教会財産を買い取ることによって富を集中していった[14]。さらに，フィリピンを合衆国の市場に組み入れることによって，エリート層の利害は，密接なかたちで合衆国の統治と結び付けられたのである。したがって，1910年には，連邦議会において，コロラド選出の下院議員によって，農地改革によって農民の生活の安定を図ろうとした「修道士土地政策（friar-land policy）」は失敗に終わったと批判されたのである。「原因がいかなるものであるにせよ，われわれの修道士土地政策は，完全な失敗だった。修道士の土地は，小作人の間で小さく分割されるように，大規模に取得された。そうならずに，土地は，日雇労働者によるプランテーションに変えられつつあり，その最近の状況は，以前よりも悪化するだろう」と[15]。このような変革には，さらに文化的に深刻な問題も随伴していた。スペイン支配下でのスペイン語から合衆国支配下での英語へと公用語が転換される中で，過去のスペイン統治下の歴史からも断ち切られることとなったからである。

　「権利章典」中の政教分離原則は，前記③の非宗派的教育と不可分である。しかしながら，アメリカの教育政策は，一貫していたわけではない。1901年1月21日，シャーマン委員会は，法律74号を可決し，教育局を設け，局長にアトキンソン（Fred Atkinson）を任命した。法律は，英語教育について，「実施できるようになったら速やかに英語をすべての公立学校教育の基礎とし，兵士は，訓練を受けた教師に取って代わられる時が来るまで，教育者として派遣できる」（14節）と規定した[16]。初等教育は，義務化されず，その内容も合衆国のものとほぼ同じで，フィリピンの児童の教育環境に合わせたものではなかった[17]。職業教育についても，合衆国での黒人に対する職業教育の経験にならったものであった。「多くの合衆国の立案者と同じように，アトキンソンも，おおよそフィリピン人をアメリカの少数派の人種と同視していた」からである[18]。蝋山「報告」の指摘は，教育局のバロウズ（David Barrows）のとった教育政策の説明としては適切である。彼は，トマス・ジェファソンの信念，つまり，普通教育が人民の政府の適切な運営ための必須

第2節　大戦前の合衆国のフィリピン統治とその問題点　　201

条件であるという考えに共鳴していた[19]。しかしながら，バロウズの後任のホワイト（Frank R. White）は，教育成果を重視する方針に転換し，中等教育の充実に努めた[20]。結局，「合衆国の教育にかけた努力の悲劇は，その善意にもかかわらず，フィリピン人には市民の地位も生産的な労働も提供しなかったことである」[21]。

　前記②の地方自治制度の重視も，合衆国の統治政策の大きな特徴であることは間違いない。「町村法（the Municipal Code）」として知られる1901年1月31日の法律（Act. No. 83）は，フィリピン人に政治教育を施そうする意図の下に制定された。町村長（president），副町村長（vice-president）および町村会（council）は，これらは各町村に在住する選挙人によって選出され（ただし，制限選挙制度がとられ，1903年には，人口の2.44％が選挙資格を有していた），収入役と書記（municipal treasurer and secretary）は，町会の同意を得て，町村長が任命する仕組みであった[22]。同年2月6日には，「県法（the Provincial Code）」として知られる法律も制定された（これらの法律は，1916年と1917年の行政法（the Administrative Code）に組み込まれ，この行政法も，その後幾度も改正されることになる）。税の徴収，財産の管理，建築などの多くの権限を町村に委ねたが，これらは，県の厳格な監督下に置かれ，県もアメリカの支配下に置かれていた。この仕組みでは，町村の役人が，合衆国の植民地制度で重要な役割を割り当てられることになったゆえに，地方の支配者層が地方政治を牛耳ることを許してしまったのである[23]。

　憲法制定会議では，「県，市および町村」に関する規定を憲法典に記載すべきであるという提案もなされたが，一元的な統治機構を規定すべきであるという意見が優勢であり，結局，地方自治の規定は憲法典には盛り込まれなかった。それは，法律事項とされたのである。1935年憲法は，「フィリピン諸島のすべての法律は，フィリピン共和国の発足まで引き続き施行されるものとする。……」（15条2節）と規定しており，地方自治法制も，引き続き有効とされている。ただし，「大統領は，執行府のすべての省庁または官職を統制し，法律の定めるところにより，すべての地方政府を統括し，法律が誠実に執行されるように配慮しなければならない」（7条10節1項）とも定め，大統領の自治体に対する統制権を明記している[24]。

その結果として，アメリカは，フィリピンの寡頭制支配を強化することとなった。合衆国は，支配層の忠誠を得ることで，フィリピンの大多数の忠誠を得ることができた。それだけでなく，フィリピン人の合衆国に対する忠誠は，フィリピン人の健康，教育，福利を増進しようとするアメリカ人の努力に裏打ちされていた。そして，フィリピンの合衆国への忠誠は，ダグラス・マッカーサーに具現された。マッカーサーは，アメリカの政策を具体化する聖人のごとくに見えたからである[25]。

　ジョーンズ法は，その前文で「合衆国人民の目的は，フィリピン諸島に安定した統治が確立されるならば，直ちにフィリピン諸島に対する合衆国人民の主権を撤回し，その独立を認めること」である，とフィリピンの独立に言及している。フィリピン議会は，この独立を要求するために，合衆国に使節団を派遣し，公衆衛生，教育，経済，政治などの諸分野において「安定した統治」が行われることを証明しようとした。つまり，「アメリカとフィリピンは，もう十分に『似ている』ことを主張しなければならなかった」のである[26]。その証明書が，1935年憲法であったのである。

　しかし，フィリピン人は，一方ではスペイン帝国に組み込まれることによって，西欧文明を体験し，自ら西欧文化を有すると主張すると同時に，他方では，西欧文明に接触する前からアジアの文化を受け継いできたことも紛れもない事実であった。そこに，東洋民族として日本との同盟関係の構築を説くフィリピン人の主張が生まれる余地があった[27]。

第3節　日本の占領と1943年憲法

1　植民地支配と明治憲法の法理

　日本は，フィリピンを植民地化するのではなく，その独立を後押ししたのではあるが，日本も植民地をすでに抱えていたことで憲法問題に直面していた。明治憲法にも，領土獲得の根拠と手続きを規定する条項がなかったからである。美濃部博士は，憲法と植民地との関係について次のように論じている。「朝鮮，台湾，樺太は完全に領土なるが故に，其の日本の領土となりた

る瞬間より憲法が当然効力を及ぼし，関東州及南洋群島は完全なる領土に非ざるが故に，憲法は効力を及ぼさず為とせり雖も，此の如き説明は到底之を支持することを得ず」と。憲法は，「完全な領土」か「完全ではない領土」という区別をせずに，植民地を含むすべての領土に適用されると論じている[28]。ただし，「憲法が此等の地域に行はるるや否やに付ては憲法の各条項に付き区別することを要す」と論じて，一方では国家の統治権の行われる領土における国家の最高中枢機関の組織に関する規程は，すべての領土に適用されるが，他方では「臣民の権利義務に関する種々の規程」は，必ずしも全国共通でなくともよく，「国家は，事情の必要に応じて或は之を施行し或は之を施行せざることを得べし」と述べている。後者の規程については，特に「国民自治主義，自由平等主義の思想は社会の文化の相当なる発達と国民の国家に対する忠誠心とを前提とするものにして，新領土が此の前提を備へざる場合に於ては，此の主義の基く規程を直に新領土に施行し得べきに非ず」と論じている[29]。

　将来植民地を内地に編入する場合においても，「我が憲法は其の施行区域に関する規程を設けざるを以て，其の施行区域を拡張するにも敢て憲法改正の手続を経ることを要するものに非ず」として，立法によって植民地と内地との法制度の区別が設けられているのであるから，つまり，「法律に依り立法権に関する特例を設け，官制に依り行政組織を異にし，又裁判所構成法を適用せずして別に司法制度を定めたることに基く」のであるから，この区別は立法によって是正できるとするのである[30]。

　「国民自治主義」と「自由平等主義」は，植民地の文化の発達程度と住民の国家への忠誠心の程度に応じて適用されるという点では，美濃部博士の説明は，合衆国の未編入領土の法理と同じであるとも言える[31]。ただし，合衆国では，「未編入領土」という新たな領土のカテゴリーを認め，その統治には州とは異なる取扱いを容認し，その違いの原因を「自己統治」，「権利章典」の保障，進歩思想，合衆国への忠誠に求めるという点では，合衆国の概念装置のほうが「権利の言説」としてより徹底していたと言えるだろう。

2　日本の軍政と 1943 年憲法

　フィリピンは，日本軍の後押しを受けて 1943 年 10 月 14 日，独立し，①どんな外国の干渉をも受けることなく自力で統治すること，②政治的隷属による制約または人種的差別待遇による迫害を受けることなく国家を発展させること，③平和，自由および道義に基づく共和国を建設し，大東亜共栄圏の一環として世界秩序の創造に寄与することを内容とする独立宣言を発表した[32]。独立を受けて，次期大統領予定者のラウレルを中心に憲法草案を作成することになったが，実際には，ロハスが憲法草案を執筆したとも言われている[33]。日本の大東亜省は，「政戦南略ノ見地」から独立は早いほうがよいと判断し，その場合，考慮すべき条件として，フィリピン憲法の基礎になっている米国式の考えを是正する必要があると論じている。フィリピン人の考えをできるだけ尊重するとしても，「比島憲法ノ基礎タル米國式観念ノ是正」，特に「人民主権」のような思想は変更し，憲法にはアジア的性格を与える必要があると論じている[34]。ただし，過剰な「東亜的イデオロギー」を押しつければ，フィリピン人の反感を買い，かえって逆効果をもたらすと戒めてもいる[35]。

　フィリピンの 1943 年憲法は，日本軍の後押しによって独立したフィリピンの憲法（第二共和制）であるので，この憲法は，ナポレオンの傀儡政権のためのいわゆるバヨーナ憲法（フランスのバイヨンヌ〔スペイン名ではバヨーナ（Bayona）〕で制定されたので，この名がある）に例える見解もある[36]。しかし，バヨーナ憲法は，その内容をフランスの憲法にならって制定したのに対して，1943 年憲法は，1935 年憲法を継承する内容である。憲法前文は，次のように宣言する。「フィリピン人民は，神の摂理の助力を請い，自由な国民の存在を望んで，人民の独立を宣言し，一般の福利を促進し，国民の財産を守り，増大させ，平和，自由および道徳的正義に基づく世界秩序の創造に資するべき政府を打ち立てるために，この憲法を制定する」と。この「平和，自由および道徳的正義に基づく世界秩序の創造」という表現に大東亜共栄圏の影響を見ることができるかもしれない。

　日本軍の後押しを受けて，フィリピン独立準備委員会（Preparatory

Commission for Philippine Independence）が 1943 年 6 月に設置され，宇都宮直賢大佐がこのフィリピン独立委員会に憲法を起草するよう促した[37]。宇都宮大佐によれば，「比島側はラウレル氏を比島第一級の法律学者と自他共に許しているレクト氏と，日本側は軍政顧問の村田氏を長とする左の面々で委員会を作った。嘗て東大教授時代にラウレル氏の博士論文の審査員だった蠟山政道博士のアドバイスを受け乍ら，熱心に比島の新憲法に取り組んだのである」[38]。憲法問題には，司波実氏が担当した[39]。宇都宮大佐は，フィリピン側との折衝の報告を受けて，軍司令官の認可を受けて大本営との連絡にあたった[40]。司波氏の回顧によれば，新憲法草案を作成するについて，フィリピンの自治政府時代の憲法書を数冊参考にし，特に，レクト委員長の『フィリピン憲法の構成（The Framing of the Constitution of the Philippines）』を参考とし，和書としては宮澤俊義教授が講義に用いていた憲法書を参考にしたとのことである[41]。

宇都宮大佐は，委員会に三つの原則を示した。すなわち，①「憲法前文は国家の構造と機能に関する基本原則の規定にとどめるべきこと」，②国家の組織構造は，「政府権限の行使に最大限の柔軟性を保障して国家遂行上の能率と効能を確保する……行政権の効率的な機能が阻害・毀損されない配慮が必要であり」，人民の政治参加は副次的とすべきこと，③「とりわけ今次戦争の間は，行政権への権力集中に配慮すべきこと」である[42]。つまり，この憲法案は，「大東亜戦争」後にさらなる新憲法を制定すると規定しているように[43]，戦争中の憲法である点を考慮して，その規定内容を理解すべきであろう。このことは，現地軍の宇都宮部長と「準備委員会」の委員の「ラウレル」，「アバンセニャ」，「アキノ」および書記との会談で，「ラウレル」の発言として，「新憲法は，刻下の非常時において施行せられらるるものなるがゆえに，非常時の適応するよう執行権中心主義をとる必要あることはご示達の通りなり」と回答していることからも分かる[44]。

憲法草案作成過程においては，日本の憲法を参考にした案も考えられたが[45]，形式的には，できる限り旧憲法の規定を取り入れ，「比島人の作れる比島憲法」とし，日本的な憲法を押しつけないよう論じている。黒田司令官も，フィリピン憲法案の作成にあたって，日本の憲法を手本とすることに

は，真っ向から反対し，フィリピン人は，「アメリカは善政を施していたと思っているし，実際アメリカはフィリピン人をさほど苛めてはいなかったのだ。憲法はアメリカ式の自由主義的なものであるべきだ」と強く主張していた[46]。「準備委員会」の一致した意見は，「日本式臭味多き比島人に目新しき憲法を作るときは，委員会が全く日本の傀儡なりとの感触を一般民（特に一般人を動かす力ある知識階級）に与え，新政府の活動も著しく阻害せられるべきを惧れているものの如し」と推察している[47]。

　宇都宮大佐と司波司法班長は，陸軍省で東条首相兼陸相と富永陸軍次官に，フィリピン憲法草案について説明した。憲法草案は，1935年憲法を下敷きにしていたので，2条の「諸原則の宣言」も残されており，特にその3節「フィリピンは，国策の手段としての戦争を放棄し」という規定が問題となった。東条首相は，「フィリピンには，1,800万人もの人間がいるのに一人も軍人を出そうとしないのか。一体どこにこんな憲法があるのか」とご機嫌はなはだ斜めであったということである[48]。しかし，宇都宮大佐は，「余りに違う形の憲法を押しつけると，相手方に受け入れられなくなる公算が頗る大である」と説得し，結局，用意した憲法草案とおりの憲法を認めてもらったと回顧している[49]。後年，東条英機も，フィリピン憲法制定のいきさつに触れ，「軍隊を常設せざることに同意しました」と陳述している[50]。ただし，実際に成立した憲法典には，この2条の「諸原理の宣言」自体を欠いており，憲法案の審議過程でこの規定が削除されたと推測される。

3　1943年憲法の特徴

　1943年憲法の草案の準備に係わった司波氏によれば，1935憲法は，「アメリカ的なリガール・マインド（法律精神）で書かれており，形はなかなか進歩的なもの」であったが[51]，軍の説明では，1943年憲法案を旧憲法（1935年制定・1940年改正）と比較しつつ，その特徴をそれぞれ次のように指摘されている[52]。

　① 旧憲法では，合衆国憲法に倣って「立法」，「行政」および「司法」という厳格な三権分立制度を採用しいており，三権は，相互に抑制・均衡原理に立脚していた。その例として，「大統領の法案拒否に対する議会

の再通過権，司法の法令条約等の合憲性審査権，大統領の人事権に対する議会任命委員会の掣肘，大統領等の弾劾制度等」を挙げている[53]。

② 権利保障については，これも合衆国憲法の権利章典に倣って人民の権利を制限する立法を禁じているが，「日本其の他各国憲法によれば人民の権利といえども国家的必要に基づく法律の制限を受くることになっているのに対し旧憲法は人民の権利を制限する立法をも禁じて居る条項が多数」あった。

③ 条文の規定の仕方が冗長であって，法律で規定すべき条項も憲法に規定されていた。そのような規定は，特に「実質的に国家権力ことに行政権に対し大なる掣肘を加うる効果」をねらっていた。

これに対して，新憲法草案の特色を次のように論ずる[54]。

① 三権の規定の順序を「行政」，「立法」および「司法」の順に改め，権利章典を「司法」の後ろに配置した。

② 「実質的に行政権強化に付き特別の配慮が加えられたこと」として，次の6点を挙げている。すなわち，

　（ア）旧憲法では，大統領の法案拒否権に対して議会は，3分の2の議決によって法案を再び可決成立することができたが，新憲法では，これに対しても大統領が拒否権を行使できる。

　（イ）旧憲法では，大統領が任命する人事に対して議会の同意が必要とされていたが，新憲法では，これを廃止した。

　（ウ）旧憲法では，裁判所の法令審査権の行使には3分の2の賛成を必要としていたが，新憲法では，「全員一致」にした。

　（エ）旧憲法では，大統領は，国民議会開会中は緊急権を行使できなかったが，新憲法ではこれを認めている。

　（オ）旧憲法では，大統領は，地方自治機関に監督権を有していたものの，指揮命令権を有していなかったが，新憲法では，これを認め，「地方自治の官治的側面を強化し中央集権化」した。

　（カ）旧憲法では，議会が宣戦の権利を有していたが，新憲法では，条約締結と同じように「議会三分の二の同意を条件として大統領の権限」に属するとした。

続いて,「新憲法草案の概略的説明」の中で,「人民の義務及権利」[55]について5点にわたって論じている[56]。これらの「権利章典」規定は,1935年憲法のものと内容自体は,かなり似通っている[57]。たとえば,適正手続きについて,1935年憲法は,「何人と雖も正当なる法律上の手続きを経ずして生命,自由又は財産を剥奪せらるることなかるべし又何人と雖も法律の平等なる保護をせらるることなかるべし」(3条1節1項)と規定し,1943年憲法では,「正当なる法律上の手続を経ずして生命,自由若は財産を剥奪し又は法令の平等なる保護を拒むことを得ず」(7条2項)と規定し,両条文の文言は,ほぼ同一である。正当補償についても,前者は,「私有財産は公正なる代償なくして公共の用に供する為収用せらるることなかるべし」(3条1節2項),後者は,「私有財産は公正なる代償なくして公共の用に供する為収用せらるることなし」(7条9項)と規定している。また,公金支出の禁止についても,1935年憲法と1943年憲法は,「立法権」の条文の一つとして規定されている[58]。このように権利・自由の内容自体が両憲法でことなっているわけではない。両憲法の「権利章典」の違いは,以下の点にある。

(ア) 義務を銘記し,「義務優先の思想を盛った点」が注目される。

(イ) 規定の簡略化を図って,「極端な人権尊重,自由主義の思想」を修正した。

(ウ) 刑事被告人に保障されている (旧憲法3条1節15項ないし20項) を削除した。これらの規定は,「米国的人権過重の思想」に由来し,憲法よりも刑事訴訟法に委ねるべき規定である。

(エ) 「通信信書の秘密」,「結社団結の権利」,「信仰表白礼拝の自由及言論出版の自由」,「請願の権利」等については,「法律の制限範囲内に於てこれらの権利自由を享有し得べきもの」と定めた。

(オ) 貴族制度の禁止と外国からの栄典授与の制限規定を削除した。これらの禁止・制限は,「民主々義国米国のみに存する」規定であるからである。

1943年憲法の規定全般にいえることだが,この憲法の規定の仕方は,「刑事手続き」に関する規定が一部削除され,条文の文言も1935年憲法よりも確かに簡潔になっている。さらに,「市民の義務」(7条1節)を設けつつ,

1935年憲法の適正手続き・刑事手続きに関する規定を引き継いでいるが，11節に「法律の制限」が認められる権利・自由として，不当な捜査・押収から保護される権利（1項），「通信・郵便の秘密」（2項），「結社の自由」（3項），「信仰と宗教団体の自由」（4項），「居住・移転の自由」（5項），「言論出版の自由・集会の自由」（6項）を列記している[59]。

　1943年憲法は，日本の現地軍とラウレル等の準備委員会との妥協の産物ではあるが，基本的に1935年憲法の内容を踏襲している。したがって，見かけの上では，1935年憲法の複製であるが，実際には，執行権優位であって三権の抑制均衡関係は損なわれているといえる[60]。政党と市民団体は，解散させられ，1942年12月には，すでに単一の組織を通じて翼賛組織，カリバピ（Kalibapi＝新フィリピン奉公会）が設けられていたから，憲法は，これを実質的に追認しているともいえる[61]。

　ただし，アジア的特質については，公用語をタガログ語と定めることが不可欠であった[62]。1943年憲法9条2節は，タガログ語の普及を規定し，共通語のとしての役割を持たせようとしている[63]。その結果の一つとして，日本軍の占領政策に端を発するタガログ語復興運動は，地主制を基盤とするアメリカの植民地支配によって疲弊していた農村共同体に，フィリピンの作家たちの目を向けさせた。母語と結びついた農村共同体の価値を再発見する機会を提供したのである[64]。

　しかしながら，日本軍のフィリピン占領政策は，フィリピン人を戦争に巻き込み多くの犠牲者を出し，失敗に終わった[65]。東条内閣に乞われて「比島派遣軍最高顧問」に就き，フィリピン独立後は，特命全権大使となった村田省蔵は，自らの体験に基づき1945年4月「対比施策批判」を著し，その中でラウレル大統領の言葉を引用し，日本は，フィリピン人の心理を把握するのに失敗したと批判している[66]。

第4節　フィリピンにおける忠誠と叛逆

　日本は，フィリピン占領をむしろ負担と感じ，「帝国に反抗しない」政府を樹立する方針であった。この方針に対し，フィリピン政府は，米国に反抗

しない政策を追求しようとした。ケソン大統領は，マニラ脱出時に米軍司令官のマッカーサーに日本軍の占領下での行動について問い合わせたところ，次のような回答があったとされる。すなわち，「国際法のもとでは占領軍が統治しなければならず，諸君は彼等のあらゆる命令に従わざるを得ない。唯一の例外は日本に忠誠を誓うことだ。もし諸君がそれをしたら，我々は戻ってきたときに諸君を銃殺することになるだろう」と[67]。ただし，後にマッカーサーは，この事実を否定したが，いずれにせよ，ケソンが閣僚に対して「国民の苦痛を和らげるため，日本に忠誠を誓う以外のあらゆる手段を尽くして努力するように」指示したことは事実であると言われている[68]。したがって，日本のフィリピン占領体制は，日本側からの「帝国に反抗しない政府」の期待とフィリピン側の「日本に忠誠を誓わない政府」という一種の消極的協力とが重なりあっていた。

アメリカ軍がフィリピンを再占領すると，対日協力者の処分問題がもちあがった。マッカーサーからこの問題の処理を委ねられたソープ (Elliott R. Thorpe) 准将は，「5,000名以上に及ぶフィリピン人を摘発し，上流階級の最良と思われる家族たちも逮捕，投獄した」[69]。さらに，マッカーサーの回顧録によれば，内務長官のハロルド・イッキーズ (Harold L. Ickes) は，対日協力者すべてを銃殺刑か絞首刑にするつもりであったという[70]。この時点では，フィリピンは，合衆国の「未編入領土」であり，1935年憲法の規定からも，対日協力者の罪は，合衆国に対する叛逆であったはずである。しかし，マッカーサーは，この問題をフィリピン人の裁量に委ねた。そこで，戦争が終わると，フィリピン政府は，日本軍に協力したフィリピン人をどのように取り扱うべきかという問題に直面した。しかし，対日協力者の叛逆罪による訴追は行われたものの無罪とされた者も多く[71]，日本軍に協力したマヌエル・ロハスが1946年4月アメリカ支配下の最後の大統領に選ばれ，政治犯に恩赦を与えると宣言し，対日協力者の責任追及は，うやむやのうちに終わった。「同じ時代に，伝統的社会構造とこの社会に定着したエリート層を排斥しようとしていた中国社会とちがって，フィリピン社会は，戦時の適切な行動というエリート層の概念のほうに本能的にすり寄って，保守的で現状維持的な性格を示した」からである[72]。

スペインの支配者およびアメリカの支配者とフィリピンの寡頭制支配層との協力と，日本の支配者とフィリピン人支配層との協力の違いは，スペインとアメリカの支配下で，フィリピン国民が誕生しつつあったのに対して，日本占領下では，フィリピン人の国民意識がすでに存在していたことにある。米西戦争に引き続いて生じたフィリピンとアメリカとの戦争は，異なった人種，信条，文化および言語からなる人々に列島に共に住む国民としての観点を持ち込んだ。つまり，アメリカとの戦争は，勃興するナショナリズムの経験でもあった[73]。特に，英語教育は，合衆国にとって統治を容易にする手段となり，養育 (tutelage) のための言語となっただけでなく，英語が共通語となることによってフィリピン人意識を育むことにも貢献した。英語は，国民創出の役割を担ったのである。スペイン語は，支配者層の中ではフィリピン人の第二言語となっていたが，英語は合衆国の占領政策による改革と結びついて，社会を変革し解放する言語と見なされた[74]。ただし，英語が共通語となることは，フィリピンの歴史，社会，制度等が新たな言語で書き換えられることも意味する。独立戦争の英雄のアギナルドが英語を学ぶことを拒否したのは，この書き換えに対する象徴的な抵抗と見なすこともできるだろう[75]。

　そもそも，植民地の独立は，宗主国に対する叛逆という側面をまぬがれない。アメリカ「独立宣言」は，少なくとも起草者ジェファソンにとっては，アメリカの分離・革命・統合を訴える文書であった。ジェファソンの理解では，北アメリカのイギリス植民地は，設立時からイギリス本国とは別の政治社会であったが，植民地人の自発的意思によってイギリス国王を植民地の君主として認め，イギリスと同君連合を形成した。「独立」とは，このイギリスの同君連合の解消を意味する。この解消は，同時に忠誠義務の解消であり，君主制から共和制への転換を意味する。ただし，この分離・革命を達成するためには，各植民地が「一致して」統合して，行動する必要がある[76]。北米植民地は，専制君主と見なされたジョージ3世への忠誠を解消して，つまり，「イギリス国王への忠誠から一切解除され，大英国との政治的関係はことごとく解消され，また解消されるべきである」とされたのである。それゆえ，「独立宣言」への署名は，アメリカが敗北したならば，署名者は叛逆者として死刑に処せられることを意味していた[77]。ただし，独立宣言に言う

ジョージ3世の悪政は、叛逆罪裁判も含んでいるが、アメリカ人は叛逆罪そのものを否定する趣旨ではなかった[78]。つまり、問題は、叛逆罪そのものではなく、それが濫用された点にあった[79]。合衆国憲法は、イギリスの叛逆罪立法を継承しつつも、これを限定的に定義している[80]。特に、刑事法が政治権力獲得の道具として使われることがないように配慮されたからである[81]。

日本軍に対するゲリラ戦を遂行したフィリピン人たちも、一面では対米協力者であった。フィリピン人の忠誠は、最初スペインに、次いでアメリカに向かうよう強いられていたが、本当に向けるべきであったのは、むろん日本でもアメリカでもなく、フィリピン国民自身であることに気づいていた。対日協力者の行為が不適切であっても、フィリピン国民のアイデンティティーを護るためであったのであれば、その適否は、「より高い次元の権力（a Higher Power）」に委ねようというのである[82]。

スペインに対するフィリピンの独立闘争は、米西戦争の結果、フィリピンに対する主権を引き継いだ合衆国に向けられたが、結局、合衆国への敗北で終わった。皮肉なことに、フィリピン諸島の住民は、合衆国の統治下で独立の前提である国民意識が醸成された。独立は、宗主国に対する忠誠義務の解消の物語であり、建国神話の創造の物語でもある。憲法制定は、この物語の不可欠な要素である。憲法は、欧米諸国の思想に由来するものであっても、フィリピン人の忠誠に支えられていなければならないのである。

---

1) 髙原秀介『ウィルソン外交と日本―理想と現実の間 1913-1921 年』（創文社、2006年）16 頁。
2) 同前、310 頁。
3) 同前、234 頁。
4) AMBROSIUS, Lloyd E., *Wilsonianism: Woodrow Wilson and His Legacy in American Foreign Relations,* Palgrave, Macmillan, New York, 2002, p. 128.
5) 朝鮮總督府文書課『外國植民地制度梗概［二］比律賓自治法』（大正 14 年 3 月）1 頁。JACAR（アジア歴史資料センター http://www.jacar.go.jp/）Ref. A06032017100
6) 同前、7〜8 頁。
7) 同前、11 頁。
8) 同前、14 頁。
9) 東畑精一『私の履歴書』（日本経済新聞社、1979 年）85 頁。この委員会の成果が

『比島調査報告書』(昭和 1944 年) であり，アメリカのフィリピン占領後に作成されたタフト委員会の報告書に劣らぬものをという意気込みであったという (同前，86頁)。ただし，末川委員は，執筆しなかった。
10) 蝋山政道「第二編政治」比島調査委員会編『極秘比島調査報告書 [復刻版]』(龍渓書舎，1993 年)。
11) 同前，76〜81 頁。
12) GO, Julian, "Introduction: Global Perspectives on the U. S. Colonial State in the Philippines," GO, Julian & FOSTER, Anne L. *The American Colonial State in the Philippines: Global Perspective,* Duke University Press, Durham, 2003, pp. 13-4.
13) *Ibid.,* pp. 14-5.
14) STEINBERG, David Joel, *Philippine Collaboration in World War II,* Solidaridad Publishing House, Manila, 1967, p. 12.
15) *The Friar-Land Inquiry, Philippine Government,* Manila Bureau of Printing, 1910, (Reprint from the Collection of the University of Michigan Library, 2010), p. 128. むろん，この結論は，反論されている (*Ibid.,* p. 129)。ほぼ同時期に，プエルトリコ組織法においても農地改革が予定されていた。ただし，プエルトリコの場合には，土地所有の上限は，3,000 エーカーに設定されていた。フィリピンとプエルトリコの違いは，フィリピンでは，プエルトリコではありえなかったようなかたちで，改革が強行されたことである。フィリピンでは，生産性が余りに落ち込んだため，40 年後でも，代金の支払いが滞ったままであると指摘されている。TUGWELL, R. G., *Puerto Rican Public Papers of R. G. Tugwell,* Governor, Service Office of the Government of Puerto Rico Printing Division, San Juan, P. R., 1945, pp. 311-2.
16) MAY, Glenn Anthony, *Social Engineering in the Philippines: The Aims, Execution, and Impact of American Colonial Policy 1900-1913,* Greenwood, Westport, Connecticut, 1980, pp. 81-2.
17) *Ibid.,* pp. 88-9.
18) *Ibid.,* p. 93.
19) *Ibid.,* pp.98-9.
20) *Ibid.,* p. 121.
21) *Ibid.,* p. 126.
22) *Ibid.,* p. 46. 蝋山・前出注 (6)，62 頁。
23) *Ibid.,* p. 47.
24) ARUEGO, Jose M., *Philippine Government in Action,* University Publishing Company, Manila, 1953, pp. 596-8.
25) STEINBERG, *op. cit.,* pp. 14-5.
26) 中野 聡「米国植民地下のフィリピン国民形成」『東南アジア史 7 ―植民地抵抗運動とナショナリズムの展開』(岩波書店，2002 年) 135 頁。
27) STEINBERG, *op. cit.,* p. 16.
28) 美濃部達吉『憲法撮要 [改訂第 5 版]』(有斐閣，1932 年) 195 頁。

29) 同前，196頁。
30) 同前，208頁。
31) 19世紀初頭における日本の台湾の山岳民族に対する同化政策と，合衆国のルソン島の山岳民族の同化政策は，驚くほど似ていると指摘されている。BARCLAY, Paul, "They Have for the Coast Dwellers a Traditional Hatred: Governing Igorots in Northern Luzon and Central Taiwan, 1895-1915," GO & FOSTER, *The American Colonial State in the Philippines: Global Perspective, cit*, p. 246.
32) 鈴木静夫『物語フィリピンの歴史─「盗まれた楽園」と抵抗の歴史』(中央公論新社，1997年) 195～6頁。
33) 同前，201頁。
34) 大東亜省『比島獨立實施ノ時期及態様ニ關スル一考察』(昭和18年5月6日) 4～5頁。JACAR, Ref. B02032952900
35) 同前，9頁。
36) CELDRAN RUANO, Julia, "Fuentes españolas de la primera constitución filipina," *Revista de Estudios Políticos (Nueva Época)*, Núm. 72. Abril-Junio 1991, p. 205.
37) 委員の何人かは，1935年憲法の特別委員会委員であった。1935年の委員は，次のとおりであり，そのうち◎印を付した者が1943年の独立準備委員会委員である。委員長◎レクト (Claro M. Recto)，議長◎ロハス (Manuel Roxas)，ボムアルデス (Norberto Bomualdez)，エンカルナシオン (Vicente Singson Encarnacion)，ベニテス (Conrado Benitez)，オンティベロス (Jose M. Hontiveros)，ロメロ (Jose E. Romero)，ラウレル (Jose P. Laurel)，ネポムセーノ (Ricardo Nepomuceno)，パルマ (Rafael Palma)，アレリャーノ (Francisco Arellano)，リム (Manuel Lim)，モンティノーラ (Ruperto Montinola)，サンディコ (Teodoro Sandiko)，◎ブリオーネス (Manuel C. Briones)，クアデルノ (Miguel Cuaderno)，ソト (Filemon Sotto)，アルエゴ (Jose M. Aruego)，クエンコ (Jesus M. Cuenco)，フランシスコ (Vicente J. Francisco)，◎オシアス (Camilo Osias)，オレンセ (Eusebio Orense)，レイエス (Jose S. Reyes)，デルガード (Jose M. Delgado)，ペルフェクト (Gregorio Perfecto)，コネヘーロ (Jose D. Conejero)，ロクシン (Jose C. Locsin)，カラム (Fermin G. Caram)。ARUEGO, *op. cit*., p. 55. ホセ・P・ラウレル／日本語版刊行委員会編『ホセ・P・ラウレル博士戦争回顧録』(日本教育新聞社，1987年) 56～7頁。
38) 宇都宮直賢『南十字星を望みつつ─ブラジル・フィリピン勤務の想い出』(私家版，1981年) 131頁。
39) 同前，131頁。
40) 同前，132頁。
41) 読売新聞社編『昭和史の天皇11』(読売新聞社，1970年) 221頁。
42) 池端雪浦・リディア・N・ユー・ホセ編『近現代日本・フィリピン関係史』(岩波書店，2004年) 207頁。
43) フィリピン1943年憲法12条1節「大東亜戦争の終結の一年以内に，国民議会は，国民議会の代議員の人民普通選挙による選挙を法定しなければならず，この選挙の

後，遅くとも 60 日以内に，新憲法を策定し，採択するために集会しなければならず，新憲法は，このために開催される人民投票において人民の承認によって成立するものとする。その承認の後，国民議会は，新憲法の下での官職の選挙とこれによって設けられる政府の開会式を定めるものとする」。

44) 大東亜省『獨立準備委員會ニ對スル現地軍示達經過』（昭和 18 年 7 月 2 日）1～2 頁。JACAR, Ref. B02032953300
45) 大東亜省『比島新憲法ニ關スル説明』（昭和 18 年 10 月）において，「ラウレル」は，個人的には東亜的性格が必要であるという意見をもっていたため，「ラウレル」試案は，「寧ろ日本憲法に近きが如きとなりし」と述べている（2 頁）。JACAR, Ref. B02032952900
46) 宇都宮・前出注（38），132 頁。
47) 大東亜省・前出注（45），6 頁。
48) 宇都宮・前出注（38），132 頁。宇都宮大佐の表現では，2 条 3 節は，「国策としてはフィリピンは，自分の方から外国に戦争をしかけることは認めない」という文言であるが，英文の表現は不明である。おそらく，他の条文も 1935 年憲法の文言が引き写されているから，この規定についても憲法草案と 1935 年憲法と同じであると推測できる。宇都宮大佐の回顧録では，説明の日付ははっきりしないが，東条首相が 1943 年 10 月 6 日「比島独立の件」に関連して「比島憲法」に言及して，「日本だけの立場から憲法学的に観察すれば，不満の点はある」とのべているところからすると（伊藤隆・廣橋眞光・片島紀男著『東条内閣総理大臣機密記録:東条英機大将言行録』（東京大学出版会，1990 年）521 頁），これ以前ということになるだろう。
49) 同前，133 頁。
50) 「かくして，1943 年（昭和 18 年）10 月 14 日比島共和国は独立国家としての誕生を見るに至ったのであります。しかして比島民族の総意による憲法が制定せられ，その憲法の条章に基きラウレル氏が大統領に就任したのであります。また日本政府はラウレル氏の申出に基きその参戦せざることおよび軍隊を常設せざることに同意しました」。東条由布子編『大東亜戦争の真実—東条英機宣誓供述書』（WAC, 2005 年）210 頁。
51) 司波・前出注（41），220 頁。
52) 渡集團司令部『新憲法草案（起草分科委員會確定案）ニ關スル説明書』（陸軍省軍務課複製，昭和 18 年 8 月 24 日）1～3 頁。JACAR, Ref. B02032953300 この文書には，憲法草案の英語の原文が付されている。
53) 2 条は，執行権を規定し，3 条は，立法権を規定し，4 条は，司法権を規定する。
54) 同前，3～6 頁。
55) 比律賓獨立準備委員會起草分科會『比律賓共和國憲法草案（翻譯）』（昭和 18 年 8 月 17 日）によるその内容は以下のとおりである。最終的に成立した 1943 年憲法の規定も，これと同じであるが，比島軍政監部による『比律賓共和國憲法（假譯）』（昭和 18 年 10 月）の訳文とはやや異なる点が散見される（JACAR, Ref. B02031588900）。以下に，後者の訳文を掲げる。

第七條　市民ノ義務及ヒ權利
　　第一項　　　法律ノ定ムルトコロニ從ヒ文武ノ公役ニ服シ租税及ヒ手數料ヲ納付シ並ニ有用ナル職業及ヒ業務ニ從事スルハ市民ノ義務タルモノトス
　　第二項　　　正當ナル法律上ノ手續ニ依ラスシテ生命，自由若ハ財産ヲ剝奪シ又ハ法令ノ平等ナル保護ヲ拒ムコトヲ得ス
　　第三項　　　宗教ノ創始ニ關スル法律又ハ信敎ノ自由ヲ禁止スル法律ハ之ヲ制定スルコヲ得ス市民權又ハ政治ノ權利ノ行使ヲ爲ニ宗教上ノ宣誓ヲ要セス
　　第四項　　　契約上ノ義務ヲ毀損スル法律ハ之ヲ制定スルコヲ得ス
　　第五項　　　刑事ニ關スル遡及法ハ之ヲ制定スルコヲ得ス
　　第六項　　　債務ヲ事由トシテ人ヲ監禁スルコトヲ得ス
　　第七項　　　本人ノ意思ニ依ラサル服役ハ如何ナル形式ノモノタルヲ問ハス存在スルコトナシ但シ正當ノ手續ニ依リテ當事者ガ有罪ト判決セラレタル犯罪ニ對スル刑罰トシテノ場合ハ此ノ限リ在ラス
　　第八項　　　人身保護令ノ特權ハ之ヲ停止スルコトヲ得ス但シ侵略，擾亂ノ場合若ハ叛亂又ハ公共ノ安全ヲ保持スル爲必要アル場合ハ此ノ限リ在ラス
　　第九項　　　私有財産ハ正當ナ補償ナクシテ公共ノ用ニ供セラルルコトナシ
　　第十項　　　貧窮ノ故ヲ以テ裁判所又ハ行政裁判所ニ對スル訴訟ノ自由ヲ拒ムコトヲ得ス
　　第十一項　　左ノ各號ノ權利又ハ自由ハ之ヲ侵スコトヲ得ス但シ平和，道德，衛生，安全又ハ公安ノ爲法律ニ依リ之ヲ制限スルヲ妨ケス
　　　　（一）　不當ノ搜索及ヒ差押ニ對シ安全ヲ保障セラルル權利
　　　　（二）　通信及ヒ信書ノ秘密
　　　　（三）　法律ニ違反セサル目的ノ爲ニスル結社又ハ團結ノ權利
　　　　（四）　無差別且同等ニ認メラレタル信仰表白ト禮拜ノ享有及ヒ實行ノ自由
　　　　（五）　法律ノ定ムル範圍内ニ於ケル居住及ビ移轉ノ自由
　　　　（六）　言論若ハ出版ノ自由又ハ平穩ニ集會シテ不平ニ對スル匡救ニ關シ政府ニ請願スル人民ノ權利

56)　渡集團司令部・前出注（52），12〜5頁。
57)　外務省条約局「『フィリピン』聯邦憲法（1940年）」『条約集』（第21輯第21巻，昭和18年4月14日）4〜6頁。JACAR, Ref. B02031593200 ただし，これは，1940年の改正を経たものである。「民權要綱」と翻訳されたこの「權利章典」は，1902年および1917年の組織法の「權利章典」を引き継ぐものであって，1916年のプエルトリコ組織法中の「權利章典」とも極めてよく似ている。
58)　1935年憲法の規定（3条23節1項）は，以下のとおりである。
　　「（三）公金又ハ公ノ財産ハ宗派，教會，分派，宗派ノ施設又ハ宗教的組織ノ使用，利益又ハ維持ノ爲或ハ僧侶，傳道師，牧師若ハ他ノ宗教的教師若ハ高位僧トシテノ教師若ハ高位僧ノ使用，利益又ハ維持ノ爲ニ直接ニモ間接ニモ振當テラレ，流用セラレ又ハ使用セラルルコトナカルベシ但シ右ノ僧侶，傳道師，牧師又ハ高位僧ガ軍隊又ハ刑事施設，孤児院若ハ癩病保養院ニ配置セシメラレ居ル場合ハ此ノ限リニ在ラズ」。

同前・「『フィリピン』聯邦憲法 (1940年)」, 17頁。1943年憲法の公金支出の禁止規定 (2条11項 (3)) も, ほぼ1935年憲法のものと同じであるが, より簡潔な表現をしている。

59) 奇妙なことに, このような人権の規定の仕方は, 戦後, 憲法問題調査委員会の第三回総会で散布された美濃部達吉博士の資料にも見られる。美濃部博士は, 憲法改正に関する資料「第四 臣民ノ権利義務」について, 次の三つの原則を示している。すなわち,「一, 臣民ノ義務ニ関シテハ兵役, 納税ノ如キ個々ノ義務ヲ列記スルコトヲ改メ, 包括的ニ『臣民ハ此ノ憲法及法律ニ服従スル義務ヲ負フ』トイウガ如キ趣旨ノ規定ヲ設クルヲ可トスベキカ」,「二, 臣民ノ権利ニ関シテモ包括的ニ『臣民ハ法律ニ依ルニ非サレハ其ノ自由及権利ヲ侵サルルコトナシ』トイフ趣旨ノ一箇条ヲ設クルコト」,「三, 法律ヲ以テモ侵スコトヲ得ザル自由及権利ニ付テハ別ニ其ノ規定ヲ設クルコト」を提案している。入江俊郎『憲法成立の経緯と憲法上の諸問題—入江俊郎論集』(第一法規, 1976年), 117頁。宮沢教授も, 憲法問題調査委員会での改正案として, 信教の自由について「日本臣民ハ安寧秩序ヲ妨ケサル限其ノ信教ノ自由ヲ侵サルルコトナシ」(28条) として, 旧規定から「市民タルノ義務ニ背カサル限ニ於テ」という文言を削除するにとどめ, 新たな条文として「日本臣民ハ本章ニ掲タルモノノ外凡テ法律ニ依ルニ非スシテ其ノ自由及権利ヲ侵サルルコトナシ」(×条) と規定している (芦部信喜他編著『日本国憲法制定資料全集1』(信山社, 1997年) 168頁)。

60) STEINBERG, op. cit., p. 81.

61) ベニグノ・アキノ (Benigno Aquino) が総裁になったが, 後に, カミーロ・オシアス (Camilo Osias) と交代した。POMEROY, William J., *The Philippines: Colonialism, Collaboration, and Resistance!*, International Publishers, New York, 1992, pp. 117-8.

62) ただし, フィリピン諸島には, タガログ語以外にも, 多くの言語が存在し, タガログ語がフィリピンの国語であると必ずしもいない状況にあった。

63) 1943年11月16日, カリバピ総裁代理のカミーロ・オシアス (Camilo Osias) は, カリバピの指導者たちに演説し, タガログ語・国語政策について, 次のように述べている。まず, 1935年憲法8条3節「国民議会は, 現存する現地の原語の一つに基づいて共通の国語を発展させ, それを採用することに向けて措置をとらなくてはならない。法律が別途定めるまでは, 英語とスペイン語とを引き続き公用語としなければならない」という規定に言及した上で, フィリピン共和国憲法は,「タガログ語を国語として発展させ, 普及するための措置をとらなければならない (Steps shall be taken for the development and propagation of Tagalog as the national language.)」と定め, 共通語の問題を永久に解決したと論じている。ただし, 1943年フィリピン共和国憲法9条2節は,「政府は, タガログ語を国語として発展させ, 普及するための措置をとらなければならない (The government shall take steps toward the development and propagation of Tagalog as the national language.)」と規定し, オシアスが引用する文言とやや異なる。*Official Gazette*, Vol. I, No, 2, November, 1943, p. 157. JACAR. Ref. B02031589300

64) 津野海太郎『物語・日本人の占領』(平凡社, 1999年) 221頁。

65) 池端雪浦「フィリピン現代史の中の日本占領」池端雪浦編『日本占領下のフィリ

ピン』(岩波書店, 1996年) 17頁。
66) ラウレル大統領は, 次のように日本の軍政を批判した。「比島民衆は此三年間多数の日本人と始めて接触し, 残忍なる民族なりとの観念を懐くに至れり。日本が掲ぐる被圧迫民族解放の理想は, 我等の共鳴措かざる所なるも, 軍の行ふところは民衆の生活を顧みず, 却て之を不安ならしめ, 其結果軍に対する不平不満の声は漸を追ふて全国に瀰漫す。殊に憲兵及守備隊の苛察横暴に対する反感は, 政府要路の者に至る迄浸潤し, 今や到底救ふ可らざるなり」と。福島慎太郎編『村田省蔵遺稿比島日記』(原書房, 1969年) 699頁。

村田省蔵は, そもそもフィリピンの独立についても, 「比島の政治家亦米国の独立に対する意思不明の間は大声独立を叫びしも, 一度独立決せらるゝや, 反転独立再検討を提唱し或は政治的独立叱呼せしは投票獲得の手段に過ぎず」と批判的であった (同前, 700頁)。

67) 中野 聡「融和と圧政──消極的占領体制とその行方」池端・前出注 (65), 36頁。
68) 同前, 37頁。
69) 増田 弘『マッカーサー』(中公新書, 2009年) 291頁。
70) ダグラス・マッカーサー／津島一夫訳『マッカーサー大戦回顧録 [下]』(中公文庫, 2003年) 67頁。
71) 独立前までは, フィリピンの裁判所は, 合衆国の司法制度に組み込まれていたので, 連邦最高裁判所の判例を援用し, 18世紀に遡る合衆国憲法の叛逆罪の成立要件 (2人の証人と明白な行為) を厳格に解釈することで, 叛逆罪の成立を巧妙に回避した。STEINBERG, *op. cit.*, pp. 154-5.
72) *Ibid.*, p. 175.
73) SILBEY, David J., *A War of Frontier and Empire: The Philippine-American War, 1899-1902*, Hill and Wang, New York, 2007, p. 211.
74) KRAMER, *op. cit.*, p. 204.
75) SILBEY, *op. cit.*, p. 211.
76) 齋藤 眞『アメリカ革命研究』(東京大学出版会, 1992年) 142〜3頁。
77) 同前, 162〜5頁。
78) HURST, James Willard, *The Law of Treason in the United States: Collected Essays*, Greenwood, Westport, 1971, pp. 91-2.
79) ただし, 連邦会議の議論では, 叛逆という言葉について何らかの法理が展開されたのでもなく, 叛逆が忠誠に背く (betrayal of allegiance) という中心的な概念を表すために用いられはしたが, この概念が詳述されたわけではなかった。*Ibid.*, p. 144.
80) 3条3節1項「合衆国に対する叛逆罪を構成するのは, 合衆国に対して戦いを起こし, または敵に援助および助力を与えてこれに加担する行為に限るものとする。何人も, 同一の公然行為に対する2名の証人の証言があるか, または公開の法廷における自白によるのでなければ, 叛逆罪につき有罪とされることがない」。
81) HURST, *op. cit.*, pp. 165-6.
82) STEINBERG, *op. cit.*, p. 176.

第8章　ハイチの占領と憲法

第1節　合衆国とハイチ

　カリブ海諸国に対する合衆国の一連の軍事介入は，1898年のキューバに始まり，1934年ハイチからの海兵隊の撤退をもって終わりを告げる。ただし，米西戦争による旧スペイン領を植民地とした後には，合衆国は，領土拡張政策を放棄する。カリブ海や中米諸国に軍事介入はしても，植民地化政策はとらなかった。その理由は，いくつかある[1]。

　1823年の「モンロー・ドクトリン」に代えて，合衆国の新たな戦略として，「ドル外交（dollar diplomacy）」と組み合せた「ローズヴェルト・コロラリー（Roosevelt Corollary）」（モンロー・ドクトリンからの帰結）が登場した。「ドル外交」は，1899年国務長官ヘイ（John Hay）が書いた中国での国際的な投資のための指針としての「門戸開放ノート（Open Door Notes）」を発展させたものであった。「モンロー・ドクトリン」は，ヨーロッパその他の外国による西半球地域への介入を拒絶するという主張であったが，「ローズヴェルト・コロラリー」は，合衆国がラテン・アメリカ諸国の問題に積極的に介入できるという考えを意味していた。実際，合衆国は，ハワイ，パナマ，サント・ドミンゴに介入しただけでなく，1908年にはニカラグアに介入し，1912年から1915年までと，1926年から1933年まで占領した。ハイチは，1915年から1934年まで，ドミニカ共和国は，1916年から1924年まで占領した。合衆国の軍隊は，1918年にはパナマに，1919年と1924年にはホンデュラスに配置された。さらには，1913年から1916年にかけて，メキシコ革命にも介入した[2]。したがって，「ローズヴェルト・コロラリー」は，合衆国の領土外のどこでも軍事介入ができることを正当化したのである[3]。つまり，合衆国は，自分の排他的な影響圏を設立できなかった地域，つまり自国が優越的な政治的・経済的な力を行使できない中国では，自由主義的な門戸

開放政策を実践する一方で，合衆国が自己の覇権を推し進めるのに十分な軍事力を有するカリブ海・太平洋地域では，排他的な門戸を閉じた政策がとられた[4]。

合衆国のハイチ干渉は，中国の門戸開放政策でも，ウッドロー・ウィルソンの世界を民主主義にとって安全なものとしようとする十字軍でもなく，北アメリカ，太平洋岸およびカリブ海で異人種や異文化に対して実行された一連のゲリラ戦であった。合衆国の膨張・拡大は，最初にアメリカ・インディアン，次いでメキシコ人，フィリピン人，キューバ人，ドミニカ人，ハイチ人，ニカラグア人その他の人々との血なまぐさい軍事衝突がともなった。こうした戦争には，人種主義と「野蛮人」に対する蔑視が含まれ，拷問，組織的な村落の破壊，ジェノサイドに等しい軍事戦術をとることもよくあった。近代的兵器を装備した優越した軍隊が貧弱な武器をもち非戦闘員と区別できないゲリラ兵との戦いでは，こうした戦術は，人種的・文化的偏見からたいてい都合よく合理化され，「文明的な」西欧の戦争およびヨーロッパ外交の洗練とは別の世界の出来事とされた[5]。

ヘンリー・スティムソンは，カリブ海でのアメリカの権益の保護について，次のように説明している。「グアンタナモの海軍基地の建設はそうした手段の一例である。キューバが返済能力を超えて外国に対する負債を制限するプラット修正条項の規定，ドイツが介入の脅威となった1906年にドミニカ共和国が外国の負債を返済することを補助するサント・ドミンゴとの条約，あの本当に困難な国で秩序の確立を手助けするためのハイチとの条約，これらすべてが予防的な手段の例なのである」と[6]。しかし，こうした手段も，国家の独立を侵害するのではなく，それどころか，合衆国の努力は，「中央アメリカ諸国（スティムソンは，ニカラグアを念頭に置いている）が引き受け，われわれも認めてきた独立にともなう義務を適切に果たすよう援助することを目的としているに過ぎない」と論じ[7]，アメリカの政策は，カリブ海諸国の自己統治の手助けに過ぎないと力説している。こうして，1920年代末から30年代初めにかけて，合衆国は，「善隣外交（Good Neigbor Policy）」へと舵を切るのである。

こうした合衆国の軍事介入と占領は，キューバ，プエルトリコ，フィリピ

ンのように植民地化を前提とするような全般的な政治制度の変革を目的としていない。

ハイチにアメリカ軍が展開した理由としては，ドイツ人のハイチでの政治的・経済的活動によって，カリブ海地域でのアメリカの権益が損なわれるのではないかという恐れがあった。ドイツがカリブ海に軍事基地を設けると，合衆国は，その軍事的危険性を察知して，自己の覇権とパナマ運河を守るために，1915年から1917年にかけて，ハイチ，ドミニカ共和国，ヴァージン諸島，キューバの一部を占領していった[8]。

ハイチの大統領暗殺をきっかけとする反対派の虐殺事件を理由に，合衆国は，政治的混乱を収束させるという理由で，ハイチに軍を派遣し，軍事占領した。そして，1915年9月17日，ハイチとの間に財政と経済発展に関する条約を締結した[9]。その1条に「合衆国政府は，その公平な職務によって，農業，鉱業および商業資源の適切で効率的な発展と強固な基盤に基づくハイチ財政の確立についてハイチ政府を援助する」と規定されたように，この条約は，ハイチを財政的に合衆国の監督下に置こうとするものであった[10]。条約の10条には，アメリカ人将校が指揮を執る「警察隊（une gendarmerie）」の設立も盛り込まれていた[11]。このアメリカ人が指揮する警察隊を設立して治安にあたらせるという方式は，プエルトリコとキューバでも採用されたものであり，また，同時期にドミニカ共和国とニカラグアにおいても，「国民警備隊（Guardia Nacional）」がアメリカの後見の下で設置されていた。こうした警察部隊は，効率的・中立的・中央集権的な武装部隊としてアメリカに協力的な政府の存続を確保する役割が期待された。しかし，アメリカ軍がキューバ，ドミニカ共和国，ニカラグアから撤退すると，こうした警察部隊は，それぞれバチスタ（Batista），トルヒーリョ（Trujillo），ソモサ（Somoza）の独裁政権の支柱となるのである[12]。このような事情は，ハイチでも同じである。警察隊の指揮権は，海兵隊のバトラー（Smedley D. Butler）少佐（直ちに少将となる）に委ねられ，アメリカ当局の道具となった[13]。

その事情の一端は，条約の10条をめぐるアメリカ人とハイチ人との見解の対立にうかがうことができる。最初，ハイチ人は，アメリカ人がやってきたのは，秩序を回復し，安全を確保して，法律を遵守するハイチ政府の指導

のもとでハイチ人の生活を向上させるためであると信じた。ところが，アメリカ人は，ハイチ人は自己統治ができないのだから，直接統治することでハイチ人の福利を増進することができると考えていたのである[14]。占領軍司令官リトルトン・ウォラー大佐は，ハイチの警察隊を統治の手段として用いようとした。これに対して，大統領のルイ・ボルノ（Louis Borno）は，1916年12月6日付のサロン・メノス宛ての手紙で，次のように苦情を述べている。「ウォラー大佐は，公役務に最大限干渉する手段としてハイチの憲法隊を使ってハイチ政府を統治しようと考えているように思われます」と[15]。1917年にフランクリン・ローズヴェルト海軍次官（後の第32代大統領）に随行したあるアメリカ人は，「政府の実際の運営は，ほとんどバトラー少将とその青年大佐・少佐に委ねられているようなものである」と記している[16]。要するに，合衆国のハイチの占領目的は，自己統治の可能な独立国家のための前提条件を整備することであったとしても[17]，条約によって，合衆国政府は，ハイチの財政，予算，関税の監査・監督権を手に入れ，警察隊の助力をえてハイチ国家の再建を目指したのである。したがって，この条約は，キューバの1901年憲法に挿入された「プラット修正条項」のハイチ版ともいえるだろう[18]。

第2節　ハイチ憲法史

1　ハイチの独立と憲法

　合衆国から見たハイチの統治問題は，それだけではなかった。問題は，憲法にあり，その原因は，建国時までさかのぼる。現在のハイチを含むフランスの植民地のサン・ドマング（Saint Domingue）には，多くの黒人奴隷がいたが，トゥーサン・ルヴェルチュール（Toussaint Louverture）は，フランス革命に触発されて，奴隷制を廃止し，フランスに忠誠を誓いながらも，独自の憲法草案を作成し，ナポレオンの承認を求めた[19]。したがって，この1801年憲法は，独立国家としてのハイチの憲法ではなかったが，「この領土においては，奴隷は存在できず，奴隷制は，永久に廃止される。すべての住民は，

自由でありフランス人として出生し，生活し，死去するものとする」（3条），「何人も，その肌の色を問わず，あらゆる雇用が認められる」（4条）と規定していたように，世界で初めて人種的平等と奴隷制の廃止を謳った憲法であった[20]。しかし，ナポレオンは，これを拒否し，ルヴェルチュールは，捕えられ，フランスに送られて投獄されたあげく，獄死してしまう。フランス政府は，ハイチを旧態に復し，奴隷制も復活しようとするが，かえって独立運動を誘発する。その結果，1804年1月1日，新しい共和国の独立宣言が読み上げられ，ハイチは独立した。「新しい共和国は，忌まわしいフランスの痕跡を一掃すべく，ハイチというインディオの古い呼称を採用し，その国旗からもフランス三色旗の白を取り除いた。将官たちはフランスへの忠誠を永遠に捨てると宣誓，フランスの支配下に生きるよりは死を選ぶと誓った」のである[21]。その結果，生まれたのが1805年憲法である。この憲法は，「以前にはサン・ドマングと称されていた島に居住する人民は，ハイチ帝国の名のもとに，自由で，主権を有し，世界のいずれの強国からも独立した国家を構成することを承認する」（1条）として，宗主国フランスとの関係を断ち，「奴隷制は，永久に廃止される」（2条）と奴隷制の廃止を宣言している。

さらに，この奴隷制の廃止ばかりでなく，「その国籍を問わず，いかなる白人も，主人または所有者の資格で，この国の領土に足を踏み入れることはできず，将来においてもいかなる財産をも取得できない」（12条）という規定を設けている。この外国人に対する財産取得制限規定は，その後の憲法でも，1918年の合衆国の軍事介入によって憲法が改正されるまで，繰り返し規定されることになる[22]。さらに，人種的平等を謳うにとどまらず，「あらゆる肌の色による差別は，国家元首を父とする同じ家族の子供たちの間では当然廃止されなければならず，ハイチ人は，今後，黒人という総称でのみ呼ばれるものとする」（14条）というように，ハイチは，黒人国家であることを宣言している。1801年憲法はカトリックを国教としたが（6条），1805年憲法は国教制度を否認し，「法律は，支配的な宗教を認めない」（50条），「宗教の自由は，認められる」（51条），「国は，いかなる宗教をも，司祭をも扶助しない」（52条）と規定する[23]。

1806年には，ハイチ南部に反乱が勃発し，1806年憲法が制定されるが，

その後も、政情は安定せず、いくつかの憲法が次々に制定された。それらの中でも、1843年憲法がよく知られている。この憲法は、自由主義思想の強い影響を受けており、その後の憲法のモデルとなったからである。この憲法が後の憲法に影響を与えた特徴としては、①公用収用（24条）、②戒厳制度（199条）、③二院制の国民議会（46条）、④執行権の立法権に対する拒否権（これは、合衆国憲法の影響である）（90条）、⑤大統領の行為に対する国務長官の副署（119条）、⑥両院に対する大統領の年頭教書（122条）、⑦破棄院の法廷組織（145条）、⑧会計検査院の創設（181条）である。

ハイチ人については、「アフリカ人またはアメリカ先住民の子孫でハイチに出生したすべての個人およびハイチ人の父母の子で外国に出生したすべての者は、ハイチ人である」（6条）と定義し、「いかなる白人も、ハイチ人の身分を獲得し、またはハイチで不動産を取得する権利を獲得する権利を得ることはできない」（8条）と規定し、1805年憲法以来の趣旨を繰りかえし宣言している。第3章には、「公権」を掲げ、平等原則（16条・17条）、刑事手続上の諸権利（19条ないし23条、25条および26条）、表現の自由（27条）を規定しているばかりでなく、信教の自由を保障し、「すべての宗教は、等しく自由である。／各人は、公の秩序を乱さない限り、その信教を表白し、その宗教を自由に実践する権利を有する」（28条）、「何人も、いかなるかたちであっても宗教行為または儀式に参加することも、宗教上の休息日を守るように強制されない」（30条）と規定している。さらに、1843年憲法は、陪審制度（32条）、集会・結社の権利（33条・34条）、請願権（35条）、通信の秘密（36条）等、比較的詳細な自由権を規定している。ただし、「共和国の主要都市には、救護施設および刑務所が設置され、組織される」（38条）と規定されているように、救貧施設と刑事施設とが組み合わされている。しかしながら、1843年憲法は、短命であった[24]。

2　1889年憲法

合衆国軍がハイチを占領したときに施行されていた憲法は、1889年憲法であった[25]。大日本帝国憲法の発布と同じ年に制定されたこの憲法は、直接的には、1879年憲法をモデルとしているが、「国土の区分も、政治的権利・

公権も，主権行使の形態も，両院が選挙によることも，司法権も，自治制度も，初級議会つまり選挙人団も，公権力の一般規則も，何らの変更を蒙らず，1843年の不滅の革命以来変わっていない」と指摘されているように[26]，自由主義革命から生じた1843年憲法の原理を引き継ぐものである。1889年憲法は，「ハイチ共和国は，唯一にして不可分であり，本質的に自由で，主権を有し，独立している」（1条1項）と規定するように，共和制を採り，「立法権は，代議制の二院，つまり，立法府を形成する庶民院および元老院がこれを行使する」（36条）と規定しているように，二院制を設けている。また，「執行権は，ハイチ共和国大統領という称号を有する市民に委ねられ，他の如何なる名称も受けない」（38条）として，大統領制を規定する。司法権については，「裁判所は，違憲の法律の適用を拒否しなければならない」（147条1項），「裁判所は，アレテ（命令）および一般行政規則が法律に適合する限りにおいてこれらを適用するものとする」（同条2項）というように，裁判所は，合憲性と適法性を審理することができる。

「権利宣言」は，第2巻第1章「ハイチ人の権利」，第2章「市民的権利と政治的権利」および第3章「公権」に，3条ないし32まで規定されている。この「権利宣言」には，平等原則，個人の自由，裁判を受ける権利，遡及効の禁止，住居の不可侵，罪刑法定主義，財産権の不可侵，政治犯罪に対する死刑の禁止，表現の自由，宗教の自由，集会の自由，結社の自由，請願権，信書の秘密など，人権カタログは，比較的豊富である[27]。

しかし，合衆国にとっては，不都合な規定があった。それは，第1章の「ハイチ人とその権利」，特にその5条ないし7条の規定であった[28]。5条はハイチ人の国籍取得に制限を課し，6条は不動産所有権をハイチ人に限定し，7条はハイチ人の外国帰化者の帰国制限を定める。アメリカが介入するまでは，ハイチの16の憲法のどれをとっても，外国人の土地所有権は，禁じられていた[29]。外国人所有権制限条項の意義については，国民の権利，つまり海外勢力から国内企業の保護ためであると解されていたが，実際には，フランスやドイツなどの外国企業を阻止できたわけではなかった。アメリカは，特に，ドイツのカリブ海進出を危惧し，ドイツ人は，ハイチ人との婚姻によってハイチでの経済活動を活発化させていたので，1915年，この状況

は，合衆国の経済活動を阻害するものであるとして，憲法改正の対象とされたのである[30]。そして，1917年，アメリカは，ドイツに宣戦布告をした。

　それでは，ハイチ憲法のこうした規定は，何のために置かれたのだろうか。当時の憲法の解説書では，この6条の外国人に不動産の所有を禁ずる条項は，「国民主権の性質と限界」を論じる中で言及されている。ハイチは，外国人が手厚く保護されているアメリカの国々の一つであると論じた上で，「国民は，国民自身に反する権利を有するのだろうか。国民は，自分自身が破滅するよう励むことができるというのだろうか」と疑問を投げかける。そして，権利の濫用は許されず，「近代憲法では，個人の権利は，公権力に侵害されないとするだけでなく，国土の完全な保全と国家の政治的・行政的自立に係わる場合には制約され，国民主権そのものについても，同じことがいえる」と結論づけている[31]。したがって，このハイチ憲法6条の規定は，主権を保持するための一種の憲法保障制度と解されている。むろんそれだけではなく，ハイチ市民の資格を失う場合を列記することで[32]，国家への忠誠義務を消極的なかたちで規定しているだけでなく，大臣の責任を追及するために両院による訴追制度を設けている[33]。

第3節　合衆国の占領と憲法改正

1　憲法改正問題

　1889年憲法は，「国民主権（La souveraineté nationale）は，市民の総体（l'université des citoyens）に存する」（33条）として，国民主権原理を謳っている。そして，「この主権の行使は，三権に委ねられる」（34条1項）とし，「三権とは，立法権，執行権および司法権である」（同条2項）規定する[34]。したがって，憲法改正についても，国民議会の両院のどちらか，または，執行権の提案によって憲法改正が発議され（194条），国民議会が改正を決定する（195条）[35]。ただし，当時のハイチ憲法の解説書によると，国民主権と人民主権とが明確に区別されていない。「主権を市民の総体に存するとすることで，つまり，主権が国民全体にあるとすることによって，主権の性質を明確

にし，憲法は，事実上人民主権を確認し，承認し，そのすべての法的効力も認めている」と解説し，「国民」と「人民」を等価として記述しているからである[36]。

1916年4月，ダルティグナーヴ（Dartiguenave）大統領は，上院を解散し，下院を憲法制定議会に改変し，コンセイユ・デタ（Conseil d'État）を設置した。この機関には，立法の助言に加えて，その主たる権能として，憲法案を作成し，それを憲法制定会議（その前身は下院である）に付する権限が付与された。これらの措置は，大統領が議会の抵抗を押さえ，占領を恒常化しようとする計画の第一段階を画するものであった。このような動きに対して，両院の議員たちは，激しく抵抗した[37]。

議員たちは，独自に集会を開き抵抗の意思を示したが，結局，占領軍の力の前に屈せざるをえなかった。5月17日には，コンセイユ・デタが設置され，その21名の構成員は，19日に就任式を行った。憲法制定会議は，8月14日に開催されることが決まったが，当選した議員の多くが憲法制定会議をボイコットした[38]。それでも，占領軍の支持を得たダルティグナーヴの姿勢は揺るがず，政府は，9月22日の憲法制定会議召集の布告で，議員を101名から36名に減員すると宣言した[39]。1917年1月15日に行われた選挙では，反対派議員が多数を占めた（36議席のうち24議席）。しかし，合衆国は，占領によって獲得した利益を確保するために，外国人に財産権を保障する憲法を必要とした[40]。かくして，憲法改正案は，アメリカ人が詳細に検討して上で修正され，5月5日に公表された。

フランクリン・ローズヴェルトは，当時海軍次官であり，後年，自ら1918年憲法草案を書いたと主張しているが[41]，1917年ローズヴェルトがハイチを訪問したときには，憲法案は，作成中であった。そこで，実際に憲法草案を作成したのは，「国務省の法務局（the Office of the Solicitor in the State Department）」だったのではないかともいわれている[42]。ローズヴェルトの主張は，民主党の副大統領候補者として，英国の植民地も国際連盟に加盟していることに対抗して，合衆国も，キューバ，ハイチ等のカリブ海諸国も加盟国であることを強調しようとした中での発言である。しかし，この発言には，共和党の大統領候補者ハーディングから，銃剣をかざして憲法を飲ませ

るような干渉は許されないと非難された[43]。

　同日，ダルティグナーヴ大統領は，1918年6月12日に新憲法の賛否を問う国民投票を実施すると発表した。1889年憲法は，国民主権の行使を三権にのみ認め，憲法改正も議会が承認すると定めており，これは，ハイチの憲政史上初めての国民投票であった。合衆国政府のハイチ政策の立案者が考えるところでは，ハイチ人は，自己統治能力に欠ける文明的に劣った人々のはずであった。国務省のメモによれば，「投票人の97％が読み書きを知らず，ほとんどの場合，何に投票しているのか知らなかった」[44]。それでも，ハイチ人は，「国民投票」で新憲法の賛否が問われるほどの資質を有していたというわけである。そして，国民投票は，警察隊の監視下で実施され，投票の結果，憲法案は，賛成69,337票，反対235票で承認された[45]。この国民投票は，国民議会を通じての愛国派有産階級の抵抗を迂回するために方策にすぎず，人民に訴えかけることの本当に意味は，選挙によって憲法改正を正当化することにあった[46]。

　憲法改正の決定には，①議会のみの決定，②議会と国民投票，③国民投票のみの決定という三方式があるという[47]。憲法制定会議による憲法改正方式の原型は，フランス革命期の憲法である（1791年，1793年および1795年の各憲法）。1875年のフランスの第三共和制憲法は，特別の憲法制定議会を設けずに，両議院の共同の会議によって制定された。1889年のハイチ憲法も，フランスの第三共和制憲法に由来し，①議会のみの決定という類型にあてはまる[48]。この方式の根底にある思想は，（ア）中世の法優位思想に由来し，近代自然法思想によって展開された根本法思想と，（イ）国民主権論である（国民と市民とが区別されないから，統治者は，「国民の代表者」たる性格を有する）。これに対して，国民投票は，（ア）の思想を共有しつつも，人民主権説と親和的である[49]。ハイチの憲法改正は，合衆国の圧力の下に，①議会のみの決定から③国民投票のみの決定へと変更されたことになる。

　しかしながら，ハイチで憲法改正のための国民投票が行われたことが，人民主権説を採用したことと解することはできない。ハイチの国民投票制度の原因については，合衆国占領軍が憲法改正をハイチ議会に実行させることができないと悟り，国民投票制度の正当化機能に着目したことにある。しか

し，それは，ハイチ人民の政治能力に期待したからではなく，ハイチ人民を教化するための権力を必要としていたからである。自己統治能力に欠けるハイチ人民には，上から権威に基づく秩序を押しつけなければならないと考えたのである。

ウィルソン合衆国大統領は，秩序，安定，立憲主義という原則に固執し，つまり，法に基づく統治や契約の遵守を重視した。ただし，これがハイチ人には自己統治能力がないという思い込みと結びつくと，ハイチ人に対する権威主義的支配を正当化することになる。確かに，フランス革命に由来する「自由，平等，友愛（Liberté-Egalité-Fraternité）」を謳う民主主義制度の下でも，ハイチでは独裁，軍の横暴，階級搾取が行われてきた[50]。ハイチ人自身，「人種の混じり合った社会では，平等の本能と人間の連帯感覚は，教育，国民の福利および宗教によって，偏見，無関心および甚だしい不平等または社会的な差別によって今でもバラバラになっている階級同士が和解する限りにおいて始めて醸成されうる」のであると解説している[51]。つまり，「人民主権は，現実には，多数派の支配に外ならない」のである。しかし，合衆国は，この既存の民主主義制度を尊重し，強化するのではなく，自分たちの権威主義的な制度をハイチに押しつけた。

2　1918年憲法

1918年憲法は，次のような特徴を有する[52]。
① 警察隊が共和国の唯一の武力であって，軍と警察の性格を併有する。
② 国民投票が憲法改正を承認するために設けられた。
③ ハイチの執行権の行為だけでなく，軍事占領期における合衆国政府のすべての行為が承認され，有効とされた。
④ 立法府選挙を行うのは，共和国大統領である。
⑤ 選挙による立法権が不在の間は，21名からなるコンセイユ・デタが立法する。コンセイユ・デタの構成員は，共和国大統領が任命し，共和国大統領を選ぶのは，コンセイユ・デタである。
⑥ 裁判官の身分保障は，6箇月間停止され，その間に，政府が選んだ裁判官で補充した。

憲法は，①について次のような規定を置いている。「警察隊は，共和国唯一の軍である」と規定し，「秩序の維持，人民の権利の保護，都市・農村での警察権の行使」にあたると定める（118条）。

　1918年憲法は，三権分立に基づく代表制を維持しているが，両院については，議員の数が減らされ，再選可能とされ，下院が上院議員を選出する仕組みは改められ，普通選挙によるものとされた。また，議員の資格として財産所有者または有職者であるという制限も撤廃された。さらに，憲法改正も国民投票を経なければならず，その手続きとしては，両院のうちのどちらか，または共和国大統領が発議し，改正案は，各院で3分の2以上の賛成を得なければならない（128条)[53]。その後，改正案は，国民投票に付される。こうして，②の国民投票制度は，ハイチの憲法に強制的に導入されたのである[54]。

　③については，1918年憲法には，「ハイチの軍事占領期間中における合衆国のすべての行為」という免責規定が挿入された[55]。これは，1901年のキューバのプラット修正条項4条にある文言と瓜二つである[56]。ただし，キューバとことなる点もある。1915年の条約11条は，「ハイチ政府は，販売，賃貸借その他いかなる方法によっても，いささかでも国土を譲渡せず，自国の裁判権をいかなる外国または外国政府に委ねず，ハイチの独立を損ね，あるいは損ねようとする条約もしくは契約をいかなる国とも締結しないことを確認する」と規定している。ただし，条約原案には「合衆国を除く」という文言があったが，これは，交渉の結果，削除された。キューバのグアンタナモ基地は，ハイチでは繰り返されなかったのである[57]。

　④については，立法府選挙が最初に行われる年は，大統領が定めるとしている（第8編C条）。立法府の設置を大統領の政治判断に委ねることによって，政府に有利な選挙戦を行うことができることを認めている。

　⑤についても，占領軍の圧力の下で1916年4月5日の布告で設けられたコンセイユ・デタは，立法府が組織されるまで存続するものとされた（第8編D条）。

　⑥について，憲法は，裁判官の身分保障の規定を置いているが（93条），他方では，後述するように裁判官の異動を意図して「裁判官の身分保障は，

この憲法の公布から6箇月間停止される」と規定している（第8編E条）。司法権については，裁判官の異動だけでなく，裁判所組織についても変更が加えられている。

　1889年憲法では，「国民の権利を対象とする争いは，裁判所の管轄にのみ属する」（127条），「政治的権利を対象とする争いは，法律の定める場合を除いて，裁判所の管轄にのみ属する」（128条）と定める。そして，軍事裁判所のような特別裁判所の設置を禁じているものの，「法律によらなければ，いかなる裁判所も，租税裁判所も設けることができない」（129条1項）と定め，法律によって特別裁判所を設置する可能性を認めている。合憲性審査については，「裁判所は，違憲の法律の適用を拒否しなければならない」（147条1項）と規定する。

　これに対して，1918年憲法は，「司法権は，破毀院および法律で裁判権の形式と範囲を定める下級裁判所がこれを行使する」（89条）と定める[58]。法令審査については，「破毀院は，大法廷において，法律の合憲性について判断する」（98条1項），「裁判所は，破毀院が違憲と宣言した法律の適用を拒否しなければならない」（同条2項），「裁判所は，行政命令と規則が法律に適合する限りにおいて，これら命令と規則を適用するものとする」（同条3項）と定め，破毀院に合憲性を確保させ，下級裁判所には適法性を確保させている。したがって，司法権についても，合衆国型の法の支配を強化しようとした。ただし，むろん1889年憲法と同じ規定も存在する。1918年憲法の「裁判の対審は，公開とするが，公開によって公序良俗が害される場合にはこの限りではない。その場合には，裁判所は，判決でその旨を宣言する」（99条1項），および「政治犯罪と出版犯罪については，非公開審理を宣言することはできない」（同条2項），という規定は，1889年憲法の143条の文言と同じである[59]。

　このように，ウィルソンの立憲主義への情熱にもかかわらず，この憲法のもっとも重要な規定は，外国人の土地所有権，民選二院制のハイチ立法府の無期限停止，裁判官の身分保障の一時的停止，アメリカの軍事占領行為の全面的合法化であった[60]。要するに，1918年憲法は，一方では，立法権を存続させつつも，コンセイユ・デタを設置してその権能を弱めつつ，他方で

は，相対的に執行権の権能を強化し，憲法の正当性を「国民投票」に求めたのである。

したがって，1918年憲法は，ウィルソン大統領の立憲主義への情熱を具体化するような憲法ではなかった[61]。1918年憲法は，占領を正当化し，合衆国によるハイチの運営に支障のある要因を一時的にでも無力化するという要求に応えるものである。その典型を憲法の5条に見ることができる。5条は，前述のように外国人に対する所有権の制約を撤廃し，5年の活動期間という要件を満たせば，「不動産所有権は，ハイチに居住する外国人および居住，農業，商業，産業または教育の必要上外国人が設ける団体に認められる」こととなった[62]。

第4節　合衆国の占領政策

合衆国連邦議会の上院委員会の求めに応じて，国務省の下にハイチでの合衆国の政策を実行する責任を負う機関が設置され，ハーディング大統領は，1922年2月11日，ジョン・ラッセル（John H. Russell）を「高等弁務官（high commissioner）」に任命した。彼は，「条約の目的が達成されるよう」，条約に定められた官吏による「義務の履行を調査，報告，監視するために，合衆国大統領をハイチで代表する」特別大使としての任務を担うこととなった。したがって，彼の役割は，形式的には命令を発して指導するのではなく，条約上の「義務の履行を調査，報告，監視」することであったが，条約上の文官，海兵隊，国民衛兵を支配するだけでなく，ハイチ政府も指導するものであった。ラッセルが率いる占領機構は，約250名の条約上の官吏がおり，その中でも，財政諮問官は，ハイチ政府の財政を策定し，すべての政府資金の支出に許可を与えるという強力な権限を与えられていた。しかし，ラッセルは，この財政諮問官でさえも，罷免することができたのである[63]。1922年4月10日，ルイ・ボルノ（Louis Borno）が大統領に選ばれた。彼は，一面で確かに有能な政治家であり，ハイチの政治的実権を握った。その結果，ハイチの統治は，ボルノ大統領とラッセル将軍の二重の独裁体制のような外観を呈するようになった[64]。

1915年の条約の目的は，ハイチの経済発展を促し，ハイチ財政を再建することにあったゆえに，教育と裁判は，条約の対象ではなかった。しかしながら，ラッセルは，1928年11月2日付のボルノ大統領に宛てた手紙で，ハイチの教育の問題を指摘して次のように述べている。ハイチでは古典教育のみが求められおり，職人や技術者からなる中産階級を育成するためには，「ハイチの公立学校の卒業生は，皆，その生活条件にかかわらず，頭と腕を使うことができるようにすべき」であり，職業教育を重視した教育制度を提案した[65]。これに対して，ボルノ大統領は，消極的であり，教育を支配していたカトリック教会も教育改革に反対し，教育改革は，はかばかしい進展を見なかった。

また，ラッセルは，ハイチの司法制度は，全体的に見て腐敗しているとして，1928年1月3日の年次報告において，次のように指摘している。「この一年間，ハイチの司法機関には何らの改革も認められないし，何らの改善も見られなかった。実際，司法機関の腐敗を完全に根絶することによってしてか，実質的に現在の嘆かわしく恥ずべき状態を改善する方策はない」と[66]。このような司法の腐敗について，ボルノ大統領は，裁判官の交代が必要だと考え，憲法に保障された裁判官の身分保障を弱める憲法改正条項を提案した。

それだけでなく，大統領は，表現の自由についても，16条を改め「表現の自由は，法律の定める条件で，保障される」とし，陪審裁判を保障する19条も，「陪審裁判は，法律に定められた事件の刑事訴追において設けられる」と改められた。さらに，大統領の任期を4年から6年に延長し，反対に上院議員の任期を6年から4年に短縮し，自治体の同意のない課税等の憲法改正を提案した。憲法改正は，国民投票に付され，圧倒的多数の賛成で承認された（賛成177,436票に対して反対3,799票）[67]。しかし，大統領の権限の強化は，所期の目的の達成につながらなかった。

前述のように1918年憲法は，憲法改正によって外国人も土地所有が可能となり，農業への資本の投資が期待された。しかし，大農園の灌漑施設と水利権の確保を規定する法案は，1829年，ハイチ議会に拒否された[68]。また，ホームステッド法案は，大規模農業の適した農地を留保しつつ，農地の実際

の占有者に地代を支払う場合にその所有権を認めるものであったが，1929年，ハイチ議会は，この法案も否決した[69]。

第5節　合衆国軍のハイチ占領の影響

1　フォーブズ委員会

アメリカのハイチ占領は，何を両国にもたらしたのだろうか。1915年にハイチと合衆国の二つの文化が出会った。この出会いと対立は，次のように要約できるだろう。
① 　黒人⇔白人征服者
② 　独裁に基づく政治体制⇔民主主義原理の政治体制
③ 　技術的に発展途上にある国⇔近代技術の先進国
④ 　ラテン・アフリカ文化⇔アングロ・サクソン文化
⑤ 　ブドゥー教と共存する「教皇主義」カトリック教⇔プロテスタント諸派
⑥ 　フランス語の少数派のための法的・文化的な基礎に基づく教育⇔英語による技術に基づく広範な大衆教育，である[70]。

両者の間に横たわるこうした溝は，容易に埋められるものではなかった。フーヴァー大統領は，ハイチの政情を安定させようと，前フィリピン総督でアメリカの植民地問題の専門家であるキャメロン・フォーブズ（W. Cameron Forbes）を長とするいわゆるフォーブズ委員会を立ち上げた。大統領は，1930年2月4日のフォーブズ委員会に関する声明で，合衆国の占領と成果について，次のように述べている。

「調査すべき第一の問題は，何時どのようにしてハイチから撤退するのかということである。第二の問題は，その間，われわれは，何をなすべきなのかということである。……混乱して耐えがたい状況，長期にわたる内乱と国の分解に起因する理由により，私は，1915年ハイチ共和国に入った。われわれは，条約によって，ハイチ共和国が秩序を回復し，効率的な警察力を組織し，財政を立て直し，天然資源を活用するよう手助けする義務を引き受け

たのである。われわれは、安定した自治の建設を手助けするというこの義務を負っている。平和と秩序は回復し、財政は大幅に立て直され、警察力は、海兵隊の指導の下で機能している。ハイチの経済発展は、この体制の下で、目覚ましい発展を見せてきた。それは、幹線道路、義務教育および公衆衛生措置に彩られている。ラッセル将軍は、こうした偉業によって称賛に値する」と[71]。

　フォーブズ委員会は、1930年3月26日に報告書を提出した[72]。報告書は、「アメリカの占領支配の下で、ハイチは、過去15年間で長足の進歩を遂げたことは疑いない」と評価した上で、次のような問題点を指摘している。

　「アメリカの占領下で、その同意により、議会の両院は、1918年に解散し、アメリカの庇護の下で採択された新憲法の解釈によって、両院は、それ以来集会していない。ハイチは、大統領と、アメリカの官僚による指導の下で立法権を行使するコンセイユ・デタが統治してきた。地方自治も、大方消滅した。重要な市町村は、合衆国が任命する委員が統治している。コンセイユ・デタ自体の構成員も、大統領が任免してきた。1918年憲法によって与えられた立法権の下で、コンセイユ・デタは、大統領を選ぶについても国民議会の権限を行使してきた」と。また、委員会は、「ハイチで民主的な代表政府が十分行き渡っているかについては確信が持てない。教育ある世論と識字能力のある少数者は、あまりに小さな勢力であるので、こうした状況において形成される政府は、いずれも寡頭制にならざるをえない。識字能力のある少数者も、官職を生活手段と見なすこともよくある」として、ハイチでの民主主義を実現する条件が十分ではないと指摘している。したがって、委員会は、「アメリカ軍が撤退した後には、ハイチ政府の秩序だった運営は、大部分警察隊の効率性と規律にかかっている」と論じている。

　委員会は、ハイチの公衆衛生の向上は実現されたものの、司法制度の改革については、否定的な評価であった。「ハイチの裁判は、不十分であって、十分な報酬と近代的な手段によって司法制度を改革する必要性も、委員会に指摘されたのではあるが、このような問題は、ハイチ人自身が決めるべき問題である」と突き放している。

2 占領終結後のハイチ

　しかし，こうした「偉業」も，アメリカ占領軍が撤収した後も，権力をふるい続けるエリート層に必ずしも歓迎されるものではなかった。エリートたちは，実際のところはナショナリズム，独立の防衛，民主主義制度の尊重という装いの下に，自分たちの権力を護ったのであって，ボルノ大統領とラッセル将軍の二人組の統治が結局のところ生みだす少数派支配の終了という結果を恐れていたからである[73]。

　アメリカ軍の占領中，1932年憲法が制定されたが，この憲法は，1843年憲法で生まれた伝統的な体制の本質を何ら変更するものではなく，1918年憲法とも，1889年憲法ともそんなにかけ離れてはいない。ただし，ハイチ人の定義，被選挙権の財産所有要件，共和国の分権化原則等については元に戻さず，新たに軍人の代表職・行政職就任禁止規定を設けている。つまり，1932年憲法121条は，「現役軍人は，代表職および行政職に選任することはできない。このいずれかの職務のすべて候補者は，少なくとも，決められて投票日の一年前に辞職しなければならない」と規定し，この規定は，後の憲法でも繰り返されることとなる[74]。

　ハイチの警備隊の発展と交通網の整備によって，ハイチの統治の中央集権化が促進された。中央集権された軍事組織は，ニカラグアのソモサ体制やドミニカ共和国のトルヒーリョ体制のような長期独裁政権を生み出しはしなかったが，独裁者が中央のポルトプランスから全国を支配しやすい仕組みとして働くのである。もっとも，アメリカ合衆国の占領によって，警備隊は，黒人にも教育の機会を提供することとなり，社会的な流動性が高められたことも確かである。また，19年間にも及ぶ海兵隊の駐留から，混血の非エリート層の落とし子を残した。占領は，公務員，熟練労働者，店主などの新たな「褐色の肌（brown）」中産階級を生み出し，従来の排他的なエリートの地位を揺るがすようになる。そして，ナポレオン法典の下で，法的な権利が制約されていた女性たちも，教師や秘書として社会進出を果たし，愛国主義的な政治運動に積極的に参加するのである。それでも，占領軍による1930年代初めの悲観的な予想，すなわち，ハイチは経済的・政治的にほとんど進歩し

ないという予測は，現実のものとなった[75]。

しかし，合衆国の占領政策による外国の侵入と混血集団の合衆国への加担行為がハイチ人のアイデンティティーとしての「黒人性 (negritud)」と結びついて，1946年にデュマルセ・エスティメ (Dumarsais Estimé) が権力を握ると，混血集団の支配に対して黒人の反乱が勃発するにいたった[76]。エスティメは，都市の黒人との警察隊の連携に基づく支配を確立し，これをフランソワ・デュヴァリエ (François Duvalier) が引き継ぎ，独立後のハイチは，デュヴァリエ大統領の独裁に陥るのである。そして，親子二代に亙るデュヴァリエ政権が倒れた後に，現行の1987年憲法が制定されたが，この憲法は，詳細な「基本的権利」を掲げる一方で[77]，外国人の財産権の保障には一定の制約を課し，ハイチの伝統的な憲法思想を復活させている[78]。

---

1) Sparrow, Bartholomew H., *The Insular Cases and the Emergence of American Empire*, University Press of Kansas, 2006, p. 230.
2) *Ibid.*, p. 234.
3) *Ibid.*, p. 246.
4) Schmidt, Hans, *The United States Occupation of Haiti 1915-1934*, Rutgers University Press, New Brunswick, 1995, p. 6.
5) *Ibid.*, p. 7.
6) Stimson, Henry L., *American Policy in Nicaragua*, Markus Wierner, New York, 1991, p. 46.
7) *Ibid.*, p. 47.
8) Moïse, Claude, *Constitutions et luttes de pouvoir en Haïti*, Tome II, CIDICHA, Québec, 1990, p. 9.
9) この条約については，次の文献を参照した。"Convention entre la République d'Haïti et les États-Unis d'Amérique." *Ibid.*, pp. 489-94; Blancpain, Francois, *Haiti et les États-Unis 1915-1934: Histoire d'une occupation*, L'Harmattan, Paris, pp. 67-79.
10) 2条は，1条の趣旨を具体化して，次のように規定する。すなわち，「ハイチ大統領は，合衆国大統領の提案に基づいて，歳入徴収長官だけでなく，ハイチの各種税関と玄関港から生ずる輸出入にすべての関税権を回復し，受け取り，適用するのに必要と判断される助手と吏員を任命する。

　さらに，ハイチ大統領は，合衆国大統領の提案に基づいて，財務顧問を任命し，財務顧問は，財務大臣に付属する官吏であって，国務大臣は，任務の遂行に効果的な援助を提供する。財務顧問は，適切な公会計制度を構築し，税収が増加し，税収と支出と

が適合するよう援助し，共和国の負債の健全性について調査し，不確定なすべての負債に関して両国政府に教示し，税収を受領し，その他充当するのに改善された方法を勧告し，財務大臣にハイチの福利と繁栄に必要であると思われる勧告を行う」と．
11) 10条「ハイチ政府は，国内の平和の維持，個人の権利の安全およびこの条約の完全な遵守のために，ハイチ人からなる効率的で地方と都市の警察隊を遅滞なく創設する義務を負う．この警察隊は，合衆国大統領の提案に基づいて，ハイチ大統領が任命するアメリカ人将校によって組織される．ハイチ政府は，これら将校に必要な権威を付与し，その任務の遂行に関してこれら将校を支持する．アメリカ人将校は，ハイチ人がハイチ政府代表者の立ち会いの下，警察隊を組織する担当上級将校が選んだ委員会が実施する試験の後，職務に就くことが適切であると判断されるときには，ハイチ人と交代するものとする．ここに規定された将校は，ハイチ政府の指揮の下，武器弾薬の監視と統制，軍事物資と全国で行われる通商の監視と統制を行う．条約締結国（Les Hautes Parties Contractantes）は，この条約の規定は，党派闘争と混乱を防ぐのに必要であることを認識する」．
12) SCHMIDT, *op. cit.*, p. 86.
13) *Ibid.*, p. 89.
14) BLANCPAIN, *op. cit.*, p. 94.
15) *Ibid.*, p. 106.
16) SCHMIDT, *op. cit.*, p. 90.
17) MILLSPAUGH, Arthur, *Haiti under American Control, 1915-1930,* Negro University Press, Westport, 1970, p. 135.
18) MENÉNDEZ, Mario, *Cuba, Haiti et l'interventionnisme américain: Un poids, deux measures,* CNRS Éditions, Paris, 2005, p. 51.
19) 国民議会は，植民地の奴隷制廃止には反対であった．1794年2月4日，国民公会は，すべてのフランス植民地での奴隷制を廃止した．しかし，1802年，ナポレオン・ボナパルトは，奴隷制を復活した．LYNN, Hunt, (ed.), *The French Revolution and Human Rights: A Brief Documentray History,* Bedford Book, Boston, 1996, pp. 23-6.
20) MARIÑAS OTERO, Luis, *Las constituciones de Haiti,* Ediciones Cultura Hispanica, Madrid, 1968, p. 17. 1801年憲法は，フランスの1791年の影響を受けているが，カトリックを国教とするだけでなく（6条），家族制度を重視する（9条）などのスペイン型の憲法の特徴を併せ持つ．さらに，「植民地は，基本的に農業に依存しており，農業労働は，いささかも妨害を受けてはならない」（14条），「農園は，それぞれが労働者と農民を必要とする産業であって，勤勉で活動的な家族の安らかな避難所であって，家長は，農地の所有者またはその代理人とする」（15条）という規定に見られるように，農業を重視している点にも，この憲法の特色が見られる（*Ibid.*）．「植民地制度は，総督が提案し，政治機関が承認する法律によって定められ，この機関は，サン・ドマング中央議会の名称の下で，この植民地の主都で定期に集会するものとする」（19条）が，この総督は，トゥサン・ルヴェルチュールが指名されることになっており，「総督は，法律に署名し，公布し，すべての文官および武官を任命する．総督は，軍の最高指揮

官であって，軍を組織する任を担い，植民地の港に停泊する船舶は，総督の命令に従うものとする。……」(34条) という文言から分かるように，1801年憲法は，軍事独裁をとっていた。
21) E・ウィリアムズ／北川稔訳『コロンブスからカストロまでI』(岩波書店，1978年)，331頁。
22) MARIÑAS OTERO, op. cit., p. 23. ただし，13条は，「前条は，政府が帰化を認めたハイチ人の白人女性についても，その現在または将来の子についても，効力をもたない。この条文の規定には，政府が帰化を認めたドイツ人およびポーランド人も，含まれる」(13条) と規定するように，一定の例外を認めている。
23) この規定の背景には，独立運動には，ブードゥー教が積極的役割を果たしていたことにも考えられる。藤田富雄『ラテン・アメリカの宗教』(大明堂，1982年) 163頁。
24) Ibid., p. 99.
25) 1889年憲法は，次の文献を参照した。"Appendice II," MOÏSE, Claude, Constitutions et luttes de pouvoir en Haïti, Tome I, CIDICHA, Québec, 1990, pp. 301-26.
26) MOÏSE, op. cit., pp. 245-6.
27) 3章の「公権」規定は，以下の通りである。
　第13条　ハイチ人は，法律の前に平等である。文官・武官に平等に就くことができる。ただし，個人の功績または国に捧げた役務による優先的取扱いという理由がある場合は，この限りではない。／法律は，公務就任の条件を定める。
　第14条　個人の自由は，保障される。／何人も，法律によって罰せられる行為の勾留によるものであって，法的に権限を有する官吏の命令に基づかないかぎり，何人も，拘禁されることはない。この命令を執行できるためには，次の要件を必要とする。／1　拘禁理由および有責とされる行為を罰する法律の規定を正式に明示すること。／2　命令を執行するさいに，告知を受け，被拘禁者に謄本が渡されること。／現行犯の場合を除いて，逮捕は，上記の形式と条件に服する。／この規定に反するすべての逮捕または拘禁，命令の執行の中にとられたすべての暴力と行き過ぎは，恣意的な行為であって，これに対しては，被害者は，事前の許可なしに，権限ある裁判所に訴えて，実行者または執行者を告訴することができる。
　第15条　何人も，憲法または法律が指定する裁判官の裁判を妨害されることはない。
　第16条　住居の訪問，書類の押収は，法律によって，法律の定める形式によらなければ行うことはできない。
　第17条　如何なる法律も，遡及効をもたない。／法律は，既得権を奪う場合には必ず，遡及する。
　第18条　法律によらなければ，如何なる刑罰も科せられず，法律の定める場合

第 19 条　　財産権は，神聖にして不可侵である。／国が適法に行う譲渡と売買は，撤回できない。／公用のためでも，法律の定める場合と方法で，正当で事前の補償なしには，何人も，その財産を奪われることはない。／政治に関して財産の没収を定めることはできない。

第 20 条　　死刑は，政治に関しては廃止される。法律は，死刑に代わるべき刑罰を定めるものとする。

第 21 条　　各人は，あらゆる問題について自己の意見を表明し，自分の考えを書き，印刷し，公表する権利を有する。／文書は，事前の検閲に服することはない。／この権利の濫用は，法律によって定義され，抑止されるが，出版の自由を侵害することはできない。

第 22 条　　すべての宗教は，等しく自由である。／各人は，公の秩序を乱さない限り，その信教を表白し，その宗教を自由に実践する権利を有する。

第 23 条　　政府は，カトリック・使徒・ローマ教会の司祭に祭務を執行する教区を定める。

第 24 条　　教育は，自由である。／初等教育は，義務とする。／公教育は，すべて段階で無償とする。／教育の自由は，法律に従って，また，国による高度の監視の下で行われる。

第 25 条　　刑事事件，政治および出版犯罪について，陪審が設けられる。／しかしながら，適法に宣せられた戒厳の場合には，国の内外の安全に対する重罪および軽罪，また，一般的に出版その他の方法で犯されるすべての軽罪も，陪審に頼らずに刑事裁判所または軽罪裁判所によって裁判を受けるものとする。

第 26 条　　ハイチ人は，この権利の行使を規定する法律に従って，政治目的の関心によるものであっても，武器を持たずに平和裏に集会する権利を有する。ただし，事前の許可に服することはない。／この規定は，公共の場での集会に適用されず，公共の場では，警察法に完全に服するものとする。

第 27 条　　ハイチ人は，結社の権利を有する。この権利は，如何なる予防的措置にも服さない。

第 28 条　　請願権は，一人または複数人が個々に行使し，団体名で行使しない。／請願権は，立法権，両院の一方の院にも宛てて行うことができる。

第 29 条　　信書の秘密は，不可侵である。／法律は，郵便に委ねられた信書の侵害に責任を負う機関はどれなのかを定める。

28) これらの規定の内容は，次のとおりである。

第 5 条　　ハイチ人男性と婚姻した外国人は，その夫の身分に従う。／外国人男性と婚姻したハイチ女性は，ハイチ人の資格を失う。／婚姻の解消の場合には，ハイチ女性は，法律上必要とされる要件を満たせば，ハイチ人

の資格を回復することができる。／外国人との婚姻によってハイチ人の資格を失ったハイチ女性は，いかなる権原によっても，不動産を所有できず，不動産を獲得できない。／法律は，ハイチ人女性が婚姻の前に所有していた不動産の剥奪方法を規定する。

第6条　何人も，ハイチ人でなければ，いかなる権原によろうと，土地の所有者になることはできず，いかなる不動産をも取得できない。

第7条　適正な方法で外国に帰化したハイチ人は，5年間経過しなければハイチに戻ることはできない。その者が再びハイチ人になりたいとするならば，法律上外国人に課せられるすべての条件と形式を満たさなければならない。

29) SCHMIDT, *op. cit.,* p. 96.
30) MOÏSE, *Constitutions et luttes de pouvoir en Haïti, cit.,* Tome II, p. 67.
31) DORSAINVIL, J.-B., *Éléments de droit constitutionnel: Étude juridique et critique sur la Constitution de la République d'Haïti,* M. Giard & E. Brière, Paris, 1912, pp. 30-1. つまり，「各人が自らの自由を納得できるようなかたちでは放棄できないのであれば，同じように，いずれの国民も，全体であろうと一部であろうと，主権を放棄する権限を有しないことは，現在の世代が個人の財産というよりもむしろ神聖な受託物，共同の信託物（fidei commis）として，祖国，共有の国土をもっているのであるからなおさらのことである」(*Ibid.,* pp. 31-2.).
32) 10条「ハイチ市民の資格は，次の場合に喪失する。／1　外国に帰化すること　／2　緊急の危機に際して祖国を捨てること／3　外国政府が付与する公職または年金を許可なく受領すること／4　共和国の敵に役務を提供するか，または敵と取引すること／5　対審で終局の体刑と加辱刑の終身刑に処せられること」。
33) 109条1項「下院は，大統領が在職中に権威と権力の濫用，叛逆その他あらゆる罪を犯した場合に，大統領を告発し，上院の審理に付す」，119条1項「下院は，国務長官が在職中に，公金横領，叛逆，権力の濫用・逸脱その他あらゆる軽罪重罪を犯した場合に，国務長官を告発し，上院の審理に付す」。この条文の意義は，「代表制統治においては，憲法と為政者に対する法律を維持する最高権力が必要である」からである (DORSAINVIL, *op. cit.,* 188.)。ただし，この規定は，フランスの1875年7月16日の憲法的法律による「高等裁判所（la Haute Cour）」という語句を用いてはいない。この憲法的法律も，それまでの憲法の先例にならったものに過ぎない。ESMAIN, A. *Éléments de droit constitutionnel français et comparé,* Panthéon-Assas, Paris, 2001, p. 1061.
34) 第3編には，以下のように「国民主権およびその行使が委ねられている権限」が規定されている。

第33条　国民主権は，市民の総体（l'université des citoyens）に存する。

第34条　この主権の行使は，三権に委ねられる。／三権とは，立法権，執行権および司法権である。／三権は，共和国の統治を構成し，この統治は，基本的に民主主義的であって，代表制である。

第35条　各権力は，その権限について二権から独立しており，権限を別々に行

第 36 条　立法権は，代議制の二院，つまり，立法府を形成する庶民院および元老院が行使する。

第 37 条　国民議会の権限は，限界があり，憲法が特に付与した権限以外のものに拡大できない。

第 38 条　執行権は，ハイチ共和国大統領という称号を有する市民に委ねられ，他の如何なる名称も受けることはない。

第 39 条　司法権は，破棄院，上訴裁判所，民事・商事・治安裁判所がこれを行使する。

第 40 条　あらゆる公職には，個人の責任が伴う。／法律は，その行政上の行為について公務員に対する告訴の場合に従うべき方法を規定する。」

35) 第 7 編は，次のように憲法改正手続きを規定する。

第 194 条　立法権は，二院の何れか，または執行権の提案にもとづいて，その意図する憲法規定を改正する理由があると宣言する権利を有する。／この宣言は，庶民院の最後の集会でなければなすことができないが，直ちに共和国全土に公布される。

第 195 条　続く集会で，両院は，国民議会として集会し，提案された改正について決定する。

第 196 条　国民議会は，選出された議員の 3 分の 2 以上多数が出席しなければ，この改正を審議できない。この場合，投票の 3 分の 2 以上の多数でなければ，如何なる宣言もできず，如何なる変更もできない。

このような憲法改正手続きは，フランスの第三共和制憲法に由来する。以下に，ハイチ憲法 194 条 1 項の原文とフランス第三共和制憲法（公権力の組織に関する 1875 年 2 月 15 日の法律）8 条を掲げる。ただし，ハイチ憲法の憲法改正審議の定足数と賛成票の 3 分の 2 の要件に対して，第三共和制憲法では，賛成には議院の絶対多数が必要とされている。

［ハイチ憲法 194 条］Le Pouvoir Législatif, sur la proposition de l'une des deux chambres ou du Pouvoir Exécutif, a le droit de declarer qu'il y a lieu à reviser telles dispositions constitutionnelles qu'il désigne.

［フランス第三共和制憲法 8 条］Les chambres auront le droit, par délibérations séparées prises dans chacune à la majorité absolue des voix, soit spontanément, soit sur la demande du Président de la République, de déclarer qu'il y a lieu de réviser les lois constitutionnelles.

フランス憲法については，次の文献を参照した。中村義孝編訳『フランス憲法史集成』（法律文化社，2003 年）。

36) DORSAINVIL, *op. cit.*, p. 17.
37) MOÏSE, *Constitutions et luttes de pouvoir en Haïti, cit,* Tome II, p. 51.
38) *Ibid.*, p. 54.
39) *Ibid.*

40) *Ibid.,* p. 59.
41) *The New York Times,* 19 Aug, 1920, p. 15.
42) SCHMIDT, *op. cit.*, p. 111.
43) SCHOULTZ, Lars, *Beneath the United States: A History of U. S. Policy toward Latin America,* Havard University Press, Cambridge, 1998, p. 255.
44) SCHMIDT, *op. cit.*, pp. 98-9.
45) MENÉNDEZ, *op. cit.*, p. 52; SCHMIDT, *op. cit.*, p. 99.
46) MOÏSE, *Constitutions et luttes de pouvoir en Haïti, cit,* Tome II, pp. 63-4.
47) 芦部信喜「憲法改正国民投票制」『憲法制定権力』（東京大学出版会，1983 年）63 頁。
48) 芦部教授も，この類型に属する憲法として，1889 年のハイチ憲法 195 条を挙げている。同前，68 頁。
49) 同前，64-9 頁。
50) SCHMIDT, *op. cit.*, p. 12.
51) DORSAINVIL, *op. cit.*, p 39.
52) BLANCPAIN, *op. cit.*, pp. 139-40.
53) MOÏSE, *Constitutions et luttes de pouvoir en Haïti, cit.* Tome II, , p. 68.
54) 1918 年憲法の改正条項は，1889 年憲法のものを下敷きにしながらも，国民投票を導入するために大幅に変更されている。以下に訳文を掲げる。原文については，次の文献を参照した。*Constitution de 1918 de la République d'Haïti, amendée par le plébicite des 10 et 11 janvier 1928,* Port-au Prince, Internet Archive, http://www.archive.org/stream/ constitutionde1900hait/constitutionde1900hait_djvu.txt 英訳については，次の文献を参照した（ただし，これは，抄訳である）。"Constitution of the Republic of Haiti, June 12, 1918," MILLSPAUGH, *op. cit.*, p. 224.
　第 128 条　憲法改正条項は，ハイチの全選挙人の過半数によって採択されなければならない。立法府の両院の何れか一院は，もしくは立法府への教書によって共和国大統領は，この憲法の修正条項を提案することができる。／提案に係る修正条項は，別々に開かれる立法府の各院の 3 分の 2 の多数で採択されなければ，国民の承認に付してはならない。／次いで，この修正条項は，直ちに官報（Moniteur）で公表されなければならない。／提案された修正条項の投票前の 3 箇月間，修正条項の法文は，地方行政区の行政官がその行政区の主な公共施設に張り出し，新聞に月 2 回印刷され，公表されなければならない。／次回 2 年目の第一次集会の会合で，提案された修正条項は，一人一人賛成または反対によって秘密で個別の投票箱による投票に付されなければならず，共和国全土で絶対多数を獲得したならば，立法府の会期の日から憲法典の一部となるものとする。
55) この条文は，「特別条文」として規定され，番号も付されていない。その内容は，次のとおりである。
　「ハイチの軍事占領期における合衆国のすべて行為は，有効かつ承認されたものと見なされる。／　いずれのハイチ人も，占領政府の命令によって，または権威の下で

実行した行為について，刑事または民事上の責任を問われることはない。／ 占領軍軍事裁判所の行為は，恩赦権の場合でない限り，再審に服さない。／ この憲法の公布までの執行権の行為は，同じように有効かつ承認されたものと見なされる」。

57) BLANCPAIN, *op. cit.*, p. 79. DORSAINVIL, *op. cit.*, p 17.
58) 原文は，次のとおりである。Le Pouvoir Judiciaire est exercé par un Tribunal de Cassation et des tribunaux inférieurs dont le mode et l'étandu de juridiction seront établis par la loi.
59) 原文は，次のとおりである。Les audiences des tribunaux sont publiques, à moins que cette publicité ne soit dangereuse pour l'ordre public et les bonnes mœurs; dans ce cas, le tribunal le declare par jugement.
   En matière de délits politiques et de presse, le huis clos ne peut être prononcé.
   この規定は，ハイチの1843年憲法の158条とまったく同じ文言である。1843年憲法は，次の文献を参照した。"Appendice I," MOÏSE, *Constitutions et luttes de pouvoir en Haïti, cit.*, Tome I, pp. 277-300.
60) SCHMIDT, *op. cit.*, pp. 10-11.
61) *Ibid.*
62) *Ibid.*, pp. 65.
63) *Ibid.*, pp. 126-7.
64) MILLSPAUGH, *op. cit.*, p. 107.
65) BLANCPAIN, *op. cit.*, p. 215.
66) *Ibid.*, p. 221.
67) MILLSPAUGH, *op. cit.*, pp. 113-6; SCHMIDT, *op. cit.*, pp. 192-3.
68) MILLSPAUGH, *op. cit.*, 156.
69) *Ibid.*, p. 158.
70) BLANCPAIN, *op. cit.*, 339-40
71) MILLSPAUGH, *op. cit.*, pp. 241-2.
72) *Ibid.*, pp. 242-9.
73) BLANCPAIN, *op. cit.*, 347.
74) MOÏSE, *Constitutions et luttes de pouvoir en Haïti, cit.*, Tome II, p. 193.
75) SCHMIDT, *op. cit.*, pp. 235-6.
76) ALCÁNTARA SÁEZ, Manuel, *Sistemas políticos de América Latina*, V. II, 3ª ed., TECNOS, Madrid, 2008, p, 492.
77) 第2章「基本的権利」には，A節からJ節まで，「生命と衛生」，「個人の自由」，「表現の自由」，「良心の自由」，「集会・結社の自由」，「徳育・教育」，「労働の自由」，「財産」，「情報の権利」，「安全の権利」を規定し，全部で79箇条に上る。興味深いのは，「基本的権利」の最初に位置する権利として19条に「生命と衛生」を挙げ，「国は，世界人権宣言に従って，生命，健康，人身の尊重，すべての市民が差別を受けない権利を保障する絶対的な義務を負う」と定めつつ，「基本的権利」の中に大逆罪が掲げられていることである。21条は，「大逆罪は，共和国に対して外国軍におい

て武器を取ること，共和国と争っている外国に仕えること，公務員が管理を委ねられた国の財産を盗む行為または遵守すべき任にある公務員のあらゆる憲法違背行為とする」として，大逆罪として「国の財産を盗む行為」を挙げ，21条の1は，「大逆罪は，終身強制労働によって罰せられ，減刑されない」と規定している（20条は，「あらゆる事件において死刑は，禁止される」と定めるので，大逆罪には最も重い刑が科せられている）。

78) 外国人については，以下のように規定している。
 第53条 外国人の入国と滞在の条件は，法律によってこれを定める。
 第54条 共和国領土にいる外国人は，法律に従って，ハイチ人に認められる保護と同じ保護を享受する。
 第54条の1 外国人は，不動産所有権，職業遂行，卸業，商業代理および輸出入業に関する法規定がない限りにおいて，市民的，経済的・社会的権利を享受する。
 第55条 不動産所有権は，暮らしの必要に応じてハイチに居住する外国人に認められる。
 第55条の1 しかしながら，ハイチに居住する外国人は，同一行政区において複数の住宅の所有者にはなりえない。如何なる場合でも，外国人は，不動産賃貸業に従事することはできない。しかしながら，外国の不動産開発会社は，法律によって規定される特別な地位を享受する。
 第55条の2 不動産所有権は，法律の定める制約と条件で，農業，商業，鉱業，宗教，人道または教育計画の必要のために，ハイチに居住する外国人および外国会社に等しく認められる。
 第55条の3 何れの外国人も，ハイチの国境地帯にある不動産の所有者になることはできない。
 第55条の4 不動産所有権は，外国人に帰属する財産の譲渡と精算について従うべき規則を定める法律に従って，外国人が居住しなくなるか，会社の営業を止めてから5年で修了する。
 第55条の5 以上の規定の侵害は，その共犯者も含めて，法律に従って処罰される。
 第56条 外国人が国政に関与するときには，法律の定める場合には，その外国人を共和国の領土から追放することができる。
 第57条 庇護権は，政治的難民に認められる。

第9章　連合国の占領と日本国憲法の制定

第1節　占領初期の政策と憲法問題

1　「戦後外交諸問委員会」の対日政策

　日本国憲法草案の作成過程において重大な転機となった事件は，いわゆる松本案が毎日新聞にスクープされて，GHQ の知ることとなった事件であろう。後に日本国憲法草案作成の責任者となるホイットニー自身，この松本案は，「改正に値しない，とわれわれはすぐに分かった」と回顧している[1]。このままでは，国民は，「旧憲法をほとんどそのまま写したにすぎない案について賛否を問われざるをえなくなるだろう」と危惧したというのである[2]。1946年2月3日，マッカーサーは，ホイットニーに対して憲法草案を準備するよう指示した。ホイットニーは，いわゆるマッカーサー三原則に従うことを条件に，「作業を始めるのに完全な自由裁量を有することとなった」。こうして，ホイットニーのいうところによれば，GHQ 民政局の憲法改正案作成スタッフは，世界の国々の憲法の中から最良のものを用い，最悪なものを捨て，憲法草案を作成したのである[3]。しかし，このホイットニーの，松本案は改正に値しないという判断は，いかなる基準によってそう判断したのだろうかという疑問が浮かぶ。

　前章まで論じてきたように，合衆国の国家的繁栄を世界の自由な交易に関連づけ，積極的にその勢力を海外に伸張し始めるのは，米西戦争を契機としていた。マハンの海外交易戦略は，この合衆国の政策を反映した理論である[4]。商船隊の増強，寄港地の確保，商船隊を守るための海軍力の充実が不可欠であるから，中央アメリカに運河を築くことによって東洋との交易ルートが確保され，運河防衛のためにもカリブ海支配が必要と考えられたのである。セオドア・ローズヴェルト大統領は，英国がヨーロッパの勢力均衡を保

っている間は,アメリカは安泰だと考えていたが,英国がこの役割を果たすことができなくなるような場合には,合衆国がその役割を引き受けなければならないと考えていた。ウィルソン大統領も,第一次世界大戦に参戦する理由としてイギリスとフランスの防衛に荷担することが軍国主義ドイツ膨張主義とロシア(ボルシェヴィズム)の専制政治から合衆国を守り,安全保障を確立するために必要であると考えた。しかし,大戦後は,合衆国の外交政策は,モンロー・ドクトリンの枠に後退していた[5]。

ところが,第二次世界大戦が勃発すると,フランクリン・ローズヴェルト大統領は,伝統的な国防政策を転換し,新たにフランク・ノックスとヘンリー・スティムソンをそれぞれ海軍省長官と陸軍省長官に任命した。そして,後述するように,特にスティムソンは,「ポツダム宣言」の作成に影響を与えた。

対日政策の立案の研究・討議にあたったのは,大統領の諮問機関である「戦後外交政策諮問委員会(Advisory Committee on Post-War Foreign Policy)」であり,1942年2月から活動を開始している[6]。特に,この機関の下に設けられた「領土小委員会」では,対日政策について活発な討論がなされ,いくつかの案が浮上した。これらの案は,六つに分類できるという[7]。すなわち,①「国家壊滅・民族奴隷化論」(これは,さすがに極論として合衆国政府の案としては不適格であった),②「隔離・放置論」(日本を国際社会から隔離するという案),③「介入変革論」(長期にわたる占領管理によって,憲法から社会制度まで,侵略戦争を許容するような要素をすべて取り除いて,民主的で平和な社会に作り変えるという方針),④「介入慎重論」(天皇制を含む日本の制度を尊重しようとする見解),⑤「積極誘導論」(「介入変革論」と「介入慎重論」の中間に位置する見解で,ボートン(Hugh Borton)が主張した。これは,広範な日本の政治体制の変革は必要であるが,強制によらずに日本人自身が変革を行うように誘導すべきという考え),⑥「日本帝国の温存論」(日本を中国とソ連に対する対抗力として温存すべきという見解であるが,合衆国国政府の見解にはなりえないもの)である。

戦前に在日米国大使館員として直接日本滞在の経験があり,この時期の対日政策の立案に携わった領土小委員会の構成員もあったロバート・フィアリ

一(Robert A. Fearey)によれば、日本経済に関する当時の対日基本方針は、次の三つのグループに分けられている[8]。

(1) 第一グループは、対日強硬派であって、将来予想される日本の侵略を徹底して阻止するための安全保障政策として、日本の全近代産業が破壊されることと、通商を断つことが不可欠と考えていた。日本経済の完全破壊を志向し、日本を完全な農業国とするという計画であった(この見解を代表するのが中国問題の専門家であったホーンベック(Stanley Hornbeck)である。彼は、日本人の侵略的性質は、日本の宗教や文化に根差しているから、日本を民主化するのは、不可能だと考えた)。

(2) 第二グループは、日本の重工業の破壊と船舶の戦勝国への引き渡しを求めるが、非軍事的な軽工業は許され、一定期間後、日本は、通商への復帰が許されると考えた。

(3) 第三グループは、軍需産業を除去または平和産業に転換し、国際的な監視態勢を整えれば、安全は確保されると考えた。日本社会に必要最小限度の生活水準の確保と、それを可能にする平和産業と貿易の復活が不可欠であると考えた(この見解を代表するボートンは、日本の軍部の台頭は、神道の政治利用や明治憲法の悪用によるのであるから、軍部の影響力を除去し、日本国民が自らの能力を自覚すれば、安全を確保できると主張した)。

この第三グループには、知日派と呼ばれる立案者が多く含まれおり、その案は、前記の「積極誘導論」と同一の見解である。そして、この案が「領土小委員会」の見解として受け入れられ、1944年以降の具体的な対日政策の立案過程にも前提となった[9]。1943年12月17日の「領土小委員会」の最終会合において、高名な地理学者で議長のボーマン(Isaiah Bowman)は、日本の具体的な国内改革構想を提案した。この提案の内容は、①日本の政治制度の改革、②日本に欧米の水準の人権を確立するための権利章典の制定、③新聞・ラジオ等のマスメディアと情報の自由化、④侵略思想の根絶であった。その意図するところは、「たとえ短期の占領期間内に、これらすべての目標を達成することが困難であるとしても、合衆国は、国内改革の基本方針を設定させるために十分な影響力を行使できる」というものである[10]。つまり、

日本占領期に，その後の国内改革の方向づける枠組みを設定しようとしたのである。

アメリカ合衆国の帝国主義政策は，ヨーロッパ諸国の直接的な地理的支配を意図する政策と異なり，世界を市場と捉える抽象的な地理的観念に基づいていた。アメリカの世紀は，合衆国の地理的拡大というよりも，歴史の進歩の当然の結果であると理解された。したがって，この見解は，合衆国がこの歴史的発展を具現化しているという確信に至り，合衆国の制度が世界基準であると見なされることになる。ボーマンは，1943年6月，国際連合憲章を合衆国憲法にならって制定すべきであると論じていた。彼は，国際連合は，あらゆる国民と民族に普遍的な「一定の自明の真理 (certain self-evident truths)」から出発すべきであると考えたのである。この自明の真理とは，「すべての人は平等に造られ，造物主によって，一定の奪いがたい天賦の諸権利を付与され，その中に生命，自由および幸福の追求のふくまれることを信ずる」というアメリカ独立宣言の文言を意味し，平等，生命，自由および幸福追求の権利という四つの「真理」を指している（ただし，ボーマンは，全部で18の真理を挙げていた)[11]。

2　国務省の構想

1943年1月，国務省にも「戦後計画委員会 (PWC: Postwar Program Committee)」が設置され，さらにその下部機関として「部局間極東地域委員会 (CAC: Inter-Division Area Committee on The Far East)」が置かれ，日本と極東地域に関する政策案の起草にあたった。1944年2月18日，極東地域委員会は，陸軍省・海軍省から合同質問状が国務省に寄せられると，戦後処理問題の検討作業を急速に行うようになった[12]。国務省は，それまで検討してきた論点を総合的に整理し，国家政策として提出した。陸軍省・海軍省に送られた一連の対日政策文書は，1944年3月から5月にかけて（その後は，極東委員会で）起草され，「戦後計画委員会」で修正，承認された[13]。

1944年5月4日の「日本—日本に関する合衆国の戦後目標」(PWC108b, CAC116b) は，占領の基本目的を二つ掲げ，すなわち，(1)「日本が合衆国と他の太平洋諸国に対する脅威とならないようにしなければならない」，(2)

「アメリカの利益から他国の権利と日本の国際的義務を尊重する政府を日本に設けることが求められる」とし，これらの目的を実現する次のような三段階を予定している[14]。

① 第一段階は，日本の降伏の直接的な条件が実行され，日本に軍事的侵略の当然の報復として厳しい占領の規律が課せられる時期である。
② 第二期は，厳しい監視の時期で，日本が他の諸国民と平和に生きる意思と能力を示すにつれて，徐々に制限が緩められる。
③ 第三期は，合衆国の最終目的に向かう時期であって，つまり，日本が平和的な諸国民からなる集団の中でその責任を適切に果たすという目標の時期である。

5月9日の「日本―軍国主義の廃絶と民主化過程の強化」(PWC-152b, CAC-185b)は，1942年から43年にかけて対日計画の立案者たちが研究・討議を重ねた結果を集約的にまとめた文書である[15]。文書は，日本の軍国主義の復活を阻止する方法を次のように挙げている[16]。

(1) 「悪法」の廃棄
(2) 超国家主義的要素の除去（①超国家主義団体の解散，②思想統制・国家主義イデオロギーを大衆に強制する警察活動の中止，③軍国主義を称揚する映画・演劇の禁止）
(3) 経済構造の民主化
(4) 日本国内の自由主義勢力の強化（①占領政策を害しない限り，新聞，ラジオ，映画，言論の自由の承認，②自由主義的教育に対する制約の除去，③政党，労働組合，信用組合，消費者協同組合その他民衆組織の奨励，④市町村議会・都道府県議会の積極的活用，⑤選挙による民主参加）

文書は，具体的な政治改革にも言及している[17]。すなわち，

(1) 予算の権限と憲法改正権を有する議会の創設
(2) 「日本は，戦後期，陸・海・空軍を保持することは，許されるべきではない」が，もし日本が軍事力を有するような場合には，陸軍・海軍大臣の文官規定の導入
(3) 司法組織の改革による裁判の独立の強化

さらに，国務省は，個別の問題にも答えている。「日本―信教の自由」

（PWC-115, CAC-117）では，信教の自由は，合衆国憲法修正1条だけでなく，ローズヴェルト大統領の「四つの自由」にも謳われている自由であるが，これは修正1条に見られるように政教分離原則と不可分であるとされる。文書は，神社に対する国の援助を禁止することによって，宗教活動を国家の統制から解放しようとしたのである[18]。「日本―悪法の破棄」（PWC-114, CAC-123）は，表現の自由や信教の自由を制限し，超国家主義思想教育・軍事訓練を義務づける法令の廃止を勧告している[19]。「日本―政治問題―天皇制」（PWC-116b, CAC-93e）は，天皇制の存続を認め[20]，「日本―軍政期間中の労働者の組織」（CAC-254 Preliminary）は，軍国主義勢力に対抗する勢力として労働組合を再編成し，1935年に成立した全国労働関係法（ワグナー法）によって認められた労働者の団結権・団体交渉権等の労働者の権利を日本に導入することも目的としている[21]。

これら一連の国務省の文書は，日本の非軍国主義化と民主化に力点が置かれてはいるが，言論の自由，信教の自由，労働者の団結権・団体交渉権等人にも言及している。

第2節　占領軍と憲法思想

マッカーサーの戦時司令部は，前線の日本軍に降伏を促し，日本の戦意を低下させる作戦をたてるために，日本人の行動様式の分析を行っていた。この分析を担当したフェラーズ（Bonner F. Fellers）准将は，日本人の心理分析を行った。日本人の心理の輪郭を描いた報告は，「たいていの公文書がそうであるように，マッカーサーの部下が一度報告書に書いた内容は，その後の多くの文書でもそのまま踏襲された。つまりはじめは仮説にすぎなかったものが，繰り返し書かれるうちに，たちまち真理めいた権威を帯びていったのである」[22]。また，日本が降伏する前，1945年春，マッカーサー司令部は，米英両軍の心理作戦担当官の会議をマニラで開き，フェラーズは，「日本人の行動様式」をまとめているだけでなく，次のような秘密資料を配っている[23]。

「日本人は自分自身が神だと信じており，以下に示されるような民主主義

やアメリカの理想主義を知らないし，絶対に理解もできない．
① アメリカ独立宣言
② アメリカ合衆国憲法
③ 大西洋憲章
④ 他人種，他宗教を認める寛容の精神
⑤ 公正な裁判なくして処罰なしの原則
⑥ 奴隷制反対
⑦ 個人の尊厳
⑧ 人民への絶対的信頼」．

合衆国の歴史を通じてこのような民主主義・理想主義の原則が本当に実現されてきたのかについては疑問であるが，ここに掲げられた原則は，①から③が後の日本国憲法の前文に，④が平等原則と信教の自由・政教分離原則に，⑤と⑥が人身の自由に（特に⑤は刑事手続規定）に，⑦が個人の尊重に，⑧が国民主権原理に反映されていることは容易に理解できる．

知日派のグルーは，1945年5月28日日本に対し降伏を呼びかける文書の案をトルーマン大統領に提出した．その内容と表現は，後の「ポツダム宣言」とほとんど一致するという．その後，スティムソンは，7月2日，大統領に宛てに「対日計画案」と「各国元首による宣言案」を提出し，この宣言案がポツダム宣言の基礎となった．その内容は，先のグルー案とほとんど一致する．そして，スティムソン案を修正した合衆国代表団草稿に基づいて最終案がポツダム会談で示された[24]．ただし，最終案では，それまでの草案の12項後段にあった天皇制に関する言及が削除され，ポツダム宣言の12項の「前記諸目的ガ達成セラレ且日本国国民ノ自由ニ表明セル意思ニ従ヒ平和的傾向ヲ有シ且責任アル政府ガ樹立セラルルニ於テハ聯合国ノ占領軍ハ日本国ヨリ撤収セラルベシ」という文言となった[25]．

この宣言中の「責任ある政府」の意味について，ボートンは，「それは首相が国会の議席の多数を占める政党から選ばれ，内閣は国会に対し連帯して責任を負う．そのような政府を指すものであった」と説明している[26]．また，10項には，「民主主義的傾向ノ復活強化」と「言論，宗教及思想ノ自由並ニ基本的人権」の尊重も謳われていたのであるから，ポツダム宣言の起草

者たちは，憲法改正を念頭に置いていたと考えられる。ただし，憲法改正は，明治憲法を念頭に置いたものであるが，憲法改正の骨子について考えていたのであって，明治憲法の全面改正までも必要だと思っていたわけでなかった[27]。

　スティムソンは，ポツダム宣言の作成過程において重要な役割を果たしたのであるが，1936年の自著で次のように，合衆国の護るべき基本原理を記述している。近未来を予測するのは困難であるとしても，「しかし，少なくとも文字通り幾百万年もの間に亙る，われらの人種の自由，寛容および正義における遠大な進歩は，永久に破壊されるものではないということは分かっている」。そして，「われわれを圧倒するような問題は，結局のところ解決されるだろうし，すでに人類が歩んできた道を進めば，あらゆる時代の賢明で，自由な精神をもち，勇敢な人たちがそのために苦闘してきた原理にしたがって，解決されるであろう」と述べている[28]。文中の「われらの人種（our race）」が人類の意味であるとすれば，合衆国こそが人類の成果を具現していると示唆していることになるだろう。

　スティムソンは，フィリピン総督としてフィリピンでの経験は短かったにもかかわらず，フィリピンの支配層との融和的関係を築くことができたが，それでもセオドア・ローズヴェルトの帝国主義政策を支持していた。ただし，彼は，世界的観点からアメリカの外交政策を考える最初の政治家の一人であって，この点では，セオドア・ローズヴェルトの紛れもない弟子だった。フィリピンへの関心から，スティムソンは，中国，日本を訪問し，アジアへの広い視野を獲得することができたのである。アジアの理解は，1931年から33年の満州事変に関して日本との抗争の経験を通じて確信へと深まっていった。その結果，スティムソンは，誤った道を進もうとする者を守るためであれば，合衆国は軍事的・経済的実力を行使することも許されるという原理を確認することとなった。彼は，1898年の膨張主義と1945年の「グローバリズム（globalism）」とを架橋したのであって，セオドア・ローズヴェルトの「ナショナリズム」を第二次世界大戦の「新国際主義（new internationalism）」へと変容させたのである[29]。

　マッカーサーは，1945年9月2日，日本の降伏文書調印式の後，米国民

向けのラジオ演説で，次のように述べている[30]。

「90年前我が米国のペリー提督はここに立った。今日我々は彼を想いつつこの東京に立っている。ペリーは日本が世界の友好・貿易・通商に対して閉ざしていた孤立のヴェイルを揚げようとした。然るに遺憾にも西洋の科学のもたらした知識は抑圧と隷従の道具に改鋳された。迷信と暴力によって自由な教育は抑圧され，表現の自由，行動の自由，更には思想の自由さえ否定されるに至った。ポツダム宣言は，日本国民がこの隷従状態を脱することの世話役を務めるよう我々に任じている。私は可能な限り早急にこの任務を遂行し，また武装解除その他の軍備的無力化の諸措置をとろうと考えている。……太平洋には今や解放された新世界の展望が開けている。今や自由は攻勢に転じ，民主主義は進撃を始めた。アジアにおいてもヨーロッパにおいても，桎梏を解かれた民衆は自由の美果，恐怖よりの解放を享受している」と。自由貿易によってもたらされた知識は「抑圧と隷従」の道具となり，表現の自由・行動の自由・思想の自由がなく迷信と暴力に支配された状態，すなわち「隷従状態」から日本国民を解放し，「自由の美果」である「恐怖よりの解放」を享受するはずであるというのである。

第3節　日本の占領と「初期対日方針」および「基本指令」

1　「初期対日方針」

1945年9月22日の「降伏後に於ける米国の初期対日方針（United States Initial Post-Surrender Policy for Japan）」（SWNCC150/4/A）は，①「日本が再び米国の脅威となり又は世界の平和と安全の脅威となることなきよう保証すること」，②「他国家の権利を尊重し国際連合憲章の理想と原則に示されたる米国の目的を支持すべき平和的且責任ある政府を追って樹立すること」という目的を掲げる[31]。目的達成手段としては，次のような政策を挙げている。

①　武装解除および非軍国主義化
②　戦争犯罪人の処罰
③　個人の自由と民主主義過程への希求奨励

第3節　日本の占領と「初期対日方針」および「基本指令」　255

④　経済の非軍事化
⑤　民主的勢力の助長
⑥　平和的経済活動の再開
⑦　賠償および返還

　これらのうち，③については，「宗教的信仰の自由は占領と共に直ちに宣言せらるべし同時に日本人に対し極端なる国家主義的並に軍国主義的組織及運動は宗教の外皮の陰に隠るるを得ざる旨明示せらるべし。日本国民は米国及其他の民主主義国家の歴史，制度，文化及成果を知る機会を与えられ且つそのことを奨励せらるべし」，「集会及公開言論の権利を保有する民主的政党は奨励せらるべし但し占領の安全を保持する必要に依り制限せらるべし」，「人種，国籍，信教又は政治的見解を理由に差別的待遇を規定する法律，命令及規則は廃止せらるべし」等と規定されている。
　また，⑤については，「民主主義的基礎に基づき組織せられたる労働，生産業及農業部内の諸組織の発展は之を奨励支持すべし，生産及商業手段の所有権及之が収入を広範囲に分配することを得しむる諸政策は支持すべし」とも述べ，労働組合や農民組合による配分的正義を重視している。
　日本政府との関係について，「天皇及日本政府の権力は降伏条項を実施し日本の占領及管理の施行の為樹立せられたる政策を実行する為必要なる一切の権力を有する最高司令官に隷属するものとする」と規定し，日本政府が最高司令官に従属するとしているが，「最高司令官は米国の目的達成を満足に促進する限りに於ては天皇を含む日本政府機関を通じて其権力を行使すべし」と命じているから，最高司令官は，日本に対していわゆる「間接管理」を原則としている。ただし，この「対日方針」の政策の実行は，マッカーサー将軍の自由な裁量に委ねられており，「結局のところ，占領の歴史は，多くの点でマッカーサー将軍の個人支配の歴史である。彼は，自己の使命とは軍国主義国家を平和を愛する民主主義国に変革することだと考えていた」のである[32]。

2　「基本指令」

　1945年11月3日の「日本占領及び管理のための連合国総司令官に対する

降伏後における初期の基本的指令（Basic Initial Post-Surrender Directive to Supreme Commander for the Allied Powers for the Occupation and Control of Japan）」（JCS1380/15）（以下「基本指令」と略記）は、統合参謀本部から連合国軍最高司令官に与えられた命令書であり、マッカーサー将軍の施策を拘束するものであった。

この文書は、第1部「一般及び政治」、第2部「経済」および第3部「財政金融」からなり、全部で50節から形成されている[33]。「基本指令」は、「軍事占領中に日本社会を恒久平和に役立つよう変革しようというアメリカ政府のマスター・プラン」であった。ケーディス（Kades）によれば、この「基本指令」は、それぞれの部分に分割され、各専門分野を担当するGHQ部局に交付され、担当部局は、さらに項目に分けて実行され、総司令部の指令として日本政府に送られた。フィアリーによれば、SWINCCの個別の問題に関する文書も、同じように利用されたという[34]。したがって、「初期対日方針」（SWINCC150/4/A）に加えて、「基本指令」（JCS1380/15）も戦争中に作成された日本の占領政策を示す最も基本的な文書である。その内容は、憲法改正を直接示唆しているわけではないが、憲法に関する多くの論点を含んでいる。

最高司令官の権限については、「貴官は、貴官が降伏及びポツダム宣言の規定の実施に得策且つ適当と考えるいかなる措置をも執る権力を有する」としたうえで（2節）、日本の占領目的については、「日本が終局的には国際社会に責任あり且つ平和的な一員として参加することを日本に許すような諸条件を育成するにある」としつつも、「米国は、日本政府が民主主義的自治の諸原則にできるだけ従うことを希望するが、日本国民の自由に表明された意思によって支持されないいかなる政治形態をも日本に強いることとは占領軍の責任ではない」とも述べている（3節a）。

「基本指令」は、日本から軍国主義と除去し、軍需産業を解体することによって平和な日本に改革しようとする意図の下に、ポツダム宣言の「民主主義的傾向の復活強化」および「言論、宗教及思想の自由並に基本的人権は確立せられるべし」（10項）を受けて、これらを敷衍している。これらの規定を列記すれば、次のとおりである。すなわち、

① 「民主主義的自治原則（principles of democratic self-government）」
② 「政治的及び市民的自由の制限と，人種，国籍，信仰又は政見による差別（restrictions on political and civil liberties and discriminations on grounds of race, nationality, creed or political opinion.)」の禁止
③ 「思想の自由（freedom of thought）」
④ 「信教の自由（Freedom of religious worship）」
⑤ 「国家神道施設への財政的その他の援助の禁止（to cease financial and other support of National Shinto establishments）」
⑥ 「代議的地方政府の自由な選挙（Free elections of representative local governments）」
⑦ 「労働保護立法（protective labor legislation）」の復活，「被使用者の組織の結成（the formation of organizations of employees）」
⑧ 「罷業又は他の作業停止（strikes or other work stoppages）」の権利等である。

ただし，これらの権利自由の保障も，占領目的を妨げない限りにおいて認められており，特に表現の自由については，「最低限度の統制及び検閲」が認められていた[35]。

「自治原則」（または自己統治）は，合衆国の膨張過程で未編入連邦領土の支配を正当化するために持ち出される概念であり，その内容としては代表民主制と三権分立原則のみならず，本来は共和制を意味する。しかし，「基本原則」自体が「天皇を排除したり又は天皇を排除しようとするいかなる措置」もとってはならないと命じているのであるから（4節 c），共和制については否定的である。表現の自由と信教の自由等については，合衆国憲法修正1条の文言「合衆国議会は，国教を樹立または宗教上の行為を自由に行うことを禁止する法律を制定してはならない。言論もしくは出版の自由を制限する法律および市民が平穏に集会し，また苦情の処理を求めて政府に対し請願する権利を侵害する法律を制定してはならない」が念頭に置かれていると見るべきであろう。さらに，ニューディール思想を反映して，労働保護立法，労働者の団結権・争議権に触れている。ただし，刑事手続きに触れるところはなく，「日本における通常の刑事及び民事裁判所は，貴官の決定する規則，

監督及び統制に従って機能継続を許される」と述べるのみである。この点については，この文書は「降伏後における初期の基本指令」であるから，長期的な視点にたった制度改革は，後に処理すべき課題であると判断したとも考えらえる。

3 「人権指令」と「神道指令」

1945年10月4日のいわゆる「人権指令」は，日本政府に対して思想，宗教，集会および言論の自由の制限を設定または維持するすべての法律，勅令，省令，政令，規則の廃止ならびに人種，国籍，信仰または政見を理由として特定の個人を有利，不利に取り扱う条項またはその適用の即時停止を命じた[36]。さらに，12月15日には，「神道指令」が出された。その目的は，四つあった[37]。すなわち，

① 国家によって公式に指定された宗教あるいは儀式への信仰ないしは信仰の表明を直接・間接に強制されることから，日本国民を解放すること，

② 日本国民をして戦争犯罪，敗戦，苦痛，喪失，および現在の悲惨な状況にいたらしめた一つのイデオロギーを支援するための財政負担の国民への強制を撤廃すること，

③ 神道の理論や信仰を軍国主義および超国家主義であるかのごとくに曲解して国民を惑わし，侵略戦争に誘導することの再現を防ぐこと，

④ 永久平和と民主主義を基盤とする新生日本の構築に国民生活が捧げられる場合においては，国民を助成することである。

以上の四つに加えて，副次的な目的として，信教の自由を強化することも挙げられるであろう。

したがって，これら一連の文書は，憲法改正を直接要請してはいないけれども，日本の政治組織全体の変革を計画しており，憲法の改正はその計画の一部と考えられていたのである[38]。この間にも，むろん憲法改正に言及する文書は，米国側と日本側の双方で作成された[39]。

マッカーサー最高司令官と総司令部のスタッフは，合衆国憲法の統治原理と「権利章典」の特に修正1条の権利自由の保障，さらにはニューディール

期の社会立法の日本における意義を十分理解していたといえる。

　前記「対日方針」文書その他の指令を前にして，田中二郎教授は，日本占領の基本原則を次のように指摘している。まず，「日本政治管理」の基本原則は，以下に記すように，軍国主義の除去，民主主義的政治組織の確立および基本的人権の3点に要約できるという[40]。

① 軍国主義の除去　これは，武装解除および軍の解消，軍国主義的指導者の追放と戦争犯罪人の処罰および軍国主義的諸制度の廃止を意味する。

② 民主主義的政治組織の確立　これは，議会制度の改革（婦人参政権の付与，選挙権・被選挙権の年齢引下げ，地方自治の拡充など）と民主主義的政治制度の発達に障害となる制度の廃止（1945年10月4日の政治的市民的宗教的宣言の撤廃に関する覚書（人権指令），9月10日と9月27日の新聞言論の自由の確立に関する指令，12月15日の政教分離の指令，10月22日の教育に関する指令）を意味する。

③ 基本的人権の尊重　これは，新聞・ラジオ等の表現の自由（9月10日の覚書は，言論・出版の自由を認めつつ，それに一定の制約を課している。10月16日の指令は，映画に対する統制を撤廃した），集会結社の自由の確立（10月4日の政治的市民的宗教的宣言の撤廃に関する覚書は，集会結社の自由を命じていた），信教の自由の確立（12月15日の神道指令），身体の自由の確立（10月4日の政治的市民的宗教的宣言の撤廃に関する覚書によって撤廃されるべき法令に基づく拘置監禁および保護観察その他の身体の自由を奪われた一切の者の釈放），経済的自由の確立（12月11日の指令は，「民主主義的傾向の復活強化に対する経済的障碍を除去し，人民の権威尊重を樹立し，農民を数世紀に及ぶ封建的抑圧の下に置いて来た経済的束縛を打破する為め，日本の土地を耕す者が彼等の労働の果実を享受する平等の機会をもつことを保障するが如き措置をとること」を命じている）を意味する。

　この論文においては，憲法改正問題に触れられてはいないが，日本の改革の基本方針を①から③に要約し，そのことによって，おのずと憲法改正の方向性を示唆しているといえよう。

第4節　民政局と憲法改正問題

1　民政局の憲法構想

　憲法原理をもっと明確に提示している文書としては，連合国最高司令官総司令部の「レポート・日本の憲法についての準備的研究と提案」(1945年12月6日) が好例である。ラウエル少佐の署名のあるこの文書では，「民主主義的な傾向が伸長するために」，「弊風を抑止すること」が必要であるとして，この「弊風」を列記している。その上で，憲法改正が必要であることを説き，「権利章典」，「国民に対して応える政府」および「地方に責任を分与すること」という三つの課題を指摘し，それぞれについて附属文書で詳述している[41]。特に，法律の留保によって人権が侵害されたということと，権利の保障が不十分であったことは，様々な連合国総司令部の文書で繰り返し指摘され，民政局での憲法改正作業の当然の前提となっている。

　「権利章典」については，必ず掲げるべき権利・自由として，①信教の自由，②言論の自由・集会の自由，③請願権，④通信の秘密，⑤財産権の保障，⑥意に反する苦役の禁止，⑦逮捕・捜索の令状主義，⑧事後法の無効，⑨無罪の推定・弁護人依頼権・迅速かつ公開の裁判を受ける権利・二重の危険の禁止・自己負罪の禁止，⑩人身保護令状を列記している。「国民に対して応える政府」については，「御前会議と枢密院」を廃止し，三権分立を明確にした。ただし，立法権については，議院内閣制の強化を提案している。「地方に責任を分与すること」については，日本は，極端な中央集権制であったとして，憲法で地方自治を認めるよう求めている[42]。

　1946年1月11日の「幕僚長に対する覚書き―私的グループによる憲法改正草案に対する所見」は，「高野岩三郎氏等の憲法研究会案」(「憲法草案要綱」) についてのラウエルの覚書であるが，「ラウエル覚書」と呼ばれている。この文書は，1945年12月中頃に，日本の私的グループが作成した憲法改正案 (憲法研究会案) が総司令部に出され，その英訳にラウエル中尉が覚書を作成したものである[43]。この文書の中で，ラウエル自身，「現行帝国憲

法およびそのもとにおける統治機構運営の研究は,現在,本民政局において,行われており,また過去数ヶ月にわたってすでに行われて生きた」と述べているように,日本の憲法に関する研究の一環としてこの文書が作成されたのである[44]。この文書には,憲法改正に係る具体的な提案が記されており,ホイットニー民政局長も署名しており,その内容は,民政局の見解であるとも考えられ,「そこに,いわばマッカーサー草案の素描をみることができるといっていい」とも評価されている[45]。この憲法研究会に参加した鈴木安蔵教授は,後年,マッカーサー草案は,人身の自由等についての保障規定においては,比較にならないほど優れているけれども,「いわゆる社会的基本権の規定においては,われわれの草案の見地には,はるかに及ばない」と評している[46]。一方,ラウエルも,「憲法草案要綱」について「この憲法中に包含されている諸条項は,民主的で,かつ承認できるものである」と評価しつつも,「国民の権利を追加し,左のことを追加すること」として,ヘイビアス・コーパス令状以下7項目の刑事手続き上の原則を挙げている[47]。つまり,合衆国憲法の「権利章典」中の諸原則を挙げているのである。

「憲法草案要綱」は,ラウエルの評価を通じて日本国憲法の成立に大きく貢献したにもかかわらず,不当に低く評価されているという批判がある[48]。「日本の人々」の意見だけでは,短期間のうちに日本国憲法を制定することが難しかったことは事実であるが,他方で,米国側の立案だけでも,日本国憲法を制定できなかったことも事実であるというのである[49]。確かに,憲法研究会案に対する「この憲法草案中に盛られている諸条項は,民主主義的で,賛成できるものである」というラウエルだけでなく,これを実質的に支持した民政局の評価も,占領政策に合致した憲法が日本人の間で作成されていたことに驚き,この案を高く評価した。しかしながら,高く評価されたのは,草案がアングロ・サクソンの法伝統に由来し,歴史的発展の最先端に位置すると信じていたいわば合衆国基準に合致していたからであると考えるべきであろう。

2 「日本の政治組織の改革」(SWNCC228)と憲法制定

「基本指令」は,日本の憲法改正について直接言及しているわけではない。

合衆国政府の日本の憲法改正に関する基本方針を直接・具体的に示した文書は、1946年1月7日に承認された「日本の政治組織の改革（Reform of the Japanese Constitutional System）」（SWNCC228）である[50]。この文書は、SWNCC（国務・陸軍・海軍三省調整委員会）が指令としてではなく、1月12日、参考資料としてマッカーサー元帥に送付された[51]。文書の結論部分で、最高司令官が日本政府に改革目的として注意を喚起すべき事項を列記している。

① 選挙権を広い範囲で認め、選挙民に対し責任を負う政府を樹立すること、

② 行政府の権威は、選挙民に由来するものとし、行政府は、選挙民または国民を完全に代表する立法府に対し責任を負うものとすること、

③ 立法府は、選挙民を完全に代表するものであり、予算のどの項目についても、これを減額し、増額し、もしくは削除し、または新項目を提案する権限を、完全な形で有するものであること、

④ 予算は、立法府の明示的な同意がなければ成立しないものとすること、

⑤ 日本臣民および日本の統治権の及ぶ範囲にあるすべての人に対し、基本的人権を保障すること、

⑥ 都道府県の職員は、できる限り多数を、民選とするか、またはその地方庁で任命するものとすること、

⑦ 日本国民が、その自由意思を表明しうる方法で、憲法改正または憲法を起草し、採択すること、である。

ケーディスの発言によれば、JCS指令とSWNCC-228という両文書は、憲法改正に言及していたのであるから、憲法改正を前提としていたばかりでなく、GHQの憲法作成についても参照された。ケーディスは、「各小委員会がそれぞれ担当した章の草案を起草し終えたとき、私はそれらがSWNCC-228と矛盾していないかどうかチェックさせました」と証言している[52]。したがって、少なくとも、SWNCC-228は、GHQの憲法改正作業に一定の基準として役割を果たしたといえる。

成立した憲法改正案について、民政局のホイットニー准将から連合国最高司令官宛の1946年2月10日付けのメモにおいて、「この草案は、民政局全

体でよく検討した見解をあらわすもので，アメリカの政治思想のほとんどすべてを反映しております。……この草案を準備するに当たりましては，現行の大日本帝国憲法の歴史的発展が十分検討されたのみならず，わが〔アメリカ〕国民および若干のヨーロッパ諸国の国民の生活を規制する憲法上の諸原則に対しても，慎重に注意が払われたのです」と述べ，さらに，「この草案は，誤って解されることのないような文言で，基本的人権を再叙することを目指しています。この草案は，政治的民主主義のみならず，経済的，社会的民主主義を樹立しています」と説明している[53]。

3 合衆国政府と占領軍スタッフ

占領地の統治にそなえるために，スティムソンとマーシャル（George C. Marshall）は，陸軍省内に「民政班（a Civil Affairs Division）」の設置を決めた。ヒルドリング（John H. Hilldring）少将がこの機関の責任者となり，その任務は，陸軍省の管轄に属するあらゆる問題について助言することであった[54]。マーシャルは，第一世界大戦での軍政の問題点を踏まえて[55]，1942年，シャーロッツヴィル（Charlottesville）のヴァージニア大学に「軍政学校（the School of Military Government）」を設立した[56]。この学校は，上級将校向けの教育を受け持ったが，士官を教育する施設として「民事要員訓練所（the Civil AffairsTraining Schools（CATS））」が設置され，さらに，CATSの訓練を終えた士官は，カリフォルニア州モンテレイの「民事要員駐屯地（the Civil Affairs Staging Area (CASA)）」に送られ，終戦まで待機した[57]。CATSの授業は，シカゴ大学で行われたが，後には，ハーヴァード大学もこの計画に参加した。1944年には，国務・陸軍・海軍三省調整委員会の極東小委員会（SWNCC）の議長であって，戦前には，東京の合衆国大使館に勤務した経験もあるユージーン・ドウマン（Eugene Dooman）も参加する日本の占領政策に関するパネル・ディスカッションが，ハーヴァードで12月4日から7日にかけて計4回開かれた。テーマは，それぞれ，①「軍政における公役務の利用」，②「日本における政治的再建問題」，③「経済的および社会的再建問題」，④「カイロ宣言の意味するもの」であった。特に②のテーマでは，天皇制の存続が論じられた[58]。しかし，CATSでは，多くの民政要員が教育されたのに

もかかわらず，朝鮮半島に送られ，日本統治にあたる要員は，GHQ自体が募集した。その結果，GHQの14の局のうちCATSで訓練を受けた者をそれなりに含んだ局は，五つにすぎなかった。

第5節　マッカーサー草案作成スタッフ

　占領計画は，すべてが「降伏後に於ける米国の初期対日方針」（SWNCC150/4/A）や「日本占領及び管理のための連合国総司令官に対する降伏後における初期の基本的指令」（JCS1380/15）のようなワシントンからの一般的な命令とマッカーサーとそのスタッフの思想に依拠していたのであり，GHQのスタッフのごく少数のみがCASAの将校であって日本の専門家であったにすぎない。ケーディスによれば，「基本指令」は，別々に分割されて，様々なGHQの局に手渡され，そこでは分割された「基本指令」をさらに段落ごとに分けられ，それを政策に転換して，「連合国軍司令官の指令」として日本政府に送られた[59]。したがって，両文書の日本の占領政策形成に与えた影響は極めて大きい。むろん，GHQのスタッフの中に日本の専門家が少ないとしても，両文書を具体的政策に変換する際には，そのスタッフの政治傾向が反映されるということはありうる。

　ホイットニーは，憲法草案作成の主要なスタッフとして，ケーディス（Charles L. Kades），ラウエル（Milo E. Rowell）およびハッセイ（Alfred R. Hussey, Jr.）を任命した。それに，秘書役のルース・エラマン（Ruth Ellerman）が加わった。ケーディスは，ハーヴァード大学ロー・スクール出身の弁護士であって，ニューディール政策の実施に携わり，その後，軍人としてヨーロッパに滞在した経験はあったが，日本についての知識は，まったくと言っていいほどなかった。むろん，アメリカの戦争プロパガンダに基づく日本のイメージ，つまり，「日本文化は，封建的な残滓が積み重なったものであって，排外主義的で，軍国主義・帝国主義に陥りがちであって，物まね上手で神秘的である―立憲的民主主義には展望がもてそうにない性質のものである」という知識はもっていたであろう[60]。しかし，彼は，人民はどこであっても民主主義を求めるものであるという信念，とりわけ，アメリカ型の民主主義が

第 5 節　マッカーサー草案作成スタッフ　*265*

最善のものであると固く信じていた。また，民主主義には成文憲法が必要不可欠であって，憲法はその国の文化的風土から生成されるものであるという考え方を否定していた[61]。ハッシーもハーヴァード大学・ヴァージニア大学ロー・スクールを卒業した弁護士であり，ラウエルもハーヴァード大学・スタンフォード大学ロー・スクールを卒業した弁護士であった。

　日本について専門知識をもっていた民政局スタッフとしては，少女時代を日本で過ごしたビート・シロタ（Beate Sirota）の他に，サイラス・ピーク（Cyrus H. Peake）（コロンビア大学で東アジア史研究による博士号を授与される），セシル・ティルトン（Cecil G. Tilton）（日本，中国，朝鮮で経済・政治調査を行う），ハリー・ワイルズ（Harry Emerson Wildes）（慶応大学で教えた経験があり，日本に関する著書もある）がいた[62]。ハッシー，ラウエル，ロウスト，リゾーは，前述した「軍政学校」，CATS，CASA において，若干の日本に関する講義を受けた経験をもっていた。その他の民政局のスタッフは，日本に関する知識はさらに少なかった。しかし，こうしたスタッフは，大きく保守派と自由主義派とに分けられるが，共通点としては，すべてがニューディール思想を受け入れていたことが挙げられる[63]。

　また，総司令部案の起草にあたった人々には弁護士が多く，彼らは，「会社法専門の弁護士」であったといわれることもある。しかし，「会社法専門の弁護士」とは，会社の顧問弁護士ないし特定の会社の法律部に雇用されている法律家を意味するのであって，連邦制をとる合衆国においては連邦憲法の解釈にも関心をもたざるをえない。その上，合衆国の裁判所は法令審査権を有し，「会社法専門の弁護士」にとっても憲法問題を避けて通ることはできなかった[64]。したがって，問題は，「会社法専門の弁護士」たちは，合衆国の植民地政策と憲法との関係についてどの程度知っていたのかということである。

　特に，ホイットニーは，マッカーサーの取り巻きの一人となるまでに，十数年間，マニラで弁護士を営んでおり，「1936 年には鉱山試掘や株式投資で百万長者」となり[65]，また，「1925 から 1940 年まで会社の顧問弁護士であり，数社の鉱山会社の社長としてフィリピンに在住していた」だけでなく，マッカーサーのスタッフとして，フィリピンのゲリラ活動を組織し，支援

し，仕事上の利益を通じてフィリピンの支配層と密接な関係を保っていた[66]。したがって，彼が，フィリピンの1935年憲法13条（改正前12条）の「天然資源の保存と利用」[67]に関する規定を知らなかったとは考えられない。

未編入領土と憲法問題との関連では，民政局のスタッフの中に，興味深い人物がいる。それが，国会に関する草案作成に携わったスウォープ（Guy Swope）海軍中佐である。一方では，ホイットニーによれば，スウォープは，連邦議会議員でもありヴァージン諸島の総督の経験もあった[68]。ところが，他方では，彼は，いくつかの職を経た後，「合衆国下院議員，プエルトリコ準州知事，合衆国内務省準州局長（Director of U. S. Territories）を歴任」したと経歴が紹介されている[69]。後者の説明のほうが正確であり，スウォープは，1941年2月3日から同年7月24日までプエルトリコの総督を務めている[70]。ホイットニーは，プエルトリコのヴァージン諸島を指していったのかもしれない[71]。スウォープは，予算に関する権能を論ずるさいに，「プエルトリコの経験から推して，実際上は，行政府はその承認しない歳出予算に基づいた措置をとることを拒否する権能をもつものである」と発言している[72]。つまり，国会が浪費的な出費を伴う予算を承認するような場合には，行政権に拒否権を与えるべきではないかという意見に対して，スウォープは，自身のプエルトリコでの経験を披露して，支出を拒否する実務的な権限があったと論じている[73]。

1934年から1939年まで総督を務めたウィンシップ（Blanton C, Winship）の下では，総督の役割は，軍隊のような規律でもって法と秩序を維持するという警視総監であり，官吏や機関だけでなく，政党や市民も権限を逸脱しないよう監視する検閲官であり，私有財産と自由な企業活動の価値を教宣し，アメリカ化を説いてやまない宣伝マンであった[74]。しかし，プエルトリコでは，1940年11月5日に総選挙が行われ，三つの主要政党が議席を占めた。すなち，同盟党（la Coalición），プエルトリコ三党連合（la Unificación Tripartita Puertorriqueño）および人民党（el Partido Popular）であり，人民党が第一党となった。前二者は，プエルトリコの州昇格を望み，人民党は，独立を主張していた[75]。人民党を率いるムーニョス・マリン（Luis Muños Marín）は，「パンと土地と自由（Pan, Tierra y Libertad）」をスローガンに掲げて，選挙を戦った。

ウィンシップ後任者のリーヒー（William D. Leahy）は，総督の役割を強化するという傾向に歯止めをかけたとしても，スウォープは，このような緊張をはらんだ政治状況の中で総督職に任命されたのである。実際，彼は，自作農の育成のための農地面積の制限する立法問題に直面した。プエルトリコ議会は，農地面積を制限することのできる農地機関法を制定したが，この法律は，議員の3分の2の多数で可決されなかった。組織法の規定では，その場合には，当該法律は 90 日経過してから施行されることになっていた。さらに，総督には，議会が法律案を承認した場合でも拒否権が認められていた[76]。スウォープは，この法律を裁可すべきかどうか迷ったが，結局署名した[77]。彼は，また連邦領・島嶼附属領局長（Director of the Devision of Territories and Island Possessions）（または「内務省準州局長」）でもあり，プエルトリコを指導できる立場にあった[78]。したがって，スウォープは，立法過程についてプエルトリコでの実務経験があったのである[79]。

ケーディスの主張するところでは，「（日本国憲法の）起草委員会が日本の新憲法を作成する際に，アメリカ憲法を参考にしたことはほとんどなかった」ということである[80]。しかし，委員の一人が「アメリカの政治的経験や考え方に基づいた理想の憲法と，日本の現政権の営為や過去の経験との明らかな相違」を指摘したとき，ケーディスは，「アメリカの政治的イデオロギーと，最良あるいは最もリベラルな日本人の憲法思想の間」には，そのようギャップはないと応えているのであるから[81]，アメリカ合衆国憲法と不可分の「アメリカの政治的イデオロギー」に基づいて憲法草案を作成したのである。それに，合衆国は，占領地で組織法と憲法の制定という「政治的経験」があったことも忘れるべきではないだろう。

---

1) WHITENEY, Courtney, *Mac-Arthur: His Rendezvous with History,* Alfred A Knopf, New York, 1956, p. 248.
2) *Ibid.*, p. 249.
3) *Ibid.*
4) 森田英之『対日占領政策の形成―アメリカ国務省 1940-44』（葦書房，1982 年）36 頁。

5) 同前, 2〜4 頁。
6) 同前, 43 頁。この委員会の下に,「領土小委員会（Territorial Subcommittee）」,「安全保障小委員会（Security Subcommittee）」（さらに, この小委員会の中に「安全保障技術委員会（Security Technical Committee）」が設けられた）,「政治小委員会（Political Subcommittee）」等が設置された（同前, 44 頁）。
7) 五百旗頭真『日米戦争と戦後日本』（講談社学術文庫, 2005 年）56〜63 頁。
8) 森田・前出注（6）, 72〜3 頁および 112〜3 頁。
9) 同前, 86 頁。ドイツのソ連侵攻と日本の参戦によって, 領土小委員会は, ヨーロッパの領土問題だけでなく, 特に 1942 年以降は, タイやインドネシアの「付属地域」, 9 月にはアフリカの問題にも報告書を作成した。ボーマンは, この委員会で中心的な役割を果たし, 4 年を超える活動期間中に, 領土委員会は, 590 本もの報告書を提出した。SMITH, Neil, *American Empire: Roosevelt's Geographer and the Prelude to Globalization,* Univeristy of California Press, Berkley, 2002, p. 331.
10) 同前, 113〜4 頁。
11) SMITH, *op. cit.,* p. 383.
12) 森田・前出注（6）, 156 頁。
13) 同前, 158 頁。
14) "Japan: The Post-War Objectives of the United States in regard to Japan," http://www.ndl.go.jp/constitution/e/shiryo/01/005/005_0011.htm
15) "Japan: Abolition of Militarism and Strengthening Democratic Processes," 森田・前出注（6）, 160 頁。
16) 同前, 162〜3 頁。
17) 同前, 165-7 頁。
18) "Japan: Freedom of Worshhip," 同前, 172 頁。
19) "Japan: Nullification of Obnoxious Laws," 同前, 173 頁。
20) "Japan: Political Problems: Institution of the Emperor," 同前, 174〜5 頁。
21) "Japan: Workers' Organization during the Period of Occupation," 同前, 175〜7 頁。
22) ジョン・ダワー／三浦陽一・高杉忠明・田代康子訳『敗北を抱きしめて（下）』（岩波書店, 2001 年）7〜9 頁。フェラーズは, スティムソンの原子爆弾投下の決定を非難したことでも知られる。井口治夫「太平洋戦争終結を巡る歴史論争, ボナー・フェラーズのヘンリー・スティムソン元陸軍長官批判」細谷千博他編『記憶としてのパールハーバー』（ミネルバ書房, 2004 年）131 頁。
23) ダワー・前出注（22）, 13〜5 頁。
24) 佐藤達夫『日本国憲法成立史第 1 巻』（有斐閣, 1962 年）38〜40 頁。ポツダム宣言の発想自体は, 戦後計画委員会の極東委員会で研究された案にさかのぼるという（同前, 43 頁）。
25) グルー案もスティムソン案も天皇を存置するという立場で書かれていた。グルー案は,「このことは, もしかかる政府が日本における侵略的軍国主義の将来の発展を不可能ならしめるような平和政策を追求する純粋の決意を有することを平和愛好諸国

に確信させ得るならば，現在の皇統の下における立憲君主制を含み得るものとする」と規定し，スティムソン案は，「このことは，もしもかかる政府が再び侵略を意図せざることを世界に完全に満足せしめる限りにおいては，現在の皇統の下における立憲君主制を含み得るものとする」と述べていた（同前，38〜9頁）。

ただし，リーイ（W. D. Leahy）（1939年9月から1940年11月の間，プエルトリコの総督を勤めた）の署名のある統合参謀本部の意見書では，12項を次のように改めるよう勧告していた。すなわち，「われ等の諸目的が達成せられ，かつ，疑いなく平和的傾向を有し，日本国民を代表する責任ある政府が樹立せらるるにおいては，聯合国の占領軍は，ただちに日本国より撤収せらるべし。将来の侵略行為に対する適当なる保障ある限りにおいて，日本国国民は，その独自の政治形態を選択する自由を有する」と規定し，天皇制の存続に含みをもたせている。

26) 同前，43頁。スティムソンも，戦前，日本の民主主義について言及し，「最近の選挙では，日本の議会に反軍国主義的な要素がしっかり根付いてことが示され」ており，日本国民の穏健派だけでなく，保守派の指導者たちも，「自国の繁栄は，中国との善意と友好的な交易の発展にかかっているのであって，中国の力ずくの解体や搾取によるものではないと信じてきている。彼らは，われわれや世界の他の国々と同じように，今日では，世界は分かちがたく結びついているがゆえに，そうした世界では，平和と友好関係を反故にして永久に繁栄できる国はないのだと信じてきた」と論じている。STIMSON, Henry L. *The Far Eastern Crisis: Recollections and Observations,* Harper & Brothers, New York, 1936, p. 239.

27) 同前，52〜3頁。グルー，ドーマン，ボートンは，いわゆる知日派であって，いずれも滞日の経験があり，日本の事情を知っていたと思われる。

28) STIMSON, *op. cit.,* p. 254.

29) HODGSON, Godfrey, *The Colonel: The Life and Wars of Henry Stimson 1867-1950,* Knopf, New York, 1990, pp. 140-1.

30) ダグラス・マッカーサー／島津一夫『マッカーサー大戦回顧録［下］』（中公文庫，2003年）164〜5頁。長尾龍一『日本憲法思想史』（講談社学術文庫，1996年）236〜7頁。

31) 「降伏後に於ける米國の初期對日方針」『日本管理法令研究』第1巻第2号（1946年）17〜30頁（復刻版，大空社，1992年）。この文書は，国務省・陸軍省・海軍省が共同作成し，大統領が承認した声明であって，1945年8月29日にマッカーサー元帥にラジオで通達され，その後，正式に元帥のもとに送付された（同前，79頁）。

32) BORTON, Hugh, *Japan's Modern Century,* The Ronald Press, New York, 1955, p. 396.

33) 『日本占領重要文書第1巻（基礎編）』（日本図書センター，1989年）111〜66頁。

34) JANSSENS, Rudolf V. A., *'What Future for Japan?': U. S. Wartime Planning for the Postwar Era, 1942-1945,* Rodopi, Amsterdam, 1994, p. 401. 阿部美哉「訳者まえがき」ウィリアム・P・ウッダード『天皇と神道』（サイマル出版会，1988年）4頁。

35) 日本において検閲を行った機関は，「民間検閲支隊（CCD）」と呼ばれている。日本の検閲制度は，合衆国の検閲制度の展開過程で設けられた。ローズヴェルト大統領

270　第9章　連合国の占領と日本国憲法の制定

がバイロン・プライスを検閲長官に任命し，検閲は，大戦中は合衆国国内に向けられていた。しかし，プライスは，対独占終了時をもって検閲の重点を国内から占領地に移行させるべき時期と考えた。このことは，検閲の主体が合衆国の検閲局から現地の占領当局に移行し，実施地域もドイツと日本に移行することを意味した。江藤淳『閉ざされた言語空間』（文春文庫，1994年）94頁。さらに，日本の民間検閲には，日本人要員を使用するという基本方針が立てられていた（同前，122頁）。

36）「日本の権利章典（the "Japanese Bill of Rights"）」とも呼ばれている。BORTON, *op. cit.*, p. 400.「政治的民事的及宗教的自由ニ對スル制限ノ撤廢ニ關スル覺書」『日本管理法令研究』第1巻第3号（1945年）29〜38頁。

37）ウッダード・前出注（34），72頁。

38）佐藤・前出注（24），101頁。

39）民政局とは別に構想された案もある。マッカーサーの政治顧問であったアチソン（George Atcheson Jr.）は，終戦までは滞日経験はなく，中国での駐在経験は合計18年にも及び，中国共産党よりの中国派と目されていたが，憲法改正を示唆するいくつかの文書を残している（原　秀成『日本国憲法制定の系譜 III 戦後日本で』（日本評論社，2006年），38頁）。彼の1945年10月8日の近衛秀麿との会談の内容を報告した国務長官（バーンズ）当ての書簡と電報には，憲法改正の具体的提案が示されている。

40）田中二郎「日本政治管理の基本原則」『日本管理法令研究』第1巻第2号（1946年）44〜54頁。

41）高柳賢三・大友一郎・田中英夫編著『日本国憲法制定の過程―連合国総司令部側の記録による―I 原文と翻訳』（有斐閣，1972年）3頁以下。また，SWNCC〔国務・陸軍・海軍三省調整委員会〕が1946年1月7日に承認した「日本の統治体制の改革」では，法律の留保の規定ゆえに「これらの権利の大幅な侵害を含む法律の制定が可能となった」とし，「日本の憲法は，基本的諸権利の保障について，他の諸憲法に及ばない」と評している。同前，428〜431頁。

42）同前，2頁以下参照。

43）佐藤達夫『日本国憲法成立史第2巻』（有斐閣，1984年）833頁。および高柳他・前出注（41），27頁以下。「憲法草案要綱」は，米国側の二カ所（政治顧問事務所およびGHQ統治局）で翻訳検討された。原・前出注（39），687-8頁。

44）高柳賢三他・前出注（41），27頁。

45）佐藤達夫・前出注（43），845頁。

46）鈴木安蔵「憲法研究会の憲法草案起草（二）」『愛知大学法経論集』（第31号，1960年6月）215頁。

47）佐藤達夫・前出注（43），839-40頁。

48）原・前出注（39），12頁。

49）同前，712頁。

50）この文書は，数十年にわたる思想と活動の系譜を宿していると言われる。つまり，「1910年の上原悦二郎や1922年の吉野作造，1935年の武内辰治らの蓄積が，英語世

界に伝えられる。1943年駐米大使英国公使サンソムから，米国のボートンに引きつがれ」，さらに，こうした意見が集約されて，連合国の対日政策が形成されていったというのである。原　秀成『日本国憲法制定の系譜—II戦後米国で』（日本評論社，2005年）530頁。

51) 高柳賢三他・前出注（41），22頁。
52) 竹前英治『GHQの人びと』（明石書店，2002年）115頁。
53) 高柳賢三・大友一郎・田中英夫編著『日本国憲法制定の過程—連合国総司令部側の記録による—II解説』（有斐閣，1972年）258〜61頁。
54) JANSSENS, *op. cit.*, p. 147.
55) マーシャルは，自身の1902年のフィリピンでの経験でも何らの訓練も指令もなく広範な占領地を統治しなければならなかったと述べている。*Ibid.*, P. 153.
56) 教育コースは，1942年5月13日に提出されたカリキュラム概要は，次のようなものであった。
   ① はじめにとオリエンテーション（教材と文献）—軍法，戒厳令および軍政の区別，軍政の性質，範囲および一般的な段階の説明，コースの一般的な目的の概観
   ② 陸軍省と陸軍の組織と作戦—陸軍省の組織，（戦術上および地域的な）軍の組織，陸軍省と陸軍との関係，公式の通信等の概観
   ③ 軍政の国際法—関連条約，陸戦規則，発展的・一般的通覧
   ④ アメリカの規則—軍政の基本政策と仕組みを示す陸軍省規則の通覧および研究
   ⑤ アメリカの軍政の経験—これまでの経験での実証的な技術の研究。友好的な状況下で連絡と大西洋憲章の目的への適用
   ⑥ その他の経験—軍政の他国の経験と実践
   ⑦ 行政—地方と中央政府，財政，公衆衛生，通信，施設と土木，教育，公共の安全，公共の福祉，経済問題を含む行政原則
   ⑧ 政治的・軍事的背景入門—アメリカの立憲統治，大西洋憲章，ナチのイデオロギーその他政治哲学の討議
   ⑨ 政治的・軍事的背景（概論）—人種と人種理論，概論または比較歴史地理学，地政学
   ⑩ 政治的・軍事的背景（各論）—政治史，経済史，統治制度，社会心理学，地理学，法制度
   ⑪ 連絡—連絡機能，軍政と友好的連絡問題の相関関係，選択した地域とその特徴の研究

　　COLES, Harry L. & WEINBERG, Albert K., *Civil Affairs: Soldiers Became Governor*, V. I, University Press of the Pacific, Honolulu, 2005, (Reprint from the 1992 edition), pp. 11-2.
　　また，軍政班のミラー（Jesse I. Miller）のメモによると，アメリカの軍政において文官の早すぎる参加を許したために混乱を引き起こした事例として，南北戦争，フィリピン反乱，ラインラント占領が挙げられている。*Ibid.*, p. 16.
57) JANSSENS, *op. cit.*, p. 147.

58) *Ibid.,* pp. 159-61.
59) *Ibid.,* p. 401.
60) MOORE, *op. cit.,* p. 7.
61) *Ibid.,* pp. 96-7.
62) *Ibid.,* p. 98.
63) *Ibid.*
64) 田中英夫『憲法制定過程覚え書』(有斐閣, 1979 年) 208〜10 頁。
65) 原・前出注 (39), 27 頁。
66) POMROY, William J., *The Philippines: Colonialism, Collaboration, and Resistance!*, International Publishers, New York, 1992, p. 109.
67) ただし, フィリピンの独立宣言の法的効果に対する特別措置として,「合衆国とフィリピンの財産権は, 速やかに調整され, 解決されるものとし, 合衆国の市民または会社のすべての現在の財産権は, フィリピン市民の財産権と同等に承認され, 尊重され, 保護されるものとする」(16 条 1 節 1 項) と規定する。
68) WHITENEY, *op. cit.,* p. 249.
69) 田中・前出注 (64), 71 頁。この論文では, 連邦領 (territories) を準州, 総督を知事と翻訳している。
70) "Puerto Rico," http://www.worldstatesmen.org/Pueruto_Rico.htm
71) その場合でも, 総督という肩書きは不適切であるから, アメリカ領ヴァージン諸島と混同したのかもしれない。アメリカ領ヴァージン諸島も, 1936 年に組織法が制定されている。
72) 「1946 年 2 月 6 日民政局会合の議事要録」高柳賢三他・前出注 (41), 131 頁。
73) MOORE, *op. cit.,* p. 102.
74) TRÍAS MONGE, José, *Historia constitucional de Puerto Rico,* V. II, Editorial Universitaria, Univerisidad de Puerto Rico, 1981, p. 217.
75) *Ibid.,* p. 259.
76) ジョーンズ法 34 条 1 項は, 議会の立法手続きを次のように規定する。「……いかなる法律案も, 各院の指名投票でその構成員の過半数の賛成をえて, 議事録に記載され, その後 10 日以内に総督が賛成するまで, 法律とはならない。可決された法律案は, 署名のために総督に提出されても, 総督が裁可するなら, 署名し, 承認しなければ, 署名せずに, 反対意見とともに発議した院に差し戻し, その院は, 議事録に詳細に反対意見に注釈し, 法律の再議に取りかかる。再考の後も, 当該院の全構成員の 3 分の 2 が法律案の通過に賛成するならば, この法律案は, 反対意見とともに, 他の院に送付され, この院でも再議し, この院の全構成員の 3 分の 2 が法律案に賛成したならば, 法律案は, 総督に送付され, 総督は, 法律案を承認しない場合, これを合衆国大統領に送付する。……」と。この規定は, 合衆国憲法 1 条 7 節 2 項とほぼ同じであるが, プエルトリコの立法過程では, 法律案が両院の 3 分の 2 の賛成を得た場合でも, 総督が承認しない場合には, さらにそれを合衆国大統領に送付し, 大統領が 90 日以内に承認しなければ, 法律とならないと規定している。プエルトリコでは, 総督

と合衆国大統領に法律案の拒否権が与えられている。また，このジョーンズ法の「90日以内」を合衆国憲法では，「10日以内」と定めている点にも違いが見られる。この34条1項の規定は，1916年のフィリピン組織法19節とほぼ同じである。
77) TUGWELL, Rexford Guy, *The Stricken Land: The Story of Puerto Rico,* Doubleday, New York, 1947, p. 94.
78) この機関は，農地機関法の制定に関する11の合意点の最後にも規定されている。「計画，協調および調査は，連邦領・島嶼附属領局および内務長官の指導の下で総督室に置かれるべきである」と規定しているように，プエルトリコでの政策を指導する立場にあった。*Ibid.,* p. 105.
79) 高柳賢三他・前出注（53）の第4章国会「Ⅶ　議事，会議」では議事録の閲覧，議事の公開等について，「Ⅷ　法律案の議決」では，日本国憲法59条2項の「3分の2以上の多数」による再可決の規定が説明されている。特に，この後者の規定は，「当時発表された自由党案に近似」しており，この自由党案も合衆国憲法の規定にヒントをえて考え出されたと解説されている（同前，205～7頁）。
80) ダワー・前出注（22），145頁。
81) 同前，147頁。

第10章　民政局の憲法案作成

第1節　マッカーサー三原則と人権規定

1　人権規定の作成

　マッカーサー三原則が示されたのは，1946年2月3日であったが，「マッカーサー・ノート」[1]では，基本的人権に触れられていないから，その具体化は，すべて民政局に委ねられた[2]。憲法草案作成作業は，その翌日4日から開始されたのであるから，2月8日に作業の結果生まれた第一次試案を検討したとすると，試案作成には，4日しかなかったことになる。また，検討の対象となった第一次案の内容は，ほぼ第二次試案と同じだと考えられるが（第二次試案には，削除・訂正の書き込みがある），会合のメモがどれだけ忠実に草案検討の議論を反映しているかも正確には分からない。作成に際し，どのような資料を用いたのかもはっきりしないが，戦後行われたインタビューでのケーディスの発言では，日本側の憲法案を参考にしたのかという問いに対して，「はい，日本側の試案は，新聞に公表されたものであれ，GHQに持ち込まれたものであれ，すべて参考にしました。ラウエル中佐が日本側試案を収集し，起草委員会が利用できるようにしてくれました。その中には，民間の研究団体の試案などもたくさんありました」と答えている[3]。むろん，日本側試案の他にも多くの文献を参照したはずであるが，その詳細は不明であるが，社会権条項については，ワイマール共和国とスカンジナビア諸国の憲法と法律が指針となったと言われている[4]。

　人権条項の起草にあたったのは，ロウスト（Pieter K. Roest），ワイルズ（Henry Emerson Wildes）およびベアテ・シロタ（Beate Sirota）であった。ワイルズとシロタは，戦前の日本に滞在したことがある日本通であった。彼らは，様々な専攻や職業を体験したことで，「人権という人種や民族をこえた

『人間の生来の権利』を起草するには、立法技術だけを身につけた法律家以上に適した資格をもっていたとも言えよう」という指摘もある[5]。

1946年2月8日（金曜日）の「運営委員会と人権に関する小委員会との会合」[6]とその翌日の9日（土曜日）の「運営委員会と人権に関する小委員会との会合」[7]によれば、マッカーサー草案の原案の人権規定に関する議論の論点を抜き書きすれば、次のとおりである。ただし、両日の検討を経て第二次試案が作成されたが[8]、これは、2日目の「社会的権利および経済的権利」の部分が終わったからあたりで配布され、第二次試案の検討は、「司法上の人権」から行われたという[9]。したがって、第二次試案の条文には、番号が付されていないが、ほぼ第一次試案の順序にならったのではないかと推察できる。ただし、第二次試案は、人権規定を「総則」、「自由権」、「社会的権利および経済的権利」および「司法上の人権」に分けて配置していた（この区分は、試案を修正する中で削除している）。起草者は、「性質のことなる規定—例えば、司法審査になじむ規定と原則として司法審査になじまない政策宣言的な規定—を区別しないで配列したのではなく、性格のちがいを十分に認識して立案した」からである[10]。

2　人権規定の策定過程

そこで、以下に両日の試案の検討内容を条文の順に並び変えて叙述する。

① 原案の憲法に列記されていない権利は、国民に留保される。憲法に列記された以外の残余の権利は、国会が有するとして、ハッシー海軍中佐が反対した。

② 原案の3条は、「この憲法によって定められた自由、権利および機会は、国民の自律的協力に由来する」と定めた。ケーディス大佐は、「自律的」という言葉は、意味が曖昧で誤って解釈されるかもしれないとして、この言葉に反対した。そこで、この規定は、「この憲法が宣明した自由、権利および機会は、国民の絶え間ない警戒によって、保持されるものである」と改められた。

③ 憲法で保障された諸権利を制限・廃棄してはらないという原案4条の規定について、ロウスト大佐は、「現代はある発展段階に到達している

ことと，現在人間性に固有のものと認められている諸権利を将来の世代が廃止することは許さるべきではない」し，「今日までなされた社会および道徳の進歩を永遠に保障すべきである」と主張した。また，ワイルズ氏は，「第4条を削除すれば，日本においてファシズムへの扉を開くことになるのは不可避である」と論じた。ケーディス大佐は，この条文は，憲法の無謬性を意味し，権利章典の改正は不可能となってしまうと反駁した。ハッシー海軍中佐は，本条の趣旨は，最高裁判所の解釈によって実現されるべきだと論じた。結局，この条文の取り扱いは，ホイットニー将軍に委ねられた（最終案では，この規定は削除された）。

④　原案の5条は，「生命，自由および幸福追求に対する個人の権利は，すべての法律において最大の尊重をうける」ものとする旨を規定した。これは，運営員会の反対を受けて，「一般の福祉の範囲内で」という文言が追記された。

⑤　原案の7条は，「公務員を選挙することは，国民固有の権利であるとする」文言を含んでいた。運営員会は，憲法上の規定は国会議員の選挙に関するものであるので，「公務員を選定し，およびこれを罷免することは，国民固有の権利である」と文章を改めた。

⑥　原案の9条は，官憲の違法行為による損害賠償請求権を規定する。ロウスト大佐は，この条文によって「警察が私人の住居に侵入したり，人々をなぐったり，財産をとりあげたりすることが防がれ，市民の地位が護られる」と主張した。ラウエル中佐は，無罪判決ともなると官憲がその責任を問われることを恐れるから，自白を得るために拷問を用いることになりはしないかと指摘した。ハッシー海軍大佐も，国に対する訴訟は，非常に複雑となる論じ，ケーディス大佐も，官憲の違法行為の防止は通常の法に依るべきだとした。

⑦　原案の11条は，「人身の自由は，法律を遵守する日本国民すべてにとって，奪うべからざる権利である」と規定した。ラウエル中佐は，「法律を遵守する」という文言は帝国憲法の「法律ノ範囲内ニ於テ」という用語法の名残であると反対し，ハッシー海軍中佐とケーディス大佐は，11条1文の表現が包括的すぎるとして反対した。本条は，「何人も，奴

隷，農奴，その他いかなる種類にせよ奴隷的拘束を受けない」と改められた。
⑧　原案の 12 条は，大学における教育および研究の自由ならびに合法的な調査研究の自由を保障し，教育・研究組織のみが教員の罷免権を有するとしていた。ロウスト中佐は，教員の罷免権の制限は，大学の自由の必然的結果であるとして，この規定を擁護した。運営委員会は，連合国がある種の研究を禁止しようと考えているとして，調査研究の自由に反対した。ケーディス大佐は，教員の罷免権の制限は国民に責任を負わない団体に憲法上の権限を与えることになるとして反対した。
⑨　原案の 13 条は，信教の自由を保障するのみならず，すべての聖職者はいかなる種類の政治活動にも従事してはならない旨を規定していた。ロウスト中佐は，本条は，霊的な権威が政治的目的のために濫用されるのを防止することを目的としていると説明した。ケーディス大佐は，この規定は，聖職者に対して言論，出版の自由を否定することを意味しているとして反対した。憲法は，制限の章典ではなく権利の章典であるべきだというのである。ハッシー海軍中佐は，人々が教会の権威によって政治行動をしても，それは個人の良心の問題であると指摘し，「宗教の名のもとに，他の団体に対する敵意をあおり，敵意をもった行動に出，または公の秩序および道徳を強める代わりに弱めるような宗教団体は，宗教団体とは認められない」旨の条項は，新しい宗教が公の秩序を乱すという口実で，これを抑圧するために用いられるとして批判した。運営委員会によって，この条文は，簡略化され，信教の自由を保障し，政教分離原則を規定することとなった。
⑩　原案の 14 条は，言論，出版の自由について名誉毀損による制約を認めていた。ケーディス大佐は，名誉毀損によるこの自由の制限は，言論の自由に対する重大な制約であるとして反対した。合衆国憲法では，言論の自由の保障は，文書による名誉毀損を処罰する法律を制定するのを防ぐために設けられたと説明した。名誉毀損による制約という文言は，削除された。
⑪　原案の 16 条には，集会の自由に対して「平穏な討議のために」とい

う語句が挿入されていた。運営委員会は，この語句に反対し，これは削除された。

⑫　原案の 18 条ないし 25 条は，社会保障，公衆衛生，無償教育制度ならびに養子法および児童労働の禁止を規定していた。ロウスト中佐は，社会保障規定は最近のヨーロッパ諸国では広く認められており，日本ではこれまで国家が国民の福祉に責任を負うという観念はなく，「婦人は不動産に等しく，父親の気まぐれによって庶子が嫡出子に優先するし，米の作柄が悪い時には農民が娘を売ることもできる」と説明した。スゥープ海軍中佐は，母子の保護や養子について詳細な指示を憲法に盛り込んでも，それを補完する立法が必要であると主張した。ワイルズ氏は，それでもこの事項について日本政府に確約させるべきだと熱心に説いた。ラウエル中佐は，社会保障について完全な制度を設けることは民政局の責務ではないとして反対した。これに対しても，ワイルズ氏は，われわれは日本に革命をもたらす責任があり，憲法を通じて社会の型を一変せしめることであると主張した。ラウエル中佐は，法を通じて他の国に新しい型の社会思想を押しつけることは不可能であると反論した。社会理論のこのような対立に妥協点を見出すのが困難となったので，この条文の是非についてホイットニー将軍の意見を聞くこととし，ホイットニーは，社会保障制度を設けるべきだという一般的な規定を置く方がよいという意見を述べた。

⑬　原案の 26 条は，「法律は，生活のすべての面につき，社会の福祉ならびに自由，正義および民主主義の増進と伸張のみを目指すべきである」と定める。ラウエル中佐は，この規定が曖昧で包括的であるとして反対した。社会の福祉以外の目的を目指す立法は，数多くあるからである。運営委員会は，本条を書き改めて，法律は，生活のすべての面につき社会の福祉の増進を目指すべきであると規定され，一般福祉を制限する傾向の法律は廃棄されるべきであるという規定は，削除された。

⑭　原案の 32 条は，労働者にストライキ権を保障していた。ホイットニー将軍は，憲法がストライキを奨励しているという誤解を与えるとして，これは，「勤労者の団結する権利および団体行動をする権利は，こ

第1節 マッカーサー三原則と人権規定　279

れを保障する」と書き改められた。

⑮　原案の34条は，言論，出版以外の一切の表現に形態の自由を保障したが，青少年保護，公衆道徳の維持のために，卑猥・下品な文学，演劇，映画などを規制できるという旨が規定されていた。運営委員会は，公の表現に警察が監督する根拠になるとして反対し，この文言は，削除された。

⑯　原案の36条は，土地および一切の天然資源に対する終局的権原は，国に与えられ，「従って，土地およびその資源に対する所有権は，賃借権と解釈され，不当な使用または継続的不使用があれば，それらのものに対する権利は，国に復帰する」と規定する。ロウスト中佐は，個人は，その土地に対して自由な利用処分ができるという伝統的考えを修正することを目的とすると説明した。しかし，ケーディス大佐は，この条項は，不動産に対する私的所有権がすべて否定されることになるとして反対した。ケーディス大佐は，土地と終局的権原が国に存し，その収用の必要性をことを認めたが，収用には十分な補償の規定を置くべきだと主張した。

⑰　原案の37条は，相続権を憲法上の権利と規定した。ラウエル中佐は，相続権は基本権ではないといとしてこの規定に反対し，この規定は，削除された。

⑱　原案の38条は，「契約は法の保護を受けるが高利は禁止され，また公序良俗に反する法律関係は無効とされる。国は，一切の独占を認めてはならない」と規定した。運営委員会は，この規定は，憲法ではなく法律で規定される事項であり，国が海運，漁業などの産業に補助金を与えることもできなくなるとして反対した。

⑲　証言と自白について，「自白は，それが被告人の弁護人の面前でなされたものでない限り，効力がない」と規定されていた。ラウエル中佐は，「公訴を提起する以前に自白を得るためには，精神的肉体的拷問」や脅迫などの日本独特の悪習を防ぐために規定であるとして擁護した。ホイットニー将軍は，この規定では犯罪直後の自然になされた自白も，証拠として採用できなくなるといして反対した。強制，拷問もしくは脅

迫による自白または不当に長く抑留もしくは拘禁された後の自白は，これを証拠とすることができないと改められた。
⑳　公判について，被告人は，公判において，自己に不利益な証人のすべてと対質せしめられ，弁護人を通じてこれらの証人に対し反対尋問を行うことを許されると定められている。ホイットニー将軍は，進行中の戦争裁判ではこのような手続きが採られていないとして，この規定を問題にした。ラウエル中佐は，戦争犯罪人の裁判は軍法に基づき，憲法は一般法を定立するものであると擁護した。

3　試案の特徴

　以上のメモから，第一次試案の内容の特徴を次のように指摘できる。第一次試案の「権利章典」の根底には，国民は潜在的にすべての権利を有するという前提から出発して，「ファシズムへの扉」を開かせないという姿勢を明示している（つまり，これは，非軍国主義化・民主化という思想を意味する）（4条）。したがって，生命・自由・幸福追求権の絶対性を認め（5条），官憲の違法行為に対する損害賠償を認めることによって，警察の活動を掣肘し（9条），人身の自由を最大限認める（11条）。学問・研究の自由と教員の罷免権を教育・研究機関に限定し（12条），信教に自由についても，場合によっては，国家神道のような宗教の聖職者の政治活動を禁止する（13条）。しかし，一方では，社会権についても言及し，国家が国民の福祉に対して責任を負うという観念を植え付けるために，社会保障，公衆衛生，無償教育，養子法および児童労働の禁止規定を盛り込んでいる（18条ないし25条）[11]。また，法律が目指すべきは社会福祉，社会福祉，自由，正義および民主主義の増進のみであるとし（26条），労働者のストライキ権も規定する（32条）。経済的自由については，土地と天然資源は国有とし（36条），相続権を認め（37条），契約については高利の禁止と公序良俗違反による無効と独占の禁止を挙げている（38条）。さらに，自白に頼りがちである日本の悪習を是正するために被告人の自白は，弁護人の面前でなされるべきことが規定されている。
　したがって，試案の起草者の日本理解に沿って，ニューディール政策に加えてワイマール共和国と北欧諸国の憲法・法律を援用することによって，日

本の非軍国主義化・民主化を図ろうとする意図がこれ等の条文から伺えるのである。ケーディス，ラウエル，ホイットニーらの法律家は，社会保障制度の設置は民政局の責務ではないとして，これらの日本的特殊性を希薄化する方向で修正を行っている。しかし，社会権は「最近のヨーロッパ諸国の憲法では広く認められているところ」であるから，憲法典に明記することは異様なことではない。人権規定が単なる外国憲法の引き写しにならなかった点では，3人の起草委員は，「法律家以上に適した資格」があったと言えるかもしれない。

　他方では，表現の自由に関する規定については，「名誉毀損」，「平穏な討議」，「青少年保護」という理由による制約を認めていた（それぞれ14条，16条，34条）。これらの規定は，権利を絶対的に保護しようとする第一次試案の起草者たちの姿勢と一見矛盾するようにも思われるが，表現の自由の規制として「名誉毀損」は，州憲法レベルでは珍しいものではなく，「平穏」という語は，合衆国憲法修正1条にも見られる。したがって，表現の自由を無制限な保障は，かえって「ファシズムへの扉」を開くことになると危惧したとも考えられる。

　経済的自由の保障については，土地と天然資源に対する国の「終局的権原」の規定の後ろに，相続権と契約の自由の規定が置かれているが，マッカーサー草案には，前者の規定のみが残された。憲法研究会の「憲法草案要綱」では，「土地ノ分配及利用ハ総テノ国民ニ健康ナル生活ヲ保障シ得ル如ク為サル」，「寄生的土地所有並封建的小作料ハ禁止ス」と規定して，農地改革を示唆しているが，第二次試案には，農地改革に直接言及しているわけではない。起草委員が農地改革をどの程度意識していたかは不明であるが，試案の文言は，農地改革を予定しているとも解される。

　会合の2日目，2月9日には，「司法上の人権」について検討が行われたのであるが，メモには，自白の証拠能力の制限と反対尋問の保障に関する条項が論じられたに過ぎない。第二次試案には，修正や削除が施されていることに鑑みれば，検討されことは確かであると思われるが，どのように検討したかについてのメモは存在しない（あるいは，紛失した可能性もある）。ただし，「司法上の人権」については，合衆国の司法制度を体現する規定であっ

て，合衆国憲法の権利章典が陪審裁判の保障を除いてフィリピンやプエルトリコの組織法においても繰り返されており，起草者たちは，試案においてもこれを引き写しただけにすぎないとも推定でき，ケーディス等の法律家たちも，単なる語句の修正に留めたとも考えられる。ただし，ホイットニーは，弁護士として経験からも，刑事手続きには精通していたはずであるから，反対尋問の保障については，戦争裁判では反対尋問が実施されていないから，この規定によって日本人にGHQに対する批判の口実を与えることになりはしないかと危惧した。しかし，適正手続主義自体が日本に馴染みのないものであったが，極東国際軍事裁判は，英米法に基づいた法廷であって，ここでは英米法の司法手続きが実行されていたのである[12]。

第2節　マッカーサー草案

1　人権規定

「マッカーサー草案」は，ホイットニーによれば，「民政局全体でよく検討した見解をあらわすもので，アメリカの政治思想のほとんどすべてを反映しております。私は，これを完全に支持いたします。この草案を準備するに当たりましては，現行の大日本帝国憲法の歴史的発展が十分検討されたのみならず，わが〔アメリカ〕国民および若干のヨーロッパ諸国の国民の生活を規制する憲法上の諸原則に対しても，慎重に注意が払われたのです」と評している[13]。さらに，「この草案は，誤って解されることないような文言で，基本的人権を再叙することを目指しています。この草案は，政治的民主主義のみならず，経済的，社会的民主主義を樹立しています」とも説明している[14]。

　GHQ案の特徴は，その人権草案にあると指摘されている。この案は，全92箇条からなるが，人権規定は，そのうち31箇条に及び，全体の3分の1を占めているからである[15]。

　また，日本国憲法は，日本政府が草案を準備したという立前であったから，民政局のスタッフもこれを認識し，1946年2月5日の民政局の議事録

には、「民政局の憲法草案に当たっては、できる限り日本流の術語と形式を用いることに意見が一致した。しかしながら、アメリカ式の文言を用いた方がわれわれの意図するところがより明らかにあるという場合には、日本式の形式をすててアメリカ式の用語を用いるべきだとされた」と記録されている[16]。したがって、合衆国連邦議会が組織法を制定した島嶼領土とことなり、民政局が憲法草案を準備するにあたって、形式的には文言上の継続性を尊重しようとしたといえる。GHQ草案は、1946年2月13日、日本側に提示され、幣原首相も、2月19日の閣議を経て、結局、同月22日の閣議でこれ受け入れることを決めた。そして、このGHQ草案をもとに「日本案」の作成に取りかかり、文案の確定についてGHQのスタッフとの交渉したのであるから、この過程は、「日本化への苦闘」と称することができるかもしれない[17]。さらに、「日本案」の成案が完成した後には、帝国議会での審議を経て日本国憲法が制定されるのであるから、「日本化」は、さらに進められたのである。

　このように作成された「マッカーサー草案」は、GHQと日本側との折衝の後に、「日本化」試みられ、3月6日、「憲法改正草案要綱」として発表された。この「草案要綱」の「国民ノ権利及義務」と「マッカーサー草案」のものとちがいは、原則についてではなくて、内容と表現の上でかなりの整理・修正が加えられ、特に、社会的・経済的権利に関するものに著しいと言われている[18]。

　この「要綱」の発表は、国務省にとっても、寝耳に水であったが、「3月20日には、国務省及び情報局極東情報部」で「日本憲法草案」と題する報告書が作成されている[19]。報告書は、「権利章典」について「司法権と並んで、市民的自由に関して、提示された草案要綱は、重要な違いを有しつつ、アメリカの先例に倣う。合衆国憲法への権利章典の付加は、人は国家による侵害から守られなくてはならぬ一定の自然的権利を保持する、との哲学を反映したもの」であり、さらに現代では18世紀の自然権に匹敵するような一定の権利を付加したのであり、20世紀の日本の憲法には「団結し、交渉する労働者の権利」が保障されるのも当然であると評している[20]。国務省の報告書は、「国家からの自由」を重視し、「要綱」の人権規定を合衆国憲法の

284　第10章　民政局の憲法案作成

「権利章典」の延長上に位置づけ，20世紀の新しい権利が追記されたものと見ているのに対して，ハッシーは，今日では「国民の福祉のために国家が主たる責任を負う」と広く認識されており，労働者の権利を認めるのは当然であると応じている[21]。

2　「権利章典」と社会国家

社会国家観ついては，第二次世界大戦前でもフィリピンの1935年憲法に「すべての人民の福利と経済的安心を保障するために社会正義を促進することは，国家の関心事なでなければならない」と規定されているだけではなく，キューバの1940年憲法でも「労働と財産」（第7編）には，「労働は，個人の不可譲の権利である」と謳うだけでなく，団結権（69条），ストライキ権（70条），労働協約締結権（71条）などの諸権利が認められている。したがって，こうした規定は，時代の思潮を反映したものでもあった。一方，国務省の憲法観は，ニューディールの熱気も冷め，冷戦が始まった時期におけるプエルトリコの1952年憲法の制定過程において，連邦議会が憲法草案の社会権規定（20条）を拒否した態度にも顕れている。

「マッカーサー草案」中の「土地及一切ノ天然資源ノ究極的所有権ハ人民ノ集団的代表者トシテノ国家ニ帰属ス国家ハ土地又ハ其ノ他ノ天然資源ヲ其ノ保存，開発，利用又ハ管理ヲ確保又ハ改善スル為ニ公正ナル補償ヲ払ヒテ収用スルコトヲ得」（28条）という規定は，高野岩三郎案（改正憲法私案要綱）の「土地ハ国有トス」という規定や憲法研究会案（憲法草案要綱）の「土地ノ分配及利用ハ総テノ国民ニ健康ナル生活ヲ保障シ得ル如ク為サルヘシ。寄生的土地所有並封建的小作料ハ禁止ス」の規定に照応するものといいうるとさえ指摘されている[22]。しかし，この点についても，類似の規定は，1917年のプエルトリコの組織法39条やフィリピンの1935年憲法にも見られ，特に後者の13章は，「天然資源の保持と利用」について，土地と天然資源の国有[23]，農地の所有制限[24]，正当補償等[25] 7節にわたり規定している[26]。また，プエルトリコでは，組織法39条を受けて，1941年には農地改革法が制定されている。大農園を規制し，農民に土地を分配しようとする規定は，1917年のメキシコ憲法に見られるだけでなく，この憲法には，労働者の権

利も謳われており，これらの規定とワイマール憲法の社会権規定とがあいまって，カリブ海諸国を含むラテン・アメリカ諸国やフィリピンの憲法に影響を与えたと考えられる[27]。ハイチの1932年憲法を改正した1946年の規定でも，第2章「社会的・経済的権利保障」を設け，個人の人格的な発展を保障する国家の責務と農民の土地所有の促進を謳っている[28]。したがって，これらの国々では，労働者と農民の権利を謳う規定は，とりわけて珍しいものではない。

このように，日本側の憲法改正諸案を検討するなかで，鈴木安蔵や高野岩三郎等の知識人の私的グループによる憲法研究会案と総司令部案との間には，類似点が多く，憲法研究会案が総司令部案の起草のさい参考とされたことは確かであるとも言われている[29]。この憲法研究会案は，ラウエルの提案を通じて，憲法起草作業に影響を与えた。拷問の禁止，国会の秘密会の禁止，社会権の規定等は，憲法研究会案から草案に取り入れられたのでないかと推定されている。ただし，社会権規定は，民政局の憲法起草小委員会がワイマール憲法その他のヨーロッパ憲法の規定を取り入れており，憲法研究会の社会権規定もワイマール憲法に範を採っていたので，結果的に近似した規定になったとも考えられる[30]。また，「憲法草案要綱」53条の著作権保護規定は，ワイマール憲法158条を参考に要綱に導入されたという見解がある[31]。しかしながら，同様な規定は，合衆国憲法にも見られるばかりでなく（1条8節8項），1901年のキューバ憲法や1935年のフィリピン憲法などにも規定があり，民政局スタッフも当然その意義を理解していたと思われる。

貴族制度の廃止や政教分離原則等については，合衆国憲法やフィリピンやプエルトリコ組織法と憲法の文言の引き写しではないような条文も見られる。貴族制度の廃止は，マッカーサー三原則中の文言を受け継いでいる。ヘイビアス・コーパス令状は，そのままのかたちでは，日本国憲法にとりいれられてはいない[32]。さらに，日本国憲法の表現は，一般的に組織法やマッカーサー草案よりも簡潔な表現になっている。特に，日本国憲法の日本案は，「マッカーサー草案」をもとにGHQと日本政府とその交渉の結果成立したのであるから，日本側は，「日本の法伝統に整合するような抵抗を試みた」[33]。この過程で，憲法の文言の表現が簡潔なものとなったと考えられる。

その典型は，公金支出禁止規定に見ることができる。フィリピンの1916年の組織法（3節14項），プエルトリコの1917年の組織法（2条19項），フィリピンの1935年憲法（6条23節3項）からマッカーサー草案（83条）まで，互いに類似している（ただし，マッカーサー草案は，以上の諸規定に比べてより簡潔な表現である）。公用収用・正当補償条項（29条3項）も，合衆国憲法に類似する規定がプエルトリコやフィリピンの組織法と憲法に見られる[34]。また，身体の自由に関する規定についても，同じことがいえるが，自己負罪の禁止規定（38条1項）や適正手続き（31条）の保障のようにもともと簡潔な文章は，そのまま取り入れられている。ただし，合衆国憲法の「私権剥奪法あるいは事後法は，制定されてはならない」（1条9節3項）という規定は，フィリピンやプエルトリコの組織法にも取り入れられているが，日本国憲法にでは，「私権剥奪法」に関する言及がないばかりでなく[35]，「事後法」を「実行の時に適法であった行為又は既に無罪とされた行為」（39条前段）と説明的に規定している。

第3節 「権利章典」と司法改革

1 裁判所法と刑法

マッカーサー草案は，「強力で独立の司法部は国民の権利の防塁であるから，すべての司法権は，最高裁判所および国会が時宜により設置する下級裁判所に属せしめられる」と定める（68条2項）。この条文は，合衆国憲法3条1節前段に酷似するが，相違は，合衆国の司法制度にならった裁判所組織を日本に置く理由として「強力で独立の司法部は国民の権利の防塁であるから」であると文言が付されている点にある。日本国憲法76条1項からは，この理由説明の文言の部分が欠落しているが，「国民の権利の防塁」が司法権であるという考えには変わりはない。「権利章典」は，独立した司法制度がなければ十分保障されたとは言えないからである。この点についても，合衆国，フィリピン，キューバ，プエルトリコ，ハイチの各憲法にも類似の憲法規定が置かれているか，あるいは，そのような規定に改正されている[36]。

さらに，これらの国々では，特に刑事訴訟法を中心とする各種法典も根本的に改正され，大陸法から英米法への原理的転換が図られた。日本においても，GHQ は，司法制度改革にただちに着手している。日本側の作成した裁判所法案を GHQ が審査するというかたちで，合衆国の司法制度が日本に影響を与えているのである[37]。裁判所法は，日本国憲法が公布されてからその施行までの 6 箇月間に可決されなければならなかった[38]。裁判所法案は，最終的に GHQ の承認を得て，「帝国議会」に提出され，衆議院を通過し，貴族院本会議で可決され，1947 年 4 月 16 日に法律第 59 号として公布され，日本国憲法施行の 1947 年 5 月 3 日に施行された[39]。

また，新憲法の「国民の権利」は，日本の法典の変更を迫るものであった。1946 年 7 月，内閣に「臨時法制調査会」が設置され，日本人の裁判官，法律学の教授，検察官，司法省の官吏に加えて合衆国最高司令官の代表として，マイヤーズ（Howard Meyers）が加わった。司法省内にも，同年 6 月，「憲法改正に伴ひ司法制度について考慮すべき事項」を協議するために，「臨時司法制度改正準備協議会」が設置された。この協議ののちに，「司法法制審議会」が設けられ，法典の改正作業は，実質的にこの審議会が担当した。

刑法典については，大陸法でありながらも，「比較的進歩した一例」であったので，若干の条文の手直しをしたにとどまった[40]。しかしながら，この若干の改正の内容が重要ではないとはいえない。①皇室に対する罪の削除（刑法 73 条ないし 76 条および 131 条），②戦争に関する罪（81 条ないし 89 条）のうち 81 条および 82 条の改正および 83 条ないし 89 条を削除または改正，③国交に関する罪（90 条および 91 条を削除），④表現の自由の保護（1941 年に挿入された 105 条「安寧秩序ニ対スル罪」の削除および名誉毀損罪に 230 条の 2 を追記した），⑤姦通罪の削除（183 条），⑥家族に関する特別規定の限定（親族間の窃盗・盗品に関する 244 条および 257 条の罪），⑦日本人に対する外国人の罪に対する刑法の国外適用の削除（3 条 2 項）等である。

これらの改正のうち興味深いのは，刑法改正作業に参加したマイヤーズは，①の改正の結果，「六法全書から『不敬行為』の罪の削除」であったとして，「不敬行為（disrespectful）」を「大逆（lese majeste）」と表現しているこ

とである[41]。刑法のこの部分の規定は，明治13年公布の旧刑法とほぼ同じであり，旧刑法の規定は，フランスの1810年のナポレオン刑法典に由来していると考えられる[42]。

一方で，②の戦争に関する罪も，大幅に削除・改正されているが，マイヤーズは，その理由を憲法の戦争放棄条項に合わせて，「83条ないし89条を削除して，81条および82条を根本的に改正した」と説明している。

81条は，「外国ニ通謀シテ帝国ニ対シ戦端ヲ開カシメ又ハ敵国ニ与シテ帝国ニ抗敵シタル者ハ死刑ニ処ス」と規定し，82条は，「要塞，陣営，軍隊，艦船其他軍用ニ供スル場所又ハ建造物ヲ敵国ニ交付シタル者ハ死刑ニ処ス」と定めていたところを，それぞれ，「外国ニ通謀シテ日本国ニ対シ武力ヲ行使スルニ至ラシメタル者ハ死刑ニ処ス」（81条），「日本ニ対シ外国ヨリ武力ノ行使アリタルトキニ之ニ与シテ其軍務ニ服シ其他之ニ軍事上ノ利益ヲ与ヘタル者ハ死刑又ハ無期若クハ二年以上ノ懲役ニ処ス」（82条）に改めた[43]。したがって，外国のための単なるスパイ活動は，実際の行為の結果として外国による日本に対する戦争を実行することにならなければ，罪とはならない。そうした行為が処罰されるのは，外国が日本に侵略戦争を実行したときに，その外国を物質的に援助したときに限られると説明している[44]。そして，77条は，内乱罪を処罰し，81条および82条は，これに適切に対応していると論じている。合衆国憲法は，叛逆罪を「合衆国に戦いを起すこと，または敵に援助および便宜を与えることによりこれに荷担する行為」と定義しており，81条および82条の罪は，一般に叛逆罪ともみなすことができる。日本は，独立国として戦ったのであるから，フィリピンにおけるように自国に対する忠誠と合衆国に対する叛逆との相剋は問題になりえない。むしろ，このような刑法の改正は，忠誠の希薄化を意味している。

2　刑事訴訟法

日本国憲法の制定にともなって，刑事訴訟法の改正も必要となった。つまり，「刑事司法に於ては，憲法は人身保護のため，逮捕拘禁，審問及び処罰に関して，特に念入りな規定を設けている（第31条乃至第40条）」のであるから，「従来の刑事訴訟手続の糾問主義的色彩は根本的に一掃され，当事者

主義が徹底されなければならず，刑事訴訟の全面改正が必要となる」と考えられるからである[45]。刑事訴訟法改正作業は，1948年春に開始されたが，占領軍の法律家は，4名であったのに対して日本人スタッフは，30余名に上った。この4名とは，オプラー（Oppler），ブレークモア（Blakemore），マイヤーズ（Meyers）およびアップルトン（Appleton）であった[46]。「新たな自由主義的憲章自体に刑事裁判に影響を与える多くの革命的規定が含まれて」おり[47]，特に新憲法の「国民の権利」には，刑事手続きに関する規定が多く，刑事訴訟も，これらの規定を実現するために包括的で複雑な改正が必要であった[48]。刑事手続上の原則が憲法に豊富に規定されていたために，保障が過剰すぎるという批判があるが，個人の生命と人身の自由は，占領軍にとって重要であったと指摘されている[49]。しかしながら，司法改革のアメリカ化は，むしろ選択的であって，日本の司法制度に大陪審と小陪審を導入しなかったことにも，その特徴がうかがえると指摘されている[50]。

　この改正作業の結果，「日本国憲法の施行に伴う刑事訴訟法の応急的措置に関する法律」（昭和22年法律76号）（以下「刑事訴訟法応急措置法」と略記）が，制定された。この法律は，「日本国憲法の施行に伴い，刑事訴訟法について応急的措置を講ずることを目的とする」から，本格的な刑事訴訟法改正の指針を規定したものと考えることができる[51]。憲法33条の逮捕に対する保障と34条の抑留・拘禁に対する保障としての令状主義について，「被疑者は，身体の拘束を受けた場合には，弁護人を選任することができる」（3条）と定める。「刑事訴訟法応急措置法」では，「権限を有する司法官憲」について「検察官又は司法警察官は，拘引状及び勾留状を発することができない」（7条1項）と定め，逮捕状は，裁判官が発することとし（8条1項），緊急逮捕も認めている（同条2項）。また，被疑者・被告人には，「直ちに犯罪事実の要旨及び弁護人を選任できることが旨を告げなければならない」（6条1項）し，「勾留については，申立により，直ちに被告人又は被疑者及びこれらの者の弁護人の出席する公開の法廷でその理由を告げなければならない」（6条2項）と定められた。

　予審制度は，廃止され（9条），憲法38条の自己負罪の禁止と自白の証拠能力の規定をうけて，「刑事訴訟法応急措置法」の10条は，この憲法の文言

をそのまま引き写している。12条は，憲法37条の被告人の権利の保障を受けて，証人を「訊問する機会を被告人に与え」ている。また，「被告人が貧困その他の事由により弁護人を選任することができないときは，裁判所は，その請求により，被告人のため弁護人を付さなければならない」（4条）と国選弁護人を規定している。13条ないし18条まで上訴について規定するが，法令審査権については，「高等裁判所が上告審として判決に対しては，その判決において法律，命令，規則又は処分が憲法に適合するかしないかについてした判断が不当であることを理由とするときに限り，最高裁判所に更に上告することができる。但し，事件を差し戻し，又は移送する判決に対しては，この限りではない」（17条）と定めている。このように憲法上の諸規定に加えて，これらを具体化する指針を定めることによってその後の刑事訴訟法の改正に一定の枠組みをはめている。

しかしながら，1948年7月5日に成立した訴訟法典は，必ずしも合衆国の制度をそのまま取り入れたものではない。憲法39条に規定された「二重の危険」の禁止は，コモン・ローに由来する法理であるが，合衆国には刑事裁判で上訴権がなかった時代に生まれた。ただし，結局のところ，合衆国でも被告人に上訴権が認められるに至ったが，国側が上訴権を行使できるかについては極めて懐疑的である。日本は，明治時代に大陸法の上訴制度を導入し，国側の上訴を認めていた。憲法39条の下でも，上訴は，手続きの継続であって，国側が上訴しても被告人を「二重の危険」にさらすことにはならないと考えられた（ただし，被告人に不利な再審を行うことができないというのは，「二重の危険」の禁止の効果である）[52]。

第4節　日本国憲法の受容

1　新憲法の見方

新憲法（または改正草案）を法学者は，どのように受け取ったのだろうか。まず，憲法改正草案を占領政策の帰結と捉える見解がある。1946年年3月6日，政府の憲法改正草案要綱が発表されたとき，国民大衆は，その進歩的・

民主的なのに目を見張ったという。憲法改正草案を通覧して率直に感ずる点は，①「敗戦日本の過去の罪過の贖罪を表明する敗戦国の憲法たるの感を与える規定が随所に存すること」，②「英米憲法の影響が強く表れて居ること，特に統治機構に関する規定は日英米の3国の憲法のそれを混合して取入れて居ること」，③「19世紀自由主義的基盤の上に立つ憲法たるの色彩が濃いこと等」が指摘できるという[53]。連合国の日本管理の基本原則とは，①軍国主義の除去（平和主義の確立），②民主主義の確立，③平和経済の維持という三つであった[54]。したがって，「要綱」は，終戦以来の連合国の日本管理政策の方針の内容を具体化したものであると見るのである。

②の民主主義を確立するためには，統治理念として「言論・集会・出版等の基本的人権の尊重が確保せられることが前提条件」であり，「新憲法が民主主義的であるといわれる一つの理由は，基本的人権を尊重確保するための規定が極めて具体的に且つ詳細に規定されてゐることに基づく」[55]。基本的人権の尊重に関する規定は，4種類に大別できる。すなわち，①基本的人権の宣言ないし立法の指針を示す規定，②18・9世紀的人権宣言の伝統をつぐいわゆる人権保障規定（法の前の平等，信教，集会結社言論出版，居住移転，職業選択，生命身体等の各種の自由），③広い意味での共同生活に関する規定（公務員の選定罷免権，公務員の義務に関する規定，婚姻生活に関する規定，教育宗教行事に関する規定等），④経済生活に関する規定（勤労の権利，勤労者の団結権および団体交渉権，財産権に関する規定等）である。これらのうち，②の人権保障規定に重点が置かれ，詳細かつ具体的に規定されていることは，自由主義的な民主主義の立場に重点が置かれていることを示すものであるという[56]。

国務大臣として憲法改正草案を帝国議会で擁護し，説明する金森徳治郎は，草案の内容は，とうぜんのことながら「恐らく日本に於て表明せられた何れの改正案―共産党の分を除いては―よりも急進的である」と高く評価する[57]。したがって，この見解では，「敗戦日本の過去の罪過の贖罪を表明する敗戦国の憲法」という側面は影をひそめて，草案の要点を肯定的に解説している。成立した「新憲法」についても，その特徴として「徹底的な平和主義」，「国民主権主義」，「議院内閣制」，「二院制」，「権力分立」，「自由主義」，

「平等主義」等を挙げている[58]。基本的人権については，31条以下の人身の自由に特徴が見られ，それは「恐らくアメリカの憲法に由来するものと思われるので，その内容に於ても合衆国憲法の第1回の追加修正に同じものが非常に多い。而してそれ等の中には，特に憲法に規定するまでもなく，刑事訴訟法の中の一箇条で十分思われるものも相当あるが，而も之を態々憲法に書かなければならなかつたといふことは，我国に於ける事態の反映であつて，国家にとつても，国民のとつても，決して名誉とすべき事柄ではない」と論じている[59]。

また，新憲法は，社会主義とも親和的であるとする見解がある。「要綱」は，「米国主義と英国主義との折衷」であり[60]，たとえば，「政府案第28条乃至第35条の8ヵ条は人身の自由を保護する為に専恣横暴なる逮捕，裁判及処罰を禁じて居り，多く米憲法の例に倣ひ極めて具体的に詳細なる規定を設けてゐる点に特色」があると指摘したうえで，次のように批判している。「社会正義に基づく新経済秩序の建設に対する熱意が余り現れて居らぬことは最も遺憾とするところ」であって，これに対して「我々憲法懇談会の案」は，私有財産の制限と独占資本の支配の禁止という「社会主義・社会改良主義のいずれにも対応できる条項」を含んでいると論じている[61]。

「新憲法」の基本的人権規定の特徴としては，「自由主義的基本権」の一大拡張ばかりでなく「生存権的基本権」をも保障している点にあるとし，特に後者の権利は，「国家共同体理念」が顕現しており，国家はこれについて積極的責務を有すると論じている[62]。そして，「生存権的基本権」は，ワイマール憲法に由来するものであるが，スターリン憲法の基本権の保障は，ワイマール憲法の基本権保障の進展であって，両憲法は，「従来の『自由権的基本権』に対立して，『生存権的基本権』の性格を有し，その差異は，その方向に徹底する程度の差と見ることができる」と説明している[63]。ただし，ワイマール憲法における基本権保障からスターリン憲法における基本権保障へと移行するためには，「国家機構の根本的変革を不可避とするであろう」が，「各人に対して人間らしい生存を保障するといふ目的」にとっては，どちらの制度が適切であるからについては検討を要すると結論を留保している[64]。

このような「国家機構の根本的変革を不可避」とするという歴史観に立てば、「ソ連邦の憲法が世界における唯一の徹底的な民主主義憲法」であるということになる。封建社会から資本主義社会へ、さらには社会主義社会へという歴史観は、イギリスの「マグナ・カルタ」や「権利請願」等の人権思想の展開をこのような歴史の発展を過程に照らして、日本国憲法の「権利宣言」を理解すべきあるという見解につらなる。この歴史観では「自由は、本来普遍的であり、歴史の一定の発展段階において、一階級社会の論理によって制約されたものとして存在を与えられようとも、やがて、自由自身の法則にもとづいて、この制約を破砕して真に普遍的な自由へと高まらざるをえないのである」と一定の歴史の発展法則に則して理解しようとする[65]。

　他方では、新憲法を西欧の立憲主義の真髄を具現した文書と受け取る見解もあった。日本国憲法を理解する前提として、封建的精神態度から「ヨーロッパ世界が抜け出す為にどのように烈しいそして長い精神の闘争が—之は単に米を一合でも余計に食ふ為の闘争ではなかった—幾世紀に亙って続けられねばならなかったことを知るものにとっては、謙虚に承認せざるを得ない事実である。われわれは幸か不幸かやっと今そう云ふ闘争状裡の門口に達したにすぎない状態である。……さう云ふ意味で筆者は新憲法がわれわれに与へてくれたこの成果を国民各自が根源まで追求し、各人が自己の内心に於いて精神革命を遂行し得なければ、全く無意味な規定に了ってしまうことを断言して憚らない」と論じている[66]。

　以上のような見解に対し、新憲法は、英米法の強い影響を受けていると考える見解もある。つまり、「新憲法は、英米法的背景の下に起草されているので、従来の大陸法的に訓練された頭で新憲法を分析的に比較参照しただけでは、新憲法の意味合を見失うおそれがある」という指摘もあった[67]。「新憲法の解説書が十数冊出ている。例えば、美濃部博士の解説書の如きはそのうちで最も優れたものの一つであるが、それは大陸法的な立場で新憲法を眺めた傾向が多分にあるために、特に法優位に関する問題、それと直接に関連ある司法権に関する解説では、相当新憲法の趣旨がゆがめられているのはそのためであるように思われる」と論ずる[68]。

　民主主義とは「人民による政治」と「人民のための政治」という二つの面

をもっている。前者は，自己統治を意味し，言論の自由を保障して公的問題について討議し，多数決によって決定するという政治の機構に関する原理である。後者は，人民全部が善き生活の恵沢に浴することを理念とする政治目標の原理である。アメリカは，「立憲民主政」であるが，「アメリカの民主政は，永久にかわらない基本的人権を司法的に保障することによって立憲民主政である」[69]。日本国憲法もこのような民主政を受け継いだのであって，基本的人権に関する規定について次のような特徴が見られる。①刑事司法に関する詳細な規定が置かれている。これは，英米に伝統的な基本的人権の保障規定であって，その結果，日本の刑事訴訟法そのものに英米的要因を多分に取り入れざるをえなかった。②最近のアメリカで発達した労働法の思想に基づく勤労の権利，団結権，団体交渉権等の新しい権利が新憲法に掲げられた。③資本主義の憲法的保障に最大限の重点が置かれるかたちで，財産権，法定手続き，納税の義務等が定められている[70]。合衆国の占領政策を歴史的に見た場合には，この見解が最も説得力をもっている。

以上のように「憲法改正草案要綱」から日本国憲法の制定直後までの時期に，その後の主要な憲法学の研究方法がすでに出揃っていたといえる。

2 日本国憲法とアメリカの憲法原理

GHQ は，日本国民における「民主的傾向の復活強化」のために普遍的理性の指し示すところを憲法草案のなかで文章化したにすぎないと信じていたが，人類普遍の政治原理と信じたものは，すべてアメリカの憲法史から引き出されたものであった。つまり，「権利章典，権力分立，司法審査は，アメリカ憲法が雛形を提供した政治的伝統であり，平和条約でさえ，ヨーロッパの紛争に介入することをできるだけ回避してきた30年代までのアメリカの態度を反映している。アメリカ憲法の思想的基盤である社会契約論は，万人に通じる自然法を想定するので，アメリカの憲法原理が普遍的通用力を有するものと信じられたとしても不思議ではない」という指摘も誤りとはいえない[71]。

さらには，GHQ が信じたこの普遍的理性を具現した文書こそ合衆国憲法であるという見方をさらに推し進めて，合衆国憲法の生成発展という歴史的

文脈から切り離して，合衆国憲法の文章に着目し，文体のみに依拠して合衆国憲法の文言の意義を考察しようとする見解もある。すなわち，「この憲法は人民を代表する政府を作る人民の誓約と，彼らの権利と自由を削減してはならないという政府に対する人民の命令を，法助動詞 shall の一貫した使用によって表している。明治憲法は，天皇の名によって，人民の福祉と利益のために国家を統治する政府の権威と責任とを日本政府が主張する点で，合衆国憲法とはまったく異なる表現効力を持った」と。それゆえ，日本国憲法の英語による草案から日本語成文を作成するさいに，このような明治憲法の政治的伝統を引き継いでおり，和文では，国民が政府に権利と自由を侵さないよう命じている表現になっていないというのである[72]。

しかし，合衆国憲法に掲げられた原理は，イギリスに由来し，合衆国憲法は，まずなにより連邦政府に向けられた文書であって，19世紀前半までは，表現の自由や信教の自由に関して州の立法権は広く認められていたのであり，「法助動詞 shall」は，必ずしも，権利・自由の制約の禁止や人民の命令とは限らない。国王が臣民に権利・自由の保障を約束する場合もあれば，人民が奴隷制の維持を命ずる場合もあり[73]，いわば価値中立的である。さらには，この見解は，英語以外の言語は立憲主義を表現するのには不適切であるという意味合いを含みかねない[74]。

アングロ・サクソンのみが自己統治を実践できるという一種の人種論的憲法論は，20世紀になっても衰えたわけではない[75]。ただし，人種的特徴というより英語の能力に力点を置く理論への移行が見られるようになる。セオドア・ローズヴェルトは，好んで「英語を話す人種 (the English-speaking race)」という言葉を用いた。これは，英国人，アメリカ人，南アフリカ人およびオーストラリア人は，血と言語の絆で結ばれているということを意味するだけでなく，オランダ人のようにイギリス人の祖先でない人たちも，世界の支配を運命づけられている集団に入ることができるということも示唆するものであった[76]。アングロ・サクソンの法伝統は，民族集団に受け継がれているのではなく，英語のみが立憲主義本来の意味を表現することができるという言語にもとづくアングロ・サクソン型立憲主義に変容したのだろうか。

いずれにせよ，「一国の憲法は国民生活の歴史的伝統を背景とし，現実に

即し，その理念を根底とするものであるべきである。憲法は国民の思想と制度との精華，国民の血と汗の結晶とも称すべきものである。それは何よりも先ず第一に『日本人の心』の結べる成果でなければならない」という声もあったのではあるが[77]，「占領軍のイデオロギーに従って，西洋と争ったこと，西洋的でなかったのみを懺悔し，他のことは大方忘却した。戦後憲法学のエネルギーの大半は，日本における非欧米的要素の撲滅に費やされてきたといっても過言ではない」といえるだろう[78]。

---

1) 高柳賢三・大友一郎・田中英夫編著『日本国憲法制定の過程―連合国総司令部側の記録による―II解説』（有斐閣，1972年）146頁。
2) ただし，平等原則については，「マッカーサー・ノート」は，「貴族の権利は皇族を除き，現在生存する者一代以上には及ばない」(No rights of peerage except those of the Imperial family will extend beyond the lives of those of now existant.)，「華族の地位は今後どのような国民的または市民的な政治権力も伴うものではない」(No patent of nobility will from this time forth embody within itself any national or civic power of government.) という規定は，マッカーサー草案の13条の2項と3項前段に，「華族の称号の授与は，今後は，国民的または市民的な政治権力を伴わないとする」(No patent of nobility shall from this time forth embody within itself any national or civic power of government.)，「華族としての権利は，皇族のそれを除き，現存する者一代限りとする」(No rights of peerage except those of the Imperial dynasty shall extend beyond the lives of those now in being.) としてほぼ同じ文言で受け継がれた。高柳賢三・大友一郎・田中英夫編著『日本国憲法制定の過程―連合国総司令部側の記録による―I原文と翻訳』（有斐閣，1972年）100頁および274頁。
3) 竹前栄治『GHQの人びと―経歴と政策』（明石書店，2002年）115頁。
4) 古関彰一『日本国憲法の誕生』（岩波現代文庫，2009年）138頁。ケーディスの論文によれば，民政局の「モデル憲法の淵源」は，日本の政党や団体・個人の憲法案に加えて，エスマンとベアテ・シロタが「東京にあるいくつかの図書館から」収集した「約12ヶ国の憲法」と「州憲法の記憶」であった。いずれにせよ，「1946年憲法は，まったく自発的に制定されたのではなく，ポツダム宣言の所産であり，マッカーサーやホイットニーによって刺激を受け，また日本の進歩的な政治指導者，新聞，学識経験者からの圧力によって生まれたものであった」。チャールズ・L・ケーディス「日本国憲法におけるアメリカの役割（抄）」『シリーズ日本国憲法・検証1 第1巻憲法制定史』（小学館文庫，2000年）326頁。
5) 古関・前出注(4)，135頁。
6) 高柳賢三他・前出注(2)，194～207頁。

7) 同前，208〜215頁。
8) 同前，216〜234頁。
9) 同前，234頁。
10) 高柳賢三他・前出注 (1), 148頁。
11) 「社会的権利および経済的権利」には,「家庭」に関して次のように規定している。
「家庭は，人類社会の基礎であり，その伝統は，善きにつけ悪しきにつけ国全体に浸透する。それ故，婚姻と家庭とは，法の保護を受ける。婚姻と家庭とは，両性が法律的にも社会的にも平等であることは当然である〔との考え〕に基礎をおき，親の強制ではなく相互の合意に基づき，かつ男性の支配ではなく〔両性の〕協力に基づくべきことを，ここに定める。これらの原理に反する法律は廃止され，それに代わって，配偶者の選択，財産権，相続，本居の選択，離婚ならびに婚姻および家庭に関するその他の事項を，個人の尊厳と両性の本質的平等の見地に立って定める法律が制定されるべきである」。高柳賢三他・前出注 (2), 222〜5頁。また，ワイマール憲法は,「婚姻は，家族生活および国民の維持・増殖の基礎として，憲法の特別の保護を受ける。／家族の清潔維持，健全化および社会的助長は，国および市町村の任務である。子供の多い家庭は，これを埋め合わせる配慮を求める権利を有する。／ 母性は，国の保護および配慮を求める権利を有する」(119条) と定める。
スペインの1931年憲法は,「家族は，国家による特別の保護下に置かれる。婚姻は，両性にとって平等な権利に基き，相互の同意によって，または配偶者の一方の要求によって解消することができるが，後者の場合には，正当な理由に基づく主張による」(41条1項)。さらに，キューバの1940年憲法にも，家族に関して詳細な規定を置いている (43条) (第4章注90参照)。
また，第二次試案は,「妊婦および乳児の保育に当たっている母親を保護援助し，乳児および児童の福祉を増進し，嫡出でない子および養子ならびに地位の低い者のために正当な権利を確立する法律」を規定している。ワイマール憲法は,「嫡出でない子に対しては，立法により，その肉体的，精神的および社会的成長につき，嫡出子と同一の条件がつくられなければならない」(121条) と定め，1931年憲法には,「両親は，婚姻の外で生まれた子に対して，嫡出子と同じ義務を有する」(41条3項) と定める。ワイマール憲法とスペインの1931年憲法は，次の文献を参照した。高木八束・末延三次・宮沢俊義編『人権宣言集』(岩波文庫, 1957年) 200頁以下。
Constituciones españoles, Edición conjunta del Congreso de los Diputados y Boletín Oficial del Estado, 1986.
12) 極東軍事裁判で弁護人をつとめた高柳賢三氏は，次のように述べている。「検察官と弁護人とが，原告としての国家と被告としての個人とが，刑事裁判において対等の地位にたち，公平な『アンパイア』としての裁判所にたいし，相互に自由に反対な意見を陳べうることは，英米刑事裁判の特色である。極東裁判は連合国を原告とする軍事裁判ではあるが，右の英米的裁判方式に従って，公判が行われたので，検察側も弁護側も平等の地位を与えられ，右のごとき法理論をわたくしは，大胆かつ率直に述べることが許され，多くの日本人と均しくわたくしも又，法廷にただよったフェア・プ

レイの精神に感銘をうけたのである」と。『極東裁判と国際法』（有斐閣，1948年）5頁。
13）　高柳賢三他「民政局から最高司令官への1946年2月10日附メモ『憲法改正』について」・前出注（2），259頁。
14）　同前，261頁。
15）　古関・前出注（4），133頁。
16）　高柳賢三他「民政局の議事要録」・前出注（2），121頁。
17）　古関・前出注（4），168頁。
18）　日本国憲法10条にあたる規定がないほか，「草案要綱」の「国民ノ権利及義務」は26箇条からなり，条文の位置も日本国憲法のものとは異なる。佐藤達夫／佐藤功補訂『日本国憲法成立史第3巻』（有斐閣，1994年）188頁以下参照。高柳賢三他・前出注（1），147頁。
19）　この執筆者は，シカゴ大学の国際法教授キンシイ・ライトと推定されている。高見勝利「『憲法改正草案要綱』に対する米国務省の論評と総司令部の応答」『レファレンス』No. 647（2004年12月号）8頁。
20）　同前，21頁。
21）　同前，21〜2頁。
22）　佐藤達夫『日本国憲法成立史第2巻』（有斐閣，1964年）824〜5頁。
23）　12条（1940年改正により13条に移行）1節「すべての公共財産である農地，森林および水，鉱物，石炭，石油その他の液体鉱物（other mineral oils）ならびにすべての潜在的なエネルギー資源は国のものであって，その売却，開発，活用または利用は，フィリピン市民またはフィリピン市民が少なくとも資本の60％を有する会社もしくは団体に限定され，この市民または会社もしくは団体は，この憲法に定められたフィリピン政府の設立記念式の時点で存在する権利，付与，貸与または特許に服するものとする。公有農地を除いて，天然資源は，譲渡されてはならず，いずれの天然資源の開発，活用もしくは利用のための許可，特許もしくは貸与も，25年間を超えて与えてはならないが，さらに25年間の更新が可能である。ただし，灌漑水利権，水道，漁業または水力の活用以外の産業利用は，この限りではなく，水力開発の場合には，受益的利用が付与の基準と限界となる」。
24）　2節「民間会社または団体は，1024ヘクタールを超える公共農地を取得し，借り受け，または所持できず，個人もまた，144ヘクタールを超えてそのような農地を購入できず，1024ヘクタールを超えて借り入れることもできず，または24ヘクタールを超えて自作農地（homestead）として取得できない。2000ヘクタールを超えない牧草地に充てた土地は，個人，民間の会社または団体に貸し出すことができる」。
25）　4節「国民議会は，正当な補償を支払い，土地を収用し，これを小区画に分けて費用を払って個人に譲渡することを許可できる」。
26）　これらの規定は，おそらく1917年のメキシコ憲法27条の規定に由来するものと思われる。ARUEGO, Jose *Philippine Government in Action,* University Publishing Company, Manila, 1953, p. 61. 27条は，「国土の領域内に含まれる土地と水の所有権は，本来的

には国民に属し，国民は，私有財産を設けることによって，その支配権を個人に委ねる権利有していたし，現に有している」が，「出生または帰化によるメキシコ人およびメキシコ人の団体のみが，メキシコ共和国における土地，水およびその付属物の支配権を獲得するか，または鉱山，水もしくは可燃性鉱物の開発許可を得る権利を有する」と規定し，土地の国有，入会地（エヒード）の保護，大農園の制限等について詳細に定めている（TENA RAMÍREZ, Felipe, *Leyes fundamenteles de México 1808-1989,* Porrúa, México, 1989, pp. 825-34.）。さらに，このフィリピン憲法12条の諸規定は，ほぼそのまま1943年憲法8条に受け継がれた。

27) その典型を1940年のキューバ憲法に見ることができる。1940年憲法は，アメリカの占領下で制定された憲法ではないが，その時代の憲法思想が反映されている様子をうかがうことができる。この憲法には，基本的権利とは別に第5編では「家族および文化」について43条から59条まで，第6編には「労働および財産」について60条から96条までと詳細に規定している（90条には大農園の禁止が規定されている）。

28) 1946年8月12日のハイチ共和国憲法の12条および13条は，次のように規定する。

「第12条 国家の第一の責務は，正しい統治によって社会団体の連帯を確保し，様々な統治機関の連携に配慮することにある。／国家は，すべての市民にその身体の安全と尊厳における肉体的，精神的および道徳的に十分発達する可能性を保障する。／法律は，この義務の履行を保証するものとする。

第13条 国家は，用いることができるあらゆる手段によって，産業と，特に農業の生産を，主に技術的協力と農業信用をともなって農民と企業家への直接的な扶助によって，促進する。農業省に対しては，共和国の予算の少なくとも5%を充てるものとする。／永続的に法律で定められたところに従い，国家の所有地を耕作する農民に土地の所有権を与えるものとする」。MARIÑAS OTERO, Luis, "Constitución de 12 de agosto de 1946 (Texto reformada de 1932)," *Las constituciones de Haiti,* Ediciones Cultura Hispanica, Madrid, 1968, pp. 479-502.

29) 高柳賢三他・前出注（1），20頁。

30) 同前，20〜1頁。

31) 原　秀成『日本国憲法制定の系譜III 戦後日本で』（日本評論社，2006年）654頁。

32) 1900年のキューバでのアメリカ軍の命令は，「投獄または拘禁の理由を審問するために」ヘイビアス・コーパス令状を保障すると規定する（第4章第5節1参照）。

33) 古関・前出注（4），184頁。

34) その結果，フィリピンの1935年憲法の規定「私有財産は，正当な補償によらなければ，これを公共のために用いることはできない（Private property shall not be taken for public use without just compenasation）」（3条2節2項）とほぼ同じ規定となった。この規定は，フィリピンの1943年憲法の規定（7条9節）と全く同じである。

35) 「私権剥奪法」については，プエルトリコの1917年の組織法でも，スペイン語版では，「裁判抜きで有罪とする法案（sin formación de juicio）」と定めており，大陸法には馴染みの薄い概念であったから，憲法で言及していないのではないかと思われ

300　第 10 章　民政局の憲法案作成

る。
36)　合衆国憲法 3 条 1 節前段「合衆国の司法権は，一つの最高裁判所および連邦議会が随時設置することができる下級裁判所に属する」(The judicial Power of the United States, shall be vested in one supreme Court, and in such inferior Courts as the Congress may from time to time ordain and establish.)。

　　フィリピン 1935 年憲法 8 条 1 節「司法権は，一つの最高裁判所および連邦議会が随時設置することができる下級裁判所に属する」(The Judicial Power shall be vested in one Supreme Court, and in such inferior Courts as may be established by law.)。

　　キューバ 1901 年憲法 81 条前段「司法権は，最高裁判所および法律の定めるところにより設置する下級裁判所がこれを行使する」(El Poder Judicial se ejerce por un Tribunal Supremo, y por aquellos demás tribunales que las leyes establezcan.)。

　　プエルトリコ 1952 年憲法 5 条 1 節「プエルトリコの司法権は，最高裁判所および法律の定めるところにより設置する下級裁判所がこれを行使する」(El Poder Judicial de Puerto Rico se ejercerá por un Tribunal Supremo, y por aquellos otros tribunales que se establezcan por ley.)。

　　ハイチ 1918 年憲法 89 条「司法権は，破毀院および法律で裁判権の形式と範囲を定める下級裁判所がこれを行使する」(Le Puvoir Judiciaire est exercé par un Tribunal Cassation et des tribunaux inférieurs dont le mode et l'étendue de juridiction seront établis par la loi.)。

37)　GHQ の担当者は，ホイットニー (Whitney)，ケーディス (Kedes)，オプラー (Oppler)，ブレークモア (Blakemore)，マイヤーズ (Meyers)，マコーミック (Arthur McCormick)，ノヴォトニー (Novotoney)，リゾ (Rizzo) であった。内藤頼博「終戦後の司法制度改革の経過（第二分冊）――事務当局者の立場から―」（司法研修所，1959 年）[杉村章三郎ほか編『日本立法資料全集別巻 92』（信山社，1997 年）] 500 頁。たとえば，「オプラー氏の最高裁判所に関する意見」では，最高裁判所の憲法問題の管轄を認めたうえで，上告を制限する方法として，①金額による上告制限，②最高裁判所の判例違反，③高等裁判所間の判決の矛盾の場合を挙げている。また，「ブレークモア氏の最高裁判所に関する意見」では，裁判管轄について，「法律，規則又は処分が憲法に適合するかしないか」という文言は正確ではない。「裁判所は，法律全体の無効を宣言するのではなく，ある事件で問題になった部分を判断するにとどまる」のであって，「裁判所は，法律を取消す権限はない」と指摘している（同前，502〜4 頁）。

38)　A・オプラー／内藤頼博監『日本占領と法制改革』（日本評論社，1990 年）66 頁。
39)　潮見俊隆「日本の司法改革」東京大学社会科学研究所編『4 司法改革』（東京大学出版会，1975 年）11 頁。
40)　同前，102 頁。
41)　MEYERS, Howard, "Revision of the Criminal Code of Japan during Occupation," *Washington Law Review and State Bar Journal*, V. 25 (May, 1950), p. 109.
42)　水林　彪『法と秩序・日本近代思想体系 7』（岩波書店，1992 年）539 頁。ただ

し，旧日本刑法は，フランス刑法と異なり，「皇室ニ対スル罪」のめに特に一章を設けている。その理由として，次のように説明されている。国事犯とは「政府ヲ顛覆シ邦土ヲ潜竊シ朝憲ヲ紊乱スル」ことであるが，しかし，「君主親裁ノ國ニ於テ皇室ニ罪ヲ侵ス者アルモ其目的トスル所政治ニ關セサルトキ」は，これは国事犯ではないが，皇室に対する罪は，私人に対する罪でもなく，「皇室ノ危危」は「日本全國ノ安危」であるからであると。堀田正忠『刑法釈義［明治17年］・日本立法資料全集別巻177』（信山社，2000年）8〜9頁。

43) これらの条文に当たる旧刑法の規定は，129条「外國ニ與シテ本國ニ抗敵シ又ハ外國ト交戦中同盟国ニ抗敵シ其他本國ニ背叛シテ敵兵ニ付属シタル者ハ死刑ニ處ス」，および130条「交戦中敵兵ヲ誘導シテ本國管内ニ入ラシメ若クハ本國及ヒ同盟国ノ都府城塞又ハ兵器彈薬船艦其他軍事ニ關スル土地家屋物件ヲ敵國ニ交付シタル者ハ死刑ニ處ス」と定める。

フランスの1810年の刑法典では，第3巻第1編は，「国家に対する重罪・軽罪」を定め，その第1章「国家の安全に対する重罪・軽罪」として第1節「国家の対外的安全に対する重罪・軽罪」，第2節「国家の国内的安全に対する重罪」として「皇帝と皇室に対する侵害および計画」と「内乱，武力の違法な使用，公共物の破壊および略奪による国家の転覆を目的とする重罪を規定する。第1節75条は，「フランスに対して武器をとったフランス人は，死刑に処す」，76条「外国もしくはその代理人と共謀するか，または情報を知らせ，フランスに対して敵対させるか，もしくは戦争を計画させるか，または外国にその手段を入手した者は，死刑に処し，その財産は，没収される」と定める。86条は，皇帝に対する罪について，「皇帝の生命または身体に対する侵害または計画は，大逆罪（crime de lèse-majesté）である。この罪は，父親殺しとして処罰され，さらに，財産の没収を伴う」と規定する。内乱については，91条は，「市民または住民を武装させ，互いに武装するようにして，内乱を引き起こすことを目的とする侵害または計画」を処罰すると定める（LASCOMBE, Pierre, PONCELA, Pierrette, & LEONËL, Pierre, Au nom de l'ordre: Une histoire politique du code pénal, Hachette, 1989, pp. 374-5.）。したがって，日本の刑法81条および82条は，1810年のフランス刑法典の75条および76条にあたる。1992年に公布されたフランスの「新刑法典」は，「軍隊または領土の引き渡し」（411条-2条），「国防設備等の引き渡し」（411-3条）等を「フランス人またはフランスのための役務に従事する軍人が行った場合，叛逆」とすると定める（411-1条）（法務大臣官房司法法制調査部編『フランス新刑法』（法曹會，1995年）129頁）。その後の改正でも，同じ規定を置いている。

44) *Ibid.*, p. 112.

45) 兼子 一「特輯新憲法の研究（三）司法制度」『国家学会雑誌』第60巻第12号（1946年12月）14頁。

46) オプラー・前出注（38），68〜71頁（注7）。

47) APPLETON, Richard B., "Reforms in Japanese Criminal Procedure under Allied Occupation," *Washington Law Review*, V. 24 (November 1949), p. 404

48) *Ibid.*, p. 405.. アップルトンは，「権利章典」の31条から39条までを列挙してい

る。

49) オプラー・前出注 (38), 117 頁。
50) 同前, 125 頁。陪審裁判を受ける権利は, アングロ・サクソン法に固有の権利であるというのが島嶼判決の判例であったことにも着目すべきであろう。
51) 昭和 22 年法律第 76 号。
52) APPLETON, op. cit., pp. 425-6.
53) 田中二郎「日本国憲法の民主化」『世界』第 5 号 (1946 年 5 月) 32 頁。
54) 田中二郎「新憲法と政治の民主化」『日本管理法令研究』第 1 巻第 9 号 (1946 年 12 月) 20 頁。
55) 同前, 39 頁。
56) 同前, 40〜1 頁。
57) 金森徳治郎「憲法の根本的改正と国家再建の礎」『法律時報』第 80 巻第 4 号 (1946 年 4 月) 3 頁。
58) 宮澤俊義「新憲法の概観」国家学会編『新憲法の研究』(有斐閣, 1947 年) 1 頁以下。これは,「国家雑誌第 60 巻第 10 号より第 12 号にわたる三巻の『新憲法の研究』特輯号を編輯し, 学会の緊急切実なる要望に応えるところがあった」ものを「全号を一本に纏め」たものである。
59) 柳瀬良幹「新憲法概観」『法律時報』第 90 巻第 1 号 (1947 年 1 月) 30 頁。
60) 稲田正次「憲法草案の構造とその特質」『法律時報』第 80 巻第 4 号 (1946 年 4 月) 7 頁。
61) 同前, 14〜5 頁。
62) 我妻 栄「基本的人権」『新憲法の研究』・前出注 (58), 88 頁。
63) 同前, 80 頁。
64) 同前, 81 頁。
65) 高柳信一「近代国家における基本的人権」東京大学社会科学研究所編『基本的人権 1 総論』(東京大学出版会, 1968 年) 130〜1 頁。
66) 野田良之「信仰・教育・学問」『新憲法の研究』・前出注 (58), 93 頁。
67) 高柳賢三「新憲法と法の優位」『法曹時報』第 1 巻第 4 号 (1949 年 5 月) 3 頁。
68) 同前。
69) 同前, 4〜5 頁。
70) 同前, 6〜8 頁。
71) 中川 剛「日比両国憲法にみる類縁―政治的環境適用の二形態」『中央公論』(1987 年 5 月号) 183 頁。
72) キョウコ・イノウエ／古関彰一・五十嵐雅子訳『マッカーサーの日本国憲法』(桐原書店, 1994 年) 158〜9 頁。この見解によれば, 英語の shall は, ①未来 (I shall go to church on Sunday.), ②話し手の決意 (You shall go to church on Sunday.), ③命令・義務 (Thou shall not kill.), ④相互の合意による義務 (契約文書) という 4 つの意味があり, 合衆国憲法は, ②および③の意味で, shall が用いられているという (108 頁)。そして, その多くの条文を挙げているが, 一例を挙げれば, 憲法 31 条では, 英

文の（No Person shall be deprived of life or liberty, nor shall any other criminal penalty be imposed,...）という表現が「……その生命若しくは自由を奪われ，又はその他の刑罰を科せられない」と日本語に訳されている。この日本語をあえて英語に再度翻訳すれば，(No person is/will be deprived of life or liberty,... Also no other criminal penalty is/will be imposed,...）となる。したがって，日本語の条文は，明治憲法と同じように訴訟上の権利が否認されていないと述べているにすぎないというのである（128〜9頁）。

　　この命令形の shall の用法は，マディソンが導入したという指摘がある。州の提案にあった表現 ought に代えて shall を用いた。SCHWARTZ, Bernaord (ed.), *The Roots of the Bill of Rights*, V. 5, Chelsea House, New York, 1980, pp. 1008-9.

73)　古くは，マグナ・カルタ 39 条「いかなる自由人も，彼の同輩の適法な裁判か，国土の法によるのでなければ，逮捕され，投獄され，……ないものとする（Nullus liber homo capiatur, vel imprisonetur....）」。(J. C. ホウルト／森岡敬一郎訳『マグナ・カルタ』（慶応大学出版会，2000 年）544-5 頁および 557 頁）という規定がある。クックは，これを（No freeman shall be taken, or imprisoned,...）と英訳している（COKE, Edward, *The Second Part of the Institutes of the Laws of England*, V. I, William S. Hein Company, Buffalo, 1986, p. 45.）。マグナ・カルタは，国王ジョンが貴族に約した文書であるから，国王が権利を守るよう命じた文書と考えることができる。明治憲法 23 条の「日本臣民ハ法律ニ依ルニ非スシテ逮捕監禁審問処罰ヲ受クルコトナシ」という規定は，英訳憲法義解では（No Japanese subject shall be arrested, detained, tried or punished, unless according to law.) と翻訳され，shall が用いられているのである（ITO, Hirobumi, *Commentaries on the Constitution of the Empire of Japan,* 3rd, ed., Chu-o Daigaku, Tokyo, 1931, p. 46.）。

　　1836 年のテキサス憲法は，「テキサスに移入する以前に生涯の奴隷であって，現在拘束されている有色のすべて者は，いぜんとして同じ奴隷状態に置かれるものとする（shall remain in the like state of servitude)」(「総則」9 条），「独立宣言の日にテキサスに居住している（アフリカ人，アフリカ人の子孫およびインディアンを除く）すべての者は，共和国の市民と見なされ（shall be considered)，市民としてのあらゆる特権を与えられるものとする」(10 条）と規定する。THORPE, Francis Newton, *The Federal and State Constitutions, Colonial Charters, and Other Organic Law of the State, Territories, and Colonies Now or Heretofore Forming the United States of America*, V. 6., Government Printing Office, Washington, 1909, (Nabu Press, 2010), pp. 3539-40.

74)　一例を挙げれば，合衆国憲法修正 1 条の表現「連邦議会は，……法律を制定してはならない（Congress shall make no law)」には，1917 年のプエルトリコ組織法 2 条 17 項「……法律は，制定されてはならない（No se probará ninguna ley...）」という文言が対応し，同じ内容の権利章典がスペイン語では，shall に該当する語として動詞の未来形が用いられているのである。

75)　1920 年代にアメリカの移民法や断種法に影響を与えただけでなく，ヒトラーの人種理論にも影響を与えたと言われるマディソン・グラント（Madison Grant）の『偉大な人種の消滅（The Passing of the Great Race or the Racial Basis of European History）』は，

1916 年に出版された。ティモシー・ライバック／赤根洋子訳『ヒトラーの秘密図書館』（文藝春秋，2010 年）139 頁以下参照。
76) DYER, Thomas G., *Theodore Roosevelt and the Idea of Race,* Louisiana State University Press, Baton Rouge, 1980, pp. 28-9.
77) 高木八束「最高法規」『新憲法の研究』・前出注（58），342 頁。
78) 長尾龍一『日本憲法思想史』（講談社学術文庫，1996 年）128 頁。

第11章　終章─占領と「権利の言説」

第1節　「権利章典」と市民

　1787年の北西部条令は，①宗教的寛容，②ヘイビアス・コーパス令状，③陪審裁判，③残虐で異常な刑罰の禁止，④法の適正手続き，⑤正当な補償，⑥契約に対する干渉の禁止という一定の権利・自由を保障し，また，連邦領の住民に一定の政治的権利を保障する。条令は，「当初の諸州と連邦領の人民・州との間の約款（articles of compact）と考えるべきであって，両者の同意のない限り変更されない」と規定し，社会契約論に根拠づけられた。したがって，条令によって，外国人も合衆国領土の市民と認められば，市民として当然にこのような一種の「権利章典」を享受することができる。合衆国憲法に「権利章典」として修正条項が追記されるのは，1791年のことであるが，北西部条令に列挙された権利・自由も，政府の抑圧から個人の自由を護る堡塁であるという自由主義思想に由来することは間違いない。アメリカ人は，こうした権利・自由をイギリスの伝統的権利に由来するものであると考えただけでなく，原理的に普遍的なものである見なしていたからである。北西部条令によって，連邦領のフランス人のカトリック教徒や先住民個人も連邦領の市民の地位を主張できるようになった。しかし，連邦領にコモン・ローが施行されることは，カトリック教徒や先住民がアングロ・サクソンの法的伝統に服することを意味する。つまり，部外者は，アメリカ文明に同化されなければならないということを意味する[1]。

　連邦領の拡大にともなって，合衆国に編入された住民にこのような連邦の権利・自由の保障も適用されていった。1803年のルイジアナ購入条約，1819年のアダムズ＝オニス条約，1848年のグアダルーペ＝イダルゴ条約等には，「合衆国市民のすべての特権，権利および免除の享受が認められる」と謳われている[2]。

合衆国は，北アメリカ大陸のフロンティアがなくなると，海の向こうに新たなフロンティアを求め始めた。1898年の米西戦争は，その当然の帰結であった。しかし，パリ条約で合衆国に譲渡されたカリブ海と太平洋の島嶼には，合衆国とは異なる宗教・文化をもっている人々がいた。合衆国は，これら島嶼の住民を同輩の合衆国市民として遇するか否かという問題に突き当たったが，新領土を「未編入領土」として取り扱いつつ統治するという途を選んだ。島嶼の住民には，自己統治できる能力が欠けているというのがその主な理由である。ウィルソンによれば，合衆国が海外に拡大するためには，アメリカ人は，「自由と自治の使者」にならなければならず，キューバやフィリピンは，スペイン帝国に留まる限り，民主主義に向かうことはないのであるから，合衆国がこれらの国々に政治教育を施さなければならないのである。フィリピンの独立は，合衆国がフィリピン諸島に支配を打ち立てた後に考えるべき問題であるとされた[3]。

19世紀半ばに，オーサリヴァン (John L. O'Sullivan) が「われわれは，人類の進歩に立つ国民である」とし，「われわれの使命を果たすために，──良心の自由，身体の自由，交易と事業の追求の自由，自由と平等の普遍性」を掲げて，アメリカ合衆国には「明白な使命 (Manifest Destiny)」を有すると宣言したことと，「権利章典」の植民地での役割は，決して矛盾するものではなかった。そして，米西戦争の結果，この「マニフェスト・デスティニー」は，海を越えて異民族の植民地支配に至るとその姿を変え，合衆国は，これを「白人の責務」として引き受けることとなった[4]。

合衆国連邦議会が1902年に制定したフィリピン組織法は，フィリピン人は「市民として合衆国の保護の権利を有する」ものの，合衆国の市民とされなかった（4節）。1916年のフィリピン組織法（ジョーンズ法）も，この規定を受け継いでいる（2節）。したがって，フィリピン人は，フィリピン市民として合衆国の保護を受けるが，合衆国市民の地位を与えられているわけではない。独立を前提に制定された1935年憲法でも，合衆国への義務を規定する一連の条文が付されており，「フィリピンのすべての市民は，合衆国に忠誠を負うものとする」（17条1節1項）と定めていた。

プエルトリコの1900年の組織法（フォラカー法）においても，プエルトリ

コ人は「市民として合衆国の保護の権利を有する」(7条)と規定し,合衆国市民とはされなかったのである。合衆国連邦最高裁判所の1904年のゴンサレス判決では,プエルトリコの住民は,合衆国の「国民(nationals)」とされた。新たに,「市民」に対置される国民というカテゴリーを創りだすことによって,合衆国は,新たに獲得した領土の住民を従属的な地位におきながら統治することが可能となったのである[5]。しかし,1917年の組織法(ジョーンズ法)では,「外国の市民ではないプエルトリコ生まれのすべての者は,この規定によって合衆国市民と宣言され,合衆国市民」と見なされると規定し,プエルトリコ住民に合衆国市民の資格を与えている[6]。ただし,フォラカー(最初のプエルトリコ組織法の提案者)は,プエルトリコ人に合衆国の市民権を付与する1917年のジョーンズ法について,次のように述べている。

「しかしながら,『市民』という言葉を採用したとしても,われわれは,アメリカ人がプエルトリコ人民にもってほしくないと考える権利を与えているとは考えていなかった。『市民』というのは,ストーリーの合衆国憲法の著書によれば,一方での忠誠と他方での保護を意味する言葉なのである」と[7]。

1946年にフィリピンは,独立したが,プエルトリコは,「自由連合」として引き続きの合衆国の支配下に置かれている。1952憲法前文は,次のように宣言する。「アメリカ合衆国の市民であること(ciudadanía),権利と特権を個人としても集団としても享受し民主主義の共有財産を引き続き豊かにせんとする願い,また,連邦憲法の諸規定への忠誠,北アメリカの二つの偉大な文化のプエルトリコでの共存,教育の熱意,正義への信頼,努力し勤勉で平和な生活の励行,社会身分,人種的相違および経済的利害を超えた人間の価値の尊重(la fidelidad a los valores del ser humano)ならびにこうした原則に基づくよりよき世界の願いが,われらの生活の決定要因と考える」と。前文では,「アメリカ合衆国の市民権」と「連邦憲法に対する忠誠」が普遍的な「人間としての価値」に関連づけられて謳われている。

このように,合衆国市民の地位は,忠誠の問題と不可分である。プエルトリコ人にとって合衆国市民の地位は,直ちに合衆国市民との平等な権利の享有を意味するものではなかったが,プエルトリコ人に合衆国市民の地位を与

えられることによって、プエルトリコ人は、合衆国への忠誠を余儀なくされた。この忠誠の典型が軍役である。むろん移民の場合には、必ずしも市民権が軍務の要件ではないが、プエルトリコ人が合衆国市民として合衆国軍に組み込まれることによって、忠誠と愛国感情が醸成される。さらに、プエルトリコにおいては、近代化は、アメリカ化を意味していたから、合衆国市民の地位は、近代化の象徴であって、アメリカの制度への崇拝、合衆国への忠誠とあいまって、合衆国の支配を積極的に容認する態度を生み出した[8]。

第2節　「権利の言説」による支配

権利とは、確立された制度を通じて確実に応じてもらえるという正当な期待を抱いて、人が他者になしうる請求と定義される。そして、何人も、権利主体たりうると説かれる[9]。合衆国のプエルトリコ支配の特徴として、このような「権利の言説（Discourse of Rights）」に基づいてプエルトリコが統治されたという点が指摘されている。その理由として次のような要因を挙げることができる[10]。

① 　プエルトリコの自由主義者たちは、すでに19世紀にスペインの支配に対し権利を請求するというかたちで抵抗していた。
② 　労働者、女性、黒人、混血人種は、社会的抑圧をスペインの植民地主義と同視し、アメリカの法的・政治的言説にこの圧政をふりほどく好機を求めた。
③ 　権利の言説は、近代化の特徴でもあって、資本主義経済社会に適しており、20世紀半ばから、プエルトリコは、先進資本主義社会に近づいていった。
④ 　権利の言説は、宗主国のエリートが獲得した領土を支配するための基本的な概念的・規範的枠組みである。

権利の言説が植民地支配の道具になりうるという最後の要因については、さらに次のように詳述できる。一連の合衆国連邦最高裁の島嶼判決に示されているように、基本的な個人の権利と政治的権利とが区別される。連邦最高裁判所は、「表現の自由」、「法の適正手続き」、「法の平等な保護」、「移動の

自由」および「不当な捜査押収からの保護」は，基本的な権利であると判示し，合衆国の権利章典もプエルトリコに適用されうると示唆している。しかし，プエルトリコには，合衆国憲法の権利章典とは別に，「内部的権利体制（internal regime of rights）」とよばれる制度がある[11]。つまり，1917年のジョーンズ法には，「権利章典」があり，1952年の憲法にも「権利章典」が掲げられている。ただし，1952年憲法の権利章典の背後にある思想は，合衆国のものとことなる。この憲法案の作成に参加した指導者・官僚の多くが合衆国の大学教育を受け，社会問題に関心を抱き，プエルトリコ社会党と関係があったり，あるいはローズヴェルト時代のニューディール政策の社会民主主義的な理想に影響を受けていたからである[12]。つまり，権利の言説が有効に機能するためには，「市民」概念の伸張を伴っていなければならない。「すべての市民が地位と尊厳において基本的に平等であると想定されるのであるから，何人も，この仮定を無意味に帰してしまうほど経済的または社会的条件において軽んじられてはならないという信念」つまり「社会的市民権（social citizenship）」をも包摂している必要がある[13]。これは，1952年憲法に社会権条項（20条）を盛り込もうとしたことに見て取れるだろう。また，キューバの1940年憲法は，合衆国の占領下で制定された憲法ではないが，そのことゆえに豊富な社会権と経済政策規定が盛り込まれ，「世界人権宣言」を先取りしていたとまで言われている。

　権利の言説が実際に機能するためには，近代的な司法制度，法曹組織，ロー・スクールなどの基盤に支えられなければならないだけでなく，権利を保護するために連邦裁判所の役割が重視されるようになる。人々は，「プエルトリコの地方公務員，連邦官僚制度および合衆国軍に対して影響力を行使する方法として」連邦裁判所に出訴するからである。むろん，合衆国連邦裁判所の役割には厳しい批判がないわけではないが，連邦裁判所を権利の保証人と見なすことによって，合衆国の覇権を強化するのに役立ってきた[14]。

　このように，「権利の言説」は，プエルトリコ憲法を通じてプエルトリコ社会に浸透し，法曹の役割が増大した。プエルトリコの法曹は，アメリカの法曹にならうことによって，「この見解を広め，これを支配的な文化覇権の一部に変える手段となっている」のである[15]。合衆国の存在によって権利が

保障されるのであるから，合衆国の存在が正当化される。つまり，権利の言説は，プエルトリコ住民における覇権を再生産するのに貢献してきたのである[16]。

「権利の言説」は，フィリピンの統治についてもプエルトリコと同じことが言えるだろう。タフト委員会は，フィリピン人の法的な能力を評価し，次のように報告している。「教育あるフィリピン人の思考は，法律問題に十分適している。この国の多くの法律家は，高度な法曹教育を受けており，大陸法とその手続きについての専門知識をもっており，裁判官の任務を果たす能力を完全に有している。彼等の中から，知識，清廉および独立について秀でた者を選ぶことができることが分かった」と[17]。実際，フィリピンの最高裁判所裁判官には，アメリカ人と共にフィリピン人も任命されていた。前記の蝋山「報告」も，スペイン統治下のカトリック僧侶による中世的宗教型支配は，合衆国のフィリピン統治の結果，近世的法曹＝政治型へと変貌した指摘している。その理由としては，合衆国の統治下にあっては，フィリピン人は，行政官として能力を発展させることが困難であって，産業もアメリカの支配下にあって実業家あるいは技術者として成功する機会も限られていたし，軍人として活躍する余地もなかったからであると説明している。法曹界が政治家となる唯一の道であって，民衆の権利を主権者たるアメリカに訴えかけるという「比島民衆の権利の擁護者」を演ずる能力を磨かざるを得なかった[18]。プエルトリコと同じように，フィリピンの組織法に「権利章典」が規定された意味も，権利の言説による統治の方法と不可分である。

合衆国憲法型の権利章典は，植民地に合衆国の法制度の移植するさいに必ず掲げられる文書であった。だからといって，アメリカ人がこの崇高な理念に身をささげたとか，理想に忠実に行動したとかいっているわけではない。そうではなくて，権利章典に規定された権利・自由の保障と保護を適用することが，植民地にアメリカ法を導入する際の中心的なテーマであったという意味なのである[19]。つまり，植民地は，権利章典に合わせて司法制度の改革や刑事法を中心とする法改正が行われ，「権利の言説」の受容が求められたのである。

第3節　日本の占領と「権利の言説」

　日本を占領したのは，連合国であり，講和条約後には日本が独立することは当然の前提であるから，日本に合衆国憲法の「未編入領土」の法理をそのまま適用できない。連邦議会が日本に対する完全な統治権を有するわけではないからである。日本の統治権は，連合国最高司令官としてのマッカーサーに存しており，日本の改革方針については，統合参謀本部の「日本占領及び管理のための連合国総司令官に対する降伏後における初期の基本的指令」(JCS1380/15)，国務・陸軍・海軍三省調整委員会の「日本の政治組織の改革」(SWINCC228) 等の文書による枠が埋められてはいたが，日本の憲法改正問題は，マッカーサーに委ねられていた。

　ダグラス・マッカーサーは，ジョージ・ケナンに次のように書き送っている。「日本の国民は，指導と示唆を渇望している。民主主義とキリスト教を彼らに与えるのが私の目的である」と。これは，1898年にウィリアム・マッキンレー大統領が「住民たちを向上させ，文明化し，キリスト教化する」ためにフィリピンを取得しようと決意したのと同じであった[20]。ダワーによれば，「マッカーサー元帥にとって，日本は異教徒の『東洋的』社会であり，キリスト教伝道の任務をもつ白人によって隅々まで支配されて当然の存在であった。『白人の責務』という言葉で知られる植民地主義的うぬぼれが厚かましくも実行された最後の例が，日本占領だったのである」[21]。

　したがって，「権利の言説」の受容という点では，連合国による日本占領も，カリブ海諸国や太平洋諸国における合衆国の占領政策と共通点が見られる。前述のプエルトリコにおける「権利に言説」にそって日本の占領政策における「権利の言説」を考察すれば，次のように言えるだろう。

　カリブ海および太平洋のスペイン植民地は，19世紀の間，スペイン本国の憲法思想の影響を受けていたのであり，スペイン統治下においても人権思想が既に浸透していた。立憲主義思想は，キューバでは独立戦争の中でヒマグアユ憲法に，フィリピンではマロロス憲法に結実した。ハイチでも，独立以来いくつかの憲法が制定され，合衆国の占領時にはフランス憲法思想の強

い影響を受けた1889年憲法を有していた。ハイチの1889年憲法は，人権宣言を掲げ，統治機構についても詳細な規定を置いていたが，合衆国の利益に反する規定については，改正を余儀なくされた。プエルトリコは，合衆国の占領に際してキューバとフィリピンのような烈しい武装闘争を伴わず，独自の憲法も制定されなかった。ただし，合衆国の占領施策では，占領地の憲法が尊重された形跡はない。占領地の憲法の内容が合衆国のものより劣っていたからではない。キューバやフィリピンの憲法を認めることは独立を認めることに通じるだけでなく（ただし，キューバは，合衆国の後押しで1901年憲法を制定し，独立している），ハイチでは，憲法の規定が占領政策の障害となったためである。要するに，アメリカは，占領地を合衆国型の憲法原理によって統治しようとしたからである。

したがって，スペイン植民地は，19世紀にいくつか制定されたスペイン本国の憲法と無縁ではなく，立憲主義思想も既に浸透しており，本国と同等の権利保障を要求していたのである。合衆国によるフィリピンとプエルトリコにおける組織法と憲法の制定は，このような権利の主張に応えることとなった。日本国憲法の制定についても，ポツダム宣言には「民主主義傾向の復活強化」が謳われており，日本国憲法の起草過程で参考にされたといわれる憲法研究会案の「憲法草案要綱」は，自由民権運動から生まれた私擬憲法案を参照している[22]。日本国憲法の起源を明治期の私擬憲法案に求めるという考えは，今日では広く受け入れられている[23]。ただし，キューバおよびフィリピンは，独立を求めてスペイン軍と戦ったばかりでなく，アメリカ軍とも戦ったのであって，独自の憲法を構想していた。特に，マビーニの主権論には，独立を求めるフィリピン人の憲法思想が展開されている。日本国憲法は，むろんこうした独立と抵抗運動の憲法思想とは無縁であって，むしろ「恩恵的同化」という合衆国の植民地支配の方法と共通点を有する。

プエルトリコにおいて労働者，女性，黒人，混血人種がスペインの植民地主義を社会的抑圧と同視し，合衆国の「権利の言説」に解放の手段を求めたという点についても，同じことが言える。「基本指令」（JCS1380/15）には，「労働，産業，農業における民主主義的団体の発達は，奨励」されるべきだという施策が明記されていた。この政策は，労働組合，農業団体，婦人団体

第 3 節　日本の占領と「権利の言説」　*313*

等が社会的・政治的権利を主張するよう促した。しかし，これも，資本主義経済を支えるものとして，「国民の権利」に掲げられた私有財産と刑事手続きの保障を中心とする自由貿易体制と親和的であり，「マニフェスト・デスティニー」と矛盾するものではなかった。

　ただし，合衆国市民の中でも権利の享受について差別があったことにも留意すべきである。合衆国の市民の地位に関する法制度は，自由主義的な考えによって万人に個人の権利を保護しようとするとか，あるいは共和主義思想によって市民の制度に参加するというよりも，人種，民族，性，宗教を理由にほとんどの成人に個人の自由と機会を拒否していた。つまり，アメリカは，権利の点では白人国家であり，プロテスタント国家であり，さらにはアングロ・サクソンを祖先にもつアメリカ生まれの者が本当のアメリカ人だという国家であった[24]。新領土の島嶼の住民も，この市民像の延長に位置づけられたのである。

　したがって，合衆国市民は，最底辺に植民地の市民，次いで合衆国内での有色人種や女性の地位，そして連邦での参政権を有する完全な市民の地位へと序列をなしていた[25]。フィリピン人は，植民地の市民であって，合衆国市民ではなかった。これに対して，プエルトリコ人は，1917 年の組織法と 1952 年憲法によって合衆国市民の地位を認められてはいたが，合衆国の参政権は否認されていた。したがって，プエルトリコ人は，19 世紀の合衆国の女性の地位に類似する。合衆国の女性の地位については，投票権をめぐって（Minor v. Happersett）事件で争われた。この事件は，ミズーリ州法によって女性に選挙権を否認されたことに対して修正 14 条違反を主張したが，連邦最高裁判所は，修正 14 条の規定によって女性も市民であることは間違いないが，建国時の各州憲法にも女性の参政権は認められておらず，修正 14 条は市民の「免除と特権」に選挙権を加えているわけではないとして州法を合憲と判示した事件である。判決理由の中で，最高裁判所は，次のように説示している。「人民なしには国家（a nation）も存在し得ない。国家のような政治的共同体という考え自体に一般的福利の増進を企る人々の結合という意味が含まれている。結合した各個人が，結合によって形成される国家の構成員となる。各人は，この国家に忠誠を負っているのであって，国家の保護を

受ける資格を有するのである。忠誠と保護は，このように関連しており相互的な義務なのである。片方は他方の代償なのであって，忠誠は保護に対する代償であり，保護は忠誠に対する代償である」と[26]。したがって，プエルトリコ市民は，選挙権のない市民の地位という点では，このような女性の地位と同じである。また，フィリピン人は，合衆国市民ではなくても「市民として合衆国の保護の権利を有する」のであるから，その反面として 1935 年憲法の付則に「フィリピンのすべての市民は，合衆国に忠誠を負うものとする」（1節）と記されていたように合衆国に忠誠を負っていたのである。

　しかし，合衆国市民の間での差別的取り扱いも，徐々に是正されていった。1954 年の「分離すれども平等」理論を覆したブラウン事件は，その典型である[27]。さらに，1960 年代になると，連邦最高裁判所は，平等原則，言論の自由，刑事被告人・被疑者の権利の保障を重視し始め，いわゆる「司法積極主義」を採り始めた[28]。日本国憲法の「国民の権利」も，このような合衆国連邦最高裁の「価値観」を通して，解釈されるようになるのである。

　さらに，日本国憲法には，合衆国憲法の「権利章典」と異なる点があった。日本国憲法は，プエルトリコの 1952 年憲法と同じように，ローズヴェルト時代のニューディール政策による社会民主主義的な理想の影響を受け，25 条を始めとする社会権の諸条項を規定している（ただし，1952 年憲法では，社会権は，20 条に規定される予定であったが，これは合衆国議会の反対にあった）。さらに，キューバの 1940 年憲法は，合衆国の占領下で制定された憲法ではないがゆえに，社会権を含む充実した「市民の権利」を掲げていた。したがって，日本国憲法の社会権規定の制定も，時代の風潮を反映していたともいえる。

　日本国憲法では，「社会的市民権」が明記されることによって豊富となった「国民の権利」を制度的に支える枠組みとして，裁判所に「法令審査権」が付与されただけでなく，裁判所組織や訴訟制度の改革によっても，裁判所の役割が強化された。したがって，このような制度的な枠組みを通じてさらなる「権利の言説」の拡大と精緻化が見られ，法曹や憲法の教育・研究者の役割が拡大再生産され，合衆国だけではなく西欧諸国の憲法の概念的・規範的枠組みを介して日本国憲法を再解釈するという日本型の「権利の言説」が

誕生したのである。

---

1) SMITH, Rogers M., *Civic Ideas: Conflicting Visions of Citizenship in U. S. History,* Yale University Press, New Haven, 1997. P. 98.
2) アダムズ＝オニス条約は，「この条約によりカトリック陛下が合衆国に譲渡する領土の住民は，連邦憲法の原則と両立するならば，ただちに合衆国に編入されるものとし，合衆国市民のすべての特権，権利および免除の享受が認められるものとする」（6条）と規定する。THORPE, Francis Newton, *The Federal and State Constitutions, Colonial Charters, and Other Organic Laws of the State, Territories, and Colonies Now or Heretofore Forming the United States of America,* V. 2, Government Printing Office, Washington, 1909, (Nabu Press, 2010), p. 651.
　1803年のルイジアナ購入条約は，「譲渡された領土の住民は，合衆国に編入され，合衆国憲法の原則に従ってできるだけ早急に，合衆国市民のこうしたすべての権利，利点および免除の享有が認められるものとするが，その間，住民は，自らの自由，財産および信仰する宗教の自由な享受が維持され，保護されるものとする」（3条）と規定する（第1章第2節参照）。
　1848年のグアダルーペ＝イダルゴ条約（Treaty of Guadalupe Hidalgo）は，「前記の領土においてメキシコ共和国市民の性格を保持しないメキシコ人は，前条に規定されているところに従って，合衆国に組み込まれ，憲法の原則に従って，適当な時期に合衆国市民としてのすべての権利が認められなければならない。また，その間，自分たちの自由と財産の自由享受が維持され，保護され，さらに規制を受けずに宗教の自由な活動が保障されなければならない」（9条）と規定する。THORPE, *The Federal and States Constitutions, … , cit.*, V. 1, p. 381.
3) SMITH, *op. cit.,* p. 25.
4) ルディヤード・キップリングは，合衆国のフィリピン諸島占領にさいして，「白人の責務」でこう歌っている。
　　　　　白人の責務を担え Take up the White Man's burden-
　　　　　諸君が育てた最良の者を送れ Send forth the best ye breed-
　　　　　息子たちに故郷を捨てさせよ Go bind your sons to exile
　　　　　虜囚の必要に応えるために To serve your captive's need;
　　　　　　一致協力して To wait in heavy harness,
　　　　　動揺する野蛮な連中 On fluttering folk and wild-
　　　諸君の新たに捕らえた無愛想な民族 Your new-caught, sullen peoples,
　　　　半ば悪魔で，半ば子供の面倒を見るために Half-devil and half-child.
　　　　　　Rudyard Kipling, "The White Man's burden," 1899.
　この詩によって，キップリングは，合衆国が大英帝国と同格となったことを伝えるとともに，領土維持の帝国の困難，出費および報われない努力を歌っている

(SPARROW, Bartholomew, *The Insular Cases and the Emergence of American Empire*, University Press of Kansas, Lawrence, 2006, p. 217.)。ダワーによれば，この詩は，西洋人のフィリピン人およびアジア人に対する認識を不朽のものとした（ジョン・W・ダワー／猿谷要監修・齋藤元一訳『容赦なき戦争—太平洋戦争における人種差別』（平凡社，2001年）277頁）。フィリピン人は，「半ば子供」であり，また，1922年から1930年までハイチで高等弁務官を勤めたラッセル（John H. Russell）将軍によれば，ハイチの農民は，順調に育った7歳ばかりの子供の知性を有しているにすぎなかった（SCHMIDT, Hans, *The United States Occupation of Haiti 1915-1934*, Rutgers University Press, New Brunswick, 1995, p. 125.)。そして，マッカーサーによれば，日本人は，12歳であった。だから，12歳という「学齢期の常として彼らは，新しいモデル，新しい考え方に動かされやすかった。そこには基本的な概念を植え付けることができる。彼らは新しい概念をしなやかに受け入れる白紙に近い状態であった」（ダワー・同前，498頁）。

5) RIVERA RAMOS, Efrén, *American Colonialism in Puerto Rico: The Judicial and Social Legacy*, Markus Wiener Publishers, Princeton, 2007, p. 160.
6) 5節「1900年4月12日の法律7節に規定されたところに従って，プエルトリコのすべての市民は，『プエルトリコに収入と市民政府の一時的な提供その他の目的で』，また1899年4月11日にプエルトリコ島に一時的にいなかったが，その後帰国し，プエルトリコ島に永続的に居住しており，外国の市民ではないプエルトリコ生まれのすべての者は，この規定によって合衆国市民と宣言され，合衆国市民と見なされ，そう考えられる。……（後略）」。
7) RIVERA RAMOS, *op. cit.*, p. 159.
8) *Ibid.*, pp. 164-5.
9) *Ibid.*, p. 204.
10) *Ibid.*, pp. 211-3.
11) *Ibid.*, p. 213.
12) *Ibid.*, p. 215.
13) *Ibid.*, p. 221; HEATER, Derek, *Citizenship: The Civic Ideal in World History, Politics and Education*, 3rd, Manchester University Press, Manchester, 2004, p. 272.
14) RIVERA RAMOS, *op. cit.*, pp. 217-8.
15) *Ibid.*, p. 218.
16) *Ibid.*, p. 221.
17) THOMPSON, Winfred Lee, *The Introduction of American Law in the Philippines and Puerto Rico 1898-1905*, The University of Arkansas Press, Fayetteville, 1989, p. 6.
18) 蝋山政道「第二編政治」比島調査委員会編『極秘比島調査報告書［復刻版］』（龍渓書舎，1993年）84〜7頁。
19) THOMPSON, *op. cit.*, p. 75.
20) クリストファー・ソーン／市川洋一訳『太平洋戦争における人種問題』（草思社，1991年）63頁。

21) ジョン・ダワー／三浦陽一・高杉忠明・田代康子訳『敗北を抱きしめて［上］』（岩波書店，2001 年）6 頁。
22) 佐藤達夫『日本国憲法成立史 2 巻』（有斐閣，1964 年）823～4 頁。色川大吉『自由民権』（岩波新書，1981 年）141～2 頁。
23) 坂野潤治『明治デモクラシー』（岩波新書，2005 年）によれば，「『明治デモクラシー』があって初めて『大正デモクラシー』があり，その『大正デモクラシー』は昭和戦前期にも形を変えて発展しており，それらすべての上に立って，戦後民主主義が花開いたのである」（219 頁）。また，宮沢教授は，幕末時代の民主政治思想から明治憲法を経て大正デモクラシーへと成長した民主的伝統を論じている。高見勝利『宮沢俊義の憲法学史的研究』（有斐閣，2000 年）371～9 頁。
24) SMITH, *op. cit.*, pp. 2-3.
25) *Ibid.*, pp. 429-30.
26) *Minor v. Happersett*, 88 U. S. 162 (1874).
27) *Brown v. Board of Education*, 347 U. S. 483 (1954) 藤倉皓一郎・木下毅・髙橋一修・樋口範雄編『英米判例百選［第 3 版］』別冊ジュリスト 139 号（1996 年）62 頁。
28) 田中英夫『英米法［上］』（東京大学出版会，1980 年）338～40 頁。

ID # 319

事 項 索 引

あ 行

アーサー・マッカーサー……97,168,174
アギナルド………………160,166,167
アダムズ＝オニス条約…………11,13,35
アバルスサ法……………………………99
アラスカ……………………………3,12
アングロ・サクソン………20-23,52,305
イルストラード…………161,164,165,200
インディアス法…………………………171
インディアン部族……………………8,9
ヴァージン諸島…………………………12
ウィルソン…………………232,247,306
ウィルソン政権………………………196
ウェイレル………………………………98
ウッド…………………………101,107,178
オーサリヴァン………………20,21,306
オチョア対エルナンデス………………81
恩恵的同化……………………………169,312

か 行

桂・タフト協定………………………196
カディス憲法…………………………89,165
カティプナン………………………157,158
基本指令…………………………255,256,312
キューバの占領…………………………89
強制収容所………………………………98
グアダルーペ・イダルゴ条約…14,22,35
グアム島…………………………………4
黒い伝説…………………………………99
刑事訴訟法応急措置法………………289
ケーディス…………264,267,275-277,279,281
ケソン…………………………………210
ケプナー対合衆国事件…………………79
憲法改正草案要綱…………………290,294
憲法草案要綱……………………260,261,312
権利章典……………………………42,43,48
権利の言説………148,203,308-312,314
公用委員会対インチャウスティ会社事件
……………………………………81
ゴーツ対合衆国事件……………………74
コペル対ビンガム事件…………………80
コロンビア特別区………………………3
ゴンサレス対ウィリアムズ事件………82

さ 行

サモア諸島………………………………12
シーワッド………………………………23
ジェファソン…………6,8,9,44,62,211
自治憲法……………………………92,93,127
七部法典…………………………………37
シャーマン委員会……………………200
14個のダイヤモンドの指輪対合衆国事件
……………………………………77
自由連合…………………………………5
自由連合国家…………………………141
ジョーンズ法………82,83,131,132,143,144,177,178,184,197,202,307
初期対日方針…………………………254
ジョン・クィンシー・アダムズ……10,23
自力執行力…………………………71,72
人権指令………………………………258
神道指令………………………………258
スウォープ………………………137,266,267
スティムソン………220,247,252,253,263
スペインの1872年の刑事訴訟法………91
スペインの1869年憲法………………89,164
スペイン法………………………………36
セイヤー…………………………………83
セオドア・ローズヴェルト……53,65,253
1901年憲法（キューバ）……102,103,105,106,109,110,112
1952年憲法（プエルトリコ）……142,145,314
1952年憲法の「権利章典」…………142
1935年憲法（フィリピン）……178,180,182,184,208
1935年憲法の「権利章典」…………183
1917年のプエルトリコ組織法…………82

1918年憲法（ハイチ）……………229-232
1916年のフィリピン組織法………197, 306
1943年憲法（フィリピン）……202, 204, 206, 208, 209
1940年憲法（キューバ）……111-114, 314
1940年憲法の「権利章典」…………113
1780年のマサチューセッツ憲法………45
1836年憲法（テキサス）…………16, 19
1824年憲法（メキシコ）…………15, 18
1889年憲法（ハイチ）…224, 226, 228, 231
1849年のカリフォルニア憲法………36, 37
1845年のテキサス憲法………………36

た 行

タイディングズ＝ピニェーロ法案……139
タイディングズ＝マクダフィー法………………………180, 183
ダウンズ対ビッドウェル事件………74
タグウェル………………………136-138
ダグラス・マッカーサー……210, 253, 311
タフト委員会………………………173, 174
タフト委員会報告…………………175
タフト政権…………………………196
タフト大統領………………………65
ダルティグナーヴ大統領……………227, 228
デイリー委員会……………………126
テキサス……………………………36
テキサス共和国……………………13, 20
テキサス独立宣言…………………15
テュートン人………………………52, 53
テラー修正条項……………………97
デ・リマ対ビッドウェル事件………73
ドゥーリー対合衆国事件……………77
島嶼事件……62, 65, 72, 73, 78, 83, 84
トゥリアス・モンヘ…………………147
トニー………………………………50, 63, 64
ドール対合衆国事件…………………78
ドレッド・スコット事件……41, 50, 63, 64

な 行

日本の政治組織の改革…………261, 262
ニューディール政策………135, 137, 138, 314

は 行

バージェス………………………52, 53, 66
ハーディング大統領…………………232
ハイチの占領………………………219, 234
白人の責務…………………………306, 311
パナマ………………………………12
パリ条約……………………………99, 167
ハリソン……………………………177
ハワイ………………………………4, 13, 14
ハワイ対マンキチ事件………………78
反フェデラリスト……………………41
比島調査委員会……………………197
ヒマグアユ憲法……………………159
ビャク・ナ・バト憲法………………159
ヒュース対ニューヨーク＝プエルトリコ蒸気船会社事件………………………76
フィリピン革命政府憲法……………160
フィリピン群島……………………4
フィリピン諸島……………………25
フィリピン組織法………………174-176
フィリピン独立準備委員会…………204
フィリピンの占領…………………157
フェデラリスト……………7, 41, 45, 49
フェラーズ…………………………251
プエルトリコ………………………4
プエルトリコ憲法…………………147
プエルトリコ自由連合国……………140
プエルトリコの占領…………………124
プエルトリコ法改正編纂委員会……129
フォーブズ委員会…………………234, 235
フォラカー法……73, 76, 77, 80, 124, 126, 306
プラット修正条項…………………109, 110
フランクリン・ローズヴェルト……136, 138, 146, 227
ブルック……………………101, 107, 128
米西戦争……………………24, 65, 99, 219
米墨戦争……………………………21
米領ヴァージン諸島………………4
米領サモア群島……………………4
ベル将軍……………………………162
ホイットニー………246, 265, 266, 278, 279, 281, 282

事項索引　*321*

ポーク大統領……………………………*18*
ボーマン………………………*248,249*
ホームステッド法……………………*37*
北西部条令………*1,33,34,38,45,48,64,65*
ポツダム宣言……………………*247*
ボニファシオ……………………*157,158*
ボルノ……………………………*222,232*

ま　行

マッカーサー三原則…………*246,274,285*
マッカーサー草案……………*275,282-286*
マッキンリー……*13,25,92,109,124,128,*
　167,169-173,198
マディソン…………………*10,45,46,63*
マニフェスト・デスティニー……*15,19,*
　20,22,35,52,71,306,313
マハン……………………………*24*
マビーニ……………………*161-164*
マロロス憲法……………*160,164-168*
ミクロネシア…………………………*5*
ミズーリ互譲法………………………*63*
美濃部博士…………………*2,5,202*
未編入領土…………………*62,203,311*
民事要員訓練所（CATS）……………*263*
民事要員駐屯地（CASA）……………*263*
ムーニョス・マリン……*135,139,141,266*
メキシコ人……………………………*23*
モンロー・ドクトリンの帰結……………*53*

や　行

四つの自由……………………*143,146*

ら　行

ラウエル……………………………*69*
ラウエル覚書……………………*260*
ラウレル……………………*204,205,209*
ラスマッセン対合衆国事件……………*79*
ラッセル……………………*232,233,236*
ラ・ヤヤ憲法………………*93,96,105*
ラングデル……………………………*67*
ランドルフ……………………*67-69*
臨時司法制度改正準備協議会………*287*
臨時法制調査会…………………*287*
ルイジアナ購入……………………*6-8*
ルヴェルチュール………………*222,223*
レヴィンソン……………………*62*
レナード・ウッド憲法………*93,95-97,*
　99,100,107,109
連邦領……………………………*2*
ローズヴェルト・コロラリー……*65,219*
ローズヴェルト政権………………*196*
ロッジ……………………………*24*

C

CASA……………………………*264*
CATS……………………………*264*

G

GHQ…………*246,264,282,283,287,294*

著者略歴
北原　仁（きたはら　ひとし）
1949年生まれ
早稲田大学大学院法学研究科博士後期課程修了
立正大学経済学部非常勤講師，駿河台大学法学部専任講師，助教授を経て，現在同大学法学部教授

著　書
『現代憲法の体系』（勁草書房，1991年，共著）
『アムパーロ（メキシコにおける権利保護請求訴訟）制度の解説』（衆議院憲法調査会事務局，2005年）
『新版・体系憲法事典』（青林書院，2008年，共著）
『人権保障と行政救済法』（成文堂，2010年，共著）

占領と憲法
──カリブ海諸国，フィリピンそして日本

2011年11月10日　初版第1刷発行

著　者　　北　原　　仁

発行者　　阿　部　耕　一

〒162-0041　東京都新宿区早稲田鶴巻町514番地
発行所　株式会社　成　文　堂
電話 03(3203)9201(代)　Fax 03(3203)9206
http://www.seibundoh.co.jp

製版・印刷　藤原印刷　　　　　製本　佐抜製本
©2011　H. KITAHARA　　Printed in Japan
☆乱丁・落丁本はおとりかえいたします☆　検印省略
ISBN 978-4-7923-0517-8 C3032

定価(本体6000円＋税)